高等院校经济与管理核心课经典系列教材·金融学专业

（第五版）

金融风险管理

JINRONG FENGXIAN GUANLI

刘　园　主编

首都经济贸易大学出版社
Capital University of Economics and Business Press
·北京·

图书在版编目(CIP)数据

金融风险管理/刘园主编. --5 版. --北京:首都经济贸易大学出版社,2022.10

ISBN 978-7-5638-3426-6

Ⅰ.①金… Ⅱ.①刘… Ⅲ.①金融风险-风险管理 Ⅳ.①F830.9

中国版本图书馆 CIP 数据核字(2022)第 180497 号

金融风险管理(第五版)

刘 园 主编

责任编辑	田玉春
封面设计	风得信·阿东 FondesyDesign
出版发行	首都经济贸易大学出版社
地 址	北京市朝阳区红庙(邮编100026)
电 话	(010)65976483 65065761 65071505(传真)
网 址	http://www.sjmcb.com
E-mail	publish@cueb.edu.cn
经 销	全国新华书店
照 排	北京砚祥志远激光照排技术有限公司
印 刷	北京市泰锐印刷有限责任公司
成品尺寸	185 毫米×260 毫米 1/16
字 数	508 千字
印 张	22
版 次	2008 年 5 月第 1 版 2012 年 8 月第 2 版 2016 年 7 月第 3 版 2019 年 7 月第 4 版 **2022 年 10 月第 5 版** 2022 年 10 月总第 7 次印刷
书 号	ISBN 978-7-5638-3426-6
定 价	45.00 元

图书印装若有质量问题,本社负责调换

版权所有 侵权必究

第五版前言

2022年2月，当新型冠状肺炎疫情仍然在全球肆虐、各国经济尚在抗疫的漩涡中艰难抗争之时，一场大规模的、搅动了整个东西方乃至世界的俄罗斯—乌克兰冲突从天而降！一次加到20%的利率、一周昂贵到每桶120美元的石油、一天暴跌50%的卢布汇率、一路上扬的黄金价格、一头倒下的各国股市——金融风险以前所未有的烈度冲击着美国的通胀水平、欧洲的能源供应、俄罗斯的油气出口、A股的市场稳定……

如何预测外汇市场的风险？如何把控证券市场的风险？如何对冲大宗能源市场的风险？又如何规避政治风险、国家风险？所有这些与个人、企业乃至政府息息相关的问题，使得金融风险管理研究显示出了深远的历史意义和强烈的现实意义。

为了更加准确、客观地反映金融市场的最新变化，本版教材在上一版的基础上，更新了全部引导案例和延伸阅读案例，特别补充了包括美联储在内的各国央行的最新政策导向、俄乌战争对国际金融市场的冲击和人民币在走向国际化过程中面临的新挑战等最新数据和最新的政策法规，并根据市场的新特点和新趋势，重新撰写了金融监管一章，补充了数字货币对国际货币体系变革带来的影响和数字人民币诞生的意义等相关内容。这些新内容使本版教材的科学性、前沿性、时效性、操作性更加突出。本版教材继续由对外经济贸易大学国际经贸学院金融系刘园教授为主编，王亦豪、汪一鸣为副主编。此外，李月彤、施琪等均对本版教材的编写做出了贡献，在此一并致谢。

刘　园

2022年7月末于北京

前　言

自区域性乃至全球性金融危机爆发以来，金融风险已经成为各国政府和公众所面临的最严重的非自然类灾难，而金融风险的杀伤力、破坏力有时甚至会远远超过自然灾害给人类带来的损失。

伴随着金融自由化、全球化的发展以及层出不穷的金融创新，金融机构所处的风险环境日益复杂。金融风险发展到一定阶段后，企业的倒闭、银行的破产、货币的贬值、股市的崩溃、经济的萧条、社会的动荡，会使一国经济和社会的发展进程出现严重倒退，甚至从此一蹶不振。如何应对金融风险、如何避免金融危机的爆发，已经成为摆在各国政府和金融监管层、管理层和专业人士面前的重要课题。

对于正处在经济高速发展、金融市场逐步与世界接轨中的中国而言，如何加强金融风险的防范与控制，业已成为影响未来中国能否从大国走向强国的关键所在。因此，强化风险防范意识，掌握风险管理的技巧和方法，以期使中国能够顺利融入经济和金融的全球化进程，在当今有着前所未有的极为重要的现实意义。

本书在编写过程中，特别强调金融风险管理知识的系统性、管理程序的逻辑性和管理技术的实用性，并结合大量实际案例对各类风险管理方法的运用做了深入分析。

本书可作为金融学等相关专业本科生和研究生的使用教材，对业内专业人士也有很好的参考和实用价值。

本书由刘园教授担任主编，朱旭鹏任副主编。其中，刘园负责总审定稿，并撰写第一、二、三、四章，第五、六章由朱旭鹏撰写，第七章由石磊然撰写，第八章由邢岩撰写。此外，李焯、刘敏、叶蕊、孙美丹、胡雅珊、牟铁钢、王帅蓉等也参与了本书的撰写工作，在此一并致谢。

由于作者水平有限，书中谬误之处还请读者不吝赐教。

刘园
2008 年 4 月于北京

目　录

第一章　金融风险管理概述 ………………………………………………… 1
　第一节　金融风险的基本知识 …………………………………………… 3
　第二节　金融风险管理的概念、意义与策略 …………………………… 12
　第三节　金融风险管理的程序 …………………………………………… 17

第二章　利率风险管理 ……………………………………………………… 29
　第一节　利率风险概述 …………………………………………………… 34
　第二节　传统的利率风险管理方法 ……………………………………… 42
　第三节　远期利率协议 …………………………………………………… 46
　第四节　利率期货 ………………………………………………………… 50
　第五节　利率互换 ………………………………………………………… 61
　第六节　利率期权 ………………………………………………………… 67

第三章　汇率风险管理 ……………………………………………………… 88
　第一节　汇率风险概述 …………………………………………………… 89
　第二节　汇率风险测量 …………………………………………………… 95
　第三节　汇率风险管理原则与战略 ……………………………………… 106
　第四节　工商企业汇率风险管理方法 …………………………………… 111
　第五节　银行汇率风险管理方法 ………………………………………… 127

第四章　证券投资风险管理 ………………………………………………… 145
　第一节　证券投资风险 …………………………………………………… 147
　第二节　证券投资管理策略 ……………………………………………… 162
　第三节　利用衍生金融工具管理证券投资风险 ………………………… 165

第五章　信用风险管理 ……………………………………………………… 181
　第一节　信用风险概述 …………………………………………………… 184
　第二节　信用风险的衡量 ………………………………………………… 187

第三节　信用风险管理方法 …………………………………………… 193

第六章　操作风险管理 …………………………………………………… 211
　　第一节　操作风险的识别 ………………………………………………… 214
　　第二节　操作风险的衡量 ………………………………………………… 219
　　第三节　操作风险的管理 ………………………………………………… 222
　　附录:操作风险管理与监管的稳健做法 ………………………………… 235

第七章　流动性风险管理 ………………………………………………… 242
　　第一节　流动性风险的概念、来源 ……………………………………… 244
　　第二节　流动性风险管理理论 …………………………………………… 248
　　第三节　流动性风险的衡量方法及管理策略 …………………………… 254

第八章　国家风险管理 …………………………………………………… 278
　　第一节　国家风险概述 …………………………………………………… 280
　　第二节　国家风险的因素分析 …………………………………………… 284
　　第三节　国家风险的评估和衡量 ………………………………………… 287
　　第四节　国家风险的管理 ………………………………………………… 290

第九章　金融监管 ………………………………………………………… 304
　　第一节　金融监管概述 …………………………………………………… 306
　　第二节　中国金融监管体系 ……………………………………………… 309
　　第三节　金融监管的全球合作 …………………………………………… 318
　　第四节　互联网金融的监管 ……………………………………………… 330
　　第五节　数字货币与数字人民币 ………………………………………… 332

参考文献 …………………………………………………………………… 341

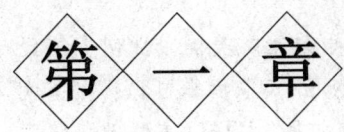

金融风险管理概述

【学习要点】

1. 金融风险的概念、内涵和类型
2. 金融风险的结果和影响
3. 金融风险的管理过程和不同阶段的目标

【导引阅读】

美联储宣布缩减购债,世界经济影响几何[①]

美国联邦储备委员会(以下简称"美联储")2021年11月3日宣布将从本月晚些时候开始缩减资产购买规模。这表明,美联储将开始逐步退出自新型冠状肺炎疫情(以下简称"新冠疫情")暴发以来启动的量化宽松政策。作为全球最重要的央行,美联储货币政策转向势必将对国际资本流动和金融市场资产价格产生重要影响,其外溢效应不可忽视。

(一)美联储为何要缩减购债规模

为应对新冠疫情对美国经济和金融市场造成的冲击,美联储去年年初将联邦基金利率目标区间下调至0~0.25%的超低水平,并启动量化宽松政策,向市场注入大量流动性。从去年年中开始,美联储一直按照每月购买约800亿美元美国国债和400亿美元机构抵押贷款支持证券的速度增持债券,以压低长期利率并刺激经济复苏。

美联储现在决定开始缩减每月购债规模,一方面是因为美国经济已满足美联储为缩减购债设置的前提条件,即在实现充分就业和2%通胀目标方面取得"进一步实质性进展"。另一方面,量化宽松政策的副作用日益显现,美国房地产和证券市场已出现资产价格膨胀的迹象,可能会影响金融市场稳定。同时,面对美国通胀居高不下的压力和质疑,美联储需要回应关切并考虑尽早结束量化宽松政策。

根据美联储3日宣布的缩减购债计划,美联储将从本月晚些时候开始逐月削减资

[①] 资料来源:新华每日电讯,2021-11-05。

产购买规模150亿美元,包括100亿美元美国国债和50亿美元机构抵押贷款支持证券。但美联储同时表示,如果美国经济前景发生变化,美联储也准备好调整每月资产购买速度,即美联储也会视情况调整缩减购债的进程。

严格意义上说,美联储缩减购债规模并不代表收紧货币政策。美国企业研究所经济学家德斯蒙德·拉赫曼告诉新华社记者,即便开始缩减购债,美联储每月仍将购买大量债券,到明年年中才会结束购债,美联储资产负债表仍在扩张。同时,美联储仍将联邦基金利率维持在接近零的水平,这意味着美联储的货币政策立场只是从"非常、非常宽松"转变为"非常宽松"。

(二)美联储何时启动加息

在美联储开始缩减购债以后,市场对美联储下一步的政策关注重点将转向何时启动加息。美联储主席鲍威尔3日在新闻发布会上强调,美联储开始缩减购债并不意味着利率政策有任何变化,美联储为启动加息设置了更严格的前提条件,目前美国经济距离实现充分就业目标还比较远,现在还不是加息的时候。

拉赫曼指出,美联储不大可能在明年6月之前加息。致同会计师事务所首席经济学家戴安娜·斯旺克表示,鲍威尔承认美国经济可能在明年实现充分就业,这意味着美联储或许将在明年下半年启动加息。

美联储官员对于何时加息远未达成一致。美联储9月公布的季度经济预测显示,有9名美联储官员预测2022年底之前至少加息1次,另外9名美联储官员则支持维持接近零的超低利率水平直到2023年。

鉴于美国通胀压力居高不下,高盛集团经济学家日前宣布将其对疫情后美联储首次加息时间的预测提前一年至2022年7月,同时预计美联储将在2022年11月再次加息,此后每年将加息两次。

富国银行证券首席经济学家杰伊·布赖森认为,目前金融市场对于美联储加息的预期过于激进,他预计美国经济要到2022年底才会恢复到疫情暴发前的充分就业水平,美联储要等到2023年才会开启加息周期。

(三)对世界经济影响几何

美联储将缩减购债的消息正式公布后,美国国债收益率和美元汇率变化不大,纽约股市三大股指小幅上涨,全球金融市场表现较为平稳。

国际金融协会认为,金融市场已提前消化美联储缩减购债的消息,同时新兴市场应对全球冲击的能力增强,国际货币基金组织(IMF)近期完成的新一轮特别提款权分配也为新兴市场和发展中国家补充了外汇储备,因此金融市场不大可能再次出现"缩减购债恐慌"情形。

IMF货币与资本市场部主任托比亚斯·阿德里安指出,2013年发生的"缩减购债恐慌"曾造成短时间内利率水平大幅上升、信用利差扩大,对新兴市场非常不利,因此,美联储改善政策沟通、确定合适的缩减购债节奏极为重要。

阿德里安表示,为稳定通胀预期,一些新兴经济体央行早已启动加息,今后应更加注重在促进经济复苏、抑制通胀和维护金融稳定方面加以权衡。他警告,美联储突然转向加息可能导致全球融资环境急剧变化,部分新兴市场可能面临资本流动逆转的风险,那些存在债务可持续性问题的国家将面临更大压力,未来可能会出现更多债务重组。

阿德里安认为,美联储缩减购债不会对中国跨境资本流动产生明显影响,因为与其他新兴市场相比,中国在吸引国际资本流入方面具有明显优势,国际投资者正在大举投资中国发行的人民币计价的股票和债券。

20世纪70年代以来的金融全球化主要表现为金融机构全球化、资本全球化和金融市场全球化。金融全球化是把"双刃剑",它不仅能提高全球范围内的金融效率,同时也是金融风险的滋生器和扩散器,即金融全球化加大了金融体系的风险,使金融风险在国际的传递更加频繁和直接。因此,在金融全球化背景下加强金融风险管理就有了十分重要的现实意义。

第一节 金融风险的基本知识

一、金融风险的概念

金融风险与金融活动相伴相生,是金融市场的一种内在属性。同风险一样,金融风险也没有一个十分确切的定义。通常认为,金融风险是指在金融全球化的环境下,资本在运动过程中由于一系列不确定因素而导致的价值或收益损失的可能性。换言之,金融风险是指经济主体在金融活动中遭受损失的不确定性。

金融风险与一般的风险概念有着显著的区别,金融风险是针对资金的借贷(如长、短期资金借贷),以及资金经营(如证券投资、外汇投资)等金融活动所带来的风险,因此它的外延要比一般风险范围小。同时,金融风险特别强调结果的双重性:金融风险既可以带来经济损失也可以获取超额收益,既有消极影响也有积极影响,因此它的内涵远比一般风险丰富。

与市场相关的任何因素的一个微小的变化都可能引起市场的波动。例如,一国领导人的一句讲话,甚至其一个微小的举动,都可能引起外汇市场的剧烈动荡;一个公司主要负责人的身体不适,也可能引起该公司股票价格的大幅度下跌。这种不确定性是各种风险产生的根源。

在金融活动中,不确定性包括"外在不确定性"和"内在不确定性"两种。外在不确定性是经济运行过程中随机性、偶然性的变化或不可预测的趋势,如宏观经济的走势、市场资金供求状况、政治局势、技术和资源条件等。宏观经济的走势往往呈现出萧条、上升、高涨、下降的周期性变化,各阶段的长度和对各经济变量的影响是不确定的;市场资金供求状况反映了市场上供需力量的对比,它受到货币政策和财政政策等多方面因素的影响,但是它反过来又对利率和宏观经济政策等因素产生影响;政治局势涉及政局的稳定性、政策的连续性等等。外在不确定性也包括来自国外金融市场的不确定性冲击。一般来说，外在不确定性对整个市场都会带来影响，所以，外在不确定性导致的金融风险又称为"系统风险"。

内在不确定性源自经济体系之内，它是由行为人主观决策以及获取信息的不充分性等原因造成的，带有明显的个性特征。例如，企业的管理能力、产品竞争能力、生产规模、信用品质等的变化都直接关系着其履约能力，甚至企业内部的人事任命、负责人的身体状况等都会影响其股票和债券的价格。内在不确定性可以通过设定合理的规则（如企业的信息披露制度和市场交易规则等）来降低，也可以通过分散等方式来降低其产生的风险。所以，内在不确定性产生的风险又称为"非系统风险"。

二、金融风险的特征

（一）普遍性

金融风险在现代市场经济条件下具有普遍性，只要存在着金融活动，就会伴随着金融风险，这是不以人的意志为转移而客观存在的。由于其具有有限理性和机会主义倾向，以及市场信息的非对称性和主体对客观认识的有限性，市场经济主体做出的决策可能不是及时、全面和可靠的，有时甚至是错误的，从而在客观上可能导致金融风险的发生。

（二）不确定性

金融经营活动、金融决策活动是在一种不确定的环境中进行的，正是由于行为主体不能准确地预测未来，才有可能产生金融风险。经济生活中的不确定性是始终存在的，因此对于金融经营者来说，不确定性总是其从事金融活动时面临的现实问题。金融业所存在的不确定性主要表现在：

1. 资源特别是金融资源的稀缺性。稀缺资源如何在各种可供选择的用途中进行配置表现出很大的不确定性。

2. 金融储蓄和实际投资、金融领域与实际经济的分离。这种分离决定了金融价值与实际资产价值之间存在错综复杂和不确定性关系，可能导致金融泡沫现象的产生。

3. 金融创新和不确定的预期决定了金融活动与金融风险相伴而生。

（三）隐蔽性

金融风险并非一定在金融危机爆发时才存在，金融活动本身的不确定性损失很可能因信用关系而一直为良好的表象所掩盖。这种"滞后性"是由以下因素决定的：

第一，信用是一种循环过程，导致许多损失或不利因素被这种信用循环所掩盖。

第二，银行具有创造派生性存款的功能，从而使本属即期金融风险的后果，被通货膨胀、借新还旧、贷款还息等形式所掩盖。

第三，银行垄断和政府干预或政府特权，使一些本已显现的金融风险，被人为的行政干涉所掩盖。

（四）扩散性

金融风险不同于其他风险的一个显著的特征是，金融机构的风险损失不仅影响自身的生存和发展，更严重的是导致众多的储蓄者和投资者的损失，从而引起社会的动荡。这就是金融风险的扩散性，它主要表现以下几个方面：

1. 金融机构作为储蓄和投资的信用中介组织，它一头联结着成千上万的储蓄者，另一头联结着众多的投资者。金融机构经营管理的失败，必然因连锁反应而造成众多储蓄者和投资者的损失。

2. 金融业不仅向社会提供信用中介服务，而且通过贷款可以创造派生存款。从这个意义上说，金融风险具有数量上成倍扩散的效应。

（五）可控性（也叫或然性）

金融风险的存在及发生服从某种概率分布，并非毫无限制，但亦非确定不移的因果规律，而是以一种或然规律存在和发生着。金融风险的可控性，是指市场金融主体依一定的方法、制度可以对风险进行事前识别、预测、事中化解和事后补救。其原因有：

1. 金融风险是可以识别、分析和预测的。人们可以根据金融风险的性质及其产生的条件，识别金融业务经营和管理过程中存在的各种可能导致风险的因素，从而为控制风险提供前提。

2. 人们可以依据概率统计及现代化的技术手段，建立各项金融风险的技术参数。例如人们依据历史上的金融风险事件出现的稳定性（即概率）来估计和预测金融风险在何种参数水平下发生，从而为金融风险的控制提供技术手段。

3. 现代金融制度是控制金融风险的有效手段。金融制度是约束金融主体行为、调节金融关系的规则，它的建立、健全与创新发展，使金融主体行为受规则的有效约束，从而把金融风险纳入可控的制度保证之中。

（六）内部因素和外部因素的相互作用性

金融风险主要是由于金融体系内的不稳定因素引起的，但是，如果经济运行中存在着结构失衡、相互拖欠款项和严重的通货膨胀等问题，那么即使金融风险程度不是很高，也可能从外部环境角度引发金融危机。因此，宏观经济状况也是导致金融风险转化为金融危机的重要条件。

（七）可转换性

一国存在金融风险，不一定会发生金融危机，但如果对金融风险控制不够及时，则引发金融危机的可能性很大。

1. 金融服务的社会性和金融机构互相联系的紧密性，使金融体系内部形成了信用链相互连接、相互依存的关系，一家金融机构出现问题或破产，会迅速影响到同其有信用联系的其他金融机构。

2. 信息的不对称，使债权人不能像对其产业那样根据公开信息来判断某个金融机构的清偿能力，从而将某一金融机构的困难或破产视为其他所有机构同时存在风险，形成对金融机构的挤兑风险。

3. 经济全球化和金融全球化使金融风险的扩散更为迅速。如果一个国家的金融系统发生了普遍的不良预期，那么国际金融机构将会更加谨慎从事与该国有关的金融活动，结果将会由于这种急剧紧缩的国际金融环境导致该国金融资产风险的全面上升，而金融国际化的发展则使得个别国家的金融风险迅速波及至全球范围。

综上所述，把握金融风险的特征，不仅要从单个层面上去认识，还要从系统的角度去认识。由于金融日益成为现代经济的核心，因此金融风险不是某种孤立的系统内风险,而会扩散、辐射到经济运行的各个方面。金融机构之间存在着密切而复杂的信用关系,一旦某一金融机构的金融资产价格发生损贬,使其正常的流动性头寸难以保持,则会由单一或局部的金融风险演变成为系统性和全局性金融动荡。

三、金融风险的类型

根据不同的标准,金融风险可以分为不同的类型,不同类型的金融风险有着不同的特征。本书按照金融风险的性质来划分,将其分为市场风险、信用风险、操作风险、流动性风险和国家风险。

(一) 市场风险

市场风险是指交易组合由于市场价格反向变化导致市场价值产生波动带来的风险。根据国际清算银行的定义,市场风险是由于资产负债表内和表外的资产价值由于受到股票、利率、汇率的变动而发生反向变化的风险。巴塞尔委员会在1996年1月发布的《资本协议市场风险补充规定》文件中规定,市场风险是市场价格波动引起的资产负债表内和表外头寸出现亏损的风险。市场风险包括利率风险、汇率风险和证券投资风险。

1. 利率风险。利率风险是指由于利率变动导致行为人受到损失的可能性。资产负债表的绝大多数项目都会受利率波动的影响。由于利率是不稳定的,收入也是不稳定的,这就导致借贷双方都要受到利率的制约:当利率降低时贷方会遭受损失,当利率升高时借方又不得不支付较高的成本,受利率变化影响的双方头寸都存在风险。例如,按固定利率收取利息的投资者必将面临市场利率可能高于原先确定的固定利率的风险,当市场利率高于固定利率时,利息收入就比按市场利率收取利息的方式要低。对于一个金融机构而言,如果持有利率敏感性正缺口,将面临利率下降、净收益或净利息收入减少的利率风险;反之,如果持有利率敏感性负缺口,则面临着利率上升、净收益和净利息收入减少的利率风险。

中央银行的货币政策、经济活动水平、投资者预期以及其他国家或地区的利率水平等多种因素的变动都会影响利率水平。例如,1995年7月初,美、日及部分欧洲国家相继降低利率,美联储将联邦基金利率由6%降至5.75%,日本银行将通知贷款利率从1.21%下调到0.75%,法兰西银行宣布将5~10天的贷款利率由7.5%下调到7.25%。这些国家中央银行对基准利率的调节,立即引起其国内一些商业银行对利率进行相应调节,如美国的美洲银行将其参考利率从9%下调至8.75%。

2. 汇率风险。汇率风险又称外汇风险,通常是指由于汇率的变动使某一经济活动主体蒙受损失的可能性。

20世纪70年代布雷顿森林体系崩溃之后,多数国家采用了浮动汇率制。外汇市场上汇率频繁波动,变化莫测。近年来,各国经济联系日益密切,金融向国际化、电子化发展,外汇市场上不确定因素增多,加之各国经济发展不平衡、国际收支不平衡、一些国家政治动荡不安,以及外汇市场上投机交易规模巨大等因素,更加剧了汇率的波动。汇率不确定变动的结果往往给一些国家和经济活动主体造成重大损失。

在考察汇率风险时,通常将其分为以下三种风险:

(1) 交易风险。它是指一个经济活动主体预期的现金流量,因受汇率波动的影响而导致损失的可能性。例如,美国福特公司在日本的一家子公司 A 向英国出口汽车,3月1日与英国公司签订合同,定于4月1日付款。合同以英镑计价,金额为2 000万英镑,当时的即期汇率为1英镑=180日元,合同价值36亿日元。如果在4月1日,日元与英镑汇率变为1英镑=160日元,合同价值就变成了32亿日元,使 A 公司损失4亿日元。

一般来说,经济活动主体用外币进行交易的应收款、应付款、投资、存款、贷款余额或已经承诺的项目等,尽管预期的外币现金流量已经确定,但是兑换成本国货币或机构所在地货币的现金流量,要等到交割日才能确定。由于汇率变动的不确定性,经济活动主体预期的现金流量也必将随着汇率的波动而发生不确定性的变动。

(2) 会计风险。会计风险指涉外企业会计科目中以外币计的各项科目,因汇率变动引起的企业账面价值的不确定变动。如果一个经济活动主体在两个或两个以上国家或地区设有分支机构,需要把各自的财务报表综合成统一财务报表时,要将所持所在地的货币换算成统一的基准货币(通常是本币)。由于这些货币对基准货币的汇率有着不确定的变动,因而在进行这种折算时,必将导致账面价值的增加或减少,从而相应的发生收益或损失。例如,福特公司在日本的子公司 A 在7月1日有一笔银行存款以1 200万日元入账,当时1美元=108日元,因此这笔存款在母公司的资产负债表上价值约11万美元。当年末(12月31日)进行资产负债表汇总时,即期汇率变成1美元=120日元,此笔存款在母公司的资产负债表上只值10万美元,母公司的账面资产损失了约1万美元。

(3) 经济风险。经济风险指汇率的难以预见的变动,会影响到一个国家的经济环境和企业的经营活动,以致对经济活动主体产生间接损失(或潜在损失)的可能性。经济风险不仅会影响企业的成本结构、销货价格、融资能力,而且也会影响市场竞争格局和一个国家的国际收支等方面。例如,福特公司在日本的子公司 A,从美国进口某些重要零部件,其产成品在国内外市场都有销售。如果日元贬值,A 公司的进口零部件以本币表示的价格会大幅上升,进而使生产成本上升。

3. 证券投资风险。证券投资风险是指证券价格的不确定变化导致行为人遭受损失的不确定性。

在现代经济中,金融市场是整个市场体系的一个重要组成部分。在各国的金融市场上,每天都有大量的公债、企业债券、抵押契约、可转让存单、国库券等期限不同的证券发生着交易。投资者从事证券的买卖,不仅是为了取得利息收入,而且往往是为了获得资本收益,即通过低价买进、高价卖出而赚取证券差价。然而,由于金融市场综合着经济生活中的多种因素,不确定性很大,行市波动既频繁又复杂,尤其是股票价格,时起时伏,变化莫测,所以,投资者既可能获得意外的收益,也可能遭受惨痛的损失。例如,1987年10月19日,纽约股票行市突然崩溃,道·琼斯工业股票指数在一天内暴跌了508.32点,跌幅达22.62%,上市的5 000家公司的股票价值总额顷刻间就减少了5 000亿美元以上,这一天也因此被称为"黑色星期一"。这一危机又迅速扩散到其他股票市场,如伦敦股票交易所当天股票价格下跌11%,为以往最大跌幅的3倍多,投资者损失达500亿英镑。我国证券市场自1990年上海证券交易所成立至今,也经历过多次大涨大跌。其中,以沪市从2007年年初的3 000点水平一路飚升到2007年10月底的6 100点,然后又在不到三个月的时间内暴跌至3 300点的过程,最为惊心动魄。在这种股价大涨大跌的过程中,投资者所面临的风险是不言而喻的。

（二）信用风险

信用风险是指由于交易对方(债务人)信用状况和履约能力的变化导致债权人资产价值遭受损失的风险。

例如,J.P.摩根由于受到亚洲金融风暴的影响而约有6亿美元的贷款无法收回,只能划为不良贷款,导致1997年第四季度的每股盈利比1996年下降35%。1998年6月,我国海南发展银行就由于信用风险而导致挤兑行为,国家在调集34亿元资金仍不能改变局面的情况下,中国人民银行为了防止风险蔓延被迫将其关闭。2008年3月,世界著名投资银行——美国贝尔斯登公司,因受美国次贷危机影响,最终被摩根大通收购,收购价仅为其市值最高点时股价的1/12。

造成信用风险的因素很多,有的来自主观原因,由债务人的品质、能力等决定,如在远期外汇交易中,公司可能因为持有外汇多头的投机者在外币贬值时不履行合约而蒙受损失;有的来源于客观原因,如经济恶化、公司倒闭,这些债务人将丧失偿债能力。在商业银行的各种金融资产中,贷款的信用风险最大。而在银行贷款中,不同种类的贷款,其信用风险也不同。例如,长期性贷款的信用风险往往比短期贷款的信用风险大,因为在较长的时期内将有更多的公司倒闭,导致信用风险的因素增多。又如,大额贷款的信用风险比小额贷款的信用风险大,因为一旦损失产生,大额贷款的损失将更大。再如,保证贷款的信用风险比抵押贷款的信用风险大,因为在抵押贷款中,借款人提供的抵押品为清偿债务提供了更直接的第二来源。除了银行贷款以外,各种债券发行人也许不能按规定要求(如由于经营不善、财务不佳等原因)履约付款,甚至丧失偿债能力,投资者将因此而蒙受损失。当然,不同的债券,其信用风险的大小也不同。通常来说,政府债券的信用风险较小,而公司债券的信用风险较大。

（三）操作风险

操作风险包含的内容较多,凡是由于信息系统、报告系统、内部风险监控系统失灵而导致的风险均属于操作风险。即管理层在缺少有效的风险追踪、风险报告系统的前提下,其业务活动带来的风险超过了风险限额而未经察觉,没有采取及时有针对性的行动,最终产生了巨额损失。

1995年2月,巴林银行的交易员里森越权交易衍生工具造成了巨额亏损,加之缺少合理的独立监督机制,管理层无法及时获取交易的真实情况,最终导致该银行破产。同年,大和银行的一名债券交易员通过公司会计账簿隐瞒了约1亿美元的亏损。2008年3月,法国兴业银行的一名交易员,因越权交易给兴业银行带来了数十亿欧元的损失。

从以上三个例子可以看出,操作风险产生于两个不同的层次:①技术层面,主要是指信息系统、风险测量系统的不完善,技术人员的违规操作;②组织层面,主要是指风险报告和监控系统出现疏漏,以及相关的法律法规不完备。尽管两个层面出现不同的问题,但结果是相似的。由于管理层忽略了潜在风险,以致在适当的时间没有采取相应的措施,导致了不可挽回的损失,这种损失的规模往往是巨大的。

1. 技术风险。具体而言,技术风险包括以下具体的风险:报告系统中出现错误、信息系统的不完善、缺少测量风险适当的工具等。信息系统不能提供足够的信息来取得公众的信赖,丢失任何一种信息都可能造成损失。同样在市场环境不稳定的条件下,信息系统对于公众的作用也是有限的。例如资本市场上伴随着金融创新,技术支持后台起着报告交易和确认交易的作用,信息系统实时运转用来反映市场中的千变万化,然而这种快速的变化加之交易数量的庞大严重地限制了信息系统的作用。技术风险也包含交易过程中所产生的风险,如由于交易不能顺利进行所带来的巨额成本,同时还包括欺诈型技术风险,主要是指由于交易员故意伪造信息,或者越权交易,电脑系统丧失有效的保护而带来的风险。

2. 组织风险。组织风险是指没有建立完备的风险监控组织,从而造成风险管理上的疏漏。理想的风险监控组织应遵循以下三个原则:

第一,管理条例不应该过多限制公司的风险行为,否则过度谨慎会降低制度决策的效率,减少业务量。

第二,可能产生风险的业务部门与监督和控制风险的部门分离。

第三,鼓励暴露风险而不是隐藏风险。最基本的要求是将风险的承担者和风险的控制者分开,风险承担者出于盈利和业务量的考虑会承担更大的风险,风险控制者在决定过程中应尽量避免利润、交易规模、交易数量对其风险控制的影响。

(四) 流动性风险

流动性指的是金融资产在不发生损失的情况下迅速变现的能力,它要求的是经济主体在任何情况下所具有的其资产随时变现或是从外部获得可用资金的能力。流动性风险则反映了一个经济实体因这种流动性的不确定变化所造成的损失的可能性。尤其是对于金融机构,由于其经营职能的特殊性,一旦其贷款承诺无法随时兑现或是客户提现的要求不能及时满足,都会给其下一步的正常运行带来一定的困难。再加上流动性风险的内部派生性以及外部传染性,金融机构流动性风险一般难以转移、转嫁,多是自留、自担。1984 年上半年,作为当时美国十大银行之一的大陆伊利诺斯银行(Continental Illinois Bank)经历了一次严重的流动性危机,后来在金融监管当局的多方救助下,该银行才得以渡过危机,避免了倒闭的结局。

保持良好的流动性,是金融机构经营管理的一项基本准则,但这并不是说流动性越高越好,也不是说流动性资产越多越好,因为流动性与盈利性是有矛盾的,流动性越高,盈利性就越低。金融机构必须保持流动性和盈利性的平衡。因此流动性风险管理应当引起人们尤其是金融机构的重视。

(五) 国家风险

国家风险是指由于国家政治、经济、社会等方面的重大变化而给经济主体造成损失的可能性。国家风险有两个特点:一是国家风险发生在国际经济金融活动中,在一个国家范围内的经济金融活动不存在国家风险;二是在国际经济金融活动中,不论是政府、银行、企业还是个人,都可能遭受国家风险所带来的损失。产生国家风险的因素有很多,既有机构性因素、货币性因素,又有国内政治因素、外部经济因素和流动性因素等。各种因素相互影响,错综复杂。

四、金融风险的经济影响

(一)金融风险对微观经济的影响

1. 金融风险可能给经济主体带来直接的经济损失。例如,购买股票后,股价大跌;买进外汇进行套汇或套利时,汇率下滑;进行股价指数期货的炒作,指数与预期相反,都会给行为人造成重大损失。

2. 金融风险会给经济主体带来潜在的损失。例如,一个企业可能因贸易对象不能及时支付债务而影响生产的正常进行;购买力风险不仅会导致实际收益率下降,而且会影响经济主体持有的货币余额的实际购买力;一家银行存在严重的信用风险,会使消费者对存款安全产生担忧,从而导致银行资金来源减少,业务萎缩。

3. 金融风险增大了经营管理的成本。不确定性的存在,既加大了经济主体收集信息、整理信息的工作量,也增大了收集信息、整理信息的难度;既增大了预测工作的成本,又增加了计划工作的难度,更增大了经济主体的决策风险。同时,经济主体在实施其计划和决策过程中,由于金融风险导致市场情况的变化,必须适时调整行动方案,一些计划必须修改,一些计划必须放弃,这就增大了管理成本,甚至因为对金融风险的估计不足还将导致一些不应有的损失。例如,一个企业在生产过程中,由于实际通货膨胀率超过其预期的通货膨胀率,导致生产资金预算不足而不得不修改计划。企业可能因为银行拒绝已做出的贷款承诺(信用风险)而不得不取消一项投资计划等。

4. 金融风险降低了部门生产率。在生产经营中,各种产品的边际生产率都是随着投入的增加而递减,只有当各种用途的边际生产率相同时,部门内的资源才达到最优配置。然而,由于金融风险的存在,导致过多的资源流向风险较小的产品,极少有资源流入风险较高的产品中,这使得一些产品的边际生产率接近甚至低于要素的价格,而另外一些产品的边际生产率却远远高于要素的价格,导致部门整体的生产率下降。另一方面,由于长期内的不确定性比短期内的不确定性大、开发新产品的风险比较大等原因,导致一些企业行为短期化,因循守旧,也使部门生产率受到影响。

5. 金融风险降低了资金利用率。由于金融风险的广泛性及其后果的严重性,企业不得不持有一定的风险准备金来应对金融风险。如企业为了保证生产持续顺利地进行,不得不准备一笔资金以备在原材料价格上涨时能及时购回原材料,这样就造成这笔资金闲置,无法发挥效益。对于银行等金融机构而言,由于流动性变化的不确定性,难以准确安排备付金的数额,往往导致大量资金闲置。此外,由于对金融风险的担忧,一些消费者和投资者往往持币观望,从而也造成社会上大量资金闲置,增大了机会成本,降低了资金的利用率。

6. 金融风险增大了交易成本。由于资金融通中的不确定性,许多资产难以正确估价,不利于交易的顺利进行,增大了交易成本,也会因此而产生一些纠纷,影响着交易的正常进行,使市场缺乏效率。而且,信用风险、利率风险等的存在,往往给企业筹资带来困难,给银行的负债业务和中间业务带来影响,阻碍市场的扩展。

（二）金融风险对宏观经济的影响

金融风险对宏观经济的影响，是经济学家研究的重要内容之一。

1. 金融风险将引起实际收益率、产出率、消费和投资的下降，风险越大，下降的幅度越大。这是因为金融风险可能会导致十分严重的后果，如投资者为了降低投资风险，不得不选择风险较低的技术组合，引起产出率和实际收益率下降。同样，由于未来收入的不确定性，个人未来财富可能会出现较大波动，境况会相对变坏，因而不得不改变其消费和投资决策。即消费者为了保证在未来能获得正常消费，总是保持较谨慎的消费行为；投资者会因为实际收益率下降和对资本安全的忧患而减少投资，导致整个社会的投资水平下降。

2. 严重的金融风险还会引起金融市场秩序混乱，破坏社会正常的生产和生活秩序，甚至使社会陷入恐慌，极大地破坏生产力。例如，1997年发生的东南亚金融危机造成严重后果，世界经济增长率受其影响下降了1%以上。处于危机中心的一些国家和地区的经济增长率更是受到严重打击，经济增长率都下降了2%以上，有的国家经济更因此而倒退了十多年。

3. 金融风险影响着宏观经济政策的制定和实施。一个国家的宏观经济政策旨在通过政府对经济的调节，控制总供给或总需求，以实现政府目标。从一定程度上讲，政府对宏观经济的调节也就是对市场风险的调控。如中央银行在市场上吞吐外汇，其主要目的就是要减小汇率的波动；中央银行调节货币的供求，使资金供求平衡，降低市场的不确定性。金融风险反过来又影响着宏观政策，它既增加了宏观政策制定的难度，又削减了宏观政策的效果。从宏观政策的制定来看，由于金融风险导致市场供求的经常性变动，政府难以及时、准确地掌握社会总供给和总需求状况，以做出决策，而且金融风险常导致决策滞后；在政策的传导过程中，金融风险将使传导机制中某些重要环节（如利率、汇率、信用等）出现障碍，从而导致政策出现偏差；从宏观经济的作用和效果来看，各经济主体为了回避风险，总是尽可能充分地利用有用的信息，并以此为依据对未来的政策及其可能产生的效果作出判断，采取相应的措施来加以应对，这就使政府的政策难以达到预期效果。例如，政府为了扩大就业而增加货币供给，以刺激经济，但由于人们对购买力风险和利率风险的预期，就会在物价上涨之前争取提高工资或放款利率，使政府降低失业率和推动经济增长的政策失去作用，造成"滞胀"后果。

4. 金融风险特别是国际金融风险，直接影响着一个国家的国际收支，影响该国国际经贸活动和金融活动的进行和发展。

（1）汇率的上升或下降影响着商品的进出口总额，关系着一个国家的贸易收支。

（2）利率风险大、通货膨胀严重、国家风险大等原因造成投资环境差，会使外国投资者减少对本国的投资和其他交往，导致各种劳务收入的减少。

（3）国际金融风险也影响着资本的流入和流出。利率风险和汇率风险的大小，会引起国内资本的流出或者国外资本的流入；企业信用风险、国家风险等都会影响甚至决定国际金融组织贷款、政府借贷、短期资金的拆放、直接投资等经济行为和决策，从而直接影响着一国的资本项目。1994年墨西哥金融危机的主要原因，就是由于外国投资者对墨西哥经济的信心动摇，纷纷撤出资金，引起墨西哥比索大幅度贬值。

(4)汇率的波动将会引起官方储备价值的增加或减少,因此,国际金融风险也影响着国际收支的平衡项目。在1997年的东南亚金融危机中,泰国、马来西亚等国几十年来苦心经营起的外汇储备消耗殆尽。世界上许多国家都受到这场危机的影响,如仅在当年10月下旬的一周内,巴西的国际储备就减少了约80亿美元。

第二节 金融风险管理的概念、意义与策略

一、金融风险管理的概念

风险管理从狭义上讲是指风险度量,即对风险存在及发生的可能性、风险损失的范围与程度进行估计和衡量;从广义上讲是指风险控制,包括监测公司部门和个人从事业务活动所引起的风险,依据风险管理的规章来监督企业部门行为是否得当等。因此,风险管理可以定义为:各经济单位通过识别风险、衡量风险、分析风险,并在此基础上有效控制风险,用经济合理的方法来综合处理风险,以实现最大安全保障的科学管理方法。

金融风险管理在西方国家起步较早,目前已经形成了一套比较完整的、科学的金融风险管理体系。近年来,我国的各类实务部门和金融监管部门也逐渐对金融风险予以重视,并不断加强金融风险管理。但是,由于我国的金融风险管理起步较晚,避险工具较少,经验比较缺乏,因此,如何提高金融风险管理水平,是一个重要而现实的课题。

二、金融风险管理的意义

金融风险管理通过消除和尽量减轻金融风险的不利影响,改善微观经济活动主体的经营,从而对整个宏观经济的稳定和发展起到促进作用。

(一)金融风险管理对微观经济层面的意义

金融风险管理对微观经济而言,具有下述明显的作用。

1. 有效的金融风险管理可以使经济主体以较低的成本避免或减少金融风险可能造成的损失。资金借贷者、外汇头寸持有者、股票买卖者等市场参与者通过对利率、汇率、股票价格的变化趋势进行科学预测,并采取措施对这些市场风险加以规避,可以避免在金融交易中出现亏损。债权人根据严密的资信评估体系对借款人进行筛选,可以在事前规避信用风险;发放贷款后,债权人还可以凭借完备的风险预警机制,及时发现问题并采取措施,防止借款人到期不履行还本付息的义务。金融机构或企业经过严格的内部控制,可以避免雇员利用职务之便从事违规金融交易,从而防止内部人为谋私利而损害所有者利益。

2. 有效的金融风险管理可以稳定经济活动的现金流量,保证生产经营活动免受风险因素的干扰,并提高资金使用效率。经济主体通过制定各种风险防范对策,就能够在经济、金融变量发生波动的情况下,仍然保持相对稳定的收入和支出,从而获得预期利润率。例如,金融期货合约的产生为现货市场提供了一条转移价格风险的渠道,保值者

利用期货合约,可以将未来的价格确定下来,使未来价格变动的结果保持中性化,达到保值的目的。同时,期货市场将风险从规避风险的保值者那里转移给愿意承担风险的投机者,从而将市场价格变动导致的风险从正常的实际经营活动中分离出来,促进经济发展。又如,经济活动主体通过对未来不确定性的分析和预测,保留适量的备付金或提取一定的风险损失准备金,既可避免突发事件导致流动性不足,又无需占用大量资金,在保证资金正常周转的同时提高了资金使用效率。

3. 有效的金融风险管理为经济主体做出合理决策奠定了基础,表现为下述方面:

(1)金融风险管理为经济主体划定了行为边界,约束其扩张冲动。市场主体必须在风险与收益之间做出理智的权衡,从而避免将社会资源投入存在重大的风险、缺乏现实可行性的项目之中。金融风险管理对市场参与者的行为起到警示和约束作用。

(2)金融风险管理也有助于经济主体把握市场机会。在金融市场上,时刻都有大量金融风险客观存在,为每个市场参与者提出了挑战,同样也带来了机遇。如果市场参与者能够洞察市场的供求状况及影响市场的各种因素,预见市场的变化趋势,采取有效措施控制和防范风险,同时果断决策,把握市场机会,就能够获取可观的收益。

4. 有效的金融风险管理有利于金融机构和企业实现可持续发展。金融风险管理能够使金融机构或企业提高管理效率,保持稳健经营,避免行为短期化。同时,一个拥有健全的风险管理体系的金融机构或企业在社会公众中可以树立良好的形象,赢得客户信任,从而得以在激烈的竞争中不断发展壮大。

(二)金融风险管理对宏观经济层面的意义

金融风险管理对宏观经济的意义重大,是各国监管当局研究的主要方面。

1. 金融风险管理有助于维护金融秩序,保障金融市场安全运行。市场主体应对金融交易和融资方式的风险慎重考虑,保持合理的融资结构,以避免陷入财务困境;对各种金融资产的预期收益率、风险性及流动性进行评估,以形成最佳的投资组合;对自身的实有资产负债或有资产负债的规模和结构进行合理地搭配……这样,将大大降低整个金融市场的整体风险水平。如果金融市场的管理者能够建立科学的市场规则,采取有效的约束措施,防止市场主体进行过高风险的投资或投机活动,制止市场上各种恶意操纵和欺诈,对市场交易中的混乱现象及时遏制,就有可能在事前避免金融风险逐渐积累、日益膨胀,从而避免引发金融危机。

2. 金融风险管理有助于保持宏观经济稳定并健康发展。金融风险一旦引发金融危机,除了造成经济强烈震荡外,其后果往往还将在相当时期内延续,导致国家、地区甚至全球经济衰退,因而极具破坏性:

一是导致社会投资水平下降。其原因是:一方面,由于预期投资收益率降低,市场主体的投资欲望受到打击,其投资积极性受挫,为规避风险,会减少投资;另一方面,由于资金供给量缩减,在危机期间银行大批倒闭,即使得以幸存,其经营目标和经营战略一般也会做出较大调整,银行多采用十分谨慎的保守型经营策略,企业获取贷款的难度很大,融资需求得不到满足。除了国内投资下降外,外商投资也会大量撤出,吸引外资十分困难。

二是消费水平下降。人们持有的财富由于经济动荡而大幅度缩水,未来收入也存在很大的不确定性,因而会保持谨慎的消费行为。

三是经济结构扭曲。大量资金从风险高的部门或行业撤出,而这些行业可能是关键的基础性产业或者是高新技术产业,这些得不到资金支持的产业将会成为制约未来经济发展的瓶颈。

因此,金融危机过后,伴随而来的将是失业率急剧上升,经济增长率急速下降,经济发展严重受阻。有效的金融风险管理能够防患于未然,为经济运行创造良好的环境,促使社会供需总量与结构趋于平衡,并以此促进经济健康发展。

三、金融风险管理的策略

金融风险管理是指受险主体在特定的金融环境下所采取的管理风险措施。不同类型的金融风险具有不同的性质和特点,经济主体可以有针对性地采取多种金融风险管理策略。

(一) 预防策略

金融风险的预防策略是指在风险尚未导致损失之前,经济主体采用一定的防范性措施,以防止损失实际发生或将损失控制在可承受的范围以内的策略。"预防"是风险管理的一种传统方法,这种策略安全可靠,对信用风险、流动性风险、操作风险等不容易通过市场转移或对冲的风险十分重要。

在信贷风险管理中,银行必须建立严格的贷款调查、审查、审批和贷后管理制度。信贷业务部门对借款企业的财务状况、经营管理能力、行业生命周期等方面进行系统调查和综合分析,并由风险管理部门进行复审。贷款发放后,银行继续对贷款资金的使用和运行情况进行跟踪监测,同时密切关注企业的综合营运情况,并设立风险预警指标体系。一旦发现问题,银行可及时采取措施,以防止潜在的信用风险转化为现实损失。

银行资本对银行经营中面临的风险损失能够起到缓冲作用。1988 年巴塞尔委员会颁布《统一国际银行资本衡量与资本标准的协议》(以下简称《巴塞尔协议》),对银行资本充足率做出规定,即银行资本与加权风险资产比率不得低于 8%,核心资本比率不低于 4%。为达到资本充足度的目标比率,当银行的风险资产增加时,资本也须相应增加,或者银行降低高风险资产在总资产中的比重,改善资产风险结构。在资本充足度的约束下,银行为单纯追逐利润而扩张风险资产的冲动将受到限制,银行作为一个整体的经营风险与财务风险被预先控制在可以承受的范围内,其安全性得到保障。

银行在经营中总是会面临流动性风险,银行的流动性风险由其资产负债结构及规模、自身信誉、外部环境等因素决定。若银行的流动性来源不能满足流动性需求,就会引发银行的清偿问题,或是影响银行与核心客户之间的关系。由于客户未来的提存和贷款需求难以预测,银行在日常经营中就必须保持一定的高流动性资产作为准备金。现金资产是银行的一级准备,银行持有的短期证券则是二级准备。银行适当地持有一级、二级准备,也是一种对流动性风险进行预防的策略。

债券在发行前,尤其是在公开发行的情况下,都需要进行信用评级。信用评级有利于保护投资者的利益。通过评级,将债券发行人的信用状况和清偿能力进行分析、评估,并将其结果公布于众,可以作为投资者确定资金投向的关键参考指标。经评级的债券由于其风险程度比较明确,投资者可比较各种债券的等级,根据债券的风险等级判断与其匹配的收益率,以保证投资质量、降低投资风险。因此,信用评级在一定程度上有助于预防由于市场信息不完全、不对称而生成投资风险的问题。

(二) 规避策略

金融风险的规避策略是指经济主体根据一定原则,采取一定的措施避开金融风险,以减少或避免由于风险引起的损失。规避与预防有类似之处,二者都可使经济主体事先减少或避免风险可能引起的损失。不过,预防较为主动,在积极进取的同时争取预先控制风险,而规避则较为保守,在避开风险的同时,或许也就放弃了获取较多收益的可能性。例如,当经济主体在选择投资项目时,尽可能选择风险低的项目,放弃风险高的项目,而高风险的项目往往也可能有较高的预期投资收益。银行在发放贷款时,倾向于发放短期的、以商品买卖为基础的自偿性流动资金贷款,而对固定资产项目贷款采取十分谨慎的态度。

除了应对信用风险外,规避策略也可应用于汇率风险和利率风险管理。在进出口贸易或国际借贷活动中,当经济主体作为出口商或债权人时,要求对方支付硬通货,作为进口商或债务人时,则希望使用软通货,以规避汇率波动的风险。经济主体也可通过轧平外汇头寸以避免汇率风险暴露。若经济主体难以准确地预测利率未来波动的趋势,可以缩小利率敏感性缺口和持续期缺口,直至消除缺口,使自己面临的利率风险为零。经济主体还可以利用货币互换避免汇率风险,或是通过利率互换规避利率风险。如某家金融机构持有利率敏感性正缺口,为避免利率下降的风险,可以将一部分浮动利率资产调换成固定利率资产,或将固定利率负债调换成浮动利率负债。相反,若某金融机构持有负缺口,为避免利率上升的风险,也可以通过互换来减少利率风险暴露。

(三) 分散风险

通过多样化的投资组合来分散风险,也是一个常用的风险管理策略。根据马柯维茨的资产组合管理理论,如果各资产彼此间的相关系数小于1,资产组合的标准差就会小于单个资产标准差的加权平均数,因此有效的资产组合就是要寻找彼此之间相关关系较弱的资产加以组合,在不影响收益的前提下尽可能地降低风险。当资产组合中资产的数目趋于无穷大时,组合的非系统风险将趋于零。

在证券市场中,投资者不应将资金集中投入于某一证券,而应分散地投资于多种证券,若一些证券的市场价格下跌,投资者将受损,而另一些证券的市场价格可能上升,投资者又可获益,这样盈亏相抵,投资者面临的非系统风险总体上会减小。投资基金的一个重要功能就是将分散的小额投资汇聚成巨额资金,这样做不仅能获得规模效应,降低投资成本,同时还可以对其吸收的大额资金进行组合投资,以充分地分散风险,为基金持有者获得稳定的投资收益提供可靠保证。不过,系统性风险并不能通过资产分散化被完全消除。

分散策略不仅可以用于管理证券价格风险,也可以用于管理汇率风险。经济主体可持有多币种外汇头寸,这样可以用其中某些外汇汇率上升的收益弥补某些外汇汇率下降的损失。一个国家在国际储备管理中,同样可以通过储备资产多元化来分散风险。

银行在信贷管理中,也可以利用分散化的原理减少信用风险。银行的贷款对象不应过度集中于单一客户,而应分布于各行业、各地区、国家。为此,银行一般都设立了对单一客户贷款的最高限额或限制性比率,若某一客户贷款需求量十分巨大,多家银行将组成银团为其提供贷款,以分散信贷风险。

(四) 转嫁策略

风险转嫁是指经济主体通过各种合法的手段将其承受的风险转移给其他经济主体。资产多样化只能减少经济主体承担的非系统风险,对系统风险则无能为力,经济主体只能寻找适当的途径将其转移出去。

经济主体可以向保险公司投保,以保险费为代价,将风险转嫁给保险公司,这是通常的做法。出口信贷保险是金融风险保险中较有代表性的品种。由于出口信贷风险较大,许多国家都对其提供保险。为了保护存款人的利益,同时维护人们对银行体系的信心,许多国家也建立了存款保险制度,对存款给予保险。为了鼓励本国投资者对海外投资,有些国家还开办了投资风险保险。有的国家为了促进国内房地产开发,对期限较长的住房贷款也提供保险。事实上,保险同时也提供了一种风险分散机制。保险公司将众多投保人交纳的保费集中起来,在其中少数人发生保险事件时用于对他们的损失进行赔偿,实际上就是将不可确知的风险在众多投保人中进行了分散。

至于证券价格风险、汇率风险、利率风险等市场风险,一般均难以获得保险,经济主体可以通过其他途径将之转嫁出去。金融远期及期货合约作为延期交割合约,也为现货市场提供了一条转移价格风险的渠道。通过远期和期货交易,经济主体可以将未来金融资产交易的价格确定下来,将风险转移给愿意承担风险的投资者,从而将市场价格变动导致的风险从正常的实际经营活动中分离出来。金融期权合约赋予期权的购买者在规定的日期或规定的期限内按约定价格购买或出售一定数量的某种金融工具的权利。期权持有者可以根据市场形势是否对自己有利决定行使或放弃这一权利。对期权卖方来说,当期权买方要求行使其权利时,卖方必须按协议价格履行合约。期权合约的卖方在将选择权赋予买方时,买方需要向卖方支付期权费,不管买方是否行使权利,都不能收回期权费。期权买方承担的风险仅限于损失期权费,而其盈利可能是无限的也可能是有限的。期权卖方可能获得的盈利是有限的,即其收取的期权费,而亏损风险可能是无限的,也可能是有限的。因此,期权费的实质就是期权买方向卖方支付的保险费。

经济主体还可以通过设定保证担保,将其承受的信用风险向第三方转移。银行在发放贷款时,经常会要求借款人以第三方信用作为还款保证。若借款人在贷款到期时不能偿还全部贷款本息,则保证人必须代为清偿。

(五) 对冲策略

经济主体可以通过进行一定的金融交易,用来对冲其面临的某种金融风险。经济主体所从事的不同金融交易彼此之间呈负相关,当其中一种交易亏损时,另一种交易将获得盈利,从而实现盈亏相抵。

除了通过现货交易进行对冲外,金融衍生工具的创新为经济主体提供了对冲风险的有效手段。金融远期与期货交易不仅是一种风险转嫁手段,同时也是对冲风险工具。套期保值者通过在远期、期货市场上建立与现货市场相反的头寸,以冲抵现货市场价格波动的风险。也就是说,套期保值者可以采取与其现货市场交易相反的方向进行远期、期货交易的方法,将未来价格固定下来,使未来价格变动的结果保持中性化,达到保值的目的。远期利率协议、远期外汇交易、外汇期货、利率期货、股指期货、股票期货等品种均可以用于对冲汇率、利率以及证券价格未来波动的风险。金融期权交易不仅可以用于套期保值,还可以使期权买方获得可能出现的意外收益。随着信用衍生工具的发展,风险对冲既可以对冲市场风险,也可以对冲信用风险。

(六) 补偿风险

风险补偿具有双重含义,是指经济主体在风险损失发生前,通过金融交易的价格补偿,获得风险回报;另一重含义是指经济主体在风险损失发生后,通过抵押、质押、保证、保险等获得补偿。

投资者可以预先在金融资产的定价中充分考虑风险因素,通过加价来索取风险回报。国债由于以国家税收作为担保,被视为无风险资产,故而国债利率水平较低,成为其他金融资产定价的基准。由资信等级较高的金融机构发行的金融债券或信誉卓著的大公司发行的公司债券及商业票据,其利率水平也不会很高。而当投资者投资于高风险的证券时,就相应要求得到包括风险回报在内的较高的收益率,作为对其承担高风险的补偿。银行在贷款定价中,也可以遵照这一原则。对于那些资信等级较高,而且与银行保持长期合作关系的优良客户,银行可以给予优惠利率;而对于资信等级低于一定级别的客户,银行可以在优惠利率的基础上进行上浮。进出口方在对外贸易中,也常常采用加价和压价的方法获得汇率波动风险的补偿。若出口商同意接受软通货,那么他可以要求在出口价格中加入预期该货币贬值的风险因素,提高出口价格以获得补偿。若进口商同意支付硬通货,可以在进口价格中扣除该货币预期升值的因素,降低进口价格以获得补偿。

银行在发放贷款时,经常要求借款人以自有财产或第三方财产作为抵押品或质押品,当贷款到期而借款人无力履行还款义务时,银行有权处理抵押品或质押品,并优先受偿,以处理所得偿还贷款本息。除了实物的担保外,银行也可以要求以第三方信用作为还款保证,一旦贷款到期而债务人无法履行还本付息的义务,银行可以要求保证人代为履行偿款义务,从而对其损失求得补偿。涉及第三方的担保同时也是对风险的转嫁。保险是一种对风险的转嫁,同时也是对风险的补偿。当经济主体在参与金融交易的过程中因为风险因素而受到现实损失后,若事先已经担保,则保险公司予以赔偿,经济主体由此可以减少或免于损失。

第三节 金融风险管理的程序

金融风险管理是一个十分复杂的过程,根据金融风险管理过程中各项任务的基本性质,可以将整个金融风险管理的程序分成六个阶段:一是风险的识别和分析;二是风险管理策略的选择和管理方案的设计;三是风险管理方案的实施和监控;四是风险报告;五是风险管理的评估;六是风险确认和审计。

一、金融风险的识别和分析

金融风险的识别和分析,就是认识和鉴别金融活动中各种损失的可能性,估计可能损失的严重性。风险的识别和分析是金融风险管理决策的基础。具体而言,金融风险的识别与分析包括以下三个方面的内容。

(一)分析各种暴露

暴露包括两方面的内容:

1. 哪些项目存在金融风险,受何种金融风险的影响。例如,在投资分析中,哪些资产有固定收益,哪些资产的收益是不确定的;又如,在公司的资产负债表中,哪些资产最可能受到利率波动的影响,哪些资产承受的信用风险较大,哪些资产缺乏流动性等。

2. 各种资产或负债受到金融风险影响的程度。例如,在一些场合,金融风险可能导致的损失很小,而在另一些场合,金融风险可能导致的损失却很大,甚至会引起公司的破产。

通过对暴露的分析,管理者就能决定哪些项目需要进行金融风险管理,哪些项目必须加强金融风险管理,并根据不同的金融风险制定不同的方案,以取得最经济、最有效的结果。

(二)金融风险的成因和特征

造成金融风险的因素错综复杂,有客观的,也有主观的;有系统的,也有非系统的。不同因素所造成的金融风险也具有不同的特征。通过对风险成因和特征的诊断,管理者就可以分清哪些金融风险是可以回避的,哪些金融风险是可以分散的,哪些金融风险是可以减小的。例如,由贷款对象所引起的信用风险是可以回避的,而由企业业绩所引起的证券市场风险是可以分散的等等。通过这样的分析,管理者就可做出相应的决策。

一般来说,风险分析可以采用以下三种方法:

1. 风险逻辑法。即从最直接的风险开始,层层深入地分析导致风险产生的原因和条件。这种方法逻辑性强、条理清晰,能够建立明确的风险分析框架。

2. 指标体系法。即通过财务报表的各种比率、国民经济增长指标等工具进行深入分析,或者以图表的形式判断趋势和总体规模。

3. 风险清单。即全面地列出所有的资产、所处环境、每一笔业务的相关风险,找出导致风险发生的所有潜在原因和风险程度,借此来分析风险发生的原因和风险可能产生的影响。风险清单的具体格式包括:本机构的全部资产(有形资产和无形资产);经营所需的基础设施;风险来源(可保风险和不可保风险)以及一切导致风险的其他因素。

(三)金融风险的衡量和预测

衡量和预测金融风险的大小,确定各种风险的相对重要性,明确需要处理的缓急程度,并对未来可能发生的风险状态、影响因素的变化趋势做出分析和推断,是制定决策的基本依据。风险预测一般包括风险概率和风险结果的预测。

1. 风险概率的预测。从理论上讲,风险发生概率预测方法有以下三种:

（1）主观概率法。对于没有确定性规律和统计规律的风险，需要通过专家和管理者的主观判断来分析和估计概率，但这种方法的系统误差较大。

（2）时间序列预测法。这种方法是利用风险环境变动的规律和趋势来估计未来风险因素的最可能范围和相应的概率，包括移动平均法、回归法等。

（3）累计频率分析法。这种方法利用大数法则，通过对原始资料的分析，依次画出风险发生的直方图，由直方图来估计累计频率概率分布。

2. 风险结果的预测。在风险管理实务中，预测风险的结果通常采用三种方法，分别是极限测试、风险价值和情景分析。

（1）极限测试。它是一种比较直观的测量方法。风险管理者通过选择一系列主要的市场变动因素，模拟目前的产品组合在这些市场因素变动时所发生的价值变化。极限测试关注的是风险的损失金额。采用极限测试法，需要首先选择测试对象，包括市场变量、测试幅度和测试信息等；其次，鉴定假设条件，如在市场环境发生变化的同时假设条件是否仍然适用；再次，需要重新评估产品组合的价值；最后，根据评估的结果，决定是否采取相应的行动计划。

但是，极限测试法需要建立在大量的目标选择之上，而管理者自身并不清楚需要测试的对象，同时极限测试没有考虑未来事件可能结果发生的概率，仅仅集中于将会发生的损益数额上。另外，由于极限测试法考察的是非正常波动下的市场表现，所以可利用的数据相对较少，使得对历史相关性的计算几乎变得没有可能。

（2）风险价值。风险价值是衡量在给定时间段内、在给定的发生概率下所发生损失的最大可能数额。首先，必须能够在任何情况下评价自身的头寸；其次，必须能够明确各种情况发生的可能性，通过按照市场价格核算的交易头寸和风险要素分布的概率模型，可以设计出产品组合未来价值的分布模型，从而得到风险价值在产品组合价值变化的分布曲线。

风险价值是现代风险管理艺术的核心内容，但是，它仍然存在一定程度的缺陷，某些极端的、会导致巨额损失的事件，可能不会出现在历史数据集合中，所反映的信息仍然不够充分。

（3）情景分析。情景分析不仅关注特定市场因素的波动所造成的直接影响，而且还有在特定的情景下、特定的时间段内发生的一系列事件对收入的直接和间接影响。情景分析工作的难度较大，它需要分析的是一系列事件对公司的影响，在极限测试和风险价值不能考察对金融机构具有灾难性效果的事件时，情景分析成为一种重要的风险管理工具，关键在于它具备有效的预先分析、信息征询和必要的预见事件传递性的能力。

上述三种方法中，极限测试和情景分析都属于前瞻性的分析技巧，目的在于把某些未必会发生的事件可能导致的潜在损失定量化。但是，极限测试用来评估由于市场变量的一系列变化而导致的对给定产品组合造成的短期影响效果，情景分析则是衡量一些更复杂和具有内在关联性的事件对公司所产生的更广泛的影响。可以说，极限测试是自下而上的方法，而情景分析是自上而下的方法。

金融风险的识别和分析，是金融风险管理的首要步骤，通过风险预测，管理者可以决定是否进行一项交易或者组合,并从期望回报方面看是否适当。对固有风险和期望回报的标识、数量化及分析的过程一定要在任何交易、新产品和贸易活动被批准或执行之前完成。通过预测收入和与一个交易和贸易活动有联系的风险来源,风险管理可以预测组合或商业活动中存在的不正常风险。

金融风险的识别和分析,同时也是金融风险管理中最为困难的环节,管理者必须经过深入调查,尽可能多地收集各种有用的数据(如资产负债表、损益表等),并进行适当的处理。只有通过多途径、多渠道地去识别和分析,充分了解金融风险的特征,才能采取相应的对策和手段,从而达到金融风险管理的预期目的。

二、金融风险管理策略的选择和管理方案的设计

(一)金融风险管理策略的选择

在完成准确的风险度量之后,管理者必须考虑金融风险的管理策略,不同的金融风险可以采取不同的策略。

风险管理的方法一般分为风险控制法和风险财务法。所谓风险控制法是指在损失发生之前,运用各种控制工具,力求消除各种隐患,减少风险发生的因素,将损失的严重后果减少到最低程度。所谓风险财务法是指在风险事件发生后已经造成损失时,运用财务工具(如存款保险基金)对损失的后果给予及时的补偿,促使其尽快地恢复。通过对各种方法的比较和衡量,金融机构可以选择最优的管理方案。

1. 风险控制法,具体包括:

(1)规避风险,即考虑到风险事件存在与发生的可能性,主动放弃和拒绝某项可能导致风险损失的方案。例如,终止或者暂停某项资金的借贷活动与计划,终止或暂停某类资金的经营计划与经营活动,改变资金借贷和资金经营活动的性质、方式和方法以及经营的组织形式。

(2)损失控制,它是指在损失发生前全面地消除风险损失可能发生的根源,尽量减少损失发生的概率,在损失发生后减轻损失的严重程度。

2. 风险财务法,具体包括:

(1)风险自留。当某项风险无法避免或者由于某种获利可能而需要冒险时,就必须承担和保留这种风险,包括主动金融风险自留和被动金融风险自留。它是一种风险财务技术,同时也是一种处置残余风险的方式。

(2)风险转嫁。它是指经济活动主体将其面临的金融风险有意识地转嫁给与其有经济利益关系的另一方承担,主要指非保险型风险转嫁,即将资金借贷等各种活动产生的赔偿责任通过合同条款从一方转嫁到另一方,例如,可以通过存单、贷款合同等进行转嫁。

(二)金融风险管理方案的制定

金融风险管理策略的选择,只能作为金融风险管理过程的指导思想,不能作为具体的行动方案。因此,在选择了金融风险管理策略之后,管理者还必须制定具体的行动方案。只有制定了具体的行动方案,才能在实际中加以实施。例如,在选择套期保值策略后,还必须确定运用何种套期保值的工具,以及怎样运用这种工具来实施套期

保值。我们知道,金融期权与金融期货都是人们常用的套期保值工具,而在金融期权或金融期货中,又有着不同种类、不同期限的合约可供选择。因此,在决定通过套期保值策略来管理某种金融风险后,风险管理人员还必须做出如下比较具体的决策:究竟选择金融期权还是金融期货?如果选择金融期权(或金融期货),则又将选择哪一特定的合约品种?其期限、数量等又将如何确定?

金融风险管理者必须根据各种风险和暴露的特征、经营目标、经济环境、技术手段的特点等各种因素,制定多种方案,并对拟定的各种方案进行可行性研究,合并其中比较雷同的方案,淘汰可行性较差的方案,再加以综合比较和分析,从中选取最理想的方案。

金融风险管理策略的选择和管理方案的设计,是金融风险管理中最关键的环节,是金融风险管理成败或效果好坏的决定性步骤。一个有效的风险管理方案会平衡风险管理结构方面和质量方面的问题。有效的风险管理取决于这样一种联系:公司总体目标、策略和为获取商业利益所面临的风险的类型、水平以及回报之间的联系。因此,它要求管理人员不仅要对金融风险及其内外部环境有清醒的认识和把握,而且还要有较高的洞察能力和决策能力。

三、金融风险管理方案的实施和监控

金融风险管理方案确定后,必须付诸实现。例如,如果一家银行运用期货套头交易来减小利率风险,它必须根据方案中所确定的期货合约的品种、数量以及所要求的买卖时机等买进或卖出合约,直至套头交易完成。金融风险管理方案的实施直接影响着金融风险管理的效果,也决定了金融风险管理过程中内生风险的大小,因此,它要求各部门互相配合支持,以保证方案的顺利实施。

对金融风险管理方案的实施进行监控,也是金融风险管理的一个重要内容。它不仅有利于对各部门进行协调,保证方案的实施,防止少数人或部门存有侥幸心理或拖沓行为,违背方案的要求放任或偏好风险,而且也有利于风险管理决策者根据环境的变化对金融风险管理的方案进行必要的调整,以降低金融风险管理的成本,增强金融风险管理的效果。

四、风险报告

风险报告是风险管理的一个重要组成部分,它是了解风险管理结果的窗口,是企业风险情况沟通的工具。风险报告程序的开发是一个循序渐进的过程,随着市场、业务和方法的变化,需要不断增加报告的种类和方法。

风险报告与风险测量密切相关,是公司定期通过其管理信息系统将风险报告给其监管者和股东的程序。随着公司在风险调整的基础上寻求各种方式以增进其经营能力和股东盈利,这种程序已成为风险管理程序中日益重要的一部分,而且官方对这一领域的关注也大大加强,因为传统的会计做法不能明确提供公司风险的概况。

风险报告应具备以下几个方面的要求:

第一,输入的数据必须准确有效。数据的"筛选"是基础,而且是一个值得信赖的

风险管理系统的关键。不准确的数据是因为众多原因引起的,风险报告的结果,必须经过仔细地复查和校对来源于若干个渠道的数据才能确定。

第二,报告具有实效性。风险信息只有及时由适当的人得知才有用,数据的收集和处理必须高效准确,才能使准确的风险结果尽早得出。

第三,具有很强的针对性。不同部门对报告有不同的要求,风险管理部门需要和各个部门联系,如前台、中台、后台以及高级管理层。

经常使用的报告包括资产组合报告、风险分解报告、最佳套期保值报告、最佳资产组合复制报告等。近年来,银行和证券业的监管者已经主动采取许多措施来改进监督报告和年报中的风险披露,会计业也做了许多努力来改进金融资产的会计记账方法,这主要是因为国际会计准则委员会提议彻底修改金融工具的会计记账方法,全面实行以市场价格为基础的方法。

五、金融风险管理的评估

金融风险管理的评估,是对风险度量、选择风险管理工具、风险管理决策以及金融风险管理过程中业务人员的业绩和工作效果进行全面的评价总结,为以后更好地进行风险管理做准备。根据前一阶段金融风险管理的经验,管理层可以总结出一些金融风险的预防措施,研究出一些可供今后运用的模型等。在金融风险管理中,要认真地对各种措施的实施效果、工作人员的表现等进行评估,总结经验和教训,做好训练积累工作,以便为以后有序开展金融风险管理工作打好基础。

其中最为普遍的方法就是事后检验,它是保证风险管理方案准确性的一个重要步骤。事后检验是一个有用的评估市场风险测量和方法集合的工具。事后检测的结果出来后需要采取相应的措施,或是对模型进行调整,或是重新评估定价和损益行为。事后检验过程包括两个方面:①对汇总和测量总的资产组合风险的风险价值方法与实际的经验损益数字进行比较;②比较理论和实际的损益,检验每一个用于估价和控制公司头寸风险的模型是否覆盖所有的风险要素。

六、风险确认和审计

风险程序的最后一部分是确认公司正在使用的风险管理系统和技术是有效的。这使得人们日益认识到,正规的检验和复核程序作为风险管理程序不可缺少的一部分的重要性。

风险确认和审计包括内部和外部审计员对风险管理程序的检查要求。风险管理作为内部一项独立的业务,它的发展对于公司内部和外部审计员的职责产生了很大的影响。对外部审计员来说,这意味着工作重点从检查公司财务记录的完整性扩展到评价其风险信息的完整性。对内部审计员来说,这种变化也许更大,因为传统的内部审计中检查其操作是否与内部条规和程序一致的那部分任务现在由风险管理职能来承担,所以内部审计的任务更多地着重于检查风险管理程序的完整性。这就意味着目前在内部审计中需要更高水平的专业技术,用于保证了解和检查风险管理职能的有效性。

【延伸阅读1】

两种杠杆率的国际比较①

过去10余年来,国内外的分析家们采用债务总额/GDP比率来衡量我国的国家债务水平,即国家债务负担的大小,并将此与其他国家的这一比率进行比较,从而得出我国的国家债务水平,特别是企业部门的债务水平过高的结论。但我国的国家资产负债表已经编制完成并公布,国家的负债总额/资产总额比率数据已经可获,此比率也理应成为衡量我国国家债务水平的有效和重要指标。

这就产生了我国的上述两种债务杠杆率水平的国际比较,即与他国比较的结果分别如何,两种比较结果的差异对评价我国国家债务水平有何启发的问题。

(一)衡量国家债务水平的两种杠杆率

在衡量一个国家的总体债务水平时,国家债务总额/GDP比率通常被称为宏观杠杆率,但鉴于GDP是国民收入,为表示收入与债务为杠杆的两头之意,本文称之为收入杠杆率;国家的负债总额/资产总额比率有时被称为微观杠杆率,但微观之词用于表述国家债务问题显然不当,又为表示资产与负债为杠杆的两头之意,本文称之为资产杠杆率。

两种杠杆率都可分解为国家各宏观经济部门的相应杠杆率,如企业部门的收入杠杆率(企业部门债务总额/GDP比率)与资产杠杆率(企业部门的负债总额/资产总额比率)、政府部门的收入杠杆率(政府部门债务总额/GDP比率)与资产杠杆率(政府部门的负债总额/资产总额比率)、居民部门的收入杠杆率(居民部门债务总额/GDP比率)与资产杠杆率(居民部门的负债总额/资产总额比率),用于衡量相应部门的债务水平。

关于数据,收入杠杆率方面,GDP即为我国国家统计局统计与定期公布的国内生产总值数据,其统计已很成熟并为国内外各机构普遍采用;债务总额,包括国家总体和各宏观经济部门的,采用中国社会科学院国家资产负债表研究中心(以下简称CNBS)的测算数据。

资产杠杆率方面,负债总额和资产总额均直接取自于CNBS公布的2000—2019年共20年的《中国国家资产负债表》,此表为应用资产杠杆率研究我国的国家债务水平提供了直接数据。

受新冠肺炎疫情的影响,2020年和2021年我国GDP、债务总额、负债总额及资产总额等数据均出现大幅的非正常波动,目前来看2019年的数据更能反映真实的现状,因而本文采用2019年的数据进行分析。而且,在进行国际比较时,很多其他国家2020与2021年的数据尚欠,为进行同时期比较,也以2019年数据更为合适。

(二)收入杠杆率水平的国际比较结果

数据显示,2019年我国的收入杠杆率水平与世界其他主要经济体相比较总体较高,政府部门明显低企,居民部门大致居中,企业部门显著高企。

---

① 资料来源:廖群. 两种杠杆率的国际比较. 新浪财经,2022-03-01。

1. 总体较高。2019年我国的总体收入杠杆率为246.5%,稍低于发达经济体的平均水平,低于日本、英国和美国,低于欧元区国家,但明显高于新兴经济体的平均水平,且高于所有的其他主要新兴经济体。

关于总体收入杠杆率的合理水平,国际上并无一定的标准,应该因国而异。此概念首先是针对发达经济体而提出,发达经济体总体收入杠杆率的平均水平在250%左右。

尽管已是全球第二大经济体和世界工厂,但我国仍是一个新兴和发展中经济体,人均GDP仅为发达经济体平均水平的1/4左右,因而我国总体收入杠杆率持平于发达经济体而明显高于其他新兴经济体,国际比较的话应该说处于较高水平。

2. 政府部门明显低企。2019年我国的政府部门收入杠杆率为38.5%,低于所有的主要发达经济体和大多数的主要新兴经济体,比发达经济体平均水平低很多,比新兴经济体平均水平也低不少,国际比较为明显低企。

3. 居民部门大致居中。2019年我国的居民部门收入杠杆率为56.1%,明显低于大部分的发达经济体和发达经济体平均值,但比大部分的新兴经济体和新兴经济体平均值高,国际比较为大致居中。

4. 企业部门显著高企。2019年我国的企业部门收入杠杆率高达151.9%,远高于其他经济体,无论是发达的还是新兴的,国际比较显著高企。这正是市场关注与担忧的焦点。

(三) 资产杠杆率水平的国际比较结果

与收入杠杆率明显不同,与世界其他主要经济体比较,2019年我国的资产杠杆率总体略低,政府部门显著低企,居民部门较低,企业部门偏低。

1. 总体略低。2019年我国的总体资产杠杆率为59.2%,国际比较的话,低于大部分的其他主要经济体,无论是发达的还是新兴的,仅高于德国、韩国和印度尼西亚,处于略低的水平,与前节所述的总体收入杠杆率水平较高形成明显对比。

关于国家资产杠杆率的合理水平,国际上并没有严格的标准。就单个企业或行业而言,一般认为,资产杠杆率,即资产负债率的适宜范围是40%~60%;若20%或以下,说明企业净资产很多或资产超过负债很多,安全系数很高但资金利用不够,应考虑融资;若100%或以上,表明企业已无净资产或资不抵债,无论是经营者还是债权人、投资人,都将承担巨大的财务风险;若70%或以上,普遍认为到达警戒线,财务将可能出现风险。可见,70%是警戒上线,20%是警戒下线。

评价国家债务水平时可参考此标准,因此,我国总体资产杠杆率59.2%远在70%的警戒上线之下,位于40%~60%适宜范围的边缘,在安全范围之内。

2. 政府部门显著低企。2019年我国政府部门的资产杠杆率仅18.9%,显著低于其他经济体,无论是发达经济体还是新兴经济体。值得注意的是,与前节所述的政府部门收入杠杆率明显低于其他经济体相比,资产杠杆率低企的程度更甚。

3. 居民部门较低。主要经济体的居民部门资产负债率大都位于10%~20%,我国的10.8%也在此区间,国际比较仅高于印度尼西亚。

4. 企业部门偏低。与收入杠杆率显著高企截然相反,进行国际比较,我国企业部门的资产杠杆率处于偏低水平,为60.2%,低于大部分其他主要经济体。鉴于这一结果的超预期性和重要性,下面从我国规模以上工业企业和非金融上市公司资产杠杆率的国际比较来对其进行佐证。

2019年我国规模以上工业企业的平均资产杠杆率为55.6%,比全球工业企业的平均资产杠杆率中值仅高2个百分点左右,说明国际比较不高。同时,2019年底我国非金融上市公司整体的资产杠杆率为60.8%,与上述的60.2%企业部门资产杠杆率水平相差无几。

更值得注意的是我国和部分其他主要经济体上市公司的资产杠杆率百分位点分布。2019年和2020年上市公司资产杠杆率的中位数,我国分别为41.0%和41.3%,比美国的58.0%和57.6%、德国的56.3%和55.1%、日本的45.9%和45.8%均低,仅高于英国的36.7%和36.4%,说明我国上市公司的债务水平非但不高,反而低于大部分发达经济体的上市公司。

(四)两种杠杆率的国际比较结果明显不同的原因

如前所述,我国总体收入杠杆率的国际比较结果是较高,而资产杠杆率的国际比较结果是偏低,为何会出现如此的明显不同?

1. 差异在企业部门。分经济部门来看,我国政府部门收入杠杆率和资产杠杆率的国际比较结果分别为明显低企和显著低企,无大分别;居民部门的收入杠杆率和资产杠杆率的比较结果分别是大致居中和较低,差别也不大;真正的差异在于企业部门,收入杠杆率的比较结果是显著高企,而资产杠杆率的比较结果是偏低,差异之大令人不得不深思,由此也造成了总体比较结果的明显不同。

2. 不同的视角——收入偿债视角和资产偿债视角。收入杠杆率高即债务总额相对于GDP高,但资产杠杆率不高,即负债总额相对于资产总额不高,意味着高额负债没有得到收入的足够支持,却由高额资产所支撑。所以,收入杠杆率和资产杠杆率的国际比较结果之所以产生明显的不同,问题在于前者仅从收入偿债的视角,即只考虑收入水平是否足以偿债而忽略了资产的作用,后者仅从资产偿债的视角,即只考虑资产规模是否足以偿债而忽略了收入的作用。

3. 两种视角均有合理性,但程度视经济部门而不同。有收入(在本文就是有GDP)自然可以偿还国家债务,因而收入偿债视角有明显的合理性。在很多情况下,偿债的来源是现金流,如政府以税收偿还国债、居民以工资偿还房贷、企业以外汇收入偿还外债等,银行发放贷款时也须考虑借款人的现金流。这应该是目前国内外多从收入偿债视角以收入杠杆率衡量国家债务水平的主要原因。

但资产偿债视角的合理性也很显然。国家有资产,当然也可以偿还国家债务。首先,资产会产生收入,因而可间接地以收入偿债;第二,在很多情况下可以说没有资产就没有收入,资产偿债是收入偿债的根本;第三,资产可以通过变现来偿债;第四,资产比收入规模大得多,偿债更具灵活性和持续性。

那么哪种视角的合理性更高呢?应该认识到,不能一概而论,视经济部门的不同而有所差别:一是取决于该部门收入和资产的相关程度,二要看该部门资产的可变现程度。如果资产与收入高度相关,变现程度也高,资产偿债视角兼顾了收入还债和变现资产还债的两种可能性,因而合理性更高;否则,收入偿债视角的合理性更高。

对政府部门收入偿债视角更为合理,对居民部门两种视角的合理性相当,对企业部门资产偿债视角合理性更高。就政府部门而言,收入主要来自税收,与政府资产的相关度不高,且政府资产市场化程度低从而变现程度也低,因而收入偿债视角更为合理;对居民部门来说,一方面,收入主要是工资收入,财富性收入有限,与资产相关度不高,另一方面,我国居民的高额银行储蓄意味着使用现金资产偿债的可能性很大,综合来看两种视角的合理性大致相当。

但对企业部门而言,情况将有很大的不同。企业部门的资产与收入有高度的相关性,资产收益率是考察企业业绩的最重要指标之一。而且,企业部门各类资产的变现程度在资本市场日益发展的今天比政府和居民部门的资产要高得多。这样,企业部门的资产就打通了收入还债和变现资产还债这两大渠道,因而资产偿债视角比收入偿债视角更为合理。

实际上,一国企业部门的资产杠杆率就相当于单个企业或行业的资产负债率,而对单个企业或行业而言,资产负债率就是债务水平的衡量指标,且是主要的衡量指标。比如当前政府为防止房地产市场的金融风险而对房地产公司提出的"三道红线"要求,都是相对于资产额的债务额限制。与此相比,鉴于债务总额与资产总额紧密相关,企业部门的收入杠杆率就相当于单个企业或行业的资产产出率或收益率的倒数,但对单个企业或行业来说,资产产出率或收益率一般只用作盈利性指标而非债务水平指标,上述房地产公司的"三道红线"无一是针对收入或利润而言的。所以从单个企业或行业的角度来推论,从资产偿债视角以资产杠杆率、从收入偿债视角以非收入杠杆率,作为企业部门债务水平的衡量指标更为合适。

对我国而言,还应看到企业部门资产对于国家长期收入和经济的重大贡献,尤其是长期可以摊薄的资产。目前我国总资产已经超过 1 300 万亿元,其中包括很多长期性的资产,如交通、通信、能源、水利等基础设施资产和制造业设备及厂房资产,这些资产短期收入回报不会很高,但长期会有持续的收入回报。比如高铁和机场的资产,在几十年甚至上百年都会产生投资回报,对整个经济发展做出不可估量的无形贡献。

(五)启发——主流观点高估了我国的国家债务水平

以上两种杠杆率的国际比较结果给我们的启发是,既然两种比较结果不同又各有合理性,那么不应该仅根据其中的一种结果(收入杠杆率的国际比较结果,而不理会资产杠杆率的国际比较结果),就得出我国企业部门和总体债务水平过高的结论。

正确的做法应该是综合考虑两种杠杆率的国际比较结果,取两种结果的中间点作为综合评价的结论,这样才能对我国企业和总体的债务水平有一个更为客观与中肯的评价。

就我国的国家债务水平总体而言,收入杠杆率的比较结果是较高,资产杠杆率的比较结果是偏低,综合评价的结论应是偏高;对政府部门来说,收入杠杆率的比较结果是明显低企,资产杠杆率的比较结果是显著低企,综合评价的结论应是大幅低企;对居民部门来说,收入杠杆率的比较结果是大致居中,资产杠杆率的比较结果是较低,综合评价的结果应是偏低;对企业部门来说,收入杠杆率的比较结果是显著高企,资产杠杆率的比较结果是偏低,综合评价的结论应是较高。

总之,综合地进行评价,我国的债务水平(无论是总体还是各经济部门)低于收入杠杆率的国际比较所显示的水平而高于资产杠杆率的国际比较所显示的水平。这就是说,当前市场上仅根据收入杠杆率的国际比较结果导出的我国企业与总体债务水平过高的主流观点,高估了我国企业部门与总体债务的真实水平。

【延伸阅读2】

美元区、欧元区、人民币区:国际货币格局或将"三足鼎立"[①]

过去50年来,英镑、西德马克、日元、欧元,先后加入国际货币的行列。尤其是,2008年全球金融危机更加暴露了现行国际货币体系的缺陷,人民币的国际需求应运而生,并愈发强劲,使人民币这种尚不可自由兑换、不能自由使用的主权货币,在国际上被广泛地使用。人民币因此加入了国际货币基金组织(IMF)特别提款权篮子,成为国际货币。

可自由兑换货币,指在进出口、兑换和进行跨境借贷方面,不存在任何限制或监管要求的货币,持有人能把该种货币兑换为任何其他国家货币而不受任何限制。目前的可自由兑换货币主要包括:美元、欧元、日元、英镑、瑞士法郎、港元、卢布等。

人民币的国际化是一道特殊的"风景线"。之所以说它"特殊",不仅因为人民币尚不是可自由兑换货币,而且在于它所处区域的特殊性。布雷顿森林体系以及现行的国际货币体系,都是建立在"南北差距"基础上的。南北问题表现在货币上,就是发展中国家具有不同于发达国家的"货币原罪",体现为货币错配、期限错配和结构错配,这三个"错配"在东亚地区尤为突出。

东亚国家都是出口导向型经济体,区域内外的经贸合作都十分密切。但是,所有的贸易及经济合作都是以区域外货币——美元进行安排的,形成了货币错配。东亚国家是世界经济增长最快的地区,不仅需要巨大的资本,而且能提供丰厚的回报,成为资本流入最多的地区。但是,流入的资本以短期为主,形成了期限错配。东亚是全球储蓄率最高的地区之一,但是因为缺乏金融基础设施,金融机构及金融市场也不发达,本地的储蓄不能在本地转化为投资,反而为区域外所动员,并以投资的形式反投东亚,形成了结构错配。

"货币原罪"是导致亚洲金融危机的基本原因,并因此成为"清迈机制"产生的背景。2000年遭受亚洲金融危机伤害的东盟十国及中日韩三国,为解决东亚地区国际流动性短缺问题,达成了"清迈倡议":倡议建立货币互换机制,成立外汇储备库,推动亚洲债券市场发展。2004年,中国提出"清迈倡议"多边化的建议,并被各成员国接受。2008年金融危机以后,"清迈倡议"终于由协议变成一种多边机制的安排,并成立了相应的宏观经济协调机构——亚洲宏观经济研究办公室,总部设在新加坡。

清迈多边机制的核心是本币化,成立以来进展顺利,成果颇丰。其中,中国已连续

[①] 资料来源:曹远征. 美元区、欧元区、人民币区:国际货币格局或将"三足鼎立". 新浪财经,2022-02-24。

12年成为东盟第一大贸易伙伴,人民币在双边贸易和投资中扮演着日益重要的角色,已有6个东盟国家将人民币纳入官方外汇储备。2019年,东盟10+3财长和央行行长会议审议了清迈多边机制的进程,提出了加速本币化的议程,考虑将人民币和日元等货币纳入危机救助机制。2022年,《区域全面经济伙伴关系协定》(RCEP)正式生效,它由东盟10+3机制升级而成,预计清迈多边机制将随之被带入RCEP之中。这为人民币的国际化带来新的契机,有可能使过去10年人民币国际化以双边使用为主,转变为区域性的多边使用。

从目前的发展趋势看,随着区域经济合作的加强,未来可能形成区域性的货币制度安排。如果人民币成为RCEP多边使用的"锚货币",未来的国际货币格局可能是三个区域,即美元区、欧元区和人民币区。这样的格局预示着一种新的国际货币体系安排前景:在本地区各成员国货币锚定"锚货币",由此形成相互间的固定汇率;同时,本地区"锚货币"与区域外的"锚货币"将形成有协调、有管理的浮动汇率。这种制度安排前景,既结合了布雷顿森林体系中固定汇率制可促进贸易和经济发展的优点,又吸收了现行浮动汇率制下,利用国际金融市场吸收过剩国际流动性的长处。这可能是全球尚没有一种超主权货币充当国际货币条件下的一种较佳安排。

为了争取这种前景,区域性"锚货币"要认真审视自身在调节国际收支顺逆差中的地位和作用。自布雷顿森林体系建立至今,对充当国际货币的国际流动性提供者来说,国际收支顺逆差平衡从来都是"我的货币,你的问题"。换言之,国际收支平衡是国际流动性收受国,即逆差方的责任。只有在逆差方建立获取国际流动性能力的基础上,国际社会才有救助的可能。然而,经验表明,一旦国际流动性提供方(顺差方)出现问题,不仅逆差方,而且就连IMF都无能为力,进而造成全球性的失控。2008年金融危机就是最好的例证。

从这个意义上讲,在亚太地区本币化的进程中,需要建立顺逆差双方都有调节责任的机制,从而改变逆差方单方向调节所产生的死角。简言之,本地区"锚货币"要承担区域中央银行的责任。如果人民币在本地区本币化进程中能做到这一点,就既能满足人民币国际化的需求,也能满足区域货币新秩序安排的诉求。

【思考题】

1. 解释金融风险概念、特征、类型和经济影响。
2. 简述金融风险管理的意义和策略。
3. 简述金融风险管理程序。

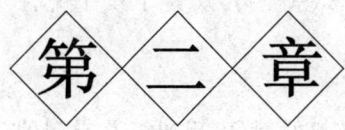

利率风险管理

【学习要点】

1. 利率风险的定义、类型和影响利率的因素
2. 衡量利率风险的方法和过程
3. 传统的利率风险管理方法
4. 远期利率协议、利率期货、利率期权和利率互换的原理与实际运用

【导引阅读】

市场对美联储紧缩最关注什么?①

当下,美联储紧缩预期快速升温,年内加息预期已提升至 6 次,缩表操作也几乎板上钉钉。那么市场对美联储紧缩究竟关注哪些问题? 一致预期的锚在哪里? 本篇报告基于对市场 12 家头部机构的调研,共对约 200 位投资经理、投研总监和宏观研究员收集了上百个问题,为大家勾勒出市场对美联储紧缩关注点的全景图。

通过整理可以看到,针对本轮美联储紧缩,机构预期存在两大特点:①市场上对美联储紧缩的大部分问题存在"一致担忧",但没有明确的"一致预期",即普遍担忧美国通胀、美联储紧缩与资产价格的不确定性,但对具体波动的幅度与点位甚至波动方向都未形成明确的一致预期,我们收集到的问题以开放性问题为主(如美联储全年是否可能超预期加息、紧缩周期中如何降低全球配置风险)。②相比于货币政策本身,货币政策如何影响资产价格是机构更为关注的点。下文我们将分别就机构的"一致担忧"与机构提出的各类关注点分布进行详细梳理。

(一)调研包含了哪些机构

此次资本市场美联储紧缩调研共涵盖 12 家大型机构客户,包括近 200 位投资经理、投研总监和宏观研究员,一共搜集到 100 个与美联储紧缩相关的关注问题反馈。从机构所在地看,各地区机构平均反馈问题数量相近,调研机构中,有 4 家在上海,5 家在

---

① 资料来源:张瑜. 市场对美联储紧缩最关注什么. 新浪财经,2022-03-02。

广深,3家在北京,平均反馈问题数量分别为10、8、7个。从机构类型看,本次调研中有9家公募机构,共反馈84个关注问题,平均每家公募机构反馈9个;有2家保险机构,共反馈12个问题,平均每家保险机构反馈6个;还有1家私募机构,反馈了4个关注问题。

(二)机构的"一致担忧"有哪些

由于我们采用开放式形式收集机构对美联储紧缩感兴趣的问题,因此汇总得到的问题领域较为分散。通过将存在共性的问题进行分类,可以看到,目前市场上对美联储紧缩的大部分问题存在"一致担忧",但没有明确的"一致预期"。例如市场一致担忧美联储加息会造成全球资本流动格局切换,并对中国等新兴市场带来冲击,但对加息后外资究竟会如何流动并无一致预期。因此,这一部分我们将整理目前机构"一致担忧"的问题。

一致担忧1:加息超预期对资产价格的冲击。市场普遍担忧加息超预期会对资产价格形成冲击,从收集到的问题来看,对超预期紧缩的担忧多于超预期宽松的担忧,但对于美联储是否会超预期紧缩、其对市场冲击幅度有多大,市场未形成一致预期。对于可能的超预期宽松方式,机构主要提及的是美联储是否会停留在预期管理而难以落地,以及紧缩节奏是否会前紧后松。

一致担忧2:资本流动对国内资本市场冲击。市场普遍担忧加息导致的外资流出可能会对国内资本市场形成冲击,不过对资本流动对我国资产价格的冲击方向与力度有多强,市场似乎未形成一致预期。有部分机构认为,美欧央行加息后,可能带来资本回流美欧市场,对中国这类新兴市场资产价格会形成负面冲击;但也有部分机构认为,基于目前中国的经济体量、出口格局,也可能存在美欧加息对国内资本外流冲击不大的情况。

一致担忧3:加息抑制通胀是否有效。市场普遍担忧美联储能否有效控制通胀,以及美联储的紧缩行为是否会对经济形成损伤。美国通胀方面,机构对通胀能否在近期见顶,以及通胀是否会进一步超预期并未形成一致预期;我们收集到的问题中,也有机构直接表示市场对通胀的预期博弈会造成未来金融市场在较长时间处于混沌状态的担忧。

一致担忧4:美元指数走势。对于美元指数走势,机构更多提出是否有下行的可能性。这或许反映出目前市场对美元指数持续上行的预期已出现了一定的分歧。

(三)机构更关注货币紧缩对资产价格的影响

1. 总览:机构的关注点主要集中在哪些领域? 根据机构反馈的问题内容,可以将其关注点大致分为5个领域:资产、货币政策、通胀、资本流动、政治,收到机构反馈关注问题数分别为54、25、15、4、2个,显示机构普遍对资产、货币政策及通胀关注度较高,且相比于货币政策本身,货币政策如何影响资产价格是机构更为关注的点。

在资产领域,机构最关心的是美债,其次是美联储货币政策对市场的整体冲击、美元及新兴市场的资产表现。机构在资产领域的关注点又可分为四部分,分别为货币政策对市场整体冲击(5,括号内数字表示关注点数量,下同)、大类资产(39)、资产配置(4)、地区资产(6),可以看到,大类资产未来走势是机构关注的核心,尤其是在美债的短期交易维度方面(23),机构不仅关注美债自身走势(14),还关切美债波动对整个市场的影响(3)。

在货币政策领域,机构关注点又可分为美联储、欧央行与英央行、中国央行三方面,其中对美联储的关注点为21个,显示美联储的政策动向是当下资本市场的最大关注点之一;对欧央行及英央行、中国央行的关注点分别落在欧洲紧缩对市场的影响、美联储紧缩对国内政策路径的影响。

在通胀领域,机构普遍关注美国通胀的未来走势及控制措施。美国的通胀情况是机构的重要关注点之一,具体问题包括未来走势(9)、控制措施(5)和对外影响(1)。

机构对资本流动和政治领域也有关注。在资本流动方面,主要关注其对资产市场的影响(3);在政治方面,则主要关切地缘政治风险(1)与欧美关系(1)。

2. 详解一:关于资产,机构具体在关注什么? 整体来看,机构最关注的就是资产,共反馈关注点54个,占全部反馈关注点个数的54%。具体而言,资产走势方面,头部机构对大类资产中的债券及美元关注度较高,债券中又以美债为主,按关注度降序排列依次是:美债(25)、货币政策对市场整体冲击(5)、新兴市场(5)、美元(4)与资产配置(4)。

(1) 货币政策对市场整体冲击。在货币政策对市场整体冲击方面,机构共反馈了5个关注点,主要关注美联储加息及缩表进程对整体资产价格的影响。典型的问题总结如下:

加息的影响:目前来看,市场对美联储加息的预期比较充分,未来随着美联储在实际操作层面一步步推进加息进程,资产价格还会跌吗?

缩表的影响:美联储缩表会对美股和美债产生什么影响?

其他:美联储哪些更加鹰派的表示(比如一次加息50BPS或加息次数超预期)对市场造成的冲击可能比较大?

(2) 大类资产的主要关注点——美债。美债是机构关于资产方面关注度最高的领域,相关问题共有25个,占资产领域全部关注点的46.3%。具体又可细分为短期交易维度和长期格局维度两个方面,针对二者机构反馈的关注点分别为23个、2个,可以明显看出机构更关注美债短期交易情况。

a. 短期交易维度:在美债的短期交易维度方面,有4个细分领域,分别为:美债走势与点位(14)、交易策略(3)、收益率曲线过平的原因(3)、长端利率上行对市场的影响(3),表明美债未来的走势与点位是市场关注的焦点。

关于美债走势与点位,市场主要关注两个问题:走势和年底的具体点位,针对二者,机构反馈的关注点数量分别为11、3个。典型问题总结如下:

- 走势,未来美债的模式是否与过去十年的模式有很大不同?
- 拐点,美债有可能在二季度见顶吗? 长端美债利率会不会比较早到达顶点? 观察到什么信号可以认为美债收益率基本见顶了?
- 点位,年底十年期美债收益率大概是多少?

在美债交易策略、收益率曲线过平的原因及长端利率上行对市场的影响方面,典型问题总结如下:

- 美债交易策略:在美联储紧缩政策路径下,美债交易应该如何应对?
- 收益率曲线过平的原因:怎么看待最近美债收益率曲线过平?收益率曲线过平与一部分投资者预期美联储紧缩政策会失败有关吗?
- 长端利率上行对市场的影响:如果长端美债利率大幅上行,对市场会有什么影响?美国利率上行对其他国家及地区(欧洲、日本、中国等)利率水平有何影响?长端美债利率上行对全球资本流动有何影响?

b. 长期格局维度。关于美债的长期格局,机构主要关注长端美债利率变化对未来5~10年全球利率中枢的影响,具体问题如下:全球利率水平是否可能持续徘徊在低位,不会再出现类似于20世纪70、80年代利率飙升的过程?未来5~10年内,全球利率水平会明显高于过去10年的平均水平吗?

(3)地区资产的主要关注点——新兴市场。地区资产方面,机构较为关注美联储紧缩政策对新兴市场的流动性冲击情况,尤其是对中国市场,反馈的问题中直接提及中国的为两个。典型的问题总结如下:

新兴市场整体:美联储退出宽松货币政策对新兴市场的流动性冲击与以前相比如何?

中国市场:美债收益率上行对中国市场的影响有哪些?从资产配置角度看,外资机构对于美国紧缩阶段的中国资产怎么看?

(4)资产配置。资产配置方面,机构主要关注配置方式与价值来源。典型问题包括:在现在的宏观背景下,全球资产应该如何配置?如果只配置中国资产,应该如何配置?主流配置资产的信息貌似都是公开透明的,这种情况下投资这类资产的利益最终来自什么?

3. 详解二:关于货币政策,机构具体在关注什么?货币政策方面,头部机构最关注美联储的政策动向,主要包括政策走向、政策的影响因素、市场预期管理。

(1)美联储政策走向。在货币政策方面,机构对美联储未来政策走向的关注度最高,共反馈关注问题10个,占货币政策领域全部反馈问题的40%,其中又可细分为整体立场(2)、加息(3)、缩表(2)、其他(3)四个方面,可以看出机构更关心美联储的加息进程。

关于整体立场,机构的关注点在于政策紧缩路径是否超预期、紧缩状态的持续时间。具体问题如下:美联储政策紧缩路径最终可能较预期偏鹰还是更为曲折?

关于加息,机构更关心美联储加息进程是否会超市场预期。具体问题如下:
- 美联储加息进程会比现在的市场预期更加鹰派吗?
- 美联储加息的表示是不是还停留在预期管理的层面上?
- 美联储会不会在上半年加息但下半年转向温和?

关于缩表,机构的关注点在于是否会超预期,具体问题为:
- 美联储缩表会不会有超预期的地方?
- 未来包括巴塞尔协议Ⅲ在内的一系列监管规则有没有可能发生改变,从而使美联储缩表的空间变得更大一些?

其他。机构主要关注常设回购机制(Standing Repo Facility)的作用以及缩减资产

购买(Taper)与加息节奏是否会发生变化。典型问题总结为:

·Taper与加息的先后节奏可能发生变化吗?

·常设回购机制能起到多少作用?

(2)美联储政策的影响因素。关于美联储政策的影响因素,机构共反馈了6个关注问题,归纳发现,机构的关注点主要在于美联储的决策关键点、加息是否与选举周期有关以及是否会被迫紧急加息。典型问题总结如下:

·决策关键点:美联储最终决策的关键是不是通胀问题?

·选举周期:加息节奏与选举周期有关系吗?

·被迫紧急加息的可能性:什么情况下,美联储会被迫紧急加急?

(3)市场预期管理。机构也比较关注美联储市场预期管理的方式与效果,共反馈了5个相关问题,根本上在于关切美联储政策操作是否会超预期。具体来看,机构反馈的关于美联储市场预期管理方式的关注点有2个、关于管理效果的关注点有3个。典型问题总结如下:

·市场预期管理方式:美联储与市场沟通的方式是否会发生转变?有没有更高效率的沟通方式?

·市场预期管理效果:为什么市场中有一部分投资者不相信美联储控制通胀的决心和能力?

除了美联储的政策动向,机构对于欧洲的央行及中国央行的政策情况也有一定关注度,两个领域反馈的关注问题数量均为2个。具体而言,对于欧洲的央行,机构比较关注欧洲紧缩对整个市场的影响;对于中国央行,机构比较关注美联储紧缩对我国央行政策路径的影响。

4. 详解三:关于通胀,机构具体在关注什么?通胀是机构第三大关注点,共收到机构反馈的关注问题15个,可细分为三个类别:未来走势、控制措施、对外影响,机构关注点数量分别为9、5、1个。

(1)未来走势。通胀领域,机构的核心关注点是美国通胀未来走势,具体包括短期何时见顶、长期走势如何、通胀预期前景等。典型的问题总结如下:

短期走势:①美国通胀今年真的能见顶吗?②对今年通胀的强度和持续时间怎么看?

长期走势:怎么看待大家现在对于3年以后的通胀预期比较稳定?

通胀预期:关于通胀前景,投资者和美联储会形成共识吗?

(2)控制措施。机构对于通胀是否能得到控制也有较高的关注度,反馈了5个相关关注点,具体而言,头部机构普遍关切美联储紧缩能否有效应对通胀以及其他可能降低通胀的央行举措,可以看出,本质上是对未来美联储政策动向的关注。典型的问题包括:美联储紧缩是有效应对通胀的方式吗?欧美国家有没有可能采取类似20世纪70年代滞胀时期沃尔克推出的紧缩政策?

(3)对外影响。有机构提出关于美国通胀对外影响的问题,具体问题为:美国的通胀压力会通过哪些途径传导到中国?

5. 详解四:关于资本流动与政治,机构具体在关注什么?资本流动方面,机构共反馈了4个相关关注点,其中3个是关于大西洋两岸外资流动(主要是欧洲资金的流动)的影响,可概括为:大西洋两岸外资流动对中国国债有哪些影响?还有关于未来资本流动模式的展望,问题可以概括为:随着中国经济体量越来越大,美联储紧缩对中国的影响与对新兴市场的影响模式是不是不同了?如果美国真的走向衰退,资本是不是会流向中国,而不再像新兴市场一样,因美联储紧缩导致资本流出中国?

政治方面,机构反馈了2个相关关注点,一是关于地缘政治风险,具体问题为:除了俄乌冲突外,美国会不会主动引发其他地缘政治风险事件?二是关于欧美关系,具体问题为:过去很长一段时间欧美关系中合作成分大于冲突,未来会不会合作的成分越来越小、相互对立的成分越来越大?

20世纪60年代以后,一些西方国家和新兴市场国家先后取消了金融管制的政策,推动了利率市场化的进程。进入20世纪80年代,在国际金融市场上,利率可以在相当短的一段时间内发生显著的改变,利率变动会对经济活动主体的收入或净资产价值产生不利影响,由此产生利率风险。如何管理利率风险,如何在利率频繁波动的环境下稳健经营,成为金融机构和非金融机构极为关注的问题。

第一节 利率风险概述

一、利率风险的概念

利率风险是指利率变动对经济主体的收入或净资产价值的潜在影响。这种影响是双重的:它既包含有利的利率变动,会增加经济主体的收入和资产价值或者减少债务负担和利息支出,也包含不利的利率变动,会对其产生消极影响。但一般说来,由于经济主体对意外损失的关切往往要比对意外收益的关注更加强烈,因此在谈到利率风险管理时,主要都是针对利率变动给经济主体带来损失的可能性。下面分别举例说明金融行业与非金融行业的利率风险。

(一)金融行业的利率风险

一般来说,大多数的储蓄金融机构和保险公司的盈利都存在利率风险暴露,因为这些公司负债的到期日比资产的到期日要短,重新定价的时间也比资产快。如果利率上升,公司资金成本率的上升就会比资产收益率上升得要快,因此会降低净利息收入,面临着潜在的再融资风险。

【例1】一家金融机构发行1年期债券,投资于3年期企业债券组合或其他盈利性项目。假设该金融机构的年融资成本率即负债成本率为8%,而投资于企业债券组合的年收益率即资产收益率为10%,那么在第1年,它就可以锁定利润收入为2%的利差。但是,在第2年或是第3年,其收益则是不固定的,也就是说将会有一定的波动性。如果利率在第2年年初没有变动,它仍可以用8%的负债率去融资,并获取2%的利润收入；可一旦利率在第 2 年年初升高了，比方说，融资成本率变成了 12%，这表示该金融机构将不得不以 12% 的利率去得到借款，如此一来，其年收益率将会是 -2%（10%-12%）。我们把这种当金融机构持有比负债期限长的资产时，由于利率上升所造成的收益损失的可能性称为再融资风险。

在欧洲市场上，通常的做法是以固定利率吸收存款，同时以浮动利率对外进行贷款。这里就有一个问题，当其用这笔存款发放贷款时，如果未来的市场利率下降，一旦存贷利差为负值，贷款机构就会面临利息损失的风险。比如说，银行吸收的存款资金是按 2 年期的固定利率计息的，并用这笔存款发放贷款，贷出去的资金也是 2 年期，但却是按照每季度（3 个月）调整一次的浮动利率进行计息，这就会给银行带来一定的利率风险。因为即使贷出去的资金在第一期 3 个月的浮动利率高于存款资金的固定利率，但在以后的几个季度内，贷出去的资金浮动利率却不一定总是高于存款资金的固定利率。

（二）非金融行业的利率风险

对于一般的企业来讲，其在资金的借贷中主要是作为资金的借入者，这与既是债权人又是债务人的金融储蓄机构显然有着本质的不同。市场利率的上升，就意味着其资金成本的上升，即生产成本的上升；市场利率的下降，则能使它的生产成本随之下降。

【例 2】A 公司以浮动利率借款 1 000 万美元。这笔贷款两年后到期，利率为当时 6 个月美元 LIBOR 加 200 个基点（每年 2%），且每 6 个月重设一次。最初的 6 个月美元 LIBOR 是 5%，但是 A 公司面临着利率升高的风险。如果在最后一个利率重设日 6 个月美元 LIBOR 升到了 6.5%，那么 A 公司在这两年内将由于利率升高而损失额外利息成本 3 万美元。

二、利率风险的影响

（一）对收益及费用的影响

任何进行资金借贷和投资的企业都暴露于利率总体水平发生不利变化的风险之中，利率上升意味着浮动利率借款者的借款费用增加，利率下降意味着浮动利率投资者的投资收益减少。

由于大多数中小型企业只能以浮动利率借款，因而借款者将暴露在利率上升的风险之中，他们的利率风险暴露数额就是他们所借入的全部资金。

【例 3】拥有 5 亿美元借款的某大型股份制公司预期实现 1 亿美元的息前利润。若借款按浮动利率计息，且当前利率为 10%，预期息后利润将达到 5 000 万美元。如果该公司经营风险很高，比如说是因为竞争激烈，销售额不尽如人意，因而实际息前利润仅达到 4 000 万美元，这使得该公司无力支付其利息费用，因为公司的负债水平很高。在这种情形下，该公司的实际问题是它的经营状况，但这个问题还掺杂着高负债因素。

假设该公司的销售额和息前利润都达到了预期水平，但公司面临的利率风险很高，利率升至 14%，则该公司的年利息费用将增至 7 000 万美元，息后利润降至 3 000 万美元。这种利润损失就是利率风险的直接结果，它不包括任何可能降低企业利润的经营风险因素。

(二) 对资产价值的影响

债券价格与收益率之间存在着某种反向变动关系:利率上升,债券价格便下降;利率下降,债券价格便上升。同时,随着利率的变动,债券持有人的资本也会相应地增加或减少。因为,理论上讲,资产或负债的价值等于折现后的未来的现金流量。利率上升等于提高了这些现金流量的折现率,就会降低该资产或负债的市场价值。相反,利率下降就会提高资产和负债的市场价值。对于一个持有固定收益债券直到到期日为止的投资者来说,债券在到期日以前的价格波动对于他没有任何意义,因为他只要在债券到期时就可以收回事先约定的本金及利息数额。但是对于一个持有收益类型债券的投资者来说,由于该类债券具有隐含期权的特性,利率的波动也就意味着其资本收益的非稳定性。这就是在债券投资上的利率风险。

【例4】假设长期美国国债的市场价格为100美元,息票利率为6%,这意味着面值(名义价值)为100美元的债券的市场价格为100美元。因而投资者愿意支付100美元购买国债,以获得每年6美元的利息收入,并在债券最终到期时获得债券面值的偿付(100美元),债券投资者的投资收益率为6%。

假设现在市场利率从6%升至8%,债券投资者就会要求他们的投资得到比原先更高的回报,于是市场上息票利率为6%的这种美国国债的价格就会下跌。每100美元(面值)的债券年利息收益为6美元,这显然已经不足以使债券的市场价格达到100美元,因此债券价格将下跌到使投资者购买该债券能够得到8%的回报率这样一个水平上。[①]

任何投资于固定利率债券的投资者,或任何为交易目的持有固定利率债券的银行,都经常暴露在利率上升或者是预期利率上升而引起的价格风险之中。

三、利率风险的衡量

利率风险的衡量是利率风险管理的重要环节,各种风险转移和控制活动都必须以恰当的风险衡量为基础。

(一) 金融机构利率风险的衡量

1. 缺口分析。缺口(Gap)是用货币表示的利率敏感性资产(RSA)和利率敏感性负债(RSL)的差额,用公式表示为:

$$Gap = RSA - RSL \tag{2-1}$$

缺口被广泛地用于衡量资产和负债对利率的敏感性,当利率敏感性资产大于利率敏感性负债,即 RSA>RSL 时,银行处于正缺口;反之,如果利率敏感性资产小于利率敏感性负债,即 RSA<RSL 时,银行处于负缺口。对于一个经济主体来说,只要存在缺口,无论是正缺口还是负缺口,都说明利率敏感性资产与利率敏感性负债不平衡,短期利率的变动对资产价值和收益的影响与对负债价值和成本的影响不能相互抵消,因而该主体的经济利益会受到利率波动的影响,从而面临利率风险的威胁。

[①] 理论上这种国债的价格会一直下跌到75美元(100×6%/8%),但实际上价格下跌幅度还取决于距离债券到期日的时间长短,因为在到期日这一天,美国联邦政府将会按面值100美元赎回投资者手中的该种债券,所以这时的债券价格下跌幅度不会太大。

用缺口的绝对数（Gap）乘以利率的变动量（Δr）可以得到净利息收入的变动量（ΔNII），它反映了利率变动对投资收益的影响。其计算公式为：

$$\Delta NII = Gap \times \Delta r \tag{2-2}$$

例如，某银行有负缺口 1 000 万美元，如果利率增长 50 个基点，即增长了 0.5%，其净利息收入将会减少 5 万美元。

2. 利率差幅。利率差幅是指加权平均的资产收益与加权平均的资金成本的差额，它会随着利率水平的变动而变动，因而也被用于衡量经济主体所面临的利率风险。

【例5】已知某商业银行的 RSA 占银行总资产的 20%，RSL 占总负债的 40%，银行的投资收益如表 2-1 所示：

表 2-1 银行投资的资产收益与资金成本

	资产收益	资金成本
利率敏感性资产	12%	14%
非利率敏感性资产	17%	11%

该银行的平均资产收益为：12%×20%+17%×(1-20%)=16%。
平均的资金成本为：14%×40%+11%×(1-40%)=12.2%。
利率差幅为：16%-12.2%=3.8%。

现假定利率发生变动，比以前增加了 200 个基点，则该银行的利率差幅将变为 [14%×20%+17%×(1-20%)]-[16%×40%+11%×(1-40%)]=3.4%，利率差幅损失了 40 个基点。

运用缺口分析，可以得到利息差幅的另外一种计算方法：利息差幅等于以百分数表示的缺口与利率变动的乘积。依然运用上面的例子，利率差幅为：(20%-40%)×2%=-0.4%，损失了 40 个基点。如果银行 RSA 占总资产的比例变为 40%，而 RSL 占总负债的比例变为 20%，则以百分比表示的缺口变为 40%-20%=20%。在利率上升 200 个基点时，利息差幅为：20%×2%=0.4%，增加了 40 个基点。

3. 持续期。传统的缺口分析没有考虑到利息的利率敏感性以及期限不同的资金对利率敏感性的差异，不能准确衡量利率水平的变化对资产和负债可能产生的影响。相对于利率风险衡量的传统方法，持续期能更加准确、有效地衡量利率水平变化对债券和资产负债价格的影响，因而是一种衡量利率风险更为有效的工具。

（1）麦考利持续期。众所周知，距离到期日越长的债券，其价格受利率变动的影响越大，因此债券到期前的时间长度可被视为衡量风险的合理尺度。由于某些债券不是在某个单独确定的到期日偿还，而是分期偿还本息，所以不能简单地用距离到期日还有多长时间来衡量利率风险的大小，而需要引入持续期的概念。

持续期的概念最早产生于 1938 年，是由弗雷德里克·麦考利（Frederic Macaulay）提出的，它是指从一种金融工具（如债券）收回全部现金流的加权平均时间，其计算公式为：

$$D = \frac{\sum_{t=1}^{T} \frac{C_t t}{(1+i)^t}}{\sum_{t=1}^{T} \frac{C_t}{(1+i)^t}} \tag{2-3}$$

其中:D 为持续期;T 为到期前的时间;t 为收到现金流的时间($t=1,\cdots,n$);C_t 为在时间 t 的现金流(包括本金与利息);i 为到期收益率;$\frac{C_t}{(1+i)^t}$ 为按债券到期收益率贴现的某时期现金流的现值;$\sum_{t=1}^{T} \frac{C_t}{(1+i)^t}$ 为债券现金流的总现值(即价格)。

由式(2-3)可知,持续期实际上是以未来一系列现金流的现值占现金流的总现值的比重作为权数所计算的加权平均时间,它具有以下性质:

a. 除了零息债券的持续期等于到期时间以外,其他债券的持续期都比到期日来得短。

b. 对于到期日相同的债券,持续期会随息票利率的降低而延长。息票率高的债券持续期短,息票率低的债券持续期长。

c. 当息票利率不变时,持续期会随到期期限的增长而增长。到期日短的债券持续期短,到期日长的债券持续期长。

d. 在其他因素都不变时,持续期会随着到期收益率的降低而延长。

(2)持续期与债券价格。麦考利持续期公式虽然可以通过持续期度量债券的相对利率风险,但却无法直接说明当利率发生变动时,债券价格将发生多大程度的变化。运用现值计算公式和持续期计算公式,可以得出持续期与债券价格变动的直接联系。

如果用 P 代表债券的市场价格,它是未来所有现金流量的现值,用公式表示为:

$$P = \sum_{t=1}^{T} \frac{C_t}{(1+i)^t} \tag{2-4}$$

把式(2-4)对 i 求导,得到:

$$\frac{dP}{di} = -\frac{1}{(1+i)} \sum_{t=1}^{T} \frac{tC_t}{(1+i)^t} \tag{2-5}$$

将式(2-3)、式(2-4)代入式(2-5),可得:

$$\frac{dP}{di} = -\frac{D}{1+i} \cdot P \tag{2-6}$$

公式(2-6)说明了债券价格变动的百分率与持续期之间的数量关系。债券价格相对于收益率变化的敏感性,取决于债券的持续期。持续期越长,债券价格的利率敏感性越大,持续期成为利率风险暴露的自然测度。

如果在公式(2-6)中引入修正的持续期概念,即定义修正的持续期 D^* 为:

$$D^* = \frac{D}{(1+i)} \tag{2-7}$$

可把式(2-6)写成以下形式:

$$\frac{dP}{P} = -D^* di \tag{2-8}$$

公式(2-8)说明,债券价格变化的百分比恰好等于修正持续期与债券到期收益率变化的乘积,这三者之间构成非常简洁的数量关系。事实上,修正的持续期更加简明地测度了债券在利率变化时的风险暴露程度。

(3)债券组合的持续期。对由多种资产和负债组成的复杂组合,也可以通过持续期来度量利率风险。计算债券组合的持续期可以采用两种方法:一种是首先计算组合中每种债券的持续期,然后以组合中每种债券的市场价值为权数计算这些持续期的加权平均数即得债券组合的持续期;另一种是将债券组合设想为一种债券,将债券组合的现金流视为设想债券的现金流,根据设想债券的现金流计算的持续期就是债券组合的持续期。但是,这两者持续期并不相同。对于上升的收益率曲线而言,当市场利率上升时,第二种方法比较准确;当市场利率下降时,第一种方法比较准确;对于平稳的收益率曲线,上述两者方法的结果都是相同的。因此,在度量债券组合的利率风险时,必须根据实际情况选择合适的计算方法。如果方法选择不当,会产生较大的误差。

4. 凸度。如果说修正持续期反映了利率与债券价格之间的近似线性关系,主要度量债券的价格——收益曲线斜率,那么凸度则通过对该曲线弯曲程度的衡量,可以度量出这种线性近似所产生的误差,从而更加精确地反映出利率与债券价格之间的变化关系。

债券的凸度是描绘持续期怎样随收益率变化的二阶结果。从数学上讲,凸度是债券价格方程对收益率的二阶导数再除以价格得到:

$$C = \frac{dD^*}{di} = \frac{1}{P} \times \frac{d^2P}{di^2} = \frac{1}{P} \times \frac{1}{(1+i)^2} \sum_{t=1}^{T} \frac{t(t+1)C_t}{(1+i)^t} \tag{2-9}$$

为了深入分析凸度的含义,可以把债券回报率或与债券价格相关的变化率用泰勒(Taylor)的两项扩展式来逼近:

$$\frac{dP}{P} \approx \frac{1}{P} \times \frac{dP}{di}di + \frac{1}{2P} \times \frac{d^2P}{di^2}(di)^2 = -D^*di + \frac{C(di)^2}{2} \tag{2-10}$$

当收益变动很小时,凸度项可忽略,可以把式(2-10)改写为:

$$\frac{dP}{P} \approx -[D^* - \frac{C(di)}{2}]di \tag{2-11}$$

因为无期权债券的凸度是正的,这就表明:当利率下跌时,凸度使持续期变长,债券价格将以加速度上升;当利率上升时,凸度使持续期变短,债券价格将以减速度下降。真正的价格——收益曲线在持续期线之上,这样,无论在利率上升还是下降的环境中投资者都有好处。

(二)非金融机构利率风险的衡量

1. 评估风险暴露的潜在规模。非金融机构评估其风险暴露程度的指标可从以下途径获得:

(1)资产负债表分析。一个公司的资产负债表上出现的相对数量较大的负债是显示该公司利率风险暴露程度的相当可靠的指标。财务杠杆是使用最广泛的衡量资产负债表中负债规模的指标。

较高的杠杆比率对借款者来说意味着较高的利率风险暴露,并且对贷款者来说意味着较高的信用风险,因为一旦该公司的利润减少或者市场利率上升,违约风险就会变得很显著。如果贷款的利率很低并且期限很长,或者公司的利润很高足以承担债务负担,那么就无需担心上述问题。

然而,当杠杆比率上升到超过人们所认为的最优水平时,公司的股价很可能会大幅度下降。作为一种粗略的原则,如果负债超过股本和公积金之和,即如果杠杆比率超过100%,该公司的管理者就应该考虑建立正式的系统来监测它的风险暴露。但是对于什么是高杠杆比率的认识,因金融市场的环境而异。例如,当利率比较低的时候,高杠杆比率的风险就较小。

(2)损益表分析。利率风险暴露的一个有用的指标可以从公司的损益表中提取。一个公司的利润必须能够支付其利息成本。分析中使用最广泛的比率是利息保障倍数,这是一种简单地衡量公司的利润在多大程度上与它的利息收入相关的方法。

【例6】一个公司息税前利润是300万美元,它的利息费用是150万美元。该公司利息保障倍数是2.0倍(3.0÷1.5),很低,表明它的财务状况是高风险的。如果该公司的融资大部分靠浮动利率贷款,那么利率每上升1%,以浮动利率借入的100万美元每年就会增加1万美元的额外成本。该公司的管理者应该监测它的利率风险暴露,并且考虑对冲这种风险。

(3)行业分析。一些行业面对利率的变化比另一些行业更加脆弱,因此处于这些行业中的公司就应该清楚它们的利率风险暴露。房屋建筑业是一个典型的例子:房屋建筑公司不得不通过大量的借款为它们的工程融资。如果利率上升,较高的住房贷款利率可能会抑制对住房的需求。房屋建筑商就会遭遇住房滞销、现金流动困难,以及住房价格偏低和利润下降的风险。

其他对利率变化敏感的行业包括汽车制造和销售、航空、旅游、房地产开发和投资,以及其他需求水平与经济增长率相关的行业,如金融服务业。

2. 衡量利率风险暴露。如果一个公司使用上述三种指标后,发现它的利率风险可能很高,那么它应该识别和确定风险暴露的规模,并且构建系统性的方法来鉴别利率风险暴露。

(1)构建风险暴露的组合。其中一种方法是,对于借入和投资的每一种货币,建立现存的和预期的风险暴露的组合。对于每一种货币,公司可以确定:①借款总额和投资总额;②浮动利率借款的基准利率(如以LIBOR加上150个基点借入,或者固定利率借款的实际利率,如以7%的固定利率借入),以及每一种情况下的借款数额。

【例7】一个公司可能建立它的美元利率风险暴露的组合,如表2-2所示:

表2-2　A公司第一年6月7日的利率风险暴露

(单位:百万美元)

	固定利率贷款			浮动利率贷款	贷款总额
	现有的	预期的	总计		
现在	47	—	47	55	102
第一年年末	44	—	44	55	99
第二年年末	40	54	94	30	124
第三年年末	40	50	90	30	120
第四年年末	40	50	90	30	120
第五年年末	0	50	50	30	80

固定利率借款:

第一年到期　　300万美元,期限为6个月,利率为9%。

第二年到期　　400万美元,期限为1年,利率为7.5%。

第五年到期　　4 000万美元,期限为10年,利率为6.25%。

浮动利率借款:

第二年到期　　5 500万美元,利率为3个月的LIBOR+1.5%。

该清单可以用来评估利率上升或下降所产生的风险暴露。例如,在上面的列表中,A公司有4 700万美元的固定利率借款和5 500万美元的浮动利率借款。如果利率下降1%,该公司对于它的固定利率借款仍然支付不变的利率,因此并没有从较低的市场利率中获利,但是它将从浮动利率借款中节省55万美元的年利息支出。这样,该公司的净利得就减少了8万美元的利息成本。但是到了第三年年末,该公司的固定利率贷款预计为9 000万美元,与3 000万美元的浮动利率贷款相比,将会有更多的由于利率下降所产生的风险暴露。

如果该公司预期利率在下一年内将会下降,它现有的固定利率借款可能仍然很便宜,但是它可能希望将第二年的固定利率债券延期发行,直到利率确实下降。

利率风险暴露组合中的信息可以被用来:

第一,决定是否改变固定利率和浮动利率贷款的组合。如果公司预期到利率的变化,或者认为固定利率或浮动利率的风险暴露太多了,那么它就应该制定相应的决策。

第二,制定经营规划。公司可以根据该信息来估计利率变化对于未来盈利性的潜在影响。

(2)现金流预测。无论是短期的还是中期的现金流预测对于量化利率风险暴露都是非常重要的。一家公司对于它收入和支出的每一种货币,都必须量化。

现金流预测应该逐期分析,所选择的每一时期的长度根据该公司现金流量的规模和特点而决定。在不超过1个月的短期时间内,选择每天、每周进行分析可能都是恰当的。对于稍微长的时期,例如1~6个月,选择每周、每个月进行分析可能比较恰当。在长期内,例如6个月以上乃至数年,可以选择每月、每季度、每半年或每年进行分析。

【例8】一个公司简化的现金流预测如表2-3所示:

表2-3　现金流预测　　　　　　　　　　　　(单位:万美元)

	第一周	第二周	第三周	第四周	7月份	8月份	9月份	第四季度
期初现金	−750	−770	−680	−680	−728	−740	−1105	−967
销售收入	300	350	270	400	1 200	300	1 600	4 600
支付供应商	−120	−180	−160	−280	−750	−200	−900	−2 800
工资	−60	−60	−60	−60	−240	−240	−240	−720
其他支出	−140	−20	−20	−20	−200	−200	−200	−600
资本支出	—	—	−30	—	−30	−30	−30	−90
出售资产所得								
股息/税收	—	—	—	−100	—	−100	−100	−100
其他收入	—	—	—	20	20	20	20	60

续表

	第一周	第二周	第三周	第四周	7月份	8月份	9月份	第四季度
合计	-770	-680	-680	-720	-728	-1 090	-955	-617
利息	—	—	—	-8	-12	-5	-12	-31
期末现金头寸	-770	-680	-680	-728	-740	-1 095	-967	-648
6个月内的利息支付	68							
最大的借款金额	1 105							

预测不可能是100%准确的,当企业的现金流多变且不确定时,这种预测甚至达不到75%的准确程度。现金流预测中的一些项目比另一些更加确定,并且现金收入和支出的衡量应该既是定性的,又是定量的。例如,一周内净现金收入的估计值可能是1 000万美元,但是定性的分析是:净现金收入至少是800万美元;净现金收入至少是900万美元的可能性是80%;净现金收入至少是1 000万美元的可能性是50%;净现金收入超过1 100万美元的可能性是25%。

现金流预测表明:①一个公司的资金需求可能是多少;②有多少资金是长期的,多少是短期的;③短期资金需求的期限;④任何现金盈余的规模和持续期。

这种分析对于确定资金需求是必要的,同时它也提供了一种方法,衡量在给定的预期利率水平下,由于公司债务规模和利息费用所产生的利率风险暴露。现金流预测可以区分固定利率和浮动利率下的利息收入和支付,并由此估计该公司的固定利率和浮动利率风险暴露。

利率未来变化的程度和时间都是难以预料的,因此,公司可能会征询股票经纪人和投资银行雇用的经济学家们的观点。是否对冲风险,或者怎样对冲风险的决策依赖于财务顾问或财务主管对于利率可能怎样变动、变动多少和何时变动的判断。

现金流预测不应该是一项偶然的活动,应该是一个动态的过程,公司应该不断检查现金流量不同组成部分的数量和时间安排,必要时立刻进行修改。

第二节 传统的利率风险管理方法

在利率风险管理的实践中,人们逐渐地探索出各种不同类型的管理工具和管理策略,这些利率风险管理工具和管理策略各有其自身的特点。

从本节开始,我们首先介绍一些传统的利率风险管理方法,然后分析远期利率协议、利率期货、利率互换、利率期权等衍生金融工具在利率风险管理中的运用。

一、选择有利的利率形式

选择有利利率形式的基本原理是:在对有关国际货币资本借贷进行磋商时,经济活动主体根据对未来利率走势的预测,选用对自己有利的利率形式,据以签约成交。

选择有利利率形式的具体做法是：对国际货币资本的借方而言，如果预测利率未来将会上升，则选择固定利率；反之，如果预测利率未来会下降，则选择浮动利率。与借方相反，对国际货币资本的贷方而言，如果预测利率未来会上升，则选择浮动利率；反之，如果预测利率未来会下降，则选择固定利率。

通过上述做法，国际货币的借方与贷方不仅可以将蒙受经济损失的可能性完全转移给交易对方，而且可以为自己争取到获得额外经济利益的机会。这里最为关键的是要求有关经济主体能够对利率的未来走势做出准确预测，否则，将很难达到风险管理的效果。

二、订立特别条款

借款人可以在浮动利率的借款协议中，通过增订特别条款，以避免利率波动的风险，具体做法主要有以下两种。

（一）设定利率上下限

在增订特别条款时，通过设定利率上限或利率下限的方法，使得借款利率在借款期限内只能在利率上、下限之间波动，从而规避利率风险。利率上限也被称为帽子利率，利率下限也被称为领子利率。当市场利率高于帽子利率时，以帽子利率作为借款利率；当市场利率低于领子利率时，则以领子利率作为借款利率。如果在浮动利率的贷款协议中增订了帽子条款，即规定了利率浮动的上限，借款人通常要向贷款人支付一定的费用；如果增订了领子条款，即规定了利率浮动的下限，借款人通常可以得到优惠利率的贷款。领子或帽子协议为浮动利率的借款人防止利息成本的波动提供了一定的保护。是否在贷款协议中订立该条款，取决于借款人对待利率风险的态度以及借款人对利率未来走势的预期。

（二）转换利率形式

在增订特别条款时，借款人还可以在浮动利率的贷款协议中，转换利率形式。当利率的波动达到协议中规定的最高限或最低限的时候，借款人可以将浮动利率贷款转换为固定利率贷款，从而避免利率进一步波动的风险。由于在签订协议时增加了这样的特别条款，银行要额外地承受超出协议限定之外的利率波动风险，因此必须对这种利率波动的风险进行套期保值，由此产生的额外费用体现在贷款银行提供这种服务的价格里。因此，借款人在签署这项协议之前，要对其利弊慎重权衡。

三、利率敏感性缺口管理

缺口分析旨在衡量在一个特定的期间内，利率敏感性资产和利率敏感性负债的差异。当银行的利率敏感性资产超过利率敏感性负债时，银行处于"正缺口"，其净利息收入随利率的增加而增加；当银行的利率敏感性资产少于利率敏感性负债时，银行处于"负缺口"，其净利息收入随利率的上升而减少；当缺口为零，即利率敏感性资产与利率敏感性负债相等时，净利息收入不受利率变动的影响。

因此，在利率风险管理的过程中，主要可以采取以下两种策略：其一，对利率变动进行准确预测，并相应调整利率敏感性缺口，以实现利息收入增加或者股权价值增加的目的;其二,不论利率如何变化,保持利率敏感性缺口为零,以保证收入稳定或股权价值稳定。第一种方法是一种进攻型的策略,但要冒利率变动方向与预测方向不一致的风险。第二种方法是一种保守型的策略,但可以保证稳定的收益或股权价值。在经营中采取何种方法,取决于银行对利率变动趋势的预测能力、缺口控制能力、经营战略、经营风格等诸多因素。

利用缺口分析管理利率风险,首先需要制定定期缺口分析报告,以衡量资产和负债的利率敏感性,因此,有时又把利率敏感性缺口称做"定期缺口",以和资产、负债到期日不相匹配的"期限缺口"相区别。在分析报告中,各种机构对于资产和负债利率敏感性的分类标准不尽相同。一些规模较小的单位往往以1年为标准,而一些规模较大的机构常根据贷款或存款的到期日与重新定价的时间来划分,设计出一系列的时间区,如分为1天到7天、8天到1个月、1个月到3个月、3个月到半年、半年到1年等若干时间段,确定每个时间段到期或可重新定价的资产和负债的数额,并由此确定该时段的利率敏感性缺口,用于分析和管理利率风险。把各个时段利率敏感性缺口相加,可以得到整个考察期的总缺口。利率敏感性总缺口,可以用于分析和管理整个考察期内的总风险。以下我们具体介绍利率敏感性缺口管理的应用。

【例9】假定一家银行的主要资产是贷款和债券,负债只有存款和定期存单。表2-4对这家银行在某年初的资产负债结构进行了分析。

表2-4 某银行年初资产负债结构分析 单位:百万元

	1月1日~1月7日	1月8日~1月31日	2月1日~3月31日	4月1日~6月30日	7月1日~12月31日	非利率敏感性资产负债	1年总计
资产							
贷款	20	32	93	157	161	103	566
债券		11	46	62	85	150	354
现金和同业存放							80
负债和股权							
存款	15	34	112	124	162	143	590
定期存单			50	80	100	170	400
股权							10
缺口	+5	+9	−23	+15	−16		
总缺口	+5	+14	−9	+6	−10		

假定银行预测在第一季度内,由于资金需求旺盛,市场利率将上升;在第二季度,由于资金供给增加,市场利率将下跌;对于第三季度以后的情况,尚难以预料。根据这一预测结果,该银行可以采取如下方案:

1. 第一季度保持正缺口。由于预测第一季度市场利率将上升,所以保持正缺口将会使银行获得较高的净利息收入。根据表2-4的情况,该银行在1月份已经具有1 400

万元的正缺口,而在 2、3 月份具有 2 300 万元的负缺口,因此该银行必须就 2、3 月份的资产负债结构做出相应调整:或者增加该期间的资产 2 300 万元以上,或者缩小该期间的负债 2 300 万元以上,或者同时调整资产与负债,以使利率敏感性缺口为正。

2. 第二季度保持负缺口。由于预测第二季度市场利率将下降,所以保持负缺口将会使银行减少净利息支出。根据表 2-4 的情况,该银行在第二季度内有 1 500 万元的正缺口,因此该银行必须就该季度的资产负债结构做出相应调整:或者减少该期间的资产 1 500 万元以上,或者增加该期间的负债 1 500 万元以上,或者两者同时调整,以使利率敏感性缺口为负。

3. 第三、四季度保持零缺口。由于难以把握第三、第四季度市场利率的变动趋势,银行宜保持利率敏感性缺口为零,这样便可以免受利率风险所造成的损失,保持收入的稳定。根据表 2-4 的情况,该银行第三、第四季度已经具有 1 600 万元的负缺口,因此必须对资产负债结构进行相应调整:或者增加该期间的资产 1 600 万元,或者缩小该期间的负债 1 600 万元,或者同时调整资产与负债,以使利率敏感性缺口为零。

四、持续期缺口管理

持续期是衡量和管理利率风险的重要手段,可以利用持续期对其资产和负债组合进行管理,以规避利率风险。持续期缺口管理的基本思路是,通过保持持续期零缺口,即保持资产组合的持续期精确地等于负债的持续期,使得在利率变动的情况下资产组合的价值变动与负债组合的价值变动相等,从而有效地保护资产和负债免受利率变动的风险,实现银行的经营目标。

【例 10】某银行现有一笔 1 000 万元定期存款的负债,该银行承诺今后 10 年内每年给储户支付利息 100 万元,如果假定市场利率为 10%,可计算该笔负债的持续期和修正持续期:

$$持续期 D = 6.701$$

$$修正持续期 D^* = 6.701/1.1 = 6.092$$

持续期缺口管理策略要求资产组合的持续期等于负债持续期。假定银行现在有两种投资金融工具:一种是 15 年期的长期贷款,年利率为 12%;另一种是 6 个月的短期贷款,收益率为年利率 8%。长期贷款的修正持续期为 8.091,短期贷款的修正持续期为 0.481。设 W_1 和 W_2 分别为长期贷款和短期贷款的权重,D_1 和 D_2 则为相应的持续期,而 D_L 为负债的总持续期,故有:

$$W_1 D_1 + W_2 D_2 = D_L$$
$$W_1 + W_2 = 1$$

将已知的数值代入上式得:

$$8.091 W_1 + 0.481 W_2 = 6.092$$
$$W_1 + W_2 = 1$$

解得:$W_1 = 73.7\%$,$W_2 = 26.3\%$。

由此推出,银行应当将其 1 000 万元资金的 73.7% 投资于 15 年期的长期贷款,其余 26.3% 投资于短期贷款。这样的资产组合的持续期精确地与负债的持续期相等,资产组合的价值变动必然精确地和负债的价值变动相匹配,从而能有效地避免利率变动的风险。此外,这个资产组合还是"盈利"的,因为资产的收益超过了负债的成本,即 $73.7\% \times 0.12 + 26.3\% \times 0.08 = 10.95\%$,资产组合的收益为 10.95%超过了负债的成本 10%。

传统的利率风险管理方法旨在控制缺口(利率敏感性缺口或期限缺口),在消除风险因素的同时,也放弃了利用利率的有利变动获取资产增值或额外收益的可能性。随着竞争压力的不断增加,为了稳定地获取更多利润,除了利用传统的利率风险管理方法以外,越来越多的机构还开始利用远期利率协议、利率期货、利率掉期以及利率期权等金融创新工具对利率风险加以管理,本书将对此进行详细分析。

第三节 远期利率协议

远期利率协议 1983 年首先产生于英国,现在已广泛地存在于各个主要的国际金融市场。

一、定义

远期利率协议是一种利率的远期合约。在这一合约中,交易双方规定一个未来某时间的协议利率,并规定以某种利率为参照利率,到结算日时,如果参照利率与协议利率不同,则必须由一方向另一方支付一定的差额,以作为补偿。这一差额系根据参照利率与协议利率的实际偏差情况,以及合约所规定的期限和本金计算,并经过贴现而得到。这一差额的计算公式如下:

$$A = [(L - F)D \times P]/(360 \times 100 + L \times D) \tag{2-12}$$

在上式中:A 表示支付金额;L 表示远期利率协议中所确定的参照利率(通常为 LIBOR);F 表示远期利率协议中所确定的协议利率;D 表示远期利率协议中所规定的以天数表示的期限;P 表示远期利率协议中所议定的本金。

总之,在远期利率协议的买卖中,买方未必付款,而卖方也未必收款,买卖双方只是对未来依约收付一定的利差做出了承诺。他们之所以被分别称为买方和卖方,只是因为未来的借款人将于到期日(借款的起息日)在形式上收取交易的本金,而未来的贷款人将于到期日(贷款的起息日)在形式上支出交易的本金。之所以说只是形式上的收取或支出,是因为本金的收取或支付实际上都与远期利率协议的交易对手无关。

二、协议内容

如上所述,远期利率协议是交易双方就未来将要支付或收取的利率所签订的一种合约,它的基本条款应包括如下几个方面。

(一) 协议利率

协议利率,也称合约利率,是指由交易双方所商定的合约期间的远期利率。这一利率正是交易双方希望通过远期利率协议的买卖而锁定的利率。

【例11】某公司计划在3个月后筹集金额为1 000万美元、期限为6个月的资金。据预测,3个月内利率将有较大幅度的上升。因此,该公司决定买进一份协议利率为8%的适当期限的远期利率协议,以便将3个月后起息的利率锁定于8%这一可接受的水平。与此同时,某银行准备在3个月后贷出金额为1 000万美元、期限为6个月的资金,但它担心3个月内利率会下跌,从而会减少其资产的收益。因此,它就卖出一份协议利率为8%的适当期限的远期利率协议,以便把3个月后起息的利率也锁定于8%这一可接受的水平。

协议利率究竟确定在哪一水平,主要决定于供求双方的竞争能力,若供大于求,协议利率将下降,若求大于供,协议利率将上升。

(二) 参照利率

参照利率实际是由远期利率协议的买卖双方在远期利率协议中所确定的一种市场利率。因为它是一种市场利率,所以它在远期利率协议的有效期内向哪一方向变动是不确定的。在远期利率协议中,一般都以伦敦银行同业拆放利率作为参照利率。

除了伦敦银行同业拆放利率以外,在远期利率协议中被作为参照利率的也有其他基准利率,如新加坡银行同业拆放利率(SIBOR)、香港银行同业拆放利率(HIBOR)、纽约银行同业拆放利率(NIBOR)等。实际上,这些基准利率本身都只是伦敦银行同业拆放利率在某一特定地区的变种。

(三) 本金

虽然远期利率协议是一种有关利率的远期合约,但是,在这种合约被执行时,交易双方是通过支付差额的形式进行的。在支付差额时,计算应付差额的依据主要是三个要素:一是利差,二是期限,三是本金。在利差和期限一定时,本金越大,则应付的差额也越大;本金越小,则应付的差额也越小。如上所述,在远期利率协议的买卖中,买卖双方只是对未来依约支付利差做出承诺,而并不发生实际的收付行为,因此,这里所谓的本金,实际上也只是一种观念上的本金。但这种观念上的本金必须在远期利率协议中予以确定,以作为未来支付利差的基础。由于远期利率协议没有标准化的特征,因此,其本金的额度可由交易双方自由议定。在远期利率协议产生后的初期,协议的本金额度一般在500万美元到2 000万美元之间。目前,在国际金融市场上交易的每一份远期利率协议的本金额度可达到5 000万美元,甚至更大。

(四) 期限

既然远期利率协议是一种关于利率的远期合约,因此,期限的长短显然是一个很重要的条款。在利差和本金一定时,期限越长,支付的差额越大;期限越短,支付的差额越小。目前,在国际金融市场上,远期利率协议的期限以3个月和6个月为最多,但也有1个月乃至1年的其他各种期限。在计算应付利差时,远期利率协议的期限一般以实际的天数来表示。

三、特征

第一,场外交易。远期合约市场没有实际的交易场所和设施,不存在任何建筑物或者作为市场的有序的公司体制,其交易范围仅限于场外交易市场,也就是由主要金融机构之间的直接交流而形成的市场。

第二,合约的非标准化。远期利率协议的合约是由交易双方直接订立的,协议利率、本金额度和期限由交易双方协商决定。

四、操作

关于远期利率协议的具体操作方法,在此我们举例予以说明。

【例12】某年6月1日,X公司准备在3个月后借入为期3个月的1 000万美元资金,以满足经营上的需要。当时的市场利率为8.10%,但根据预测,市场利率将在近期内有较大幅度的上升。为回避市场利率上升从而加重利息负担的风险,X公司便于6月1日从B银行买进一份期限为3对6、协议利率为8.10%的远期利率协议。

假如到9月1日时,市场利率上升到9.25%(高于协议利率8.10%),则B银行必须对X公司支付利差。支付金额的计算如下:

$$S_1 = [(9.25 - 8.10) \times 90 \times 10\,000\,000]/(360 \times 100 + 9.25 \times 90)$$
$$= 28\,100.18(美元)$$

在X公司收到B银行所支付的28 100.18美元的利差后,它可再按当时的市场利率9.25%借入9 971 899.82美元,以筹足所需的1 000万美元,到期偿还本金9 971 899.82美元,支付利息230 600.18美元,本息之和为10 202 500美元。

现在,我们设X公司所筹措的这笔资金的实际利率为R,则:

$$R = (10\,202\,500 - 10\,000\,000)/10\,000\,000 \times 360/90 \times 100\%$$
$$= 8.10\%$$

由此可见,当X公司买进远期利率协议之后,虽然市场利率已上升到9.25%这一较高的水平,但它实际所支出的利率仍被控制在8.10%这一较低的水平。这一较低的水平与当时买进远期利率协议时的市场利率正好相同。这就说明,通过买进远期利率协议,X公司有效地避免了市场利率上升可能造成的损失。

现在我们再来看一下,在X公司买进远期利率协议之后,若他们的预测严重失误,即市场利率不是大幅度地上升,而是大幅度地下降,比如说降到了7.50%这一较低的水平,则他们是否还能实现保值。

如果在远期利率协议的到期日(即9月1日),市场利率果真下降到7.50%,则X公司就必须对B银行支付利差,其应付的金额可计算如下:

$$S_2 = -14\,723.93(美元)$$

这一支付金额的符号为负,表示买方对卖方的支付。为支付这一利差,X公司必须在借入本来所需的1 000万美元的同时,再多借用于支付利差的14 723.93美元,合计借入10 014 723.93美元。按当时市场利率7.50%计算,X公司到期应付利息187 776.06美元。于是,其本息之和为10 202 499.99美元。

我们仍以R表示X公司筹资的实际利率,则:

$$R = (10\,202\,499.99 - 10\,000\,000)/10\,000\,000 \times 360/90 \times 100\%$$
$$= 8.10\%$$

显然,在X公司买进远期利率协议之后,即使市场利率的变动方向与预测的正好相反,它也同样能实现保值。但是,如果当时X公司没有买进远期利率协议,则在市场利率下降的情况下,它可获得减少利息支出的利益。这就说明,作为一种套期保值的工具,远期利率协议与利率期货一样,都只能使套期保值者避免可能发生的损失,而要避免这种可能发生的损失,他们就必须放弃可能获得的意外利益。

【例13】某年4月1日,某机构投资者根据预测发现将在3个月后有一笔金额为500万美元的短期资金可存入银行6个月。但该机构投资者担心短期利率将在此3个月内下降。为避免短期利率下降,从而减少投资收益的风险,他向C银行卖出一份协议期限为3对9、协议金额为500万美元、协议利率为7.5%的远期利率协议。

7月1日,远期利率协议到期,而机构投资者也如数收到500万美元的资金,但那时市场利率已降至6.8%。该机构投资者从C银行收取参照利率与协议利率之间的差额,并将此差额与收到的500万美元一起存入银行6个月。

应支付的差额可计算如下:

$$A = [(6.8-7.5) \times 180 \times 5\,000\,000]/(360 \times 100 + 6.8 \times 180)$$
$$= -16\,924.56(美元)$$

在此例中,机构投资者为远期利率协议的卖方,而C银行为远期利率协议的买方。应支付的差额为一负值,是买方对卖方的支付,即C银行对机构投资者的支付。

现在,我们来计算一下,该机构投资者通过卖出远期利率协议,能否使他的投资收益得到保证。

在7月1日,该机构投资者一方面收到他预期的5 000 000美元的资金,另一方面又收到C银行支付的16 924.56美元的利差,一并以当时的市场利率6.8%存入银行,合计存入本金5 016 924.56美元。

次年1月1日,存款到期,该机构投资者共收回本息5 187 499.99美元(5 016 924.56+170 575.43)。

设R为该机构投资者所取得的实际收益率,则:

$$R = (5\,187\,499.99 - 5\,000\,000)/5\,000\,000 \times 360/180 \times 100\%$$
$$= 7.5\%$$

很显然,当该机构投资者卖出远期利率协议之后,虽然市场利率已有较大幅度的下降,但其投资的实际收益率却依然保持在7.5%这一较高的水平。而这一较高水平的实际收益率,正是远期利率协议所确定的协议利率。

事实上,在投资者卖出远期利率协议之后,即使市场利率上升,并升至远期利率协议所规定的协议利率之上,投资者所取得的实际投资收益率也仍将等于远期利率协议所规定的协议利率。这就说明,通过卖出远期利率协议,投资者可将其投资的实际收益率锁定于协议利率这一水平。也就是说,在投资者卖出远期利率协议之后,无论市场利率是上升还是下降,无论市场利率变动的幅度有多大,投资者所能取得的实际收益率,总是保持在远期利率协议所确定的协议利率这一水平。

五、利弊分析

(一)远期利率协议的优点

通过上述分析,我们可总结出以下远期利率协议的优点:

1. 灵活性强。远期利率协议无须在交易所成交,对一些没有期货合约的货币来说,更有吸引力;远期利率协议无需缴纳保证金,没有固定的交割日和标准的交易金额,具体要求由交易双方协商达成协议。

2. 交易便利。由于远期利率协议交易的本金不发生现金流动,且收付金额也是以利率的差额计算,所以资金流动的压力小。

3. 操作性强。远期利率协议不会出现在资产负债表上,当银行的资本比率压力较大时,更显出其操作性强的优点,它能够不改变资产负债表的流动性而调整到期利率头寸。此外,与同业拆放市场相比,远期利率协议用来削减银行同业往来账面,优势特别明显,有时能够削减银行同业往来账面的40%。

(二) 远期利率协议的缺点

没有一种套期保值工具可以做到有百利而无一弊,远期利率协议也不例外,它存在以下缺点:

1. 信用风险较大。要使远期利率协议真正实现以上所述的那种完全套期保值,必须以交易双方无违约行为为条件。但实际上,远期利率协议是一种场外交易的利率合约,它不同于那种场内交易的标准化的利率期货合约,它是由交易双方直接订立的,在订立时又无需缴纳保证金。所以,其能否得到顺利执行,取决于参与者的信用。有些参与者,尤其是非银行机构,有可能在利率发生有利于自己的变化后,拒不向对方支付利息差额。

2. 对参与者的要求高。因为远期利率协议的信用风险较大,所以市场要求参与者必须有较高的信用等级,或者必须接受严格的担保条件,这就给信用评级不高的企业使用远期利率协议带来极大不便。

3. 放弃额外收益。远期利率协议虽然避免了利率发生不利变动带来损失的可能性,但它也同时放弃了利率发生有利变动带来的额外收益。

第四节 利率期货

目前,在期货交易比较发达的国家和地区,利率期货已成为成交量最大的一个类别。利率期货之所以有如此迅猛的发展,主要是因为20世纪70年代中期以来,西方各国相继实行金融自由化,纷纷放松甚至取消利率管制,利率波动日益频繁而剧烈,利率风险成为各经济主体尤其是各种金融机构所普遍面临的一种最重大的金融风险。因此,作为一种既简便易行又切实有效的管理利率风险的工具,利率期货自然比其他任何一种期货品种都更重要,人们对它的需求更迫切,它的发展前景也更广阔。

一、定义

利率期货是标准化的合约,交易双方约定在未来某一时刻,合约的买方从合约的卖方处以特定的利率买入一定数量的债券或短期存款。

利率期货的种类很多,因为可作为利率期货标的物的利率及其相关商品的种类很多。根据标的物的期限,利率期货可分为短期利率期货与长期利率期货两大类。所谓短期利率期货,是指期货合约标的物的期限不超过1年的各种利率期货。也就是说,凡是以货币市场上的各种债务凭证作为标的物的利率期货就是短期利率期货,如各种期限的商业票据期货、国库券期货以及欧洲美元期货等。而所谓长期利率期货,则是指期货合约标的物的期限超过1年的各种利率期货。也就是说,凡是以资本市场上的各种债务凭证作为标的物的利率期货就是长期利率期货,如各种期限的中期国债期货及长期国债期货等。

在美国,几乎所有重要的、交易活跃的利率期货都被集中在两个交易所:一是芝加哥期货交易所,另一个是芝加哥商品交易所(国际货币市场分部)。在这两个交易所中,前者以长期利率期货见长,而后者则以短期利率期货见长。在长期利率期货中,最有代表性的是美国长期国债期货及10年期的美国中期国债期货;在短期利率期货中,最有代表性的则是3个月期的美国国库券期货及3个月期的欧洲美元定期存款期货。

利率期货的交易方通常是银行、非银行金融机构以及大公司等。对一个希望对冲利率风险的机构而言,出售一份利率期货可以锁定借款的有效利率,买入一份利率期货可以锁定贷款或投资的有效利率。

二、合约内容

利率期货合约,是由交易双方订立的、约定在未来某日期以成交时所确定的价格交收一定数量的某种利率相关商品(即各种债务凭证)的标准化契约。现以美国期货市场为例介绍利率期货合约的主要内容。

(一)交易标的

交易标的即指有息资产的种类,包括国库券、欧洲美元存款、各种期限的商业票据、市政债券和中长期国债等。

(二)交易单位

交易单位是指在合约中规定一个以面值为多少的有价证券进行交易。例如,美国国库券的交易单位是面值为100万美元的3个月期美国国库券,长期国债期货的交易单位是面值为10万美元的美国长期国库券。

(三)合约期限与交割日

利率期货的合约期一般为3月、6月、9月和12月。国库券期货的交割日为合约期的第三个星期拍卖国库券以后的第二个工作日;长期国债期货的交割日为合约期的任何工作日。

(四)最小价格变动幅度

以国库券期货交易为例,最小价格变动幅度表现为刻度或基点,它是百分点的1%,即0.01%,它所对应的期货合约价格变化值为25美元。

(五)每日价格波动限制

一般情况下,国库券期货和欧洲美元存款期货没有每日价格波动限制,长期国债期货则有每日价格波动限制,约为每合约3 000美元。

三、利率期货交易的特点

利率期货这种交易方式具有下述特点:

第一,场内交易。利率期货合约在有组织的交易所内进行交易,并且由于使用的是标准化的合约,所以该合约的买方或卖方可在结算日之前的任何时刻轧平头寸。

第二,保证金要求。保证金是交易双方缴纳的、用以确保履约并承担价格风险的货币资金。交易者在下单交易时,要按规定比例向其保证金账户存入初始保证金。当交易者买入或卖出一定数量的利率期货合约后,交易所的结算单位将根据每天的结算价格计算出未平仓头寸的盈亏金额,并增减其保证金账户的余额。

第三,交割方式。利率期货主要采取现金交割方式,有时也有现券交割。现金交割是以银行现有利率为转换系数来确定期货合约的交割价格。

四、定价原理

一般来说,利率期货定价分析的基础是利率期货的理论价格,因为市场的价格总是围绕着理论价格上下波动。一旦二者出现偏差,就会有套利机会的出现,而这种套利存在的结果最终又会使这种偏差消除。这里利率期货的理论价格,指在一定的条件下,各种利率期货既不存在套利机会又保持相对稳定的价格。

(一)一般的定价理论

期货合约意味着双方同意在以后的某个时间进行现货交易,因此该协议开始时并不涉及资金的流动。期货合约的卖方要在未来才能得到资金,这与马上能获得资金相比等于损失了这些资金在这段时间内的潜在收益,所以他就有理由获得一个补偿,即融资成本。而持有现货的收益与融资成本之差,就是与所谓的持仓成本之和保持一致,否则就会导致套利机会的出现。如果期货价格大于现货价格与持仓成本之和,那么人们就会在期货市场上卖出期货合约,同时在现货市场上做多,即买入现货商品,待期货合约到期时便用现货进行交割即可赢利。反之,投资者就会在两种市场上构筑反向头寸,以便实现其赢利的目的。当然,这期间都会涉及一个期货价格与现货价格自然回归到合理水平的过程,最终导致套利机会的消失。

(二)期货合约价格的确定

鉴于利率期货与远期利率协议的区别与联系(利率期货可以说是标准化的远期利率协议),利率期货价格的确定自然与远期利率有着密不可分的关系。通常情况下,远期利率与即期利率并不一致,也就是说期货市场利率与现货市场利率往往存在一定的差价,我们称其为"基差",用公式表示就是:

$$基差 = 现货价格 - 期货价格$$

随着期货合约最后交易日的逐渐临近,期货价格与现货价格就会逐渐靠拢,基差会越来越小,这一过程被称为基差的"收敛"。当期货合约到期时,期货价格与现货价格就会趋向一致,这时基差为零。

此外,基差还可以用来判别一种可交割债券是否为最便宜可交割债券。判别的标准就是:在所有可交割债券中,基差最小的就是最便宜可交割债券。所谓最便宜可交割债券(Cheapest To Delivery, CTD)一般指的是发票金额高于现货价格最大或低于现货价格最小的可交割债券。期货合约的卖方选用这种债券交割,可获得最大的利润或使遭受的损失最小。

1. 融资成本模型。如前所述,现货价格与期货价格的差额为基差,而期货价格又应该与现货价格和持仓成本之和保持一致,由此我们得出结论:基差的大小决定于持仓成本的大小。

设定 F 为期货价格,S 为现货价格,B 为基差,可以得到:

$$S - F = B \tag{2-13}$$

在市场均衡的条件下,现货与期货之间无套利机会,此时基差应等于持仓成本。持仓成本的表达式如下:

$$持仓成本 = \frac{S(Y-r)t}{360} \tag{2-14}$$

式(2-14)中,Y 表示持有现货的收益率;r 表示买进现货而支付的融资利率;t 表示持有现货的天数。整理式(2-13)和式(2-14)就可得到:

$$F = S\left[\frac{1+(r-Y)t}{360}\right] \tag{2-15}$$

式(2-15)就是 t 天后交割的利率期货合约的当前价格。可以看到,理论价格是现货价格与合约到期前持有标的资产的融资成本之和,并且期货成本的正负符号取决于融资净成本的大小,即持有现货的收益与融资成本率的大小。

2. 连续复利的模型。除了上述模型外,期货价格还有另一种计算模型,即连续复利模型。

(1) 连续复利的计算。在分析连续复利模型之前,首先讨论一下连续复利问题。假设复利一年计提 a 次,投资者本金为 A,年利率为 R,那么 b 年后,投资者的收益为:

$$S = A(1 + R/a)^{ab} \tag{2-16}$$

当 $a \to \infty$ 时,上面的式子就变成:

$$S = Ae^{Rb} \tag{2-17}$$

式(2-17)中 $e \approx 2.71828$。这时的利息计提方法,就称为连续复利。

在相同利率的情况下,连续复利的计提方法获得的利息收益是最高的,但现实生活中却并不多见,这就涉及一个连续复利与普通复利的转换问题。在相同利息收益的前提下,我们可以获得公式:

$$A(1 + R_1/a)^{ab} = Ae^{Rb} \tag{2-18}$$

式(2-18)中,A 为本金,R_1 为普通复利,a 为普通复利一年的计提次数,b 为利息计提年数。

当 $a = 1, b = 1$ 时,我们可以进一步得到:

$$R_1 = e^R - 1 \tag{2-19}$$

(2) 模型的建立。按照无套利复制技术,在一个较为完善的市场中,投资者投资于一个期限较长(T 天)的短期债券与投资于一个期限较短(t 天)的短期债券,并购买一个从现在起 t 天后到期交割的 $T-t$ 天的短期债券期货合约,这两种选择应该是无差异的,即两者的收益应该相等,并且期货合约的现值应与 T 天到期的债券的现值相等。假设 r_T 为 T 天短期债券的年收益率,r_t 为 t 天短期债券的年收益率,$r_{c,t}$ 为从现在起 t 天到期的短期债券期货的收益率,$r_{t,T-t}$ 则表示现在起 t 天后交割的、期限为 $T-t$ 天的短期债券的隐含年远期利率,可以得到下式:

$$\frac{F}{(1+r_t^1)^t} = \frac{A}{(1+r_T^1)^T} \tag{2-20}$$

式(2-20)中:r_t^1 表示期限为 t 天的短期债券的年收益率,计提方法为普通复利;r_T^1 表示期限为 T 天的短期债券的年收益率,计提方法为普通复利;F 表示 t 天后交割的短期期货的价格;A 表示期限为 T 天的短期债券的面值,且定为 100 天。

对(2-20)式整理可得到:

$$F = Ae^{r_t t - r_T T} \tag{2-21}$$

因为所有利率都进行连续复利计算,故利率 r_t 与远期利率 $r_{t,T-t}$ 的时间加权平均数为:

$$r_T T = r_{c,t}(T-t) + r_t t \tag{2-22}$$

$$r_{c,t} = (r_T T - r_t t)/(T-t) \tag{2-23}$$

所以(2-21)式可以进一步变换为:

$$F = Ae^{-r_{c,t}(T-t)} \tag{2-24}$$

该式表明:t 天后到期的短期债券期货合约的实际价格实际上就等于将 T 时点债券到期的面值 A 按 $T-t$ 的远期利率折算成 t 时点上的现值。将其转换为期货报价 P,可用下式表示:

$$P = 100 - 360/(T-t) \times (100 - F) \tag{2-25}$$

【例 14】假定 130 天的利率折算成年利率后是 9.0%,210 天的利率折算成年利率后是 10.3%,且都以连续复利计算(如果是普通复利要注意转换成连续复利)。求 130 天后交割的 80 天短期债券期货价格。

解:$r_T = 0.103$,$T = 210$(天),$r_t = 0.090$,$t = 130$(天),则:

$$T - t = 80(天) = 0.22(年)$$

130 天至 210 天之间的远期利率为:

$$r_{c,t} = (210 \times 0.103 - 130 \times 0.090)/(210 - 130) = 0.124$$

130 天后交割的短期债券期货合约的实际价格为:

$$F = 100 \times e^{-0.124 \times 0.22} = 97.4$$

将实际合约的价格转换为期货报价为:

$$P = 100 - 360/80 \times (100 - 97.4) = 88.3(元)$$

五、操作

利率期货是应人们管理利率风险的需要而产生和发展起来的,人们在利用利率期货管理他们所面临的利率风险时,首先必须对利率期货交易的基本规则有一个比较明确的认识。然而,与其他期货类别相比,利率期货不仅品种繁多,而且各个品种的交易规则又都比较复杂。这里选择在国际金融期货市场上交易活跃且较有代表性的三个品种作简要的说明。

(一)国库券期货的套期保值

国库券期货是短期利率风险管理中最常用的套期保值工具之一。利用国库券期货既可对现货国库券实行套期保值,也可对其他短期金融工具实行套期保值。

1. 国库券期货的直接套期保值。当投资者准备在未来某日期买进现货国库券时,为回避市场利率下跌从而国库券价格上涨的风险,可从金融期货市场上买进相当面值的国库券期货合约,以实行多头套期保值。反之,当投资者在某一期间内持有现货国库券时,为回避市场利率上升从而国库券价格下跌的风险,可在金融期货市场上卖出相当面值的国库券期货合约,以实行空头套期保值。现以多头套期保值为例,对国库券期货的套期保值作一简述。

【例15】某年1月15日,现货市场3个月期国库券的贴现率为10%。某基金经理预期一个月后可收到一笔总额为3千万美元的款项,他准备将这笔款项投资于3个月期的美国国库券。但根据预测,在最近一个月内,市场利率将有较大幅度的下降。为此,该基金经理买进30份于同年3月份到期的3个月期美国国库券期货合约,以锁定市场利率,从而锁定国库券的价格。其套期保值的具体过程和结果如表2-5所示。

表2-5 国库券期货的多头套期保值

	现货市场	期货市场
1月15日	贴现率为10%,准备把3 000万美元投资于3个月期美国国库券	以89.5的价格买进30份3月份到期的3个月期美国国库券期货合约
2月15日	收到3 000万美元,全部投资于3个月期美国国库券,贴现率为7.5%	以91.8的价格卖出30份3月份到期的3个月期美国国库券期货合约
损益	30 000 000×(7.5%−10%)×90/360=−187 500(美元)	(91.8−89.5)÷0.01×25×30=172 500(美元)
结果	−15 000美元	

由表2-5可看出,该基金经理通过国库券期货的多头套期保值,未能将现货市场的全部损失都予以抵消,因而在套期保值后还有15 000美元的净损失。之所以如此,是因为在同一期间,现货价格上涨了2.5(以指数表示),而期货价格只上涨了2.3。不过,与不做套期保值相比,这一净损失只占其现货市场全部损失的8%。这就说明,通过套期保值,该基金经理已将其现货市场全部损失的92%都予以抵消,所以,这种套期保值可以说是比较有效的。

2. 国库券期货的交叉套期保值。国库券期货的交叉套期保值主要有两种不同的情况:一种情况是用3个月期的国库券期货对不是3个月期的现货国库券实行套期保值,另一种情况则是用国库券期货对不是国库券的其他短期金融工具实行套期保值。对于前一种情况,可用到期日调整系数来调整套期保值所需的期货合约数来解决;而对于后一种情况,则要采用回归分析法,算出被作为套期保值对象的短期金融工具与国库券期货合约的利率相关性,以此来调整套期保值所需的期货合约数。

【例16】6月10日,某投资者预期将在3个月后能收到一笔金额为2 000万美元的款项,当时6个月期美国国库券的贴现率为12%,该投资者认为这是一个比较合意的收益率,故准备在收到上述款项后即买进6个月期的美国国库券。为避免市场利率下跌从而国库券价格上升的风险,该投资者决定以3个月期美国国库券期货合约来进行套期保值。

在这一例子中,如只按面值计算,则该投资者只需买进20份9月份到期的国库券期货合约即可。然而,在市场利率变动1个基点时,面值为100万美元的6个月期国库券的价值将变动50美元,而面值同样为100万美元的1份3个月期国库券期货合约的价值却只变动25美元。这样,在市场利率变动时,现货头寸的风险中将只有一半被抵消,而另一半却没有被抵消。之所以如此,是因为套期保值对象(6个月期国库券)期限,是期货合约标的物(3个月期国库券)的期限的两倍。因此,为使现货市场的全部风险都被抵消,该投资者必须买进两倍于现货头寸面值的期货合约的价值——即买进40份9月份到期的国库券期货合约。其具体过程如表2-6所示。

表2-6 国库券期货的交叉套期保值

	现货市场	期货市场
6月10日	6个月期国库券贴现率为12%,准备3个月后把2 000万美元投资于该国库券	以89.5的价格买进40份9月份到期的3个月期美国国库券期货合约,合约总值为38 950 000美元
9月10日	6个月期国库券贴现率降至10.5%,收到2 000万美元,并以当时价格买进该种国库券	以91的价格卖出40份9月份到期的3个月期美国国库券期货合约,合约总值为39 100 000美元
损益	20 000 000×(10.5%−12%)×180/360=−150 000(美元)	39 100 000−38 950 000=150 000(美元)

(二)欧洲美元期货的套期保值

在许多场合,欧洲美元期货均可替代国库券期货而为各种短期金融工具实施套期保值,而且其操作方法也基本一致。然而,由于欧洲美元期货是以伦敦银行同业拆放利率(LIBOR)作为报价基础,因此,它更适用于对那些以浮动利率计息的资产、负债或投资组合的套期保值。

1. 欧洲美元期货的多头套期保值。欧洲美元期货的多头套期保值主要适用于投资者规避市场利率下跌,从而减少利息收入的风险。通过买进一定数量的欧洲美元期货合约,投资者可在市场利率下跌时从期货市场获取利润,以弥补现货市场减少利息收入的损失。

【例17】某出口公司于3月15日同外国进口公司签订合同。根据合同规定,该公司将于6月10日向外国进口公司收取1 000万美元的款项。出口公司的财务经理准备将此款项投资于3个月期定期存款,当时存款利率为7.65%。但该财务经理预期欧洲美元定期存款利率将在近期内下降,于是,他通过买进6月份到期的欧洲美元期货合约来锁定未来的收益率。其具体过程如表2-7所示。

表2-7 欧洲美元期货的多头套期保值

	现货市场	期货市场
3月15日	预计6月10日可收取1 000万美元,并准备将它存入3个月期欧洲美元定期存款账户,当时利率为7.65%	以92.4的价格买进10份6月份到期的欧洲美元期货合约
6月10日	收到1 000万美元,并以5.75%的利率将此款项存入3个月期欧洲美元定期存款账户	以94.29的价格卖出10份6月份到期的欧洲美元期货合约
损益	$10\ 000\ 000\times(5.75\%-7.65\%)\times 90/360=-47\ 500$(美元)	$(94.29-92.4)\div 0.01\times 25\times 10=47\ 250$(美元)

从表2-7可看出,由于存款利率从7.65%跌至5.75%,该出口公司减少了利息收入47 500美元。但由于事先做了套期保值,可在期货市场获利47 250美元。这一利润可基本抵补现货市场所减少的利息收入。

如从收益率来看,则该公司实际所得的利息收入为:
$$10\ 000\ 000\times 5.75\%\times(90/360)=143\ 750(美元)$$
加上在期货市场所得的利润,其总收益为:
$$143\ 750+47\ 250=191\ 000(美元)$$
设实际收益率为x,则:
$$10\ 000\ 000\times x\times(90/360)=191\ 000$$
$$x=191\ 000\div(10\ 000\ 000\times 90/360)$$
$$=0.0764(即7.64\%)$$

可见,通过套期保值,该公司的实际收益率与3月15日的存款利率相当接近。这就说明,这一套期保值是相当成功的。

2. 欧洲美元期货的空头套期保值。欧洲美元期货的空头套期保值主要适用于借款者规避市场利率上升,从而增加利息支出的风险。通过卖出一定数量的欧洲美元期货合约,借款者可在市场利率上升时从期货市场获取利润,以弥补现货市场增加利息支出的损失。

【例18】在某年4月1日,某公司预计在第四季度需借入1亿美元资金,该公司的融资利率一般为LIBOR+0.5%。现在该公司所面临的问题不是届时能否借到这笔资金,而是届时以什么利率借入这笔资金。为避免利率上升而加重利息负担的风险,该公司决定以欧洲美元期货做套期保值。

假定在4月1日时,CME欧洲美元期货的行情如表2-8所示。

从表2-8可看到,当年9月份欧洲美元期货合约的价格为91.50,相应的,期货收益率为8.50%。如果该公司认为9%的借款利率是可以接受的,那么,它只要卖出100份9月份到期的欧洲美元期货合约,即可将此利率锁定。

表 2-8　CME 欧洲美元期货行情

合约月份	期货价格	收益率(%)
当年 6 月	91.55	8.45
当年 9 月	91.5	8.50
当年 12 月	91.45	8.55
次年 3 月	91.4	8.60
次年 6 月	91.35	8.65

在利息为 9% 时,该公司为借入本金 1 亿美元、期限 3 个月(以 90 天计算)的资金,需支付利息 2 250 000 美元(100 000 000×9%×90/360)。现在,我们来看一下,当该公司以 91.50 的价格卖出 100 份当年 9 月份到期的欧洲美元期货合约后,能否有效地将实际利率锁定于 9% 的水平,见表 2-9。

表 2-9　欧洲美元期货空头套期保值

情况	A	B	C
建仓时期货价格	91.5	91.5	91.5
期货数量	卖出 100 份	卖出 100 份	卖出 100 份
平仓时期货价格	92	91.5	90.5
现货市场利率	8.50%	9.00%	10.00%
利息总支出(美元)	2 125 000	2 250 000	2 500 000
期货损益	−125 000	0	250 000
利息净支出(美元)	2 250 000	2 250 000	2 250 000

在表 2-9 中,我们分别列出了 A、B、C 这三种可能的情况。可以看出,当该公司利用欧洲美元期货做了空头套期保值后,无论市场利率上升还是下降,其利息净支出将稳定于 2 250 000 美元这一水平,而这一水平正是该公司愿意接受的 9% 的利率水平。之所以如此,是因为当市场利率下降时(如情况 A),实际利息支出的减少将被期货市场的损失所抵消;当市场利率上升时(如情况 C),实际利息支出的增加将由期货市场的利润所弥补。

3. 欧洲美元期货的滚动套期保值。所谓滚动套期保值,是指投资者在建立某种头寸后,在整个套期保值期间内,随着时间的推移,以新合约替换旧合约,逐次向前滚动以实现套期保值的策略。这种套期保值可适用于多种不同的场合。例如,通过连续 4 个月份的欧洲美元期货合约的滚动,投资者可将套期保值的时间延长至 1 年。又如,当现货市场的敞口头寸随着时间的推移而增减时,投资者也可利用滚动套期保值的办法来达到其特定的套期保值目的。

【例 19】一投资者于 2009 年 2 月 15 日计划从欧洲美元市场借入一笔分期付款的资金,总额为 1 亿美元,期限为 1 年,从 2009 年 5 月 16 日起,至 2010 年 5 月 15 日为止。

贷款分四次偿还,每 3 个月偿还本金的四分之一(即 2 500 万美元),利息以 LIBOR+0.5%计算,每 3 个月重订一次。为防范市场利率上升而加重利息负担的风险,该投资者决定用欧洲美元期货合约来进行滚动套期保值。其具体过程如表 2-10 所示(在表中,"+"为买进,"-"为卖出)。

表 2-10 欧洲美元期货滚动套期保值

需保值的未清偿贷款本金(美元)	日　期	2009 年 6 月份合约	2009 年 9 月份合约	2009 年 12 月份合约	2010 年 3 月份合约
100 000 000	2009 年 2 月 15 日	-100			
75 000 000	2010 年 5 月 15 日	+100	-75		
50 000 000	2009 年 8 月 15 日		+75	-50	
25 000 000	2009 年 11 月 15 日			+50	-25
0	2010 年 2 月 15 日				+25

由表 2-10 可看出,随着贷款的偿还,投资者的敞口头寸渐次缩小,因此套期保值所需的合约数也渐次减少。这种滚动套期保值实际上是将整个套期保值分为相互连续的四个阶段,每一阶段都做一个空头套期保值。很显然,这种方法比单一的空头套期保值更为有效,套期保值的成本也更为低廉。

(三)长期利率期货的套期保值

在长期利率期货的套期保值中,使用的最多的套期保值工具是各种中长期国债期货。在中长期国债期货的套期保值中,最重要且最复杂的一个环节是套期保值比率的确定,即在套期保值中,应该如何确定需要买进或卖出的合约数。这里以美国长期国债期货为例,对最常用的两种套期保值比率的确定模型及其在套期保值中的具体应用作一介绍。

1. 转换系数模型。该模型以最便宜可交割债券的转换系数作为套期保值比率,以此计算套期保值需要的合约数,计算公式为:

$$\text{套期保值需要的合约数} = \frac{\text{现货头寸的面值总额}}{\text{期货合约的交易单位}} \times \text{转换系数}$$

例如,某投资者持有面值总额为 500 万美元的美国长期国债,准备用 2016 年 9 月到期的美国长期国债期货合约来套期保值。假设该投资者所持有的现货债券对 2016 年 9 月到期的期货合约而言恰为最便宜可交割债券,其转换系数为 1.38,则根据公式即可算出,在套期保值时,该投资者所需卖出的期货合约数为 69 份。

在对最便宜可交割债券的套期保值中,转换系数模型是确定套期保值比率的一个比较理想的模型。但是,该模型假设当市场利率发生变动时,现货头寸的市场价值将受到相同的影响。而事实上,这一假设只适用于最便宜可交割债券,不适用于其他现货债务凭证。因为在转换系数模型中,使用的转换系数是最便宜可交割债券的转换系数,而期货市场价格的变动也只与最便宜可交割债券的市场价值的变动相一致。因此,在对不是最便宜可交割债券的其他现货债券套期保值中,转换系数模型存在着明显的局限性。

2. 持续期模型。在对不是最便宜可交割债券的其他现货债券的套期保值中,持续期模型是一个比较常用的确定套期保值比率的模型。

我们知道持续期可以表示债券的到期收益率发生一定幅度的变动时,债券价格因此而变动的比例,用公式表示,即:

$$D = (-\Delta P/P)/\Delta r \tag{2-26}$$

或,
$$\Delta P/P = -D \times \Delta r \tag{2-27}$$

式中,D 为持续期,P 为债券价格,r 为债券的到期收益率。

一种有效的套期保值,应使现货头寸的价格变动被期货头寸的价格变动抵消。如果以 ΔP_c 表示每1美元面值的现货头寸的价格变动额,以 ΔP_f 表示每1美元面值的期货合约的价格变动额,以 HR 表示套期保值比率,则:

$$\Delta P_c = \Delta P_f \times HR \tag{2-28}$$

根据公式(2-27),可得现货头寸的价格变动额:

$$\Delta P_c = D_c \times P_c \times \Delta r \tag{2-29}$$

其中,D_c 为现货债券的持续期,P_c 为现货债券的价格。

同样,可得期货合约的价格变动额:

$$\Delta P_f = D_f \times P_f \times \Delta r \tag{2-30}$$

其中,D_f 为期货合约标的物的持续期,实际是最便宜可交割债券从交割日至到期日的持续期。P_f 为期货价格。

将式(2-30)、式(2-29)代入式(2-28),得:

$$D_c \times P_c \times \Delta r = D_f \times P_f \times \Delta r \times HR \tag{2-31}$$

假设现货利率与期货利率同时、同向且同幅度变动,则式(2-31)两边同除以 Δr,得:

$$D_c \times P_c = D_f \times P_f \times HR \tag{2-32}$$

因此,
$$HR = (D_c \times P_c)/(D_f \times P_f) \tag{2-33}$$

【例20】某投资者持有面值总额为1 000万美元、2016年到期、票面利率9.25%的美国长期国债,准备用美国长期国债期货来做套期保值。根据计算,该现货债券有9.5年的持续期,价格为116。同时,期货合约标的物的持续期为10.45年,期货价格为91.375。根据式(2-33),得:

$$HR = (9.5 \times 116)/(10.45 \times 91.375) = 1.15$$

套期保值比率为1.15,说明期货合约的面值应为现货债券面值的1.15倍。因现货债券的面值总额为1 000万美元,且美国长期国债期货的交易单位为面值100万美元,因此,该投资者必须卖出11.5份长期国债期货合约,才可实现比较有效的套期保值。

六、远期利率协议和利率期货的比较

如前所述,远期利率协议在本质上是一种场外进行的利率期货。但是,正是由于远期利率协议可在场外进行,而利率期货只能在场内进行,就决定了它们在利率风险管理中有着不同的适用场合。

与利率期货相比,远期利率协议的优点主要有如下四个方面:一是无需缴纳保证金,从而套期保值的成本较低;二是合约金额和到期日比较灵活,人们可根据自己的实际需要灵活确定,从而能在一定程度上提高套期保值的效率;三是在正常情况下不存在基差风险;四是可适用于一切可兑换的货币。但是,远期利率协议也有缺点,其中最突出的一个缺点就在于它的信用风险较大。这是因为远期利率协议是由交易双方直接订立的,因此,如果其中一方违约,另一方则势必受到相应的损失。

相比之下,利率期货是一种场内进行的标准化的利率期货合约的交易。在利率期货交易中,交易双方都必须按照一定的比例向交易所的结算单位缴纳保证金。因此,利率期货的信用风险较小,甚至根本不存在任何信用风险。但是,利率期货也有着明显的局限性。首先,在利率期货交易中,套期保值者必须缴纳保证金。期货交易中的保证金虽然不像期权交易中的期权费那样是一种不予退还的费用,但是,与远期利率协议相比,其套期保值的成本较高,因为套期保值者所缴纳的保证金将产生相应的机会成本。其次,在利率期货交易中,期货合约的标准化也限制了套期保值者的选择余地,因此,在现实的套期保值中,往往只能实现不完全的套期保值。再次,在现实生活中,很多经济主体实际上难以获得比较适当的利率期货合约以管理他们所面临的利率风险,这是由利率风险的复杂性、多样性与利率期货品种的相对缺乏所决定的。最后,利率期货的套期保值存在着一定的基差风险,故与远期利率协议相比,利率期货的套期保值效率往往较低。

由此可见,远期利率协议与利率期货实际上各有所长,也各有所短,它们分别适用于不同场合的不同性质的利率风险的管理。

第五节 利率互换

利率互换产生于1982年,第一笔利率互换业务是由德意志银行与其他三家银行进行的。1982年8月,德意志银行凭借其很高资信等级,以较优惠的固定利率发行了3亿美元7年期的欧洲债券,并安排与三家银行进行互换,换成以伦敦银行同业拆放利率为基准的浮动利率。通过互换,德意志银行按低于伦敦银行同业拆放利率的利率支付浮动利率,得到了优惠,而其他三家银行则通过德意志银行很高的资信等级换得了固定利率欧洲美元债券。这次利率互换交易的成功,推动了利率互换市场的发展。

一、定义

利率互换是指互换双方将自己所持有的、采用一种计息方式计息的资产与负债,调换成以同种货币表示的、但采用另一种计息方式计息的资产或负债的行为。简言之,利率互换是同种货币、异种计息方式金融工具的调换。借助利率互换管理利率风险,主要是换取对自己有利的利率计算方式,是一种介于风险控制型和风险转移型之间的风险管理方法,其成本主要包括付给中间人的佣金和其他费用,当信用评级高的企业与信用评级低的企业进行互换时,信用评级低的企业会因其信用风险较大而有额外加价。

利率互换的品种很多,最基本的利率互换主要有息票互换和基础互换两种。

第一,息票互换。息票互换是指固定利率与浮动利率的互换。图 2-1 是息票互换的示意图。

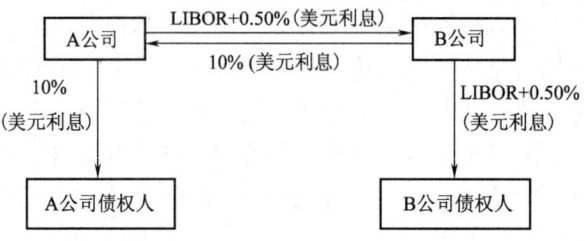

图 2-1　息票互换示意

图中,A 公司借到固定利率为 10% 的美元债务,而 B 公司则借到浮动利率为 LIBOR+0.50% 的美元债务。通过互换,A 公司实际支付的利息是按浮动利率 LIBOR+0.50% 计算的,而 B 公司实际支付的利息是按固定利率 10% 计算的。这一结果与 A 公司一开始借到浮动利率债务、B 公司一开始借到固定利率债务正好一样。

第二,基础互换。基础互换是指两种不同浮动利率之间的互换。图 2-2 是基础互换示意图。

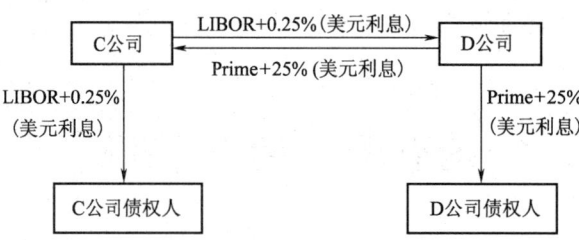

图 2-2　基础互换示意

图中,C 公司与 D 公司都借到以浮动利率计息的美元债务。但 C 公司所借到的,是以伦敦银行同业拆放利率(LIBOR)为基准利率的浮动利率债务;D 公司所借到的,则是以美国优惠利率(Prime)为基准利率的浮动利率债务。通过互换,C、D 公司相互支付对方所需支付的利息,从而也改变了所借债务的计息方式。

利率互换的发生方式有两种:一种是互换双方不经过中间商,直接进行互换,即直接互换;另一种是互换双方经过中间人进行互换,即间接互换。在间接互换中,最常见的中间人是银行,起到安排互换利率、协助利息支付及承担风险的作用。

二、特点

利率互换具有下述特点:

第一,互换双方有相同的身份,或者均为债务人,或者均为债权人。

第二,互换的对象是不同种类的利率,包括固定利率与浮动利率的互换和以不同种类的基准利率为基础的浮动利率的互换,可以是利息收入的互换,也可以是利息支出的互换。

第三,在利率互换中,互换双方只要交换利息,而无需交换本金。这是因为,在利率互换中,被作为交换对象的资产或负债是用同种货币表示的,所以,本金的交换没有必要。而在计算互换双方所需支付给对方的利息时,所依据的只是一种观念上的本金。这种观念上的本金是由互换双方在签订互换协议时即予以确定的。

第四,利率互换可增进整体的利益,交易双方均可从互换中获得好处,达到双赢的结果。

三、操作

无论是息票互换还是基础互换,其最基本的功能主要有两个:一是增加收益或降低成本,二是回避利率风险。事实上,这两个功能是相辅相成的。

(一)降低筹资成本

利率互换的理论基础是李嘉图(D. Ricardo)的相对优势原理。根据这一原理,筹资者只要在自己具有相对优势的市场筹措资金,然后通过利率互换来调换计息方式,则比他直接筹措该种计息方式的资金要来得便宜。对此,我们可举例说明。

【例21】有 A,B 两公司,其信用等级及其筹资利率如表 2-11 所示。

表 2-11 A,B 公司的信用等级及其筹资利率

	A 公司	B 公司	利差
信用等级	AAA	BBB	
固定利率	9%	10%	100 个基点
浮动利率	LIBOR+0.25%	LIBOR+0.75%	50 个基点
相对优势	固定利率	浮动利率	50 个基点(互换利益)

由表 2-11 可看出,A 公司信用等级较高,而 B 公司信用等级较低。因此,A 公司无论以固定利率筹资,还是以浮动利率筹资,均处于优势地位;B 公司无论以固定利率筹资,还是以浮动利率筹资,均处于劣势地位。但是,相对而言,A 公司在固定利率上的优势较大(利差较大),而 B 公司在浮动利率上的劣势较小(利差较小)。这种较大的优势和较小的劣势都可称之为"相对优势"。因此,尽管 A 公司在固定利率和浮动利率上均有绝对优势,但它在固定利率上有着相对优势;而 B 公司虽在固定利率和浮动利率上均处于劣势,但它却在浮动利率上有着相对优势。如果两公司均利用自己的相对优势筹资,然后进行利率互换,则双方均可节省利息支出。

现在假设 A 公司以固定利率 9%筹资,而 B 公司则以浮动利率 LIBOR+0.75%筹资,然后在中介银行的安排下进行利率互换,其具体过程如图 2-3 所示。

通过互换,A 公司实际支付了 LIBOR+0.05%的浮动利息,比自己借浮动利率资金少付了 20 个基点的利息;B 公司实际支付了 9.8%的固定利息,比自己借固定利率资金也少付了 20 个基点的利息;中介银行则在此互换业务中赚得了 10 个基点的利差收益。可见,在这一互换业务中,所有参加者都获得了好处,这一好处可称之为"互换利益"。本例中,由三方所瓜分的互换利益共为 50 个基点。这一互换利益,正是 A,B 两公司在

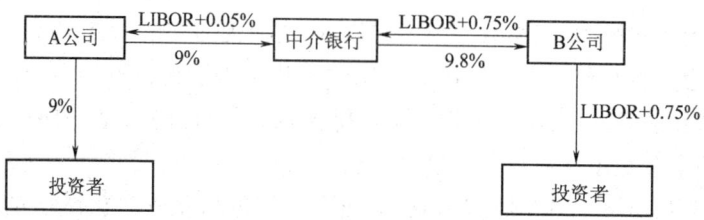

图 2-3　A,B 公司利率互换过程

固定利率上的利差(100 个基点)减去它们在浮动利率上的利差(50 个基点)所得的差。

(二) 回避利率风险

1. 息票互换与利率风险管理。前已指出,息票互换是指固定利率的资产或负债与浮动利率的资产或负债的互换。这种互换是利率互换的基本形式。在利率风险管理中,息票互换有着广泛的应用,可在如下四种做法中进行选择:一是将浮动利率的资产调换成固定利率的资产;二是将固定利率的负债调换成浮动利率的负债;三是将固定利率的资产调换成浮动利率的资产;四是将浮动利率的负债调换成固定利率的负债。当存在利率敏感性正缺口时,人们可选择前两种做法;而当存在利率敏感性负缺口时,人们可选择后两种做法。各种调换的目的,都是使资产与负债更好地搭配起来,以缩小乃至消除利率敏感性缺口,从而回避利率风险。

2. 基础互换与利率风险管理。利率互换既可以是固定利率的资产或负债与浮动利率的资产或负债的调换,也可以是一种浮动利率的资产或负债与另一种浮动利率的资产或负债的调换。两种浮动利率的资产或负债之间之所以要调换,因为这两种浮动利率分别以不同的基准利率作为浮动的基础。因此,两种浮动利率之间的互换,实质上是调换不同的基准利率。产生这种调换必要性的原因,是因为以不同的基准利率作为基础的浮动利率,可能在利率变动的方向或幅度上不尽一致。而对于金融机构或其他经济活动主体而言,其资产与负债分别以不同的浮动利率计息的情况是常有的事。这样,即使以这两种利率计息的资产与负债正好相等,而且其全部资产与负债之间也并不存在利率敏感性缺口,经济活动主体也会面临一定程度的利率风险。所以,利率基准互换也自然有其客观的必要性。

(三) 交叉货币利率互换在金融风险管理中的应用

以上所述的,是货币互换与利率互换在金融风险管理中的具体运用。除了货币互换与利率互换这两种基本形式的互换之外,还有一种金融互换,就是交叉货币利率互换。在这种互换中,互换双方将自己所持有的以一种货币表示的、采用一种计息方式的资产或负债调换成以另一种货币表示的、采用另一种计息方式的资产或负债的行为。互换双方将同时达到两个目的:一是改变资产或负债的货币种类,二是改变资产或负债的计息方式。因此,在金融风险管理中,这种互换具有双重作用。也就是说,它既能管理外汇风险,又能管理利率风险。可见,交叉货币利率互换实质是货币互换与利率互换的一种有机组合,而这种有机组合的金融互换在金融风险管理中显然有着更为广泛的应用。在这里,我们可通过一个比较简单的例子,对这种互换在金融风险管理中的具体应用作简要的说明。

【例22】美国的 X 公司通过发行欧洲债券,以 7% 的固定利率从欧洲美元市场筹得一笔金额为 1 亿美元、期限为 5 年的资金。它准备将这笔资金兑成日元后投资于一个可取得浮动利率(LIBOR+0.5%)收益的日本投资项目。

先假设 X 公司不做套期保值,而以当时的即期汇率 1:120 将其筹得的 1 亿美元兑成 120 亿日元,并投资于日本的投资项目。这样,可清楚地看出,X 公司的资产以日元表示,并以浮动利率计息;而其负债则以美元表示,且以固定利率计息。于是,在为期 5 年中,该公司将面临双重金融风险:一方面,如果日元对美元贬值,则该公司从日本投资项目中所取得的、并以美元衡量的本息将减少,但它必须偿付给欧洲债券投资者的美元负债的本息却不变。于是,该公司将因汇率的变动而受到损失。另一方面,如果日元的浮动利率下跌,则该公司从日本投资项目中可取得的、以浮动利率计算的收入势必减少,但它必须支付给欧洲债券持有人的美元利息却不变。于是,该公司又将因利率的变动而受到损失。这就说明,在这 5 年中,X 公司将既面临着外汇风险,又面临着利率风险。为了同时回避这两种风险,它可通过交叉货币利率互换而将预期的净收益加以锁定。

现在再假设,X 公司在发行欧洲债券并筹得 1 亿美元资金的同时,与 Y 公司达成一个交叉货币利率互换协议。根据该协议规定,在互换开始时,X 公司向 Y 公司支付它发行欧洲债券所筹得的 1 亿美元本金,而 Y 公司则以 1:120 的汇率向 X 公司支付 120 亿日元本金。然后,在为期 5 年中,X 公司定期向 Y 公司支付按 LIBOR+0.25% 计算的日元利息,而 Y 公司则定期向 X 公司支付按固定利率 7.20% 计算的美元利息。最后,在互换协议到期时,X 公司向 Y 公司支付 120 亿日元,并从 Y 公司收回 1 亿美元。

可见,通过交叉货币利率互换,X 公司实际筹得的 1 亿美元,与 Y 公司交换后得到 120 亿日元,正好用于日本项目的投资,而在 5 年后,X 公司仍以 120 亿日元换回 1 亿美元,正好用于偿还给欧洲债券的投资者。这样,即使在这 5 年中日元对美元贬值,X 公司也可免受损失。同时,在这 5 年中,即使日元利率下跌,X 公司也可免受损失。这是因为,在这 5 年中,它定期支付给 Y 公司的日元利息正好是它从日本投资项目中所收取的,但它定期从 Y 公司收取的美元利息的利率却高于它支付给欧洲债券投资者的利率,其间有 20 个基本点的利差。这一利差正是 X 公司所取得的净收益。

下面,让我们用图 2-4 来表示上述例子中 X 公司的现金流量。

从图 2-4 中可看出,X 公司通过这一交叉货币利率互换,既回避了日元对美元贬值的风险,又回避了日元利率下跌的风险。当然,在一般情况下,套期保值总是要付出一定代价的。当 X 公司利用这一交叉货币利率互换做了套期保值之后,它就必须放弃日元对美元升值或日元利率上升所带来的利益。因此,从套期保值的角度来看,交叉货币利率互换与其他各种衍生性金融工具有着相同或相似的特征。

四、风险

利率互换可以使互换双方降低筹资成本,但与其他利率风险管理方法相比,它的风险较大,主要有以下几种风险。

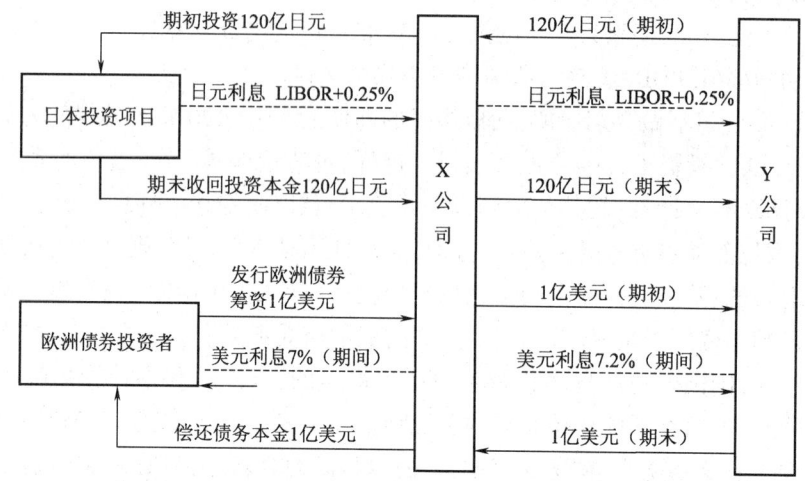

图 2-4 X 公司的货币利率互换过程

(一)信用风险

利率互换的信用风险是指互换协议的一方拒不履行协议规定的义务而给另一方带来经济损失的可能性。存在信用风险的两个重要原因是:

第一,利率互换的期限往往较长。在此较长的有效期中,市场行情的变动更为复杂,变动的幅度也更大。于是,当市场行情的变动对互换交易中的一方造成较为严重的损失时,这一处于较为不利的一方也就容易违约,从而给另一方造成相应的损失。

第二,利率互换交易并不像利率期货交易那样实行逐日结算制度,而是实行定期结算制度。在逐日结算的条件下,当其中一方的损失达到一定程度,其保证金账户的余额低于规定的维持保证金时,必须按规定补交追加保证金。因此,对那些作为利率期货交易结算单位的金融中介机构而言,其风险的程度是很有限的。在利率互换中,互换双方通常每 3 个月或 6 个月进行一次清算(即利息净额的收付),这种清算期间的延长将相应的增大金融中介机构的信用风险。所以,有人认为,对于从事利率互换业务媒介的金融机构而言,缩短清算期间可相应的缩小其面临的信用风险。当然,除此以外,金融中介机构也可采取其他办法以控制利率互换中的风险。例如,对信用等级较低的客户,可在进行互换交易的同时,要求其附加某种形式的担保条款,以限制他们的违约行为。

(二)基础风险

基础风险是指在利率互换中由于两种不同的基准利率有着不同的变动幅度而产生的风险。例如,有一家美国公司通过发行商业票据集资,并进入互换市场,将债务进行互换,这样公司支付的是固定利率,收到的是 LIBOR+2%,如果在此期间,LIBOR 与商业票据利率的差额发生变化,公司就面临图 2-5 所示的基础风险。该风险的防范,只能靠在互换中避免两种不同性质的浮动利率互换来进行。

(三)期限风险

期限风险是指收到利息和支付利息的时间不匹配造成的风险。在上面美国公司发

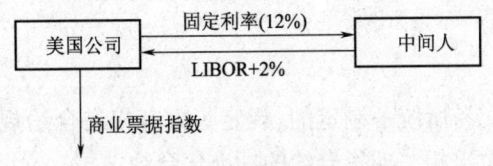

图 2-5 利率互换中的基础风险

行商业票据并债务互换的例子中,美国公司的商业票据期限是 30 天,而 LIBOR 是 6 个月计息一次的,这就意味着美国公司在第 30 天需要支付商业票据利息,而应收的 6 个月 LIBOR+2%还没有收到,因此,该公司既面临着基础风险,又面临着期限风险。

五、利率互换与远期利率协议的比较

利率互换与远期利率协议都是在 20 世纪 80 年代以来产生和发展起来的用于管理利率风险的工具。如前所述,利率互换的期限一般都长达数年,甚至十几年。所以,在管理长期存在的利率风险时,利率互换较为合适。相比之下,远期利率协议的期限一般都较短,通常不超过一年。所以,远期利率协议较适合于管理那些只存在于短期的利率风险。

第六节 利率期权

利率期权是 20 世纪 80 年代以来交易最活跃的金融期权之一,1982 年 3 月,澳大利亚悉尼期货交易所创造出世界上第一种利率期权——银行票据期货期权,用于银行票据利率风险的防范。同年底,美国出现长期、中期和短期债券期权,此后,利率期权交易在世界范围内展开并进入了活跃阶段,利率期权的种类也在不断增加。目前,利率期权交易最为活跃的是 3 个月欧洲美元期货和美国长期国债期货期权合约。

一、定义

利率期权是一种买卖权利的合约,期权合约的买方以支付一定的货币为代价,获得在未来的某一时间以事先约定的协议价格买入或卖出一定数量的债权凭证或利率期货合约的选择权。其标的物多为存贷款及其期货、债券及其期货。换句话说,利率期权指的就是以各种利率相关品或利率期货合约作为标的物的期权交易形式。

利率期权的品种繁多,从交易场所来看,利率期权有场内交易与场外交易。从合约的交易商品来看,利率期权有现货期权与期货期权,现货期权的标的物主要是美国中长期国债,期货期权的主要标的物是欧洲美元期货,目前最为流行的是利率期货期权。从择购还是择售的角度,利率期权有看涨期权与看跌期权。看涨期权是指期权合约的买方支付一定的期权费获得在未来某一时间按协议价格买入一定数量债权凭证或利率期货合约的权利。看跌期权是指期权合约的买方支付一定的期权费获得在未来某一时间

按协议价格卖出一定期数量债权凭证或利率期货合约的权利。

二、合约内容

期权合约是指由交易所统一制定的、规定买方有权在合约规定的有效期限内以事先规定的价格买进或卖出相关期货合约的标准化合约。

期权合约的内容包括:合约名称、交易单位、报价单位、最小变动价位、每日价格最大波动限制、执行价格、执行价格间距、合约月份、交易时间、最后交易日、合约到期日、交易手续费、交易代码、上市交易所。

合约月份指期权合约的交易月份。与期货合约不同,为了减少期权执行对标的期货交易的影响,期权合约的到期日一般提前至其合约月份前的一个月内。

最后交易日是某一期权合约能够进行交易的最后一日。

到期日是期权买方能够行使权利的最后一日。

三、利率期权的交易

(一) 买进看涨期权

买进一定执行价格的看涨期权,在支付一笔很少权利金后,便可享有买入或不买入相关标的物(期货或股票等)的权利。一旦价格上涨,可以履行看涨期权,以低价获得期货多头,然后按上涨的价格水平高价卖出相关期货合约;也可以对冲平仓,获得差价利润,弥补支付的权利金。在损益平衡点以上,期货价格上涨多少,期权便盈利多少。如果价格没有上涨,反而下跌,则可放弃或低价对冲看涨期权,其最大损失为权利金。正因为如此,在期权交易中买方不交保证金,只交权利金。

(二) 卖出看涨期权

以一定的执行价格卖出看涨期权,可以得到一部分权利金收入。如果期货价格低于执行价格,则买方不会履约,卖方可获得全部权利金。如果价格在执行价格与损益平衡点之间,可获取一部分权利金收入。如果价格大于损益平衡点,市价每上涨一单位,卖方就亏损一单位。卖方所面临的风险是无限的,由此可知看涨期权卖方盈利有限,风险无限。正因为如此,在期权交易中卖方需交保证金,当然可以收取权利金。

由于卖出期权是看淡后市,若市价不跌反升,损失可能很大,因此必须密切注意这个策略的盈亏转变。期权合约是一种赋予权利而不是义务的标准化契约,即在某一段特定时间内,以期权合约成交时双方同意的期权费买卖特定价格、特定数量与质量的相关产品。

(三) 买进看跌期权

以一定执行价格并支付一定权利金购买看跌期权后,买方就锁定了自己的风险。如果标的物价格高于执行价格,则放弃期权,最大风险是权利金。如果标的物价格在执行价格与损益平衡点(执行价格减权利金)之间,则会损失部分权利金。如果标的物价格在损益平衡点以下,只要价格一直下跌,买方就一直获利。因此看跌期权买方损失有限(最大为权利金),盈利无限(当然有一个理论的上限,即最多价格跌到零)。正因为如此,在期权交易中买方不交保证金,只交权利金。

看跌期权的买方之所以买入看跌期权,是因为他通过对市场价格变动的分析,认定相关标的物(如期货)价格较大幅度下跌的可能性大,所以,他买入看跌期权,并支付一定数额的权利金。一旦标的物价格果真大幅度下跌的话,如果履约,买方将会因高价卖出期货合约而获取较多的利润。同时,由于此时权利金价格上涨,如果对冲平仓,则获利更大。但是,如果买方对标的物价格变动趋势判断不准确,比如市场价格上涨,则可放弃权利,其最大损失是支付的权利金数额,但他可以在期货市场以更高价卖出期货合约;如果市场价格只有小幅度下跌,买方可通过平仓来弥补权利金支出的损失。

(四)卖出看跌期权

看跌期权卖方损益与买方正好相反,买方的盈利即为卖方的亏损,买方的亏损即为卖方的盈利。谁盈谁亏,完全看大家对市场走势的判断。总之,卖方盈利有限,损失无限(当然有一个理论上的下限,即价格跌到零)。正因为如此,在期权交易中,卖方需交保证金,当然可以收取权利金。

看跌期权的卖方之所以卖出看跌期权,是因为通过对市场价格变动的分析,认定标的物价格不会有很大的变动。也就是说,即使下跌,其跌幅也是很小的。所以,卖方卖出看跌期权,相应的也就收取一定数额的权利金。即使标的物价格有小幅度下跌,会使他遭受一点损失,但这点损失可以由收取的权利金来弥补。但是,如果市场价格大幅度下跌,则权利金升高。若买方履约,卖方将会因高价买进期货合约而遭受较大的损失。卖方即使对冲平仓仍会有损失。这种情况下,卖方遭受的损失额将大于其收取的权利金数额,卖方以最终亏损结束交易。

四、定价原理

(一)利率期权的价格

利率期权的价格是期权合约的买方为获得选择权而向卖方支付的费用,也就是买方购买期权合约的成本。利率期权具有内在价值和时间价值,其价格是这两种价值之和。

期权的内在价值是期权合约本身具有的价值,即期权的协议价格与该金融工具的即期价格或现行价格的差额,是期权持有者能从期权合约中获得的最大收益。具体来说,期权可以分为实值期权、虚值期权和两平期权,如表2-12所示。

表2-12 期权分类

	看涨期权	看跌期权
实值期权	期权执行价格<实际价格	期权执行价格>实际价格
虚值期权	期权执行价格>实际价格	期权执行价格<实际价格
两平期权	期权执行价格=实际价格	期权执行价格=实际价格

1. 实值期权。当看涨期权的执行价格低于当时的实际价格时,或者当看跌期权的执行价格高于当时的实际价格时,该期权为实值期权。

2. 虚值期权。当看涨期权的执行价格高于当时的实际价格时,或者当看跌期权的执行价格低于当时的实际价格时,该期权为虚值期权。

3. 两平期权。当看涨期权的执行价格等于当时的实际价格时,或者当看跌期权的执行价格等于当时的实际价格时,该期权为两平期权。

期权的时间价值是指随着时间推移债券价格变动可能给期权买方带来的经济利益,它是期权购买者为购买期权而实际支出的期权费超过其内在价值的那部分价值。它根据至到期日的时间内,该工具的市场价格所获得价值的分布决定。

(二)影响价格的因素

影响利率期权价格的主要因素有:

1. 市场利率。市场利率是通过对债券市场价格的作用来影响利率期权的价格的。当市场利率越低,债券市场价格就越高,这意味利率看涨期权的内在价值越大,期权价格越高,而利率看跌期权的内在价值越小,期权价格越低;反之,如果市场利率越高,则利率看涨期权的价格越低,利率看跌期权的价格越高。

2. 协议利率。针对某一时刻的债券市场价格而言,如果协议利率越高,则利率看涨期权的价格越低,利率看跌期权的价格越高;如果协议利率越低,则利率看涨期权的价格越高,利率看跌期权的价格越低。

3. 利率期权到期日。利率期权的到期日即利率期权的买方可以行使期权权利的期限。期限越长,价格变化的可能性和期权出售者承担的风险也越大,期权费就越高;反之,期限越短,期权费就越低。

4. 预期利率波动幅度。人们对未来市场利率进行预期,可能涉及利率的历史变动以及其他许多因素。人们预期的利率波动幅度越大,利率期权价格就越高。

5. 非风险利息率。非风险利息率即人们把未来值转化为现在值的贴现率。对于看涨期权来说,非风险利息率越高,协议价格贴现为现在的价格就越低,期权价格便会越高。对于看跌期权来说,非风险利息率越高,期权价格越低。

(三)定价公式

布莱克-斯科尔斯(Black-Scholes)(1973)欧式看涨期权定价公式是目前世界上最普遍使用的期权定价公式。该公式最初主要用于股票期权上,现在也用于其他的期权。其具体表述如下:

$$C(E) = Se^{-\delta T}N(d_1) - Ee^{-rT}N(d_2) \tag{2-34}$$

$$d_1 = \frac{\ln(S/E) + \left(r - \delta + \frac{\sigma^2}{2}\right)T}{\sigma \cdot \sqrt{T}} \tag{2-35}$$

$$d_2 = \frac{\ln(S/E) + \left(r - \delta - \frac{\sigma^2}{2}\right)T}{\sigma \cdot \sqrt{T}} = d_1 - \sigma\sqrt{T} \tag{2-36}$$

式中:S 为即期价格,E 为执行价格,$C(E)$ 为欧式看涨期权的价格,e 为自然对数的底 2.718 28;δ 为标的资产的连续复利年收益率;t 为到期日以前的剩余时间,以年为单位表示;r 为无风险的市场年利率,用小数表示;$\ln$ 为自然对数;σ 为标的资产价格的波动性,即标的资产、连续复利年收益率的标准差;$N(d)$ 为对于给定自变量 d,服从平均值为 0 标准差为 1 的标准正态分布 $N(0,1)$ 的概率,其数值可从正态分布表中查得。

需要说明的是,该公式只能用于计算欧式看涨期权的价格。对于欧式看跌期权的价格,可利用看涨期权与看跌期权之间的平价关系近似地求得,其计算公式为:

$$P(E) = Ee^{-rt}N(-d_2) - Se^{-\delta T}N(-d_1) \qquad (2-37)$$

1983年加曼(Garman)和科尔哈根(Kohlhagen)对 Black-Scholes 的期权定价公式提出了修正,创造了适用于外汇期权的第二种定价公式。该模式进一步考虑了本国货币和外国货币不同的利率水平,使计算结果更加精确。修正后的公式如下:

$$C(E) = e^{-Ft}SN(d_1 + \sigma\sqrt{t}) - e^{-Dt}EN(d_1) \qquad (2-38)$$

$$d_1 = \frac{\ln(S/E) + (D - F - 0.5\sigma^2)t}{\sigma\sqrt{t}} \qquad (2-39)$$

上式中,D 为本国货币利率,F 为外国货币利率,其他符号的意义不变。

上述公式计算的是看涨期权价格,看跌期权的价格可在计算出看涨期权的价格后,利用外汇市场看跌期权、看涨期权和远期汇率的平价理论公式(Put-Call Forward Exchange Parity Theory,PCFEPT)用代入法求出。该平价理论用下列公式表示:

$$C(E) - P(E) = \frac{F - E}{(1 + R)^t} \qquad (2-40)$$

式(2-40)中,F 为与期权到期时间相同的远期汇率;$C(E)$ 为看涨期权的价格;$P(E)$ 为看跌期权的价格;E 为协定价格;R 为利率;t 为到期时间,以年表示。

如果已知看涨期权的价格,运用该式可以很容易地求出看跌期权的价格。

五、操作

(一)看涨利率期权

借款人担心未来利率的上升,买入该项期权,以便有权在到期日或在期满前按事先约定利率借入资金。到期后,如果利率真的上涨,并且高于协定的利率时,期权的买方就会执行期权以获取收益。如果预计的利率并未上升或虽上升但仍低于协定利率时,该项期权将不会被执行,期权买方损失期权费。该期权的盈利为:(名义本金)Max(0,LIBOR-X)(天数/360),其中,X 代表执行利率。

在利率期权当中,一旦合约被执行,发售方的付款行为不是在合约到期日完成,而是在与基础性即期金融工具到期日相协调的未来某个日期发生。例如,假定看涨期权合约以90天 LIBOR 为基础发售,执行利率为10%,也就是当前的 LIBOR,名义本金为2 000万美元。该期权合约在30天后到期。届时,期权持有者根据90天 LIBOR 是否高于10%而决定是否执行期权合约。如果期权被执行,发售方向持有者的付款行为将于合约执行后90天发生,或者说,从目前算起120天之后发生。

【例23】某公司将在30天后以 LIBOR 加100个基点的成本借入2 000万美元。由于担心 LIBOR 上升,它要求交易商发售以 LIBOR 为基础的看涨期权合约,合约将在30天后到期,90天后确认盈利。期权费为5万美元。收益根据90天和一年360天计算。期权合约的收益为:

(2 000万美元)Max(0,LIBOR-0.10)(90/360)

该盈利在到期日之后90天确认。表2-13显示了所有可能结果范围内的期权合约收益。

表 2-13　可能结果范围内的看涨期权合约收益

30 天之后的 LIBOR(%)	贷款到期日看涨期权合约的收益(美元)	到期日的贷款利息(美元)	实际总利息(美元)	含看涨期权的贷款年成本比率(%)	不含看涨期权的贷款年成本比率(%)
6.00	0	350 000	350 000	8.39	7.29
6.50	0	375 000	375 000	8.93	7.82
7.00	0	400 000	400 000	9.48	8.36
7.50	0	425 000	425 000	10.02	8.90
8.00	0	450 000	450 000	10.57	9.44
8.50	0	475 000	475 000	11.12	9.99
9.00	0	500 000	500 000	11.67	10.53
9.50	0	525 000	525 000	12.22	11.08
10.00	0	550 000	550 000	12.78	11.63
10.50	25 000	575 000	550 000	12.78	12.18
11.00	50 000	6 000 000	550 000	12.78	12.74
11.50	75 000	625 000	550 000	12.78	13.29
12.00	100 000	650 000	550 000	12.78	13.85
12.50	125 000	675 000	550 000	12.78	14.41
13.00	150 000	700 000	550 000	12.78	14.97
13.50	175 000	725 000	550 000	12.78	15.54
14.00	200 000	750 000	550 000	12.78	16.10

现在我们验证一下这些结果是怎样得出的。首先,我们按照当前的 LIBOR 加 100 个基点的水平计算出 30 天之后期权费的远期终值:

$$50\ 000[1+0.11(30/360)] = 50\ 458(美元)$$

因此,30 天后贷款行为发生时,实际收到 19 949 542 美元(即 20 000 000 减 50 458 的差)。

现在,我们考虑有可能发生的两种结果:

结果一:

合约到期日的 LIBOR 为 6%

贷款利息:

$$20\ 000\ 000[0.07(90/360)] = 350\ 000\ (美元)$$

看涨期权处于虚值亏损状态,不执行

实际利息合计:350 000 美元

实际借入金额:19 949 542 美元

偿还金额:20 350 000 美元

实际年利率:

$$(20\ 350\ 000/19\ 949\ 542)^{365/90} - 1 = 0.083\ 9$$

结果二：

合约到期日的 LIBOR 为 12%
贷款利息：
$$20\,000\,000[0.13(90/360)] = 650\,000\,(\text{美元})$$
看涨期权处于实值盈利状态，执行期权，其价值为：
$$20\,000\,000(0.12-0.10)(90/360) = 100\,000\,(\text{美元})$$
实际利息合计：650 000-100 000=550 000(美元)
实际借入金额：19 949 542 美元
偿还金额：20 550 000 美元
实际年利率：
$$(20\,550\,000/19\,949\,542)^{365/90}-1 = 0.127\,8$$

图 2-6 表示出了固定利率贷款分别在有看涨期权和无看涨期权情形下，其成本随 LIBOR 变化的情况。当 LIBOR 达到 10%时，成本最大值为 12.78%。

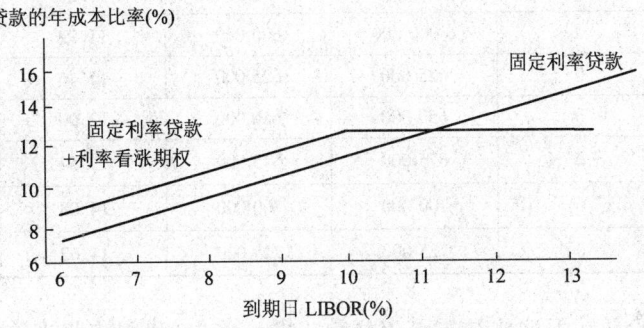

图 2-6　使用利率看涨期权后的贷款成本

(二) 看跌利率期权

贷款方预计未来利率可能下降，而造成利差损失，买入利率期权以便有权利在期权的到期日或期满前按事先约定的利率放贷资金。当利率下跌并低于协定利率时，期权的买方将行使权利以获取利差收益；否则，他将放弃期权权利，损失期权费。利率看跌期权的收益等于：

$$(\text{名义本金})\text{Max}(0, X-\text{LIBOR})(\text{天数}/360)$$

【例24】某银行将在 90 天后以 LIBOR 外加 150 个基点发放贷款，贷款金额 1 000 万美元，期限 180 天，一次性偿还。银行从经纪人处买入一份利率看跌期权，执行价格为即期 LIBOR9%，收益值建立在一年 360 天中的 180 天基础之上，期权费为 26 500 美元。期权合约的收益为：

$$(10\,000\,000\,\text{美元})\text{Max}(0, 0.09-\text{LIBOR})(180/360)$$

表 2-14 显示了所有可能结果范围内的期权合约收益。

表 2-14 可能结果范围内的看跌期权合约收益

90 天之后的 LIBOR(%)	贷款到期日看跌期权合约的收益(美元)	到期日的贷款利息(美元)	实际总利息(美元)	含看跌期权的贷款年收益率(%)	不含看跌期权的贷款年收益率(%)
5.00	200 000	325 000	525 000	10.32	6.70
5.50	175 000	350 000	525 000	10.32	7.22
6.00	150 000	375 000	525 000	10.32	7.75
6.50	125 000	400 000	525 000	10.32	8.28
7.00	100 000	425 000	525 000	10.32	8.81
7.50	75 000	450 000	525 000	10.32	9.34
8.00	50 000	475 000	525 000	10.32	9.87
8.50	25 000	500 000	525 000	10.32	10.40
9.00	0	525 000	525 000	10.32	10.93
9.50	0	550 000	550 000	10.86	11.47
10.00	0	575 000	575 000	11.39	12.00
10.50	0	6 000 000	600 000	11.92	12.54
11.00	0	625 000	625 000	12.46	13.08
11.50	0	650 000	650 000	13.00	13.62
12.00	0	675 000	675 000	13.54	14.16
12.50	0	700 000	700 000	14.08	14.71
13.00	0	725 000	725 000	14.62	15.25

现在我们验证一下这些结果是怎样得出的。首先,我们按照当前的 LIBOR 加 150 个基点的水平计算出 90 天之后期权费的远期终值:

$$26\,500[1+0.105(90/360)] = 27\,196(美元)$$

因此,90 天后贷款行为发生时,实际支付 10 027 196 美元(10 000 000+27 196)。

现在,我们考虑有可能发生的两种结果:

结果一:

合约到期日的 LIBOR 为 7%

贷款利息:

$$10\,000\,000[0.085(180/360)] = 425\,000\,(美元)$$

看跌期权处于实值盈利状态,执行期权,其价值为:

$$10\,000\,000(0.09-0.07)(180/360) = 100\,000(美元)$$

实际利息合计:425 000+100 000=525 000(美元)

实际支付金额:10 027 196 美元

贷款偿还金额:10 525 000 美元

实际年利率:

$$(10\,525\,000/10\,027\,196)^{365/180} - 1 = 0.103\,2$$

结果二：

合约到期日的 LIBOR 为 12%
贷款利息：
$$10\,000\,000[0.135(180/360)] = 675\,000\,(美元)$$
看跌期权处于虚值亏损状态，不执行。
实际利息合计：675 000 美元
实际支付金额：10 027 196 美元
贷款偿还金额：10 675 000 美元
实际年利率：
$$(10\,675\,000/10\,027\,196)^{365/180} - 1 = 0.135\,4$$

图 2-7 说明了含有和不含有利率看跌期权的计划贷款收益。

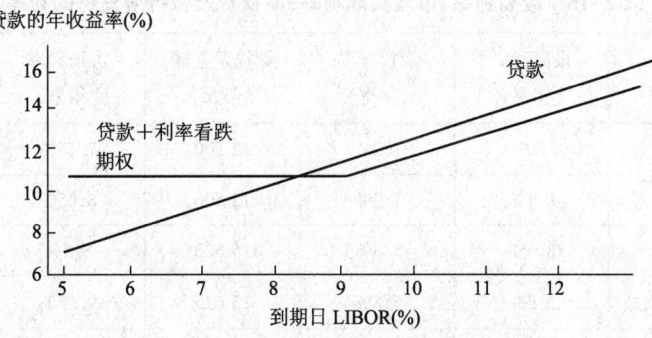

图 2-7　使用利率看跌期权后的贷款收益

看涨期权和看跌期权是与具有某一段名义期限的借款或贷款相关的短期工具，而利率上限期权、利率下限期权和利率区间期权则是长期工具，通常由那些以中期浮动利率借款的借款人或中期浮动利率贷款的贷款人使用。

（三）利率上限期权

利率上限期权指的是在浮动利率制下，期权的买卖双方事前约定一个最高利率，当市场利率高于其协定利率时，期权的卖方便向买方予以补偿。可见，利率上限期权对期权的买方更为有利，其目的在于锁定风险、减少损失。

一个利率上限期权是一系列看涨期权的组合，这些看涨期权的到期日对应于公司现有贷款的未来利息支付日，可以锁定以中期浮动利率借款的最大借款成本。利率上限期权的费用等于单独的看涨期权费用的加总。与看涨期权不同的是，在实际运作中，期权持有者并不需要正式通知期权出售方准备执行期权，只要市场利率高于期权的执行利率，期权将自动执行。

在公司的每个利息支付日，利率上限期权都会根据市场利率是否超过执行利率来决定是否进行现金支付。若市场利率等于或低于协议利率，则作为卖方的银行无需向作为买方的借款者支付任何金额；而若市场利率高于协议利率，则作为卖方的银行就必须向作为买方的借款人支付超过协议利率的那部分利差，以作为补偿。如以 S 表示协议到期时卖方向买方支付的金额，以 MR 表示市场利率，以 CR

表示协议利率,以 A 表示协议金额,以 T 表示结算期的天数,则在协议到期时,银行所需支付的金额即可用如下公式算得:

$$S = (MR - CR) \times A \times T/360 \quad MR > CR \quad (2-41)$$
$$S = 0 \quad MR \leq CR \quad (2-42)$$

【例25】一家公司在3年前以LIBOR+1%的利率借到一笔金额为10 000 000美元、期限为5年的浮息贷款,其利率每个季度重订一次。现在离贷款到期日还有两年(即8个季度),该公司经理预期在这两年中利率将持续上升。为避免加重利息负担,该公司便买进一份协议金额为10 000 000美元、期限为8个季度,且以3个月期LIBOR为参照利率的利率上限期权。

现在假设在以后8个季度中,利率上限期权所规定的最高利率、市场实际利率、公司所支付的期权费及银行所支付的利差如表2-15所示。

表 2-15 最高利率、市场实际利率、期权费及银行所支付的利差

期 限	最高利率 (年率)	期权费率 (年率)	期权费金额 (美元)	市场利率 (年率)	银行补偿金额 (美元)
3个月以后的3个月	8%	1/2%	12 500	7.75%	—
6个月以后的3个月	8.1%	1/2%	12 500	8.05%	—
9个月以后的3个月	8.2%	5/8%	15 625	8.5%	7 500
12个月以后的3个月	8.3%	5/8%	15 625	9.05%	18 750
15个月以后的3个月	8.4%	3/4%	18 750	9.7%	32 500
18个月以后的3个月	8.5%	3/4%	18 750	10.25%	43 750
21个月以后的3个月	8.6%	1%	25 000	10.9%	57 500
24个月以后的3个月	8.7%	1%	25 000	10.75%	51 250
合 计			143 750		211 250

由表2-15可见,在第一、第二两个季度中,市场利率低于利率上限期权所规定的最高利率,因此,银行无需向该公司支付任何利差。而从第三季度开始,市场利率持续上升,直至第八季度有所回落,但仍然高于利率上限期权所规定的最高利率,因此,从第三季度到第八季度,银行都必须根据上述公式算出应支付的金额,以补偿该公司因利率上升所造成的增加利息支出的损失。当然,该公司为避免利率上升的风险而在买进利率上限期权时已付出了一定的期权费。但从总体来看,该公司所支付的期权费总额远少于银行对它所支付的利差总额。所以,该公司通过买进利率上限期权,在相当程度上减少了利率上升所造成的损失。

在不考虑货币时间价值的条件下,借款者通过买进利率上限期权,可将未来所需支付的利率控制在利率上限期权所规定的最高利率加上期权费率这一水平。但是,由于期权费支付在前,而银行补偿利差在后,因此,借款者实际所需支付的利率可能比这一水平高一些。在实务中,这一可控制的利率水平可通过贴现的方式估计出来。这就说

明,利率上限期权确实是一种既简便又有效的管理利率风险的工具。

(四)利率下限期权

与利率封顶期权相对应,利率下限期权规定了一个利率下限。当市场利率下跌并且低于协定利率时,期权的买方就会从卖方那里得到经济补偿,其目的在于锁定投资收益。在期权到期时,若市场利率等于或高于协议利率,交易双方无需进行任何利差的收付;若市场利率低于协议利率,卖方必须根据协议金额和实际发生的利差,向买方支付低于协议利率的那部分差额,以使买方实际收取的利息不少于根据协议的最低利率所计算的利息。如以公式表示,则:

$$S = (FR - MR) \times A \times T/360 \quad MR < FR \qquad (2-43)$$
$$S = 0 \quad MR \geq FR \qquad (2-44)$$

在上述公式中,其他各符号的含义均与利率上限期权中所述的相同,唯其中的 FR 表示规定的最低利率,即所谓的"利率下限"。

【例26】某投资基金经理用收到的一笔资金买进面值为 20 000 000 美元的 3 年期浮息债券,利率每 6 个月调整一次。为回避 3 年内市场利率大幅度下跌,从而减少利息收入的风险,该基金经理就在买进债券的同时,从某银行买进协议金额为 20 000 000 美元、期限为 3 年、协议利率为 8% 的利率下限期权,一次性支付期权费 300 000 美元(占协议金额的 1.5%)。在买进这一利率下限期权后,若市场利率等于或高于 8%,则银行无需向该基金经理支付差额,该基金经理实际得到的利率将等于或高于 8%;而若市场利率跌至 8% 以下,则银行就必须依约支付差额,从而该基金经理实际所得的利率仍将不低于 8%。

一般地说,当投资者买进利率下限期权后,其实际所得的利率将不低于协议利率与期权费率之差。在本例中,因 3 年期的期权费率为 1.5%,故在不考虑货币的时间价值的条件下,平均每年的期权费率为 0.5%。这样,该基金经理在买进利率下限期权后,其实际所得的利率将不低于 7.5%(8%-0.5%)。

(五)利率区间期权

利率区间期权,又称为利率上下限期权,是利率封顶期权和利率保底期权的复合。它同时固定了利率的上下限,并在一定程度上把利率风险控制在了理想的范围之内。通过利率区间期权的施行可以使期权买卖双方的利益均得到保护,当然,期权费也较单向的利率期权费要高一些。

在这种期权中,签约双方确定两个协议利率,其中一个是最高利率,一个是最低利率。在期权到期时,若市场利率高于约定的最高利率或低于约定的最低利率,则其中的一方就要向另一方支付利差。

这样的利率区间期权又有两种不同的类型:

一种适用于借款者预期市场利率上升的可能性较大、市场利率下降的可能性不大的场合。在借款者买进这种利率区间期权后,若市场利率高于最高利率,则高出的部分可由银行给予补偿;反之,若市场利率低于最低利率,则借款者必须向银行支付这一差额。通过这种利率区间期权,借款者既可避免市场利率高于最高利率的损失,又可获得市场利率介于最高利率和最低利率之间的利益。

另一种适用于投资者预期市场利率上升的可能性不大而下降的可能性较大的场

合。当投资者买进这种利率区间期权后,若市场利率低于最低利率,则银行向投资者支付这一差额;反之,若市场利率高于最高利率,则投资者向银行支付这一差额。通过这样的利率区间期权,投资者既可保证获得所期望的最低收益,又可获得市场利率介于最高利率和最低利率之间的利益。

(六)零成本利率双限期权

如果公司不希望支付任何期权费,它可以协商交易一笔零成本利率双限期权。在此合约下,购买利率上限期权需要支付的期权费与出售利率下限期权收到的期权费相等,因此不需要为利率双限期权支付任何净期权费。在这种情况下,利率上限期权与利率下限期权的执行利率也随之被确定。因为此时利率上限期权与利率下限期权的执行利率相当接近,这让利率双限期权更类似于一份将浮动利率债务转换为固定利率债务(或将固定利率债务转换为浮动利率债务)的互换。比如,交易双方订立了一份利率双限期权合约,购买者买入一份利率上限期权,每3个月重设一次利率,执行利率为8%,期限为2年,并卖出一份期限为3个月、执行利率为7.5%的利率下限期权。

该利率双限期权的期权费成本为零,持有者的有效借款利率在7.5%与8.0%之间变动,这是一个非常狭小的范围,几乎固定了这两年内的有效借款利率。

(七)利率期货期权

利率看涨期权、利率看跌期权、利率上限期权、利率下限期权和利率双限期权都是场外交易的期权。唯一一种场内交易的利率期权是利率期货期权,它是给予持有者一种权利,可以选择是否在期权到期日或在此之前以事先确定的价格买入或卖出利率期货合约。利率期货期权在期货交易所内进行交易,交易方式与期货相似,通过保证金系统规避了交易中的信用风险,并且容易购买或出售。

【例27】在某年的6月,短期贷款的市场利率为8%,一家公司需要在9月借入金额100万期限为3个月的欧洲美元,但担心在3个月以后利率会从8%升至9%,从而增加公司的利息成本支付。为了有效控制利率风险,该公司在利率期货期权市场购入一份协议价格为92.00、9月份到期的欧洲美元看跌期权合约,期权费为250美元。

如果在9月份利率果真上涨到9%,该公司将行使期权,以92.00的价格卖出一份利率期货合约,同时以91.00的实际市场价格买入一份期货合约。行使利率期权使公司获利100×25−250=2 250美元,公司的实际利息成本为3个月期的借款利息成本扣除行使利率期权的获利,即1 000 000×90/360−2 250=20 250美元,实际借款的年利率为8.1%。

如果在9月份利率不仅没有上升反而下跌至7%,期货市场价格将上涨至93.00。在这种情况下,公司将放弃行使期权,直接以较低的市场利率借款,其实际借款成本为3个月期的借款利息加上期权费,即1 000 000×7%×90/360+250=17 750美元,实际借款年利率为7.1%。

通过在利率期货期权市场购买看跌期权,公司不仅可以在利率上升时有效固定借款成本,而且可以在利率下跌的时候享受利率下降的好处,从而达到防范利率风险的目的。

(八)利率互换期权

利率互换期权是一种以固定利率支付和浮动利率收取者(即支付者互换期权),或是相反(即收取者互换期权)的身份进入互换合约交易的场外市场交易的期权。

作为利率互换期权标的物的互换合约有一个交易双方商定的到期日、支付频率和名义本金。到期日时,利率互换期权的持有者可以选择进入互换协议,或者交易双方协议进行现金结算。执行利率(K)就是互换期权中商定的互换合约利率。互换合约的期权金会预先支付。

【例28】假设一家美国公司认为在2年后开始的3年之内,它需要向它的代理银行以浮动利率借入1 000万美元的现金。但是,它希望将浮动利率支付转换为固定利率支付。于是公司需要一个支付固定利率、收取浮动利率的1 000万美元的互换合约,该合约开始于2年之后,期限为3年(每年会发生利息支付)。公司还认为接下来的2年内利率会有所上涨,致使届时互换合约的固定利率支付会高于现在的水平,于是通过购买一个关于3年期"支付固定利率、收取浮动利率"互换合约的2年期欧式支付型互换期权,比如选择$K=10\%$的执行利率,公司就可以达到对冲的目的。如果2年内互换利率高于10%,公司会执行期权,以现金的形式收到互换期权的收益;若到期时互换利率低于10%,比如9%,该期权将以无价值的状态终止,公司会以现行的9%的互换利率购买一个互换合约。因此,利率互换期权为利率互换合约的固定利息支付限定了一个最大值。

六、期权与期货的联系与区别

期权交易与期货交易之间既有一定程度的联系又有区别。期权与期货均是以买卖远期标准化合约为特征的交易;在价格关系上,期货市场价格对期权交易合约的执行价格及权利金确定均有影响,同时期货交易是期权交易的基础,交易的内容一般均为是否买卖一定数量期货合约的权利;而且,期货交易与期权交易的共同点是两者均可以做多做空。它们的区别主要有:

第一,买卖双方的权利义务。期货交易中,买卖双方具有合约规定的对等的权利和义务。期权交易中,买方有以合约规定的价格是否买入或卖出期货合约的权利,而卖方则有被动履约的义务。一旦买方提出执行,卖方则必须以履约的方式了结其期权头寸。

第二,买卖双方的盈亏结构。期货交易中,随着期货价格的变化,买卖双方都面临着无限的盈与亏。期权交易中,买方潜在盈利是不确定的,但亏损却是有限的,最大风险是确定的;相反,卖方的收益是有限的,潜在的亏损却是不确定的。

第三,保证金与权利金。期货交易中,买卖双方均要交纳交易保证金,但买卖双方都不必向对方支付费用。期权交易中,买方支付权利金,但不交纳保证金。卖方收到权利金,但要交纳保证金。

第四,头寸了结的方式。期货交易中,投资者可以平仓或进行实物交割的方式了结期货交易。期权交易中,投资者了结其头寸的方式包括三种:平仓、执行或到期。

第五,合约数量。期货交易中,期货合约只有交割月份的差异,数量固定而有限。期权交易中,期权合约不但有月份的差异,还有执行价格、看涨期权与看跌期权的差异。不但如此,随着期货价格的波动,还要挂出新的执行价格的期权合约,因此期权合约的数量较多。

期权与期货各有优缺点。期权的好处在于风险限制特性,但却需要投资者付出权利金成本,只有在标的物价格的变动弥补权利金后才能获利。但是,期权的出现,无论是在投资机会或是风险管理方面,都给具有不同需求的投资者提供了更加灵活的选择。

【案例分析】

(一)宝洁(P&G)公司运用远期利率协议(FRA)来管理未来借款的利率风险

假设宝洁公司需要在两个月后借款 5 000 万美元,为期 6 个月。为了锁定这笔贷款利率,宝洁(P&G)从银行家信托按 LIBOR=6.5%、购买了一份"2×6"的 FRA,名义本金为 5 000 万美元。这就意味着银行家信托签订了一份两个月后的 6 个月的 LIBOR 远期合约,即从现在算起,两个月后,如果 LIBOR 超过 6.5%,银行家信托将支付宝洁(P&G)公司的利息费用之差;如果 LIBOR 低于 6.5%,宝洁(P&G)将支付给银行家信托的利息费用之差。

假设两个月后,LIBOR 是 7.2%,因为利率超过 6.5%,宝洁(P&G)将从银行家信托那里收到差额,即:

$$利息支付 = \frac{(7.2 - 6.5) \times 182 \times 50\,000\,000}{(7.2 \times 182 + 100 \times 360)} = 170\,730(美元)$$

(二)运用期货合约来管理远期借款的利率风险

6 月下旬,一家公司的首席财务官(CFO)预测该公司现金流将短缺,因而在 9 月 16 日需要向银行贷 3 个月的短期贷款 1 000 万美元,契约贷款利率为 LIBOR3+1%,现行的 LIBOR3 是 5.63%。CFO 使用 9 月份的欧洲美元期货锁定远期借款利率,当前期货的交易按 94.18 进行,这一价格隐含着远期欧洲美元利率为 5.82%(100-94.18)。通过卖出 9 月份的欧洲美元期货合约,公司确保在 9 月 16 日开始的 3 月期借款利率为 6.82%,这一利率反映了 1% 的银行价差,这正好高于通过期货合约锁定利率的 1%。

【延伸阅读1】

LIBOR 将唱罢,SOFR 初登场[①]

进入 2022 年,伦敦银行间同业拆借利率(LIBOR)朝着退出历史舞台迈出关键的一步。

2021 年 3 月 5 日,英国金融市场行为监管局(FCA)发布了一项关于 LIBOR 终止报价的公告:2021 年 12 月 31 日之后立即停止所有英镑、欧元、瑞士法郎、日元,以及 1 周和 2 个月期美元 LIBOR 报价。2023 年 6 月 30 日之后所有剩余期限美元利率终止报价。

在这些截止日之前,LIBOR 是世界上最重要的基准利率,在金融市场交易和资产定价中扮演重要角色,全球数万亿美元的金融工具和贷款产品以 LIBOR 为参考利率。但

---

① 资料来源:节选自《别了,LIBOR!》一文,金融监管研究院,2022-01-02。

随着截止日的逐步到来，LIBOR 将走向终结。

（一）为何要换掉 LIBOR

在国际金融市场上，运用最为广泛的基准利率是伦敦银行间同业拆借利率（LIBOR）。LIBOR 由英国银行家协会（BBA）于 1986 年 1 月开始发布，其前身是 1985 年 9 月起发布的利率互换结算利率（BBAIRS）。LIBOR 的报价机制是英国银行家协会根据其选定的 16 家银行作为参考银行在伦敦报出的银行同业拆借利率，除去 25% 的最高和最低报价得到算术平均值，即为当天的 LIBOR 利率报价。

长期以来，LIBOR 是离岸美元最重要的市场基准利率，离岸美元浮动利率贷款、浮动利率债券、利率衍生品多以 LIBOR 为参考利率，甚至很多美国在岸市场金融产品也将 LIBOR 作为参考利率。

LIBOR 的报价范围涵盖 7 种借款期限、5 个币种，LIBOR 期限上涵盖 O/N、1W、1M、2M、3M、6M 和 12M 7 个期限，每个期限对应美元、英镑、欧元、瑞郎、日元 5 种货币，每个工作日会生成 35 种利率，均为无抵押借贷利率。其实最初 LIBOR 只针对三种货币：美元、英镑及日元，至 2013 年 7 月覆盖了 10 类货币以及 15 类期限。在管理机构转换后，覆盖范围于 2014 年 2 月缩减为 5 种货币和 7 种期限。

2008 年国际金融危机以来，各国同业拆借市场有所萎缩，随着银行同业拆借业务萎缩、金融衍生工具的发展，金融机构间拆借需求逐渐减少，使得拆借利率的信用敏感程度钝化，LIBOR 报价的参考基础亦弱化。尤其是在国际金融危机期间爆发多起报价操纵案，严重削弱了 LIBOR 的市场公信力。金融危机后，美国监管部门认定 LIBOR 定价机制是导致金融体系不稳定的一个原因。于是以 LIBOR 被操纵为由，LIBOR 的管理机构由英国银行家协会（BBA）转交至洲际交易所（Inter Continental Exchange）旗下的 ICE Benchmark Administration（IBA）。

接管后，ICE 对 LIBOR 形成机制做了些修补，由原来完全依赖报价行改为瀑布机制。"瀑布机制"指主要基于实际交易利率报价，但当实际交易量无法满足特定要求时，可参考专家意见进行报价。第一层级基于真实交易报价，第二层级基于交易衍生数据报价，第三层级是基于专家的判断报价。但从当下的报价结构看，LIBOR 报价显著依赖第三层级，真实性有限。

LIBOR 的改革既无法解决 LIBOR 的信用危机，也没有解决其内生问题。当前，发达国家也不可能回到以往的单纯靠银行主导的信用体系。2017 年英国金融市场行为监管局（FCA）宣布，2021 年底后将不再强制要求报价行报出 LIBOR，这意味着届时 LIBOR 或将退出市场。随后，其他使用 LIBOR 作为基准利率的美国、欧元区、日本、瑞士等主要发达经济体，也开始研究退出 LIBOR 和培育替代基准利率。

（二）LIBOR 替换有时间表吗

2017 年 7 月，FCA 局长就曾在演讲中表示，从 2022 年起不再强制要求 LIBOR 报价行开展 LIBOR 报价，市场参与者应该开始寻找 LIBOR 的替代指标。

2020 年 11 月 30 日，美联储理事会、联邦存款保险公司和货币监理署声明，将于 2021 年 12 月 31 日后停止公布一周及两个月 LIBOR 利率，其他 LIBOR 利率将于 2023 年 6 月 30 日停止公布。在 2021 年 12 月 31 日之前签订的新合约，应使用 LIBOR 以外的参考利率或使用包括LIBOR终止后明确规定替代利率的后备条款。

2021年3月5日,FCA再次发表声明,对未来LIBOR的退出安排进行了详尽的阐明,其中有26个LIBOR将永久退出(不再强制报价行对其进行报价),包括所有期限的EURLIBOR、CHFLIBOR,以及除1M、3M、6M以外其他期限的GBPLIBOR、USDLIBOR、JPYLIBOR。对于1M、3M、6M期限的GBPLIBOR、USDLIBOR、JPYLIBOR,则会考虑是否基于新方法(Synthetic Method)提供估价,以保证现有挂钩LIBOR的金融合约得到有序处理。即便是继续提供这些LIBOR报价,其也不再具备代表意义,更多是参考作用。

(三)哪些利率可以替换LIBOR

为应对LIBOR退出,各主要发达经济体积极推进基准利率改革,目前已基本完成替代基准利率的遴选工作。被选定的新基准利率多为无风险基准利率(RFRs),由各经济体独立发布,均为实际成交利率,仅有单一的隔夜期限,且绝大多数由央行管理。

例如,美国、英国、欧元区和日本分别选择了有担保隔夜融资利率(Secured Overnight Financing Rate,SOFR)、英镑隔夜平均指数(Sterling Over Night Interbank Average Rate,SONIA)、欧元短期利率(Euro Short-Term Rate,€STR)和日元无担保隔夜拆借利率(Tokyo Over Night Average Rate,TONA)。

考虑到新的基准利率均只有隔夜单一期限,国际上正在研究构建各期限利率的方法,主要有两种:一是参考实际已生成的隔夜基准利率,计算单利或复利得出各期限利率的后顾法;二是根据相关利率衍生品交易计算各期限利率的前瞻法。目前交易基础更为牢固的后顾法受到较多关注,也有部分机构在研究构建前瞻法计算的期限利率。

同时,各方面都在积极推进新基准利率的运用和新旧基准利率的转换。目前衍生品的基准转换方案已基本确定,现货产品中新签合约的基准转换方案也已公布,但存量合约尚未完全明确。

(四)利率替代有哪些模式

主要发达经济体推进基准利率改革主要有两种模式:一种用RFRs完全替代IBOR(Inter Bank Offered Rate,银行间同业拆借利率)类基准利率,如美国和英国;另一种则在引入RFRs的同时,对现有IBOR报价机制进行改革,以提高IBOR报价的可靠性,并允许多个基准利率并存,如欧元区和日本。

1. 完全替代模式。美国以有担保隔夜融资利率(SOFR)替代美元LIBOR。SOFR是纽约联邦储备银行和美国财政部金融研究办公室共同编制的新基准利率,于2018年4月正式推出,由纽约联储担任管理人。SOFR基于隔夜国债回购交易生成,对应市场日均交易基础超过1万亿美元。

英国则采用完善后的英镑隔夜平均指数(SONIA)替代英镑LIBOR。SONIA基于英镑隔夜无担保拆借交易生成,1997年就已推出。英格兰银行进一步改良了SONIA计算规则,扩大了SONIA的交易基础,日均交易量提升了4~5倍。2017年英格兰银行宣布将SONIA作为英镑LIBOR的替代基准利率。

2. 多基准并存模式。欧元区推出的欧元短期利率(€STR)是基于欧元隔夜无担保拆借市场,代表大型银行融入资金的利率,于2019年10月开始正式运行。同时,欧元区仍保留了欧元银行间同业拆借利率(EURIBOR),并引入瀑布机制,对EURIBOR进行改革,提升报价的可靠性。

日本与欧元区类似,既培育了日元无担保隔夜拆借利率(TONA)作为新基准利率,又保留东京银行间同业拆借利率(TIBOR)并引入瀑布机制。

(五) SOFR 是什么

美国回购市场分为双边回购和三方回购市场。

双边回购市场均为一对一直接交易,根据清算方式不同,可分为通过"固定收益清算公司(FICC)—付款交割(DVP)"服务清算的双边回购和非 DVP 服务清算的双边回购。

三方回购市场分为传统三方回购(Tri-party Repo)和一般担保品回购市场(GCF Repo)。Tri-party Repo 为一般抵押品而非特定证券融资,交易在纽约梅隆银行结算。GCF Repo 则是由美国固定收益清算公司负责托管和清算,交易双方须为 FICC 下属会员,因此主要是做市商之间的市场。正逆回购双方通过中间经纪人以匿名形式成交,中间经纪人再将交易细节交由固定收益清算公司完成交易。

基于上述不同的回购市场,纽约联储与美国财政部金融研究办公室设立并公布三大回购利率:TGCR、BGCR、SOFR。

TGCR(Tri-Party General Collateral Rate),衡量传统三方回购市场中以国债为抵押品的隔夜回购利率,覆盖范围最窄。

BGCR(Broad General Collateral Rate),在 TGCR 基础上进一步纳入 GCF Repo 市场国债为担保品的回购利率。

SOFR(Secured Overnight Financing Rate),在 BGCR 的基础上进一步纳入双边回购市场中通过 DVP 服务清算的、以国债为抵押品的回购利率,覆盖范围最广。

上述安排使得 SOFR 广泛地反映了银行与非银机构的资金成本。

2020 年,在 SOFR 覆盖的回购交易中,通过固定收益清算公司(FICC)完成的回购的占比达到 60% 左右。其涉及的机构数量约 2 000 家,其中 33% 是全球系统性重要银行,28% 是非全球系统性重要银行,另有 39% 是非银机构,包括经纪商、政府支持机构等。

在计算方法方面,纽约联储在集合所有数据之后,会按照利率从低到高的顺序对回购交易量进行排序,然后计算以交易量加权的中位数利率。这意味着,每天一半的交易量低于这一利率成交,另一半的交易量高于这一利率成交。纽约联储认为,按照上述方法计算的利率水平更加稳健,而且与有效联邦基金利率(EFFR)的计算方法保持一致。

(六) 为什么选择用 SOFR 替代 LIBOR

SOFR 的选择是 ARRC 做出的。ARRC(Alternative Reference Rates Committee)是一个由金融市场参与者组成的团体,旨在帮助确保从美元 LIBOR 成功过渡到一个更稳健的参考利率。ARRC 由一系列不同的私营部门实体组成,每个实体都在受美元 LIBOR 影响的市场中占有重要地位,还有一系列官方机构成员,包括银行和金融部门的监管者。

联邦储备委员会和纽约联储在 2014 年联合成立了 ARRC。2017 年,ARRC 确定以 SOFR 为最佳替代 LIBOR 的基准利率选择。

ARRC 在 2018 年进行了重组,扩大了成员范围,以帮助确保落实"快速过渡计划",并解决 LIBOR 在 2021 年后无法使用的风险。

LIBOR 因没有真实成交基础、易被操纵而广受诟病。于是 ARRC 提出,新利率基准需要满足五个条件:第一,基准性,即该利率需要来自具有足够深度和活跃度的市场;第二,方法可靠,即该利率数据的标准性、透明度和可用性符合国际组织的标准;第三,可核查性(accountability),主要强调保障操作合规;第四,有良好的治理结构,以保证基准利率真实可靠;第五,便于使用。

在确立选择标准后,ARRC 考虑了一系列备选利率,包括无担保定期利率、无担保隔夜利率、有担保定期利率、SOFR 和国债利率等。其中,SOFR 相关交易的规模最大。2017 年上半年,SOFR 的日均交易量为 7 540 亿美元,远高于隔夜拆借等其他市场。由于其他市场均不具备足够的深度,2017 年 6 月,ARRC 宣布选择 SOFR 作为新的利率基准。

这主要是考虑到 SOFR 能够在较大程度上弥补 LIBOR 的核心问题:第一,SOFR 不是通过报价,而是通过成交价计算,这增加了操纵的难度。第二,回购是货币市场成交量最大的品种,每日超过 1 万亿美元的交易量保证 SOFR 能最大限度地反映资金市场利率水平。但 SOFR 和 LIBOR 还有两大不同,构成了基准利率转换的难点:一是美元 LIBOR 的期限包含从隔夜到一年的 7 种类型,而 SOFR 仅有隔夜这一种期限。二是 LIBOR 表示的是无担保借款的利率,因此存在信用风险,而 SOFR 表示的是有担保借款的利率,因此信用风险较小,两者间的利差需要给未来转换基准利率的合约一个标准。

【延伸阅读 2】

资金管理新规今年起开始实施[①]

在过渡期平稳结束后,资金管理新规(以下简称"资管新规")从今年起开始实施。从落地到实施 3 年多的时间里,这一被业内认为涉及面最广、要求最严的资管新规,不仅使监管标准走向统一,更重塑了资管市场的格局,督促行业回归本源,防范化解影子银行等风险,引领着未来资产管理的前行方向,最终将在服务实体经济、满足居民财富管理需求等方面起到重要作用。

(一)行业过渡平稳

银保监会数据显示,截至 2021 年末,保本理财、不合规短期理财产品实现清零,绝大部分银行如期完成理财存量整改任务,特别是中小银行已按时完成整改工作;保险资管产品基本实现净值化转型,产品投资运作进一步规范;融资类信托占比不断下降,通道业务大幅压降,不合规信托项目累计压降超 80%。

在 2018 年 4 月 27 日《关于规范金融机构资产管理业务的指导意见》发布之前,2017 年底,我国金融机构资产管理业务规模达到百万亿元,涉及银行、信托、证券、基

[①] 资料来源:经济日报,2022-02-10。

金、期货、保险等多类机构众多产品,规模庞大,牵一发而动全身。

在资管新规落地之前,对于那些难以从资本市场公开募集资金或从银行获得贷款成本较高、甚至难以获得资金的企业而言,资管业务为它们提供了新的融资渠道,但也推高了企业融资成本。为了规避日趋严格的监管,不少资管产品的交易结构存在多层嵌套,拉长了资管业务链条,这些都抬高了企业融资成本。

在资管新规落地前,证券资产管理业务专家魏星指出,由于监管标准不一致,资管行业在快速发展过程中暴露出诸多乱象。乱象突出表现为产品多层嵌套,非标准化债权类资产投资急剧膨胀,刚性兑付普遍存在,"非标+刚兑"使资管业务演化为一个规模巨大、监管缺失的影子银行,导致银行业金融机构表外资产虚增虚胖,背离了发展直接融资的初衷。

在此背景下,资管新规发布实施,针对影子银行的产生根源及种种乱象精准施策,按照产品类型而非机构类型统一监管标准,严格规范资管产品投资非标,坚决打破刚性兑付,规范资金池,实现对影子银行的"精准拆弹"。同时,考虑到整改的实际情况,从一开始就为资管新规设置了至2020年底的较长过渡期。

2020年,在综合考虑疫情冲击、宏观环境、市场影响、实体经济融资等因素后,人民银行等六部门决定,资管新规过渡期延长1年至2021年底。过渡期延长有效降低了整改给金融市场和实体经济带来的波动。截至2021年底,银行业保险业基本完成资管业务过渡期整改任务,整体符合预期。

(二) 风险悉数出清

化解资管业务中的高杠杆和影子银行风险,是防范化解重大金融风险的重要一环。

在3年多的过渡期里,资管行业在加快产品转型升级步伐的同时,风险因子也悉数出清。从杠杆率来看,资管产品的投资杠杆得到明显下降,统计显示,银行理财产品平均杠杆率较2018年降低了约2个百分点,信托产品计划杠杆率下降1.32个百分点。

同期,影子银行规模明显下降,较历史峰值压降了约20万亿元。中国信托业协会发布的数据显示,截至2021年三季度末,信托业受托管理的信托资产余额为20.44万亿元,较2017年四季度峰值下降约22%。当前,投向金融机构的信托规模较2017年末的高点4.11万亿元已压缩过半,截至2021年三季度末,投向金融机构的资金信托余额为1.90万亿元。

中国市场学会理事、经济学教授张锐认为,表外业务的外延粗暴经营时代已成过去,精细化内涵运作时代已经来临。由于各种嵌套通道的关闭、杠杆率的统一、刚兑承诺的彻底打破,资管机构再也不可能通过投资非标资产等增加收益,达到以钱炒钱的目的,取而代之的是市场竞争的透明化与激烈化。

如从理财产品的变化来看,净值型产品的比例在不断攀升。银行业理财登记托管中心发布的2021年三季度理财市场数据显示,净值型产品规模稳步上升,占比达86.56%,较前一年同期提高了26.08个百分点。

(三) 整装再出发

随着我国进入新发展阶段,资管行业也步入提质升级的新阶段。在资管新规过渡期结束后,行业将整装再出发。

资管行业与实体经济的关系密切,更与居民财富管理需求息息相关。银保监会的统计数据显示,截至 2021 年 11 月末,银行保险机构资管产品直接配置到实体经济的资金近 40 万亿元,约占同期社会融资规模存量的 13%;理财、保险资管、信托资金通过直接或间接方式,投资股票、债券规模超过 27 万亿元,为资本市场提供了长期稳定的资金来源。截至 2021 年末,存续银行理财产品达 3.63 万只,全年为投资者创造收益近 1 万亿元。

这意味着资管新规正式实施后,资管行业改革仍需加快步伐。银保监会副主席曹宇表示,继续推动银行业保险业资管业务改革向纵深推进,具体举措包括:加快发展专业化、特色化的机构队伍;坚持严监管、强监管不动摇;营造良好的营商环境。

截至目前,已有 29 家理财公司获批筹建,23 家开业运营,保险资管公司达 33 家。曹宇强调,将继续坚持"成熟一家、批准一家"的原则,稳步推进理财公司和保险资管公司批设工作,做好已开业机构的运行评估,积极探索中小银行设立理财公司的模式路径,落实扩大对外开放和引进外资政策,建设各展所长、有机合作、同生共存的生态体系。

业内专家认为,差异化竞争将是资管行业接下来发展的趋势。张锐指出,资管新规将对未来资管市场释放更大的重塑与再造能量。资管机构回归主业,聚焦"专而特",既要充分利用资源禀赋优势进行深耕,也要针对不同客户群体加强产品精准定制与个性化设计,开展差异化竞争。

中国银行业协会首席经济学家、北京大学汇丰金融研究院执行院长巴曙松在《2021 年中国资产管理行业发展报告》中提出,在资管新规的早期过渡阶段,部分资管机构偏好采用跟随战略,即观察市场上有哪类产品较受欢迎,或哪类展业模式性价比较高,便对其进行模仿并大规模地铺开。同类型资管机构之间"同质化"的竞争现象并不少见。资管新规过渡期结束后,跟随或者模仿战略的有效性必然会大打折扣。基于不同资管机构具备的不同资源禀赋和能力边界,资管机构"差异化"竞争的格局将逐渐成形。各类资管机构在发展过程中需要厘清自身的能力边界所在,认真选择符合自身的战略定位,只要能在适合的赛道上创造出竞争优势,就能获得广阔的市场空间。

【思考题】

1. 财务顾问给了你如下建议:"长期债券是更为合适的投资,因为它们的利率超过了 15%。"请利用有关知识分析其建议是否合理。

2. 如果利率下降,你愿意持有长期债券还是短期债券?为什么?哪种债券的利率风险大?

3. 如何分析一家企业所面临的利率风险及其对企业的影响。

4. 选择有利利率形式的具体做法是什么?该方法存在哪些缺陷和不足?

5. 已知甲银行 1 个月内的利率敏感性资产为 45 000 万元人民币,1 个月内的利率敏感性负债为 60 000 万元人民币;乙银行 1 个月内的利率敏感性资产为 50 000 万元人民币,1 个月内的利率敏感性负债为 55 000 万元人民币。试计算甲、乙两家银行 1 个月内的利率敏感比率和利率敏感性缺口,并说明甲、乙两家银行中哪个利率风险更大(计算结果在小数点后保留 3 位)。

6. 解释 IBM 公司是如何使用远期利率协议锁定 6 个月后,为期 1 年、价值2 500万美元的贷款。另外,解释 IBM 公司如何利用欧洲美元期货来锁定这笔贷款的利率。使用 FRA 和期货合约对 IBM 公司的利率风险进行套期保值的主要不同点是什么?

7. 什么是利率互换?基础互换和息票互换的区别是什么?

8. 瑞士中央银行限制欧洲债券使用瑞士法郎,试解释那些想在瑞士以外通过发行债券来筹集瑞士法郎的外国发行人是怎样利用货币互换绕开这一限制的。

9. 什么是利率期权?影响利率期权价格的因素有哪些?

10. 试分析利用不同类型的利率期权来管理利率风险的策略。

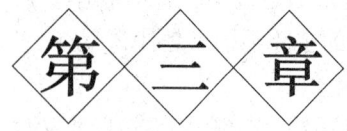

汇率风险管理

【学习要点】

1. 汇率风险的概念、类型和影响
2. 汇率风险的识别与测量
3. 企业防范汇率风险的主要方法

【导引阅读】

地缘政治紧张,人民币成"避险港"[①]

在全球市场因俄乌局势紧张而受到影响之际,人民币因其弹性表现突出。全球主要股市,以及从欧元到韩元的各种货币纷纷暴跌,但人民币汇率仍在四年来的高点附近徘徊。

低波动性和稳定的购买力使人民币资产更具吸引力,在避险情绪推动下,人民币兑美元目前升至1美元兑6.316 6元人民币。衡量人民币对24个主要贸易伙伴表现的彭博CFETS人民币指数上涨了0.6%,至104.21,是彭博自2007年以来汇编的数据中最高的。

人民币在这个当口升值与"正常货币金融规律"严重背离,必须引起关注。从外部环境看,人民币汇率走势与美联储货币政策收紧严重背离,与美元指数上涨严重背离,与各国央行进入加息轨道严重背离。从内部环境看,人民币汇率走势与中国央行持续性降准降息的宽松货币政策严重背离。人民币汇率这种走势,已经无法用正常经济金融货币规律来解释,这才是最大的问题所在。

近段时期,对人民币走势、美元汇率、美联储等央行货币政策进行分析观察可以发现,人民币也存在合理升值的因素。一个重要因素是欧美目前正处在严重通货膨胀阶段,也就是通胀国家货币对内贬值压力较大,包括美元在内,对内贬值向外传导存在一定预期。同时,人民币也有一定特殊因素,不能自由兑换机制决定了传导阻滞情况会一

[①] 资料来源:余丰慧. 地缘政治紧张,人民币成"避险港". 新浪博客,2022-02-25。

定程度出现。

俄乌局势对全球金融市场影响很大。随着美国、欧盟、英国、日本、加拿大、澳大利亚等先后宣布对俄罗斯进行经济金融制裁,俄罗斯已经出现股债汇杀跌局面。汇率方面,卢布汇率一度跌破89,随着俄罗斯央行干预外汇市场,2月24日消息,美元兑俄罗斯卢布官方汇率盘中快速上涨,涨幅8.09%,截至19:25,报86.928 8。

目前,俄罗斯央行有能力干预外汇市场。截至2月18日,俄罗斯的国际储备达到6 432亿美元的历史新高,俄罗斯有足够的美元储备干预外汇市场。退一步,即使耗尽储备,俄罗斯也能向储备大国借来美元。

当然,虽然战争发生在东欧,但不可忽视对外汇市场的影响。影响最大的是俄罗斯货币币值,其次是乌克兰货币,东欧几个国家都影响不小,再接下来就是欧元了。

人民币不能说一点影响没有,由于中国把握较好,已经出现独善其身的可能性,避风港出现的概率很高。不过,影响人民币汇率的主要还是本国经济、进出口贸易、外汇储备以及美元走势。美联储加息预期下,美元指数已经处在上行通道,人民币持续性升值的概率不大。预期人民币很快会稳定下来,稳中走弱才是大趋势。

当然,俄乌局势对于美元、日元、澳元等都影响不大,加之美联储加息开启,美元指数正在走高,对国际资本吸引力很大。如果俄乌战争继续下去,国际资本寻求美元、日元、澳元、人民币等货币避险的可能性都很大。

从事进出口贸易、国际投资、国际信贷、国际支付活动的企业、银行、个人,以及国家外汇储备的管理与营运等,通常在国际范围内收付大量外汇或拥有以外币表示的债权债务,或以外币标示其资产与负债的价值。由于各国使用的货币不同,加上国际汇率频繁波动,就给外汇持有者或使用外汇者带来不确定性,即带来汇率风险。为了有效地防范汇率风险,在管理汇率风险的过程中应遵循收益最大化、全面重视、管理多样化等原则,并结合实际情况,制定合适的汇率风险管理战略,从而减少甚至消灭风险带来的损失。

第一节 汇率风险概述

一、汇率风险的含义

汇率风险(Foreign Exchange Risk),也称外汇风险(Exchange Rate Risk),是指一定时期的国际经济交易当中,以外币计价的资产(或债权)与负债(或债务),由于汇率的波动而引起其价值涨跌的可能性。风险的承担者包括政府、企业、银行、个人及其他部门。

从国际外汇市场外汇买卖的角度来看,买卖盈亏未能抵消的那部分,就面临着汇率波动的风险。通常将这部分承受汇率风险的外币金额称为"受险部分"或"外汇敞口"

(Foreign Exchange Exposure),包括直接受险部分(Direct Exposure)和间接受险部分(Indirect Exposure)。直接受险部分,是指经济实体和个人参与以外币计价结算的国际经济交易而产生的汇率风险,其金额是确定的;间接受险部分,是指因汇率变动、经济状况变化及经济结构变化的间接影响,使那些不使用外汇的部门及个人也承担风险,承担风险的金额是不确定的。在当代金融活动中,国际金融市场动荡不安,汇率风险波及的范围越来越大,已影响到所有的经济部门。

在理解汇率风险的概念时,要弄清楚两个问题:汇率风险对象和风险构成要素。

(一)汇率风险对象

从汇率风险的定义可知,企业或者个人持有的外币资产和负债都存在因汇率变动而遭受损失的可能性,但是不是所有的外币资产和负债都要承担汇率风险呢?其实不然,只有其中一部分才承担汇率风险,这部分承担汇率风险的外币资金通常称为"受险部分"、"敞口"(Exposure)、"风险头寸"(Exposure Position)。具体地讲,在外汇买卖中,风险头寸表现为外汇持有额中"超买"(Overbought)或"超卖"(Oversold)的部分,在企业经营中则表现为其外币资产与外币负债不相匹配的部分,如外币资产大于或小于外币负债,或者外币资产与外币负债在金额上相等,但是在长短期限上不一致。

(二)风险构成要素

涉外企业的业务一般要涉及两种货币,即本币和外币,或者两种不同的外币。从国外进口或对外投资时,需要支付外汇,即用本币(或者某种外币)向银行购买特定的外汇;向国外出口或引进外资时,要接受外汇,并通过银行结汇换成本币(或者另一种外币),用以核算企业的经济效益。由于国际贸易信贷的发展及外汇结算方式的特点,外汇收支结算需要或长或短的一段时间,即使是即期交易也有两天的时间间隔,而这段时间里汇率完全可能发生变化,造成风险损失。因此,风险头寸、两种以上的货币兑换及时间共同构成汇率风险因素,三者缺一不可。例如,我国某企业与巴基斯坦开展进出口业务,只用人民币计价并进行结算,根本不涉及货币兑换问题,因此不可能出现汇率风险。又如某企业因进出口业务需要同一天收入一笔外汇并支出币种相同、金额相同、期限相同的另一笔外汇,不存在风险头寸,也没有时间间隔,因而没有汇率风险。

二、汇率风险的影响

汇率风险是汇率波动造成的未来收益变动的可能性,对国民经济的影响主要表现在宏观和微观两个层次。从宏观上看,汇率风险对一国国际贸易条件、国际收支、物价水平、外汇储备和就业等总量因素发生影响;从微观上看,汇率风险主要对企业的营运资金、收益、成本和经营战略发生影响。本书从企业的角度来看待汇率风险,因此,着重介绍汇率风险的微观影响。

前面已经提到,涉外经济部门及涉外企业由于在日常经营活动中涉及两种或两种以上的货币,因而不可避免地处于交易风险、折算风险、经济风险及国家风险之中。实际上,纯国内企业也要受汇率风险的间接影响,原因在于纯国内企业的原材料供应会受汇率变化的影响而发生价格波动,或者纯国内企业的产品要与进口的商品竞争,进口商品的数量与价格的变化就会影响到国内企业,而且纯国内企业往往不如涉外企业那样容易转嫁汇率风险,所承担的间接风险影响更大。当然,纯国内企业的"受险部分"测算起来比较复杂,汇率风险对他们的影响要受风险传递渠道、产业性质和时间等因素的制约。本书将不讨论纯国内企业受汇率风险影响的情况,而是主要讨论汇率风险对涉外企业经济活动的影响。

涉外企业主要是指那些从事商品和劳务进出口业务的企业,从事国际生产许可证转让、国际特许权转让及国际技术转让活动的企业,国际合资企业,从事外汇交易及国际投资和筹资活动的商业银行及其他金融机构。汇率风险对涉外企业的影响集中表现在以下三个方面:企业经营战略、业务安排和企业信用。

(一) 企业经营战略

企业经营战略是指企业人力、财力、物力的合理配置及产供销的总体安排。企业经营战略决定着企业的筹资与投资安排、生产布局、生产规模、销售渠道及利润分配。汇率风险给企业的产供销活动带来成本核算的不确定性,企业正常经营活动的预期收益因汇率波动而面临预料之外的损益,同时带来企业现金流量的增减变化,这些都会影响企业管理者的经营决策。如果汇率变动有利于企业的资金营运,企业就会采取大胆的、开拓的、冒险的经营战略,如扩大海外投资、扩大生产规模,开辟新产品、新市场。相反,如果汇率变动不利于企业的资金营运,企业就会采取保守的、稳妥的、谨慎的经营战略,尽量避免使用多种外汇,把海外市场、海外投资和筹资缩小到一定范围,扩大生产规模、产品创新等增加企业实力、提高其国际竞争地位的活动也不会贸然进行。汇率风险对企业经营战略的影响实际上关系到企业的兴衰成败。

(二) 业务安排

汇率波动对企业业务活动的正常运行有较大影响。对进出口企业来讲,汇率波动剧烈时,由于难以确定成本核算,企业或者观望,或者争取有利于自己的计价货币,造成谈判时间拖延,签约成交额下降,甚至在签约后,如果汇率变动超出预计的成本而导致企业可能亏损时,进出口企业往往寻找各种借口毁约,使外贸业务受损。对商业银行、国际信托投资公司等金融机构来讲,汇率波动出现一面倒趋势时,外汇买卖将减少,银行业务量会下降;汇率波动还会造成银行的债务人因额外增加的债务负担而无力偿债或破产,银行呆账、坏账可能增加;汇率波动会引发大量投机和套期保值,要求银行具有更高超的风险头寸管理技巧,否则银行就会面临灭顶之灾。1995年,英国具有一百多年历史的巴林银行因衍生金融工具投机失败而倒闭就是一个典型的例子。因此,汇率风险促使银行不断完善自身的风险管理技巧,不断进行金融工具的创新。

(三) 企业信用

信用是企业的无形资产,它取决于企业的规模、经营能力、盈利能力和经理形象等因素。企业信用等级越高,与之往来的客户对其信任程度越高,企业受益越多。信用等级高的企业能够以较低成本筹集所需资金,能够获得较高的投资收益,还能在商品买卖中赢得有利的交易条件,因此企业信用如同企业的生命,是十分宝贵的财富。汇率风险对企业的资产负债表和损益表影响很大,因为涉外企业的业务一般涉及多种货币,而会计报表却只能使用一种货币记账,需要将其他货币折算成记账货币,这种折算完全依赖于汇率变动,故汇率变动对账面反映的企业经营能力影响巨大。虽然账面反映并不等于实际经营,而且汇率的变动有涨有跌,造成账面资产负债的不断变化,但是一定时期的财务报表却是公众审查企业经营状况的手段,也是评定企业信用等级的标准,不能不对之高度重视。例如,1979年上半年日本索尼公司因在美国发行股票,需用美元报告资产负债和损益状况,尽管其实际经营利润比上一年同期增加了98%,但其报表净收益却减少了36%,因为1979年受汇率剧烈波动影响,其折算损失为5 940万美元,而一年前,索尼公司则有折算利润2 640万美元,前后相差8 580万美元。因此,如果按公司的账面盈利能力来评定其信用等级,索尼公司的信用就会下降,进而影响该公司的筹资及交易业务。与折算风险相关的另一个影响企业信用的因素是税收,企业因汇率变动而账面上发生折算收益时,所得税就会相应增加,当然,出现折算损失时,所得税也会相应减少,在累进式所得税下,应税收入变动对企业的盈利水平有很大影响,因此,汇率波动会通过税收增减间接地影响企业的信用等级。

三、汇率风险的类型

根据汇率风险的作用对象及表现形式,汇率风险可以划分为三类。

(一)交易风险

交易风险(Transaction Exposure),是指在以外币计价的交易中,由于外币和本币之间以及外币与外币之间汇率的波动,使交易者蒙受损失的可能性。属于外币计价的交易主要有以下几项:第一,以外币计价的商品、劳务的进出口交易;第二,以外币结算的借款或贷款;第三,面额为外币的其他金融资产交易。

交易风险又可分为外汇买卖风险和交易结算风险。

1. 外汇买卖风险。该风险又称金融性风险,产生于本币和外币之间的反复兑换。这种风险是因买进或卖出外汇而存在的。外汇银行承担的汇率风险主要就是这种外汇买卖风险。银行以外的企业所承担的外汇买卖风险存在于以外币进行借贷或伴随外币借贷而进行的外贸交易情况之中。

【例1】一家日本银行在买进1 000万美元后,卖出800多万美元,还剩下200万美元。通常将这200万美元称为多头,这种多头将来在卖出时会因汇率水平变化而发生盈亏。如果当日收盘价为1美元合150日元,该银行卖出200万美元应收回3亿日元。如果第二天外汇市场美元对日元比价跌至1美元合120日元,那么该行只能收回2.4亿日元,损失6 000万日元。

【例2】中国某金融机构在日本筹集一笔总额为100亿日元的资金,以此向国内某企业发放10年期美元固定利率贷款。按当时日元对美元汇率,1美元合200日元,该机构将100亿日元折成5 000万美元。10年后,日元对美元汇率变成1美元合110日元,仅100亿日元的本金,就需要9 090.9万美元。而该金融机构到期收回本金5 000万美元与利息(按14%计)700万美元,总计5 700万美元,连借款的本金都难以弥补,这就是该金融机构因所借外币汇率上浮所蒙受的风险。

2. 交易结算风险。它又称商业性汇率风险,是指以外币计价进行贸易及非贸易业务的一般企业所承担的汇率风险,是伴随商品及劳务买卖的外汇交易而发生的,主要由进出口商承担。交易结算风险是基于将来进行外汇交易而将本国货币与外国货币进行兑换,由于将来进行交易时所适用的汇率没有确定,因而存在风险。进出口商从签订合同到债权债务的清偿,通常要经历一段时间,而这段时间内汇率可能会发生变动。于是,未结算的金额就成为承担风险的受险部分。

【例3】德国出口商输出价值10万美元的商品,在签订出口合同时,美元与欧元的汇价为1美元：0.952 4欧元,出口10万美元的商品,可换回9.524万欧元,但当货物装船时,美元汇价下跌,欧元上升,汇价变为1美元：0.950 0欧元。这样,德国出口商结汇时的10万美元只能兑换9.5万欧元,于是由于汇率波动使出口商损失了240欧元,结果他不能获得预期利润或只能获得较少的利润。在这里,签订合同时的10万美元金额便是该德国出口商的受险部分。

同样,进口商从签订合同到结算为止也要承担汇率风险,原理与出口商相同,只是汇率变动与出口商刚好相反。

如果进出口商在签订合同时,不采用交易双方国家的货币结算,而是采用第三国货币进行结算,第三国汇率的变动也同样使进出口商承担交易结算风险。

【例4】英国某进口商从德国进口机器零件,双方商定以美元计价结算。每个零件价格1 000美元。签订合同时的汇价为1英镑：2美元,英国进口商应支付500英镑方能兑换到1 000美元,如果进口商将零件的国内销售价定为550英镑,那么每个零件可获50英镑利润。但是合同到期结算时,英镑的汇价下跌,变为1英镑：1.9美元,则1 000美元的零件就要支付526.3英镑,如果按原定销价在国内销售,英国进口商只能获得23.7英镑的利润,结果其预期利润由于汇价变动而减少。这里,1 000美元一个零件便是英国进口商承担汇率风险的受险部分。

（二）会计风险

会计风险(Accounting Exposure),也称为换算风险(Translation Exposure),是指跨国企业为了编制统一的财务报表,将以外币表示的财务报表用母公司的货币进行折算或合并时,由于汇率变动而产生的账面上的损益差异。虽然会计风险与交易风险不同,它仅仅是一种账面上的损益,但它却会影响到企业向股东和公众公布财务报表的数值,可能会招致股价和利润率的下跌,从而给企业带来融资能力等方面的障碍。外汇会计风险来源于会计制度的规定,并受不同国家会计制度的制约。由于汇率的变化,引起公司的资产负债表中某些外币项目金额上的变动。公司在计算报表时,为了把原来用外币计量的资产、负债、收入和费用,合并到本国货币账户内,必须把这些用外币计量项目发生额用本国货币重新表述。这种称做折算的重新表述,要按照公司所在国政府、会计协会和公司确定的有关规定进行。

【例5】美国某公司在英国的子公司的往来账户余额为100万英镑。年初时GBP1＝USD1.600,即账户余额是160万美元。年末时美元升值,英镑贬值,GBP 1＝USD1.500,那么年末时,英国子公司账户余额折算美元只有150万,英镑余额价值降低了10万美元。根据美国的会计制度规定,这笔损失可记在母公司收益的损失上,或通过一个备抵账户直接冲销股东收益。

会计风险表现的方式较多,主要有以下三类：

第一,存量会计风险。指企业在海外持有和销售的库存,在汇率变化时,其相应价值和成本折算成母公司所在地货币时发生变化的可能性。

第二,固定资产会计风险。指企业购置、折旧和更新资产时,由于汇率变化而产生的风险。

第三,长期债务会计风险。包括各种应偿还而未偿还的长期借款,如公司债、长期票据、长期借款,由于汇率变化而产生汇率风险。

(三)经济风险(Economic Risk)

经济风险又称经营风险,是指由于外汇汇率变动使企业在将来特定时期的收益发生变化的可能性,即企业未来现金流量的现值的损失程度。收益变动幅度的大小,主要取决于汇率变动对企业产品数量及价格成本可能产生影响的程度。例如,当一国货币贬值时,出口商一方面因出口货物的外币价格下降有可能刺激出口使其出口额增加而获益,另一方面如果出口商在生产中所使用的主要原材料为进口品,因本国货币贬值会提高本币表示的进口品的价格,出口品的生产成本就会增加。结果该出口商在将来的纯收入可能增加,也可能减少,该出口商的市场竞争能力及市场份额也将发生相应的变化,进而影响该出口商的生存与发展潜力,此种风险就属于经济风险。

该定义有两个需要注意的方面:第一,它所针对的是意料之外的汇率变动,意料之中的汇率变动不会给企业带来经济风险;第二,它所针对的是计划收益,由于意料之中的汇率变动对企业收益的影响已经在计算计划收益的过程中加以考虑,所以经济风险并未包括汇率变动对企业收益的全部影响。

虽然交易风险、经济风险与会计风险都是由于未预期的汇率变动引起企业或个人的外汇资产或负债在价值上的变动,但侧重点各有不同。

第一,从损益结果的计量上看,交易风险可以从会计程序中体现,用一个明确的具体数字表示,可以从单笔独立的交易,也可以从子公司或母公司经营的角度来测量其损益结果,具有静态性和客观性的特点。而经济风险的测量不是来源于会计程序,而是来源于经济分析,侧重于企业的全局,从企业整体经济上预测、规划和分析,它涉及企业财务、生产、价格、市场等各方面,因而带有一定的动态性和主观性的特点。

第二,从测量时间来看,交易风险与会计风险的损益结果,只突出了企业过去已经发生的交易在某一时点的汇率风险的受险程度。而经济风险则要测量将来某一时间段出现的汇率风险。不同的时间段的汇率波动,对各期的现金流量、经济风险受险程度以及企业资产价值的变动将产生不同的影响。

因此,经济风险的避免与否很大程度上取决于企业的预测能力,预测的准确程度将直接影响该企业在生产、销售和融资等方面的战略决策。因此,它对企业的影响比交易风险和会计风险大,不但影响公司在国内的经济行为与效益,还直接影响到公司的涉外经营效益或投资效益。在各种汇率风险中,交易风险和经济风险是企业最主要的汇率风险。

第二节 汇率风险测量

一、交易风险测量

外汇交易风险是企业或个人未了的债权、债务在汇率变动后进行外汇交割清算时所出现的风险。这些债权、债务在汇率变动前已经发生,但在汇率变动后才清算。涉外企业和跨国公司日常经营中有大量的应收应付款,构成企业未来的现金流入量或现金流出量。由于这些现金流量往往由多种货币组成,在未来进行实际的交割或收付时,不同货币的汇率波动就会造成现金流入量或流出量的货币价值发生波动,有可能会增加,也可能会减少。因为汇率具有高度易变性,交易风险是企业最常见的汇率风险,因此也是汇率风险管理的重点。

一般的,计量交易风险需要两个步骤:第一步,确定各外币预计的流入量或流出量净额。第二步,确定这些货币的总体风险。

在计算交易风险时,计算交易风险的对象是某一时点的净现金流量。因为同一种货币的应收款和应付款方向相反,汇率波动对应收款有利时,必然以同样的幅度不利于应付款,反之亦然。只有二者相互抵消后的净额,才是企业真正受到汇率波动影响的部分。计算净现金流量的公式是:

$$净现金流量 = 现金流入量 - 现金流出量$$

正值代表净流入,负值代表净流出。

(一)跨国公司的净现金流量

以跨国公司作为研究对象。跨国公司一般关注短期(如一年)的交易风险,因为只有在短期内,货币的现金流量才能够被合理地、准确地预测。计算净现金流量的要求是:

首先,跨国公司的每一个子公司要对其业务中涉及的每一种外币分别计算净现金流量。因为几乎没有两种货币的波动方向、波动幅度完全相同,因此,每一种货币的净现金流量都有不同的交易风险。

第二,将各子公司净现金流量进行汇总,编制合并的现金流量表,得到跨国公司总的净现金流量。为什么要编制合并的现金流量表呢?假设某跨国公司的子公司 X 的净现金流入量为 500 000 英镑,而子公司 Y 的净现金流出量为 600 000 英镑,合并的净现金流量为 100 000 英镑的净流出。如果在单个现金流量发生前英镑贬值,便会对子公司 X 产生不利影响。理由是当英镑兑换成相应的核算货币时,其价值量减少了。可是,英镑贬值会对子公司 Y 产生有利影响,因为它支付以英镑标价的款项时无需那么多核算货币了。不过,从该跨国公司的角度看,英镑贬值对其总体的影响比较小,因为子公司 X 和 Y 的净现金流量中的绝大部分可以互相抵消,真正承担英镑贬值风险的头寸只有 100 000 英镑,而且还是净现金流出,因此,在英镑贬值中,跨国公司没有损失。当然，编制合并的现金流量表只能冲减一部分风险头寸,因为各子公司通常是自主选择货币进行经营活动的,如果大多数子公司都有未来英镑流入,那么英镑贬值就可能给跨国公司造成巨大的损失。

总之,在评估跨国公司的交易风险时,估算合并的现金流入量净额是非常有价值的第一步,因为它有助于确定跨国公司在每种货币中的总头寸。

（二）计算交易风险的具体方法

下面以一个具体的例子,介绍运用净现金流量计算交易风险的步骤、技巧。

【例6】我国一家跨国公司 A 在年初的时候,根据其两家子公司 M 和 N 的经营计划,估计它们在年度末的现金流量,见表3-1和表3-2。

表3-1　子公司 M 的预期现金流量

货币名称	流入量	流出量	净流量
加拿大元	C$ 1 000 000	C$ 3 000 000	C$ -2 000 000
欧元	€ 6 000 000	€ 10 000 000	€ -4 000 000

表3-2　子公司 N 的预期现金流量

货币名称	流入量	流出量	净流量
加拿大元	C$ 3 000 000	C$ 5 000 000	C$ -2 000 000
欧元	€ 14 000 000	€ 6 000 000	€ 8 000 000
瑞士法郎	SF 1 000 000	SF 7 000 000	SF -6 000 000

为了把握公司总的货币头寸,跨国公司 A 将两个子公司的预期现金流量进行了合并,得到关于各货币的总的净现金头寸。该公司对年末各相关货币的汇率进行了预测,给出了相应的预期汇率（汇率1）。这样,跨国公司 A 就可能比较容易地估计出年末以人民币表示的现金流量了（见表3-3）。其中,涉及加元的业务要支出人民币2 640万元,涉及欧元的业务要收入人民币3 080万元,涉及瑞士法郎的业务要支出人民币3 000万元。年末跨国公司 A 需要净流出人民币2 560万元。

表3-3　跨国公司 A 以人民币表示的合并净现金流量

货币名称	总流入量	总流出量	净流量	预期汇率	净流量（¥）
加拿大元	C$ -4 000 000	C$ 8 000 000	C$ -4 000 000	¥ 6.6	-26 400 000
欧元	€ 20 000 000	€ 16 000 000	€ 4 000 000	¥ 7.7	30 800 000
瑞士法郎	SF1 000 000	SF 7 000 000	SF -6 000 000	¥ 5.0	-30 000 000
总计					-25 600 000

以上结论是跨国公司 A 在特定的汇率预测值下得到的。不同的预测汇率,就会得到不同的现金流量。在另一种预期汇率（汇率2）的情况下,跨国公司 A 在加元上的支出将增加人民币1 200 000元,在欧元上的收入将减少人民币800 000元,在瑞士法郎上

的支出减少人民币 600 000 元,与预期汇率 1 相比,结果净现金支出增加了人民币 1 400 000元(见表3-4)。

表3-4 预期汇率变动时跨国公司 A 以人民币表示的合并净现金流量

货币名称	净流量	预期汇率1	预期汇率2	净流量1(¥)	净流量2(¥)
加拿大元	C$-4 000 000	¥6.6	¥6.9	-26 400 000	-27 600 000
欧元	€4 000 000	¥7.7	¥7.5	30 800 000	30 000 000
瑞士法郎	SF-6 000 000	¥5.0	¥4.9	-30 000 000	-29 400 000
总计				-25 600 000	-27 000 000

实际上,任何汇率预测都存在一定的偏差,仅用一个确定的预期汇率来计算年末的现金流量是不太科学的。预期汇率通常不是一个点,而是一个狭小的范围。这样,跨国公司 A 年末预期的人民币净现金流量就被确定在一个相应的范围内。这个范围越大,表明年末净现金流量的不确定性越大;这一范围越小,表明年末净现金流量不确定的风险越小。当然,企业预期的净现金流量的波动范围是由汇率波动的范围决定的。一种简单的办法是,只考虑极值,即最小净现金流量和最大净现金流量。方法是,用汇率的可能范围乘以每种货币的净现金流量,从而得到以人民币表示的各有关外币的流入量及流出量的可能范围。表3-5 就是说明这种更为现实的预测跨国公司净现金流量的方法。

表3-5 估计跨国公司 A 的净现金流量范围及交易风险

货币名称	净流量	期末汇率的可能范围	净流量的可能范围(¥)	不确定的现金流(¥)
加拿大元	C$-4 000 000	¥6.5~6.7	-26 000 000~-26 800 000	-800 000
欧元	€4 000 000	¥7.6~7.8	30 400 000~31 200 000	800 000
瑞士法郎	SF-6 000 000	¥4.7~5.3	-28 200 000~-31 800 000	-3 600 000

表3-5 中的第一行,加元的预期净流出量为 4 000 000 加拿大元,年末预期汇率可能出现的范围是 1 加元=6.5~6.7 人民币,因此,预期的净现金流出量最低为人民币 26 000 000元(4 000 000×6.5),最高为人民币 26 800 000 元(4 000 000×6.7),不确定性金额(即交易风险)为人民币 800 000 元。表3-5 还表明,不同的货币汇率波动范围有差异,例如,表3-5 的最后一行显示,瑞士法郎波动范围明显大于加拿大元,因此,在满足对瑞士法郎的现金支出上,跨国公司 A 的不确定性金额为人民币 3 600 000 元,远远高于在加拿大元上面的人民币支出的不确定性。通过这样的简单比较,我们可以得出结论:任何外币的交易风险不仅取决于该货币的未抵消头寸(即净现金流量)的数量,也取决于该货币预期的汇率范围大小。

在跨国公司 A 的例子中,我们为了重点说明汇率波动对企业交易风险的影响,因此假设每种外币的净流入量或流出量是已知的金额,只有期末汇率是不确定的。在现实中,每种外币的净流入量或流出量往往也是不确定的,因而,跨国公司 A 应该预测每种外币的可能净流入或流出范围,而不是进行单点预测。若是这样,表3-5 的第二列将会是一个数值范围,此时各外币交易风险的计量变得更为复杂。不过,根据已知的各币种可能的净流量范围及汇率,还可以用其他的方法(比如敏感性分析或模拟法)来得出每种外汇交易风险的可能范围。

值得注意的是,本例只估计了跨国公司 A 未来一个期间的净现金流量状况。此期间可以是一个月、一个季度或一年,我们选择的期间是一年。如果跨国公司 A 希望估计未来几个期间的交易风险,那么可以用同样的方法去估算各个期间的外币交易风险。不过,跨国公司 A 计量的外币交易风险期间越长,准确性就越低。这是由于每种外币的净流量、未来汇率都会随时间的延长具有更大的不确定性。因此,大多数跨国公司更重视一年以内的外币交易风险计量和管理。

二、会计风险测量

会计风险是跨国公司合并财务报表时所面临的汇率波动风险。如果跨国公司的子公司的资产或负债在编制合并报表时不按照历史汇率折算,跨国公司的资产负债表将会因货币价值波动而受到影响。另外,子公司的收益在折算为报告货币、并入损益表时也要受汇率变化的影响。

(一) 会计风险的重要性

因编制合并报表而对子公司的财务报表进行货币折算,即使出现价值的波动,也只是账面上的变化,并不会影响跨国公司的现金流量。正是由于这一原因,一些分析人士认为会计风险对跨国公司的正常经营没有什么影响,与其经营活动不相关。确实,一些跨国公司也认为子公司的利润实际上没必要兑换为母公司的货币,因为在子公司所在国的货币贬值的情况下,子公司完全可保留利润,不必兑换后交给母公司。如果遇到投资良机,可将利润再投资于子公司所在国。在子公司保留利润、控股公司实际上没有发生现金流量增加的情况下,将子公司的利润折算成已经升值的母国货币,必然会扭曲子公司的真实业绩,而且还会减少跨国公司的账面利润。如果财务分析人士认识到这一扭曲仅仅来自账面,而非真实的现金流量的损失,他们就不会机械地给跨国公司做出较低的业绩评价。

然而,拥有国外子公司的跨国公司的合并利润的确受到会计风险的影响。由于利润直接影响股价,它是股东和投资者评价企业经营状况的核心指标,因此会计风险能间接地影响企业的价值。跨国公司,特别是上市的跨国公司都不得不高度重视会计风险。例如,1996 年 6 月,美国 IBM 公司的财务主管宣布,由于来自国外子公司的利润在折算成美元时受到美元升值的不利影响,IBM 公司合并报表的总利润下降,第二季度的每股收益会减少 0.25 美元。按理讲,IBM 公司的利润下降仅仅是财务报表上的数字变化,实际现金流量并没有发生多大的变化,投资者不应该对此信息做出反应。不幸的是,投资者的确做出了反应,大量抛售所持的 IBM 公司股票,造成 IBM 公司的股价下跌。

(二) 决定会计风险的因素

通常,跨国公司的会计风险的大小取决于三个因素,即在国外经营的程度、国外子公司所在地和所使用的会计方法。

1. 在国外经营的程度。跨国公司的国外子公司在业务总收入中所占比重越大,其财务报表项目的会计风险也就越大。例如,一些跨国公司主要以出口的形式涉外经营,国外子公司开展的业务所占比重很小,合并报表将不会因汇率波动而受到较大的影响。这些企业很可能出现较高的交易和经济风险,但是没有什么会计风险。

2. 国外子公司所在地。由于每个主权国家都要求在其境内的企业使用该国的法定货币进行财务核算,因此跨国公司的子公司需要使用所在地本国的货币编制财务报表。在前面的交易风险分析中已经看到,不同货币在不同的历史阶段呈现出迥然不同的波动性,因此,子公司的所在地会影响会计风险的程度,例如,一家中国的跨国公司在德国设有子公司,位于德国的子公司的资产、负债、利润等以欧元计量,而该跨国公司按照我国会计准则的要求,必须编制季度合并报表,把子公司的财务状况折算成人民币加以反映。2003年上半年欧元对人民币升值幅度高达两位数,该公司的合并报表出现了较大的会计风险。相反,另一家在加拿大设有子公司的我国跨国公司,由于加拿大元对人民币相对稳定,就没有多少会计风险。

3. 会计方法。在合并财务报表数据时,折算所使用的会计制度、会计方法会极大地影响跨国公司会计风险。例如,美国跨国公司需要根据1981年12月采纳的《财务会计准则公告第52号》(FASB-52)编制他们的合并报表。FASB-52中的一些规定成为跨国公司会计风险的重要来源:①国外子公司适用的功能货币是其经营所在地的本国货币;②按照报告日的市场汇率把国外子公司的资产和负债从功能货币折算为报告货币;③运用加权平均汇率把国外子公司的收入、费用、利得和损失从功能货币折算为报告货币;④因外币价值变动形成的折算利得或损失不在本期净收入中计列,而报告为股东权益的第二要素,位于高通货膨胀国家的国外子公司不适用本条;⑤因外汇交易而实现的利得或损失,计入本期净收益,也有例外情况。

依据FASB-52,美国的跨国公司的合并利润对国外子公司的功能货币的加权平均汇率会非常敏感。

【例7】美国的一家跨国公司在英国的子公司第一年赚得10 000 000英镑,第二年赚得10 000 000英镑。当这些利润和其他子公司的利润一起合并时,它们要按当年的加权平均汇率折算。假设第一年的加权平均汇率为1.90美元,第二年为1.50美元。表3-6反映了该跨国公司前后两个报告期折算为美元的收益:

表3-6 跨国公司的会计风险

报告期	英国子公司的 当地收益	报告期英镑的 加权平均汇率	折算后英国子公司的 美元收益
第一年	£ 10 000 000	1.90	$ 19 000 000
第二年	£ 10 000 000	1.50	$ 15 000 000

尽管在英国的子公司第一年和第二年的英镑利润额相同,但是第二年英国子公司折算的合并美元利润还是减少了400万美元。造成该跨国公司会计风险的原因在于,第二年英镑加权平均汇率下跌了21%。财务分析人士、投资者有可能因为第二年子公司的美元利润减少而给予该跨国公司较低评价。然而,利润下降并不是英国子公司经营方面出了什么过错,而是走弱的英镑使得第二年的利润在账面上用美元计量时变

小了。

如果该跨国公司的其他子公司都设在欧洲,由于这些子公司的功能货币相关性较高,一旦遇到美元坚挺,这些子公司的功能货币全部都对美元以几乎相同的幅度贬值,跨国公司合并后的报告利润将会产生较大损失。相反,如果跨国公司的子公司在世界各地比较分散,他们的功能货币相关性较低,报表的合并利润可能对汇率变动敏感度较低,因为这些功能货币对美元的波动方向可能相反,相互之间有一定的抵消效应。

(三)会计风险举例

布莱克德克(Black&Decker)公司、可口可乐(Coca-Cola)公司等公司1/3以上的资产和销售收入在海外,它们的合并利润对汇率非常敏感。当其他货币对美元贬值时,它们得自国外的美元利润会减少。

许多美国跨国公司的利润会因为美元走弱而增加,导致利润增长的主要原因是它们的海外子公司的利润以较高的汇率折算成美元。

在20世纪80年代,许多货币遭遇多变期,美国跨国公司折算的合并利润也因此剧烈动荡。

当跨国公司的国外子公司在当地有许多增长机会时,它们倾向于将大部分或全部利润再投资于那个国家。在此种情况下,子公司很少在乎会计风险,因为其利润不必兑换成母国货币。然而,子公司在当地没有增长机会时,利润要被兑换成母国货币,会计风险就较为重要,此时还会伴随经济风险。

三、经济风险测量

汇率带来的经济风险是指汇率波动对企业未来现金流量现值的影响程度。跨国公司的业务种类不同,有些业务的现金流量有较大的经济风险,而有些业务的现金流量几乎没有什么经济风险,因此首先需要界定哪些业务可能会出现经济风险。表3-7列出了跨国公司一些典型的、现金流量有经济风险的国际业务,还列出了货币汇率波动对这些业务的影响。由于不同业务对现金流的方向有不同的要求,而这种现金流出或流入的方向差异,决定了汇率变动后该业务的经济风险的有利或不利性质,因此,我们应该将这些业务划分为现金流入类和现金流出类。这些国际业务的经济风险,有的是由货币兑换的交易风险造成的,例如,以外币标价的出口、来自对外投资的利息收入、以外币标价的进口和应付外国贷款的利息等等;有的业务不需要货币兑换,不是由交易风险造成的,而是由汇率变动间接带来的,例如以本国货币标价的进口,汇率变动对这些业务现金流量的影响也很显著。

表3-7 汇率波动的经济影响

	本币升值对交易量的影响	本币贬值对交易量的影响
影响公司本币流入量的交易		
本国销售收入(与在本国市场上的外国竞争者相比)	减少	增加
以本币标价的出口	减少	增加
以外币标价的出口	减少	增加

续表

	本币升值对交易量的影响	本币贬值对交易量的影响
对外投资的利息收入	减少	增加
影响公司本币流出量的交易		
以本币标价的进口	无变化	无变化
以外币标价的进口	增加	减少
应付外债的利息	减少	增加

表 3-7 的第二列揭示了本币升值对跨国公司各项业务的影响,第三列揭示了本币贬值对其各项业务的影响。下面我们将展开讨论本币波动对跨国公司每项业务的影响,从而评估其现金流量的经济风险。

(一) 本币升值的经济风险

本币升值带来的现金流量的经济风险如表 3-7 第二列所示。

1. 本币升值对跨国公司现金流入量的经济风险。该类经济风险具体包括:

(1) 预期本国销售收入(在公司所在国内)会因本国货币升值而减少。这归因于来自外国的竞争加剧,根据购买力平价理论,我们得知:一旦本币升值,本国货币对外国商品购买力将高于对本国商品的购买力,因此,国内消费者将用他们走强的货币更便宜地购买外国的替代产品。本国销售收入的减少程度取决于在本国市场上外国竞争的强弱程度。来自外国的竞争力越强,本国销售收入的经济风险越大,反之亦然。

(2) 以本币计价的出口的现金流入量可能会因本国货币升值而减少。理由是外国进口商将需要支出更多的本国货币购买这些产品,致使他们减少或者推迟进口。跨国公司以本币计价的出口收入的减少程度取决于外国进口商的进口需求弹性,该弹性越大,以本币计价的出口收入的经济风险就越大。

(3) 以外币计价的出口也有可能因本国货币升值而出现现金流入量减少。与以本币计价的出口相比,经济风险方向相同,但原因有所不同。外国进口商对该跨国公司产品的需求不会改变,他们可以直接用本国的货币进行购买,不会受到跨国公司本币升值的影响。然而,当跨国公司收到外币出口款时,本国货币已经升值,外币流入额只能兑换较少的本国货币。

(4) 对外投资的利息或股利因本币走强而兑换较少的本币,造成现金流量减少的经济风险。

2. 本币升值对跨国公司现金流出量的经济风险。本币升值给跨国公司的现金流出类业务带来的经济风险,基于同样的原因分析,正好与现金流入类业务相反,这里不再赘述。需要注意的是,跨国公司以本币标价的进口,其成本将不会受到汇率变动的直接影响。然而,如果本国货币升值,公司以外币标价的进口品的成本就会减少,这有利于刺激进口。此外,在本国货币升值的情况下,按本国货币计算的应付外债利息将减少。

总之,本币升值会同时导致跨国公司现金流入量和流出量的减少,因此,很难判断其未来的净现金流量究竟是增加还是减少,评估本币升值对跨国公司净现金流量的经济风险时,关键在于弄清楚现金流入类业务受到的影响大,还是现金流出类业务受到的影响大。在本币升值时,那些以出口业务为主,而且原材料和资金都来自本国的跨国公司,其现金流入量减少的程度要比现金流出量减少的程度大得多,因此该类公司的净现金流量很可能减少。相反,那些重点在本国进行销售,市场上没有外国竞争对手,而且从海外取得原材料和资金的跨国公司其现金流入量不会大幅减少,但是其现金流出量会大幅减少,因此,该类跨国公司的净现金流量会因为本国货币升值而改善。

(二) 本币贬值的经济风险

本币贬值带来的现金流量的经济风险如表3-7第三列所示。在本币贬值的情况下,跨国公司各类业务的现金流量受影响的方式刚好同升值相反。

1. 对现金流入类业务的影响,具体包括:

(1) 由于本币贬值,本币对外国商品的购买力比较低,国内消费者将减少对外国进口品的购买,跨国公司在本国市场上的竞争力增强,销售会上升,现金流量将增加。

(2) 跨国公司以本币计价的出口现金流量将增加。因为本币贬值后,出口品对外国进口商而言相对便宜,有利于增加其出口。

(3) 以外币计价的出口也会增加现金流量。因为来自出口的外币收入将兑换较多的本币。

(4) 对外投资的利息和股利也将兑换成较多的本币,其现金流量将增加。

2. 对现金流出类业务的影响。以本币计价的进口的现金流量不会直接受到汇率变动的影响。然而,以外币计价的进口的成本会增加,因为需要较多的本国货币来兑换必要的外币,这会减少进口。另外,本币贬值后,以本币表示的外币融资的利息支出也会增加。

总体而言,本币贬值导致现金流入量和流出量同时增加。由于二者之间存在部分的抵消效应,由本国货币贬值来推断跨国公司的净现金流量是增加还是减少是困难的,最终结果取决于现金流入量是否比流出量受到的影响更大。当然,那些以出口作为主业,而且从本国取得原材料和资金的跨国公司,会更多地受益于本币贬值。例如克莱斯勒(Chrysler)、福特(Ford)和通用汽车(General Motors)等公司在美元对大多数主要货币贬值期间,曾经取得过非常骄人的业绩。相反,那些以本国销售为主,很少有外国竞争,而且从国外取得原材料和资金的跨国公司,很容易受到本币贬值的伤害。

(三) 间接经济风险

本币对外价值波动往往对一些业务的现金流量并不产生直接的影响,但是它会通过一些渠道对跨国公司的现金流入类和流出类业务产生间接的影响,导致这些业务的现金流量偏离预期水平。例如,美国一家企业从加拿大进口木材,假设进口的木材以美元计价,如果美元贬值,该美国企业的进口货款不会增加,因为该企业用美元付款,不涉及用美元兑换加拿大元的问题。然而,加拿大出口商在收到美元货款时,需要将其兑换成加拿大元,以实现利润。由于美元已贬值,加拿大出口商以加拿大元表示的出口收入将减少。为了抵消美元贬值给其收入带来的风险,加拿大出口商很可能会提高木材的销售价格,从而会增加美国企业的进口成本,增加以美元计价的进口的现金流出量。在这里,本币贬值的影响,通过外国交易对手的提价行为,间接地影响跨国公司进口所支付的现金流量。

(四) 国内企业的经济风险

跨国公司的经济风险是讨论和评价的核心,然而,不能忽略这样一个事实,即纯粹的国内企业也会受到本币波动带来的经济风险的影响。例如,我国一家钢铁制造商,其生产的组织与销售全部在国内,该企业在国内购买所有的原材料,从银行获得流动资金和技术改造基金,在国内市场销售所生产的产品。表面上看,这家企业的所有业务活动仅以本国货币进行交易,人民币对外升值或贬值对它的现金流量没有什么直接的影响,不存在直接的经济风险。然而,我国市场上有大量的进口钢材,还有中外合资的钢铁制造商,一旦人民币升值,该企业原来的购买者就可能因价格优势而转向购买进口钢铁产品或者以外国原材料为主的合资钢铁企业的产品,结果,纯国内企业的钢铁销量可能下降,净现金流入量减少。此例也说明了这样一个问题:为什么有的企业没有交易风险却有经济风险。

(五) 经济风险的计量

尽管经济风险往往对一个跨国公司是有利的,没有必要进行管理。但是,跨国公司必须对经济风险的不利影响进行估计,以此为据制定风险管理策略。许多跨国公司的子公司遍布世界各地,不仅面临多种货币计价的现金流入、流出,而且还有跨国公司内部现金流量的互相影响,要估计某一种货币的波动对所有子公司现金流量的综合影响是相当复杂的。

计量跨国公司经济风险的一个方法是将现金流量体现为不同的损益表项目。首先确定一个基准汇率预测值,并主观地确定与此汇率对应的损益表每个项目的数值,然后,考虑汇率发生波动的情况,确定几个可能的汇率值,按照这些变化了的汇率值修正损益表中各项目的预测值。通过观察先前由基准汇率确定的利润额如何随汇率波动而改变,跨国公司就可以确定某种货币币值变动对其利润及现金流量的影响。如果跨国公司损益表中的成本项目和收入项目随汇率波动调整的数值大致相同,就可以认定该跨国公司基本上规避了经济风险。

下面我们将通过一个具体的例子来说明跨国公司利润对汇率波动的敏感度。

【例8】一家中国的跨国公司 D,在本国和加拿大同时开展业务。该公司在中国的销售收入以人民币计价,而在加拿大的销售收入则以加拿大元计价。该公司的财务部对下一年度的利润进行了预测,预测的损益表如表 3-8 所示,损益表中各项目的数值是在 1 加元 = 5.7 元人民币的预测汇率基础上得到的。表 3-8 还反映了该公司中国和加拿大两部分业务的损益情况。

表 3-8 跨国公司 D 预测收入与费用   单位:百万

	中国业务(人民币¥)	加拿大业务(加拿大元C$)
销售收入	3 040	4
销售成本	500	200
毛利	2 540	−196

续表

	中国业务(人民币¥)	加拿大业务(加拿大元C$)
营业费用	—	—
固定费用	300	—
变动费用	307.2	—
合计	607.2	
息税前利润	1 932.8	-196
利息费用	30	10
税前利润	1 902.8	-206

种种迹象表明，人民币汇率的波动幅度将扩大，因此，跨国公司 D 希望得知，在 1 加元＝5.2 元人民币以及 1 加元＝6.2 元人民币时其利润会发生什么变化？损益表中各项目的数值会如何反应？

首先，跨国公司 D 需要判断其在中国的销售收入和成本是否要受人民币汇率变动的影响？一个简单的做法是，假定这部分业务不受影响，那么不管人民币对加元升值还是贬值，其国内业务的收入和成本都不变，损益表上各项目的数值仍然与表一致。然而，由于存在来自国外的竞争，根据前面我们的理论分析，在人民币汇率波动时，该公司在国内的销售收入也会受到间接的影响。如表 3-9 所示，当加拿大元走弱时，公司在中国的销售收入预计减少 4 000 万元人民币[3 000-3 040＝-40(百万)]，当加拿大元走强时，公司在中国的销售收入预计增加 3 000 万元人民币[3 070-3 040＝30(百万)]。由于该公司国内业务的销售收入受汇率变化的影响程度取决于相关外币的竞争力，一般可以通过历史数据分析来确定以往国内销售收入受汇率影响的程度，进而预测未来其国内人民币销售收入受汇率影响的数值，表 3-9 反映了人民币汇率变化情况下对国内销售收入的预测。

表 3-9 汇率波动对跨国公司 D 国内销售收入的影响

加拿大元的可能汇率(C$:¥)	预计在中国的收入(百万人民币¥)
5.2	3 000
5.7	3 040
6.2	3 070

其次，跨国公司 D 要估计损益表中加拿大业务的变化，这部分业务由于使用加元，因此，损益表中的每一个项目都受到人民币汇率变动的直接影响。表 3-10 反映了跨国公司 D 预期的利润对汇率变化的敏感度。

表 3-10 汇率波动对跨国公司 D 利润的可能影响　　　　　单位：百万

汇率波动	C$1=¥5.2	C$1=¥5.7	C$1=¥6.2
销售收入			
中国(1)	¥3 000	¥3 040	¥3 070

续表

汇率波动	C$1=¥5.2	C$1=¥5.7	C$1=¥6.2
加拿大(2)	C$4=¥20.8	C$4=¥22.8	C$4=¥24.8
合计(3)	¥3 020.8	¥3 062.8	¥3 094.8
销售成本			
中国(4)	¥500	¥500	¥500
加拿大(5)	C$200=¥1 040	C$200=¥1 140	C$200=¥1 240
合计(6)	¥1 540	¥1 640	¥1 740
毛利(7)	¥1 480.8	¥1 422.8	¥1 354.8
营业费用			
中国:固定费用(8)	¥300	¥300	¥300
中国:变动费用(销售总额的10%)(9)	¥302.08	¥306.28	¥309.48
合计(10)	¥602.08	¥606.28	¥609.48
息税前利润(11)	¥878.72	¥816.52	¥745.32
利息费用			
中国(12)	¥30	¥30	¥30
加拿大(13)	C$10=¥52	C$10=¥57	C$10=¥62
合计(14)	¥82	¥87	¥92
税前利润(15)	¥796.72	¥729.52	¥653.32

表3-10的第(1)行反映了汇率变化对中国销售收入的影响;第(2)行反映了跨国公司D以人民币表示的加拿大业务销售收入(即将预计的400万加拿大元销售收入折成人民币);第(3)行表示合并的人民币销售收入总额,由第(1)行和第(2)行加总求得。

表3-10的第(4)行是公司中国业务的销售成本;第(5)行是将预计的2亿加拿大元销售成本折算为人民币;第(6)行计量了预期的人民币销售成本总额,是第(4)行和第(5)行之和;第(7)行计算了该公司的人民币毛利,由第(3)行减去第(6)行。

表3-10的第(8)、(9)、(10)行是预计营业费用;第(11)行是用毛利扣除费用来计算应付利息和税收前的利润;第(12)行估计利息支出所需的人民币金额;第(13)行估计了在加拿大应付利息的人民币金额;第(14)行是第(13)行和第(12)行之和,估计需要支出的人民币利息总额;第(15)行是税前利润,由第(11)行减去第(14)行得到。

对表3-10进行分析,我们可以看到汇率变动对跨国公司D损益表中各项目的影响(与预测汇率基础比较)。

尽管加拿大元走强时,即C$1=6.2人民币时,公司的人民币销售收入增加了3 000万元,加拿大元销售收入增加了200万元,但是,由于公司的加拿大元销售成本(C$2亿)大大高于销售收入(C$400万),加拿大元走强对公司的人民币毛利具有负面影响,表现为毛利金额减少6 800万。此外,当加拿大元走强时,用于付息的人民币支出也增加了500万元。总之,跨国公司D因较强的加拿大元受到不利的影响,税前利润下降了7 620万元。

加拿大元走弱时,即C＄1=5.2人民币时,公司的人民币销售收入下降4 000万元,加拿大元销售收入也下降200万元,但是,公司的销售成本下降更多,减少了人民币支出10 000万元,支付的人民币利息下降了500万元,因此,公司在加拿大元走弱时受到有利的影响,税前利润可以增加6 720万元人民币。

通过这个例子得出一个总的结论:外国费用比外国收入多(少)的企业会受到较强外币的不利(有利)影响。然而,只有通过对企业损益表各项目的汇率敏感性分析,才能确切地估算企业的经济风险。还需要注意的是,【例8】我们在分析跨国公司D的经济风险时,只考虑了一个期间该企业发生的利润变化,企业可以采用完全相同的方法来估算未来几个期间的销售、费用,计算它们在不同时期受汇率影响的经济风险。

一些上市的跨国公司更关心汇率对其股票价格的影响,汇率变动造成的经济风险将直接反映为其股票价格的涨落,因此,可以将企业的股票价格代表企业的价值,计量股价如何随货币汇率波动而变化,可以采用回归分析来计量企业的经济风险。实际操作中只需将企业现金流量的汇率敏感度分析模型做以下调整即可,即用股价变动率取代现金流量变动率PCFI。如果将股票回报率作为因变量,而将货币汇率波动率作为解释变量,回归分析得到的系数,就能够表明企业价值对汇率波动的敏感度。

第三节　汇率风险管理原则与战略

一、汇率风险管理原则

外汇风险是涉外经济中不可避免的一种市场风险,对一国政府、企业乃至个人都会产生很大的影响,外汇风险管理因此成为企业经营管理的重要组成部分。外汇风险管理的目标在于减少汇率波动带来的现金流量的不确定性,控制或者消除业务活动中可能面临的由汇率波动带来的不利影响。为了实现这一目标,在外汇风险管理中应该遵循一些共同的指导思想和原则。这些原则包括:收益最大化原则、全面重视原则、管理多样化原则。

(一)收益最大化原则

收益最大化原则要求涉外企业或跨国公司精确核算外汇风险管理的成本和收益,在确保实现风险管理预期目标的前提下,支出最小的成本,追求最大化的收益。这是企业进行外汇风险管理的基石和出发点,也是企业确定具体的风险管理战略、选择外汇风险管理方法的准绳。外汇风险管理本质上是一种风险的转移或分摊,例如采用远期外汇交易、期权、互换、期货等金融工具进行套期保值,都要支付一定的成本,以此为代价来固定未来的收益或支出,使企业的现金流量免受汇率波动的侵扰。一般来说,外汇风险管理支付的成本越小,进行风险管理后得到的收益越大,企业对其外汇风险进行管理的积极性就越高,反之亦然。

（二）全面重视原则

全面重视原则要求涉外经济的政府部门、企业或个人对自身经济活动中的外汇风险高度重视。外汇风险有不同的种类,有的企业只有交易风险,有的还有经济风险和会计风险,不同的风险对企业的影响有差异,有的是有利的影响,有的是不利的影响,因此涉外企业和跨国公司需要对外汇买卖、国际结算、会计折算、企业未来资金运营、国际筹资成本及跨国投资收益等项目下的外汇风险保持清醒的头脑,做到胸有成竹,避免顾此失彼,造成重大的损失。

我国的企业由关起门来搞建设到走出去面向全球市场,从听计划、听指挥到独立自主、自负盈亏,经历了重大的变革和突破。在这个建立面向市场的经营机制过程中,关键是解放思想、转变观念。由于企业刚开始实行跨国经营或者扩大国际经营范围,在外币资金的调拨和头寸管理中不可避免地出现更多的风险,外汇风险无时不在、无处不在,外汇风险可能带来营运资本和现金流量的损失,影响企业的正常经营和核心竞争力,企业不能不防,不能不管,这需要经营者在头脑中牢固树立风险管理这个概念,补上外汇风险管理这一课。全面重视原则即要求企业首先要有风险管理的意识,从管理战略上给予外汇风险管理高度的重视。

（三）管理多样化原则

管理多样化原则要求涉外企业或跨国公司灵活多样地进行外汇风险管理。企业的经营范围、经营特点、管理风格各不相同,涉及的外币的波动性、外币净头寸、外币之间的相关性、外汇风险的大小都不一样,因此每个企业都应该具体情况具体分析,寻找最适合于自身风险状况和管理需要的外汇风险战略及具体的管理方法。实际上,没有一种外汇风险管理办法能够完全消除外汇风险,所以,认为某一种风险防范措施必然比另一种措施更优越、效果更佳的论断是有失偏颇和较为武断的。在选择风险管理办法时,需要考虑企业发展战略、风险头寸的规模和结构、涉外业务范围和性质、相关国家的外汇管理政策、金融市场发达程度等约束因素。随着时间的推移,外部约束因素会不断变化,因此,企业的外汇风险管理战略也需要相应的更改,企业不能抱残守缺,长期只采用一种外汇风险管理方法。

二、汇率风险管理战略

企业通常可采用以下三种外汇风险管理战略。

（一）全面避险的管理战略

在采取全面避险的管理战略时,企业试图对经营中出现的外汇风险一律进行套期保值,强调绝对安全,不留任何来自汇率方面的不稳定因素。

采取这种战略的企业,属于风险厌恶者,他们是全心全意的生产经营专家,不是金融或外汇专家,不希望自身的经营业绩受到汇率变动的影响。他们不愿意承受汇率造成的额外损失,也不想获得汇率带来的额外利润,只愿集中精力执行其生产和经营计划。完全套期保值战略使企业实现了风险中立目标,汇率不管朝哪个方向波动都将与企业的现金流量无关。采取完全套期保值战略,是公司对外宣布自己稳健经营的一个信号,对维护企业的社会形象和声誉具有特别的意义,对某些需要赢得稳健投资者支持的企业来说,这一战略无疑是最佳的选择。然而,完全套期保值的代价是三种风险管理战略中最高的,因为汇率波动是双向的,对企业的风险而言利弊皆存,完全套期保值不仅要支付高昂的成本,而且还牺牲了汇率波动可能带来的收益。

此外,有的企业有条件采取这种战略,因为他们的经营特点决定其拥有低成本的风险管理优势。例如,有风险的外汇币种有发达的衍生工具市场,在市场上处于价格优势,有可能把风险管理成本转移到产品销售价格中去。与保持外汇风险的其他对手相比,这些企业不会因完全套期保值而处于不利地位。一般来说,稳健经营要求高的商业银行大多采取这一战略,基本上实现外汇风险中立,保有的外汇风险头寸很少。

(二) 消极的管理战略

采取消极的管理战略的企业对其面临的外汇风险听之任之,不采取任何措施进行控制或消除,"无为而治"。选择消极保值战略的企业看似无为,实际上是在谋求50%概率的汇率变动的有利影响,以便享受这份免费的午餐。当然,这种战略的弊端是,如果汇率变动对其不利,企业就要承受由此产生的所有损失。

采取这种战略的企业一般是风险爱好者,他们的依据是:

第一,认为自己获得的信息多,对外汇市场行情的判断比较准确,有把握识别外汇风险对自己有利还是不利,故保留外汇风险以尽可能获得额外的风险收益。

第二,相信市场机制的作用。如果外汇市场遵守利率平价和购买力平价,市场是高度有效的,企业的实际经营、现金流量与汇率波动无关,那么采取任何措施进行保值或投机都是不必要或无效的,只是多花冤枉钱。

第三,外汇风险不大,给企业造成的不利影响只伤皮毛、不触筋骨。如果外汇风险管理花费的成本很大,套期保值的成本超过了不进行风险管理的损失,企业反倒不如不进行风险管理。

但在现实中,这种战略受到很大的挑战,因为企业经营不可能与汇率波动无关,特别是从短期看,汇率波动很少符合利率平价和购买力平价,它不仅带来企业资产名义上的价值波动,还影响营运资产和真实资产的实际价值。因此,除特殊情况外,涉外企业一般较少采取这种消极保值战略。

(三) 积极的管理战略

这种策略指企业积极地预测汇率走势,并根据不同的预测对不同的涉险项目分别采取不同措施的风险管理策略。例如:在预期汇率变动对其不利时,企业采取完全或部分避险的管理手段;在预期汇率变动对其有利时,企业承担汇率风险以期获取风险报酬。

采取积极保值战略的企业可以分为两类:一类是利用汇率的波动谋取利润的投机者,一类是以平衡外汇风险头寸为目标的套期保值者。采取这种战略的企业,一般会把外汇风险管理纳入企业总体的经营管理战略,对外汇风险管理进行周密的安排,有一整套的管理制度和约束机制,而且对风险管理水平有较高的要求,否则,由此带来的损失和代价将可能远远大于完全套期保值战略和消极保值战略。

现实中,大部分企业都选择积极保值的风险管理战略。对于外汇风险,采取部分弥补、部分保留的策略。不同的企业往往根据自己的经营特点和管理经验,对比外汇风险大小和"允许的"外汇风险承受能力,确定是否需要进行套期保值,以及对哪些币种的外汇风险、多大的金额进行套期保值。这种决策必须建立在精确的成本收益核算基础上,后面我们会对此进行详细的介绍。不管怎样,企业的外汇风险管理战略一定要服务于企业整体目标的大局,需要结合业务特点和财务状况做出适当的选择。

三、外汇风险管理程序

企业确定了外汇风险管理的总体目标、原则、战术后,接下来就需要制定外汇风险管理程序,对每一程序安排相应的任务,应用具体的管理方法加以实施。通常,外汇风险管理包括以下几个关键的程序:风险识别、风险衡量、风险管理方法选择、风险管理实施、监督与调整。

(一)风险识别

风险识别的程序即识别各种可能减少企业价值的外汇风险。外汇风险包括交易风险、经济风险、会计风险,不同的企业面临着不同种类的风险,企业必须根据自己的业务活动判别可能面临的风险状况,以便对症下药。例如,在交易风险的识别中,多采用外汇头寸分析方法。企业根据自己的交易活动,测算出公司的现金流入量和现金流出量,以此得出净头寸,进而识别公司拥有外汇风险的现金流量、币种和业务。

(二)风险衡量

该程序衡量外汇风险带来潜在损失的概率和损失程度。识别出公司可能面临的各类外汇风险种类后,需要对所涉及的不同外币的未来汇率波动进行预测,然后运用各种方法对不同种类的外汇风险进行计算和评价。由于外汇风险对企业的影响是双向的,有利有弊,最重要的是要推算外汇风险造成企业损失的概率,以及将各类风险综合后企业价值可能损失的范围和程度。通过外汇风险衡量,企业可以比较准确地知道外汇风险带来损失的概率和损失程度,从而为企业下一步选择风险管理方法奠定基础。

(三)风险管理方法选择

这一程序就是选择适当的风险管理方法,以达到最有效地实现企业预定的外汇风险管理目标。进入牙买加货币体系后,外汇风险有日益扩大的趋势,许多跨国公司深受其害,产生了强烈的外汇风险管理需求,一系列的金融创新因此应运而生,出现了种类繁多的外汇风险管理方法。每一种方法都有自身的优势和劣势,需要企业根据自己所处的风险状况进行甄别和筛选。不同的外汇风险管理战略在一定程度上决定了不同的风险管理方法。

外汇风险管理手段从总体上可以分为以下三类:

1. 风险控制手段。外汇风险控制是指通过降低风险损失概率以及风险损失程度(规模)来减少风险成本的各种行为。通常把主要为降低损失概率的行为称为风险防范手段,而把主要为降低损失程度的行为称为风险降低手段。例如,企业主动减少涉外经济活动,减少公司可能发生的外汇收入及支出,就是典型的风险防范手段;当企业预期汇率将发生波动时,及时采取措施,对外汇风险头寸进行套期保值,锁定收益与成本,降低企业遭受汇率波动的损失,就是风险降低手段的例子。其实,许多风险控制手段会

同时降低损失概率和损失程度,往往无法将它们严格区分开来。最常见的风险控制手段包括两种方法:

(1)减少外汇风险业务。涉外企业或跨国公司可以通过减少风险业务的数目降低风险。例如,减少使用外币,或者根本不持有任何外币净头寸。对风险行为的数目加以控制主要是为了降低风险发生的概率。最极端的情况是将风险行为的数目减到零,也就是公司不从事任何与外币沾边的活动,无论进出口、投融资活动都要求使用本币计价结算,这种极端的方法称为风险回避。减少外汇风险业务,这样的方法有一个最大的缺陷,即它更多地考虑和回避了风险业务的损失,却因此丧失了风险业务可能带来的收益。

(2)提高外汇风险预防能力。企业根据市场需要和业务发展计划开拓海外业务,不必害怕风险业务数量,而应提高这些风险业务的预防能力,提高外汇风险业务的安全性,从而降低风险的损失概率和损失程度。具体地讲,就是要提高企业外汇风险防范与管理的能力,提高汇率预测的准确度及风险管理办法的有效性。

2. 风险融资手段。风险融资也称为损失融资(Loss Financing),是指各种获取资金、用来支付或抵偿外汇风险损失的手段。根据风险补偿的资金来源,可以分为三种风险融资方法:

(1)自留。它是指企业自己承担部分或全部的外汇风险损失。自留往往被称为自我保险。许多大型跨国公司在其财务与资金管理中,都有一个正式的损失融资计划,例如,有的公司建立外汇风险防范基金,有的公司每年按照销售额或者外汇风险 VaR 值的一定比例提取外汇风险准备金,有的公司并没有上述自留资金计划,而是用自己的资本金弥补经营中的外汇风险。

在自留融资方法下,企业可以用内部资源和外部资源来弥补损失。内部资源包括:正常生产活动的现金流,自由运营资金,专门为风险融资而进行的流动资产投资,以及通过变卖其他资产获取的资金。外部资源包括对外借债以及发行新股,但在遭受了重大损失后,外部资源的筹资成本通常比较高。利用外部资源弥补风险损失,最终仍然是企业用自己的利润进行了风险补偿,因此也属于自留范畴。例如,在借债弥补风险损失的情况下,企业未来必须用经营所得偿还债务;在发行新股的情况下,企业则必须把未来的利润分配给新股东。

(2)购买保险合同。通过购买保险,企业可以把外汇风险损失转嫁给保险公司。国际上有许多保险公司提供与外汇风险有关的保险险种,例如国有化险、种类繁多的汇率波动险和利率波动险等。购买相关的保险,对涉外企业而言是一种省时省力的好办法。但是,在我国和许多发展中国家,保险市场不发达,还没有开发出分担企业外汇风险的相关险种,因此不可能运用购买保险的方法来弥补企业的外汇风险损失。

(3)套期保值。远期合约、期货合约、期权合约以及互换合约等衍生金融工具,能够事先将不确定的汇率按照某个远期价格确定下来,企业只承担约定的远期价格与目前即期价格之间的价差风险,交易的对方却要承担约定的远期价格与未来即期价格之间的价差风险,这就意味着外汇风险在企业与套期保值对手之间进行了分摊。

3. 内部风险抑制手段。内部风险抑制是指企业通过内部业务、管理调整来降低外汇风险的各种手段。内部风险抑制主要有两种方法：

（1）分散化。企业的经营活动充满各种风险，货币多元化、特别是企业在业务中注意使用相关性较低的货币，并注意分散化，公司整体的风险头寸的波动性就会明显降低。因此，企业可以通过持有各种外汇头寸的方式从内部来降低风险。这种分散化是广义的，不仅包括国别币种的分散，还包括币种的波动性和相关性。

（2）信息投资。充分占有信息，较强的处理、分析信息的能力，是企业提高外汇风险管理水平的前提条件。绝大多数涉外业务多的公司都会花一定的人力、物力和财力进行外汇趋势的分析、预测及相关管理工作，通过信息的搜集和研究，公司可以对未来汇率的走势做出比较准确的分析，以此为根据决定自己的外汇头寸，不仅可以避免汇率波动带来的损失，而且还可以从中盈利。由于国际业务的复杂性，以及汇率波动的无序性，需要专业的投资公司或咨询公司进行信息收集、处理和分析，涉外企业大多没有如此专业的人才，因此进行必要的信息投资，购买决策所需信息甚至外汇风险管理方案，才能够对未来现金流进行更精确的估计和评价，才能更有效地对外汇风险进行管理，减小现金流量损失的可能性。

（四）风险管理实施

这一环节主要通过具体的安排，落实所选定的外汇风险管理方法。企业需要进行内部的业务调整、资金调整、币种调整，以及在外部寻找合作伙伴、交易对手、签订外汇交易合同等，具体实施风险转移和控制。

（五）监督与调整

除了上述环节外，企业还需对外汇风险管理方法实施后的效果进行监督与评估，根据每种方法的评估依据进行监督。如根据成本收益准则作出判断，选择收益最大化的方法。另外，外汇市场时时风云变幻，没有哪种方法可以拿来便一劳永逸。企业必须持续地对公司风险管理方法和风险管理战略的实施情况和适用性进行监督，根据市场和自身的情况，对自己的战略战术进行监控管理，适时做出调整。

第四节　工商企业汇率风险管理方法

外汇风险管理是一项控制风险、降低企业现金流量或价值损失的管理活动，需要借助内外部多种手段及具体的管理方法。然而，每一种管理手段都有人力、财力的投入，因此，从某种意义上讲，外汇风险管理实质上也是一种投资活动，是用一定的成本或现金投入作为本金，谋取未来现金流量不损失的回报利益。

交易风险、经济风险及会计风险是具有不同影响的三类外汇风险，在各类风险管理中有多种管理方法可供选择，企业究竟应该选择哪一种呢？要得到最优的外汇风险管理方法，就需要对不同的管理方法进行经济分析，确定各自的成本—收益。由于外汇风险管理的目标是一致的，即消除不确定性，或者减少风险损失。这就意味着，各种风险管理方法的收益是已知的、相同的，经济分析的重点因此落在成本——为外汇风险管理而支出的现金上面，成本最小的风险管理方法将是最优的方法，也是企业应该选择的方法。

一、会计风险管理

(一) 会计风险的套期保值基本策略和技巧

企业管理会计风险的方法不外乎有三种:调整资金流量、签订远期合同以及风险冲销。表3-11中列出的降低会计风险的基本套期保值策略都要利用这三种方法。这一基本策略的核心就是增加硬币资产、减少软币资产,同时减少硬币债务、增加软币债务。例如,如果当地货币发生贬值时可以采取以下基本套期保值战略,降低现金水平,紧缩信贷条件以减少应收账款,增加当地货币借款,推迟应付账款,并在远期外汇市场上卖出软币。

表3-11 会计风险套期保值的基本策略

	资产	负债
硬币(可能升值)	增加	减少
软币(可能贬值)	减少	增加

调整资金流量是企业会计风险管理最常用的方法。资金流量调整,就是通过改变母公司及子公司预期现金流量的金额或货币,以降低企业当地货币的会计风险。

如果预期当地货币将贬值,企业要降低会计风险损失、套期保值的技巧是减少当地货币资产或者增加当地货币债务,最好将资产头寸转换成硬币,或者在当地货币贬值以前,将其持有的当地货币转换成母公司所在国货币。这一转换可以通过直接调整或间接调整来完成。

资金调整的直接方法包括:①出口以硬币计价,进口以当地货币计价;②投资于硬币面额证券;③用当地货币贷款替代硬币贷款。

资金调整的间接方法包括:①调整子公司之间销售商品的转移价格;②加快红利、特许费等的支付;③调整子公司之间账款的提前和推迟收付安排。

预期当地货币升值时,套期保值的技巧正好相反。

尽管这些会计风险管理方法普遍被企业采用,但调整资金流量、签订远期合同以及风险冲销也不是万能的。如果市场已经认识到货币升值或贬值的可能性,那么,就会在各种套期保值的成本中将这一认识体现出来。只有当企业的汇率预期与市场普遍预期不同,并且比市场预期高时,才能提前进行套期保值以降低成本。

(二) 会计风险管理的局限

跨国企业在对其会计风险进行套期保值时,受到许多方面的限制。

1. 管理对象难以确定。跨国公司的海外子公司对其年终收益的预测不可能完全准确。如果实际收益高于或低于预测收益,将会使预期的会计风险损失或收益发生变化。在会计风险金额很难准确计量的情况下,套期保值策略将难以制定,即使制定了,管理的实际效果也不能完全令人满意。

2. 远期合同的使用范围有限。外汇市场上的远期合同只面向几种主要货币,处在许多发展中国家的子公司的当地货币根本没有远期市场,无法利用远期合同对其会计风险进行套期保值,这些企业只能转而使用货币市场保值方法。例如,跨国公司的母公司可以借入子公司的记账货币,将其兑换成当地货币(母公司的报表货币),然后购买年终到期的货币市场证券。年终需要编制合并报表时,再出售所购买的货币市场证券,用所得现金购买子公司的记账货币,并归还借款。如果子公司的记账货币在这一年中大幅度贬值,就可以用比年初较低的汇率买入该种货币。货币市场保值方法只有在资本项目自由兑换的情况下才能使用。同样,由于子公司的收益不确定,运用货币市场保值法对会计风险实行完全的套期保值几乎是不可能的。尽管如此,从这一方法中获得的收益,至少可以部分抵消子公司所在国的货币贬值带来的会计损失。

此外,远期交易的损益反映的是远期汇率和未来即期汇率的差额,而会计风险的损益反映了有关会计期间期初汇率与期末汇率之间的差异,这两个差异往往相差甚远,通过签订远期合同来规避会计风险,不一定能够达到预期的目的。

3. 进行风险管理可能会增加企业的税收。如前所述,会计风险损失一般不能从应税收入中扣除,而对会计风险进行套期保值的远期合同收益却包括在应税收入中,这就意味着,对会计风险进行套期保值的一切交易都要支付额外的税收代价。

4. 对会计风险进行套期保值时可能会增加其交易风险。在某个财政年度里,子公司的货币升值了,产生了会计收益,而跨国公司在年初采取的某项套期保值战略就会因此产生交易损失,在某种程度上抵消了会计收益。会计收益只是纸面上的收益,即由于子公司货币的升值导致以报表货币表示的收益价值提高了。然而,如果子公司将其收益在当地进行再投资的话,母公司根本就没有因子公司货币升值而获得更多的收入,跨国公司母公司净额现金流量没有受到影响。相反,母公司实施套期保值战略导致的损失却是实实在在的,也就是说,流向母公司的净额现金流量会因这一损失而减少。这样,跨国公司实际上是以增加其交易风险为代价来降低其会计风险的。

二、经济风险管理

20世纪80、90年代,美国、日本、欧盟的跨国公司都进行了重大的全球经营战略调整,他们除了继续注重对短期资产负债表的货币管理外,还着手进行长期的经营调整以应付经济环境的变化,由此掀起了新一轮的国际并购浪潮,出现了跨国公司强强联合。在控制汇率波动带来的经济风险时,跨国企业也有针对性地调整其营销策略、生产策略和财务策略。有时企业只需调整三大经营策略中的一个即可,有时企业则需要同时调整三大经营策略(见表3-12)。

表3-12 经济风险管理三大策略

生产策略	营销策略	财务策略
生产要素重组	市场选择	资产负债匹配
转移生产	定价策略	业务分散化
工厂选址	促销战略	融资分散化
提高劳动生产率	产品战略	营运资本管理

第一,生产策略调整。当汇率波动太剧烈,以致采用定价和其他营销战略都无济于事时,企业必须从降低生产成本方面着手,对外汇经济风险进行有效的管理。针对外汇经济风险,企业可采用的生产管理调整措施有以下几种:生产要素重组、转移生产、工厂

选址、提高劳动生产率。

第二,营销策略调整。在本币频繁波动的情况下,根据汇率波动趋势,调整企业的营销战略可以确保企业获得很多国际竞争优势。国际营销经理的主要任务之一就是分析和确定汇率变动可能带来的利弊,并据此调整企业的定价策略和产品策略。企业采纳的营销策略调整措施有市场选择、定价策略、促销战略和产品战略。

第三,财务策略调整。营销管理战略和生产管理战略有一个共同特征,就是要想有效地实施这些战略,需要花费很长的时间。财务管理策略调整是对企业的债务结构进行重新调整,利用发达的资本市场和丰富的金融工具,在很短的时间内完成。通常,跨国企业在进行营销和生产战略调整时,必须同时进行财务管理策略性调整,以便使营销和生产战略调整引起的资产收益下降,被相应的清偿债务的成本下降所抵消。财务管理策略调整的具体措施包括资产负债匹配、业务分散化、融资分散化、营运资本管理。

三、交易风险管理

(一) 远期外汇合约

工商企业外部有许多的套期保值工具可供利用,最常用的、最基本的工具是远期合同。远期合同是交易双方事先确定价格,在将来某个日期进行某种货币买卖的协议。

1. 远期外汇操作。此处我们举例来具体说明企业的远期外汇操作。

【例9】一家中国企业从英国购买一套机器设备,该交易以英镑计价,付款期是30天。如果在此期间,英镑相对于人民币升值了,该中国企业就会遭受损失,因为英镑应付款的人民币价值因英镑升值而增加了。然而,如果在进行交易谈判的同时,这家中国企业同中国银行签订一份远期合同,根据确定的汇率在30天后购买这笔英镑。这样一来,该企业就有效地锁定了英镑应付款的人民币未来价值,从而消除了外汇风险。英镑应付款的任何损失都会被远期合同的相同的收益所抵消。

运用远期外汇合约最大的作用是让具有交易风险头寸的企业确定未来现金流量的价值。因此,企业可以事先进行成本管理、确定销售价格以保证取得合理的利润率。

通常认为,远期保值的成本就是远期合同的升水或贴水(当然,这并不完全正确)。例如,上面提到的中国企业从英国进口设备的情况,如果交货期为9月17日,远期合同到期,这家中国企业根据事先确定的远期汇率从银行购买100万英镑。我们可以利用表3-13对其保值成本进行如下分析。可以发现,采用远期保值以后,购买100万英镑的人民币实际成本和预计成本总是一致的。

表3-13 远期外汇合约套期保值成本

日期	远期保值交易	人民币价值
3月16日	(1)决定购买价值为100万英镑的设备: 即期汇率为£ 1 = ¥13.5 签订远期外汇合约: 远期汇率为£ 1 = ¥14 (2)升水额=(14-13.5)× 1 000 000 (3)设备的预计成本=(1)+(2)	13 500 000 500 000 14 000 000

续表

日期	远期保值交易	人民币价值
9月17日	设备交货,按商定的远期汇率从银行购买英镑: (4)设备的最终成本 = 14 × 1 000 000 (5)与预计成本的差额 = (3) - (4)	14 000 000 0

2. 远期外汇合约保值的缺陷。利用远期外汇合约保值,仍具有下述缺陷:

(1)企业的预测如果不准确,实际的套期保值成本支出可能高于不进行套期保值的成本(见表3-13)。例如,如果远期外汇合约到期日英镑的汇率从兑换14.0人民币贬值至13.0人民币,那么这家中国企业事先不进行远期保值,而是在外汇市场上按照9月17日当天的即期汇率(£1=¥13.0)购买100万英镑,反而可以节约1 000 000人民币。但是,如果9月17日的市场即期汇率升至14.5人民币,则进行远期保值比不采取保值要节省500 000人民币。

(2)远期交易对企业的资信要求比较高,否则银行就会要求企业提供一笔履约保证金,从而增加了资金成本。

(3)只有主要国际货币可以进行远期交易,有许多国家的货币迄今尚无远期外汇合约,企业的某些货币的应收、应付款无法运用远期外汇合约来避险。

(二)外汇期货

外汇期货交易是一种交易双方在有关交易所内通过公开叫价的拍卖方式买卖在未来某一日期以既定汇率交割一定数量外汇的期货合同的外汇交易。

外汇期货交易问世于20世纪70年代初期,其充分发展是在20世纪80年代,那是主要国际货币汇率变动最剧烈的时期,尤其是美元汇率大起大落,对进出口商、跨国公司及商业银行等外币债权、债务的持有者来说,汇率风险大大增加,他们需要利用外汇期货来防范汇率风险。同时,随着国际贸易和国际金融的发展,国家间的经济活动越发活跃,这都需要利用外汇期货进行保值。这些需求刺激了外汇期货的发展。

进行外汇期货交易的主体有两大类:一类是套期保值者,他们利用外汇期货交易规避外汇风险;另一类是投机者,他们利用外汇期货价格的变动赚取利润。由于企业是针对特定的交易风险而买卖期货合同,期货交易的主要目的是避免汇率波动带来的损失,通常被视做套期保值者而非投机者。

1. 外汇期货套期保值操作。套期保值又可分为空头套期保值与多头套期保值。

(1)空头套期保值。空头套期保值的特点是,交易者在现货市场上处于多头地位,在期货市场上做一笔相应的空头交易,以防止外汇风险。如出口商的应收外汇货款、个人或公司在外国银行的存款等,为避免外汇汇率波动可能造成的损失,可以事先在外汇期货市场卖出该种货币的期货合约。

【例10】中国一家跨国公司在英国的子公司急需母公司提供50万英镑资金,5个月后即可将该笔资金调回母公司。于是,母公司在现汇市场上用人民币购买了50万英镑汇给该子公司。为了避免由此产生的外汇交易风险,母公司在外汇期货市场上进行空头套期保值(见表3-14)。

表 3-14 期货交易空头套期保值

	现汇市场	外汇期货市场
1月1日	买进50万英镑，即期汇率为£1=¥13.5，支付675万人民币	卖出20份7月到期的英镑期货合同，每份25 000英镑，共计50万英镑，汇率£1=¥13.6，可收入680万人民币
6月1日	卖出50万英镑，汇率为£1=¥13.8，收入为690万人民币	买入20份7月到期的英镑期货合同，每份25 000英镑，共计50万英镑，汇率£1=¥13.85，要支付692.5万人民币
盈亏	¥150 000	¥-125 000

从该例中可以看出，由于英镑对人民币升值，母公司在现汇市场上的交易盈利为15万人民币，在外汇期货市场上的交易损失为12.5万人民币，套期保值最终盈利2.5万人民币。当然，如果母公司没有进行套期保值，在1月1日的现汇市场上买入50万英镑，6月1日收回英镑时将其在现汇市场上出售，母公司可以从英镑升值中获利15万人民币，比进行套期保值更为有利。但是，在1月1日时，母公司并不知道5个月后英镑到底是升值还是贬值。升值固然有利，但万一英镑贬值，母公司在现汇市场上的交易必然蒙受损失。一旦采取了套期保值，英镑在现汇市场上贬值时，在期货市场上也会贬值，母公司在外汇期货交易中将获利，可以抵消现汇交易中的一部分损失。

（2）多头套期保值。又叫买入套期保值，是指将要以外汇支付的款项，采取先在外汇期货市场上购进同等数量的外汇期货合约，等到将来在现货市场上购进所需外汇时，卖出购进的期货合约的保值方式。

【例11】美国某进口商从德国进口一批设备，预计3个月后必须在现货市场买进500万欧元，以支付这批设备的货款，为避免3个月后因欧元升值而花费更多的美元，以稳定设备的购入成本，该进口商可先行在期货市场上买进40份欧元期货合约，总额500万欧元。此时，现货市场上美元对欧元的汇率为€1=$1，购买40份期货合约需要500万美元。该进口商在外汇市场上购进了3个月期交割的欧元期货合约，并按€1=$1.01的汇率成交，这40份合约的成交额为1.01×12.5×40=505万美元。

假设3个月后，欧元果真升值为€1=$1.06，该进口商在现货市场上以升值后的欧元汇率购进500万欧元，作为支付进口设备之用，需要美元530万美元(1.06×500=530万美元)，亏损30万美元。与此同时，该进口商又在期货市场上把3个月前购进的40份欧元期货合约卖出，成交汇率为€1=$1.07，可得到535万美元(1.07×12.5×40=535万美元)，盈利30万美元。由此可见，该进口商在现货市场上亏损的30万美元，又从期货市场上得到了补偿，其实际支付的金额被锁定在500万美元。

企业运用期货合同来回避交易风险，也存在一定的局限：与远期外汇合约一样，企业的预测如果不准确，套期保值的实际成本支出可能高于不进行套期保值的成本；期货交易需要保证金，而且在交易所每日结清制度下，企业不得不面临额外的现金流入或者流出；有的币种没有期货合同，无法运用期货交易来套期保值。

2. 外汇期货交易与远期外汇交易比较。远期外汇交易是一种较为传统的交易方式,在外汇期货交易尚未出现时就已被广泛使用。外汇期货交易是在高度规范化的交易场所中进行的,交易所内提供全套交易设备,设有专门的结算机构和管理、监督机构,并定有统一的规章制度。交易时间由交易所自行确定。

对于防范汇率风险的跨国企业来说,外汇期货交易和远期外汇交易的保值原理并无不同,两者均可用来固定汇率水平,从而减少跨国交易和国际投资的风险。但是两者在实际交易中存在着许多不同之处,下面对此加以分析:

(1)交易方式不同。外汇期货交易有固定的交易场所,只有交易所的会员才有资格进场交易,非会员的客户要请经纪商做代理。实际的交易双方或许始终都不知道其交易对手究竟是谁。交易采用公开叫价方式,交易员一次只能报一个价,买方只能报买价,卖方只能报卖价,然后由交易所进行撮合。

远期外汇交易不在规范的交易所内进行,是一种自发的、松散的场外交易,通过电话或者电传报价,在银行、外汇经纪商等交易者之间进行。交易时间为全天候,不受任何限制,以协商的方式确定价格和数量。远期外汇交易是一种"多对多"交易,买卖双方均要报出两种价格:买入价和卖出价,然后根据报价双向选择交易对手。买卖双方既可以直接进行,也可以通过经纪人进行,但是无论哪一种方式,交易最终仍需要交易双方面对面地进行。

(2)合约细则不同。外汇期货交易使用的是标准化的合约,主要表现在合约的交易金额的标准化、最后交易日及交割日期的标准化、交割地点的标准化。此外,对于不同币种的期货交易,还对其最小变动价位和每日最大价格波动限制做出明确规定。这种标准化是对每个交易所而言的,每个交易所规定的情况或有区别。因此,客户只能根据合约的交易金额来选择买多少份合约,而不能顺利地按照自己要求的金额买卖。

传统的远期外汇交易,由签订远期合约的交易双方根据具体情况,通过谈判商议决定合约金额、交易金额、交割日期、交割地点。一般来说,同一币种的远期外汇交易金额远远大于外汇期货合约标准金额,远期外汇交易不设每日价格波动限制,对价位的最小变动也不作要求。

(3)报价方式不同。外汇期货交易的价格由买卖双方在交易所内讨价还价形成,价格一旦形成,在该时点对交易所内全部交易者有效。外汇期货通常以单位交易货币等值多少美元来表示,称为 American Term。远期外汇交易的价格是远期汇率,一般由银行报出,有时根据客户交易量大小还可对远期汇率进行调整。

(4)履约方式不同。外汇期货交易主要是作为一种定价机制,而不是用来转移财富的手段。因此,外汇期货合约的实际交割率不足2%,大部分外汇期货合约都在交割日前通过一笔反方向的相同合同数量和交割月的期货交易冲销了。

远期外汇交易则主要是以实际交割为目的的履约,主要为外汇的全额现金交收,其交割率达90%以上。由于每笔合约都是为交易双方量身定做的,因此很难在远期外汇市场上找到一笔反方向同规格的合约。同时,外汇期货合约的对冲交易是为了减少标准化合约与实际需求之间的差距,而远期外汇交易的合约原本就是按买卖双方要求制定的,没有进行对冲交易的必要。

(5)履约保证不同。外汇期货交易实行保证金制度,要求参与交易的会员向交易所的结算机构交纳保证金作为履约保证,委托交易的客户则向会员所在的交易所结算机构账户交纳保证金。保证金既可以为现金形式,也可以用交易货币发行国的政府债券或交易所指定银行发行的信用证代替。

远期外汇交易不需要支付保证金,交易双方以对方信用作为履约保障,有些远期外汇交易也要求用信用证或证券进行质押。如果说外汇期货交易是一种"以小搏大"、高杠杆率的金融工具,那么远期外汇交易就是一种零成本的金融工具,其风险和收益都大于外汇期货交易。所以,参与远期外汇交易的只是银行等金融机构以及跨国公司等大企业,一般中小企业及个人很少涉足。

(6)结算方式不同。外汇期货交易的结算业务由专门的结算所或交易所设立的结算机构办理。结算所充当买卖双方的中间人,即"买方的卖方,卖方的买方",买卖双方不直接见面。实行每日结算、追加保证金,即"逐日盯市"制度。

远期外汇交易没有正式的结算机构,由参与交易的银行和机构投资者自行决定。交易不存在中间人,买卖双方直接交易、结算。结算只有一次,在合约规定日期进行。

(7)交易成本不同。外汇期货交易的成本主要是发出指令,委托经纪商代其入场交易所必须支付的佣金。佣金数额由经纪商与委托人协商决定,随经纪商提供服务的不同、客户交易金额大小等因素而变动。

传统的远期外汇交易不收取佣金,但通过外汇经纪商或银行间外汇经纪商进行的交易要收取佣金。此外,远期外汇交易的成本还包括远期汇率报价的买卖价差(Bid-ask Spread)。值得注意的是,收取佣金的远期外汇交易的成本不一定高于不收取佣金的远期外汇交易,经纪商通常可以为客户提供更具竞争力的报价,从而减少买卖价差。

(8)信息成本不同。外汇期货交易市场采用公开竞价、统一报价、标准合约等制度,是一个有形的、具体的市场,相对而言更是一个信息较为完备的效率市场,市场汇率一般来讲就是可得到的最佳交易价格,交易者不必为此付出信息成本。

远期外汇交易市场则是一个无形的、抽象的市场,其信息成本要高得多。不同银行的远期汇率报价有所不同,不同经纪商的佣金比率也有所不同。由于缺乏一个公开报价市场,客户只有多方了解、比较后才能得到较为有利的交易价格和较低的佣金水平。

可见,远期外汇交易不受合约规格的限制,较之外汇期货交易更加灵活,在套期保值时针对性更强,往往可以将市场风险全部对冲掉。但是,远期外汇交易的价格不具备外汇期货交易的公开、公正、公平,没有交易所和清算所作为中介和交易保障,缺乏保证金制度和逐日盯市制度,其流动性远低于外汇期货交易,且面临着巨大的信用风险和流动性风险。

(三)货币市场套期保值

货币市场套期保值是指用货币市场头寸抵补未来应付账款或应收账款头寸。

1. 应付账款的货币市场套期保值。我们通过举例来说明应付账款的货币市场套期保值。

【例12】如果一家美国公司需要在30天后支付100万瑞士法郎,在此期间投资瑞士证券能赚得6%的年利息,那么该公司购买一个月的瑞士证券所需金额为995 025瑞士法郎[$1 000 000 \div (1+0.06/12)$]。按照1瑞士法郎=0.65美元的即期汇率,公司需要拿出 646 766 美元(995 025×0.65)现金购入这笔瑞士证券,这样,30 天后这笔瑞士证券投资的本息收入刚好可以用来支付其 100 万瑞士法郎的应付款。大多数情况下,企业手中没有闲置的现金来做这样的套期保值投资,因此需要在货币市场上借入 646 766 美元,用来购买瑞士法郎;然后使用买入的瑞士法郎进行瑞士证券投资;30 天后收回投资本息,支付应付瑞士法郎款项,并偿还美元贷款本息。

企业进行套期保值时,使用远期外汇合约或利用货币市场,究竟哪一种方法更可取呢?这需要比较企业运用二者所支付的现金额。只要不是用企业手中的闲置现金进行货币市场套期保值,这两种方法就可以进行直接的比较,哪一种方法需要企业支付的现金额较少,企业就选择哪种方法。当然,只能在到期后才能真正确定二者的优劣,在此之前的比较是基于一定的汇率预测,汇率预测的准确度对二者的比较结果有影响。

2. 应收账款的货币市场套期保值。应收账款的货币市场套期保值原理与应付账款相同,只是企业提前借入相当于应收账款现值的外币贷款,按照目前的即期汇率兑换成本币,投资于本币证券市场,到期收到应收外币款后偿还贷款。这种方法也可与用远期外汇合约套期保值相比较。

但是,利用货币市场进行套期保值要受到利率平价的限制。如果利率平价条件成立,假设交易成本为零,那么利用货币市场与利用远期外汇合约进行套期保值所付现金是一样的。这是因为远期汇率的远期升贴水刚好体现了两种货币间的利率差异。用远期买入对未来应付账款进行套期保值,等同于以本国利率举债而以外国利率投资;用远期出售对未来应收账款套期保值,等同于以外国利率举债而以本国利率投资,所发生的费用是相同的。当然,远期汇率并不是恰好等于利率平价,它受到资本流动限制、交易成本、市场供求以及其他经济、政治因素的影响,远期汇率常常与利率平价有一定的差异,因此,货币市场套期保值方法往往更为有利。

(四)外汇期权

外汇期权合同是一种选择权契约。目前,国际上主要期权交易所的交易货币有美元、欧元、英镑、日元、瑞士法郎等。对套期保值者来说,外汇期权有三个其他保值方法无法比拟的优点:其一,将外汇风险局限于期权保险费;其二,保留获利的机会;其三,增强了风险管理的灵活性。

外汇期权合同也是标准化契约,方便期权买卖双方在交易所内以公开竞价方式进行交易,并有助于外汇期权次级市场的活跃。在期权交易中,期权费是唯一的变量,其他要素都是标准化的。期权费是期权的买方为获取期权合约所赋予的权利而必须支付给卖方的费用,其多少取决于执行价格、到期时间以及整个期权合约。

1. 外汇期权的交易方式。外汇期权交易可分为外汇现货期权交易、外汇期货期权交易和期货式期权交易三种类型。

(1)外汇现货期权交易。外汇现货期权交易又叫即期外汇期权,指期权买方有权在期权到期日或以前,以执行价格购入或售出一定数量的某种外汇现货。这是外汇期权的最基本的交易方式。

【例13】某企业从日本进口设备,需要在 3 个月后向日本出口商支付 64 060 万日元,如果按市场汇率 1 美元兑换 128.12 日元计算,须向银行申请 500 万美元贷款,为了固定进口成本和避免汇率风险,该企业通过向银行支付3.5%的费用(即17.5万美元),购进一笔期权,使其有权在3个月后按上述汇率买进所需要的64 060万日元。

3个月后,可能出现三种不同的情况:①美元对日元的汇率从128.12下跌至117.00。如果该企业没有采取保值措施购进期权,将要支付547.52万美元,才能购进所需要的64 060万日元,即比3个月前多支付47.52万美元。但由于该企业购进了一笔期权,尽管支付了17.5万美元的保险费,但却防止了47.52万美元的损失。②美元对日元的汇率从128.12上升到138.00。这时,该企业可以放弃期权,在外汇市场上按1美元兑换138.00日元的即期汇率直接购进64 060万日元,而只需支付464.20万美元,即使加上17.5万美元的保险费,仍可使进口成本降低18.30万美元。③美元对日元的汇率保持128.12水平。那么,该企业没有因汇率波动而发生盈亏,虽然为避免汇率风险付出了一定的费用,但固定了进口成本(见表3-15)。

表3-15 外汇期权套期保值成本

	未购买期权	购买期权
现在	现货市场,1美元=128.12日元,需500万美元(64 060/128.12)	向银行支付3.5%的费用,即17.5万美元,购进一笔期权,有权在3个月后按1:128.12买进所需的64 060万日元
3个月后, 1美元=117日元	需支付547.52万美元(64 060/117),比3个月前多支付47.52万美元	行使期权,只用500万美元,尽管支付了17.5万美元的期权费,但防止了47.52万美元的损失
3个月后, 1美元=138日元	需支付464.2万美元(64 060/138),比3个月前少支付35.8万美元	放弃期权,在现货市场买进日元,但和500万美元比较,加上17.5万美元期权费后,仍使进口成本降低18.3万美元
3个月后, 1美元=128.12日元	需支付500万美元(64 060/128.12),没有损失,也没有盈利	损失期权费17.5万美元

(2)外汇期货期权交易。外汇期货期权交易是指期权买方有权在到期日或之前,以协定的汇价购入或售出一定数量的某种外汇期货,即买入看涨期权以使期权买方按协定价取得外汇期货的多头地位,买入看跌期权以使期权买方按协定价建立外汇期货的空头地位。买方行使期货期权后的交割同外汇期货交割,而与外汇现货期权不同的是期货期权的行使有效期均为美国式,即可以在到期日前任何时候行使。

外汇期货期权与现货期权交易不同,是以外汇期货为对象的期权交易。外汇现货期权到期时,买卖双方交易的是某种外汇,而期货期权交易的则是某种外汇期货合同。这种交易工具的最大优点体现在资金使用效益方面。如果是现货交易,期权被执行后,无论是收付交易本身还是作为清算头寸而对冲,都会按交易额而需付大量资金,如前例所述。而期货期权不同,设立的头寸采取预付保证金方式,结算按轧差方式进行,因此可以用较少的资金完成交易。由于这种交易在期限、执行价格和交易单位方面均已标准化,通常不易与需要保值的现货配平,因此在实际交易中很少用于套期保值。

(3)期货式期权交易。由于外汇行市变化无常,尤其当汇率波动加剧之际,外汇期权行市就有很大的不确定性,因此外汇期权也可以以一种期货的形式进行交易,这便是期货式期权交易的由来,所以又可称之为期权期货。它与一般期货合同的相似点是:①交易双方盈亏取决于期权行市变动方向;②合同双方都须交存保证金;③按每天期权收市价结算,即按每天收市的期权交易价对期权合同价的变动差额进行盈亏结算。当交易商预计期权行市上涨,就买入看涨期权的期货,取得多头地位,如果期权行市果然上涨,则买入者获利,出售者亏本。而当交易商预计期权行市下跌,就会买入看跌期权期货,如日后果然下跌,则多头者获利,空头者亏损。

区别以上三种交易种类的基本性质可知,外汇现货期权和外汇期货期权的持有人在买入期权时必须支付无追索的期权费,而期货式期权购买者只需交存保证金,不必支付期权费。保证金可以撤回,也可以追加不足部分,或提取超额部分,但交存保证金数与期权费有直接的关系。另外,外汇现货期权和期货期权仅在实际行使或转让时才有现金交割,而期货式期权每日按收市清算价进行盈亏结算,对保证金账户产生影响。

2. 外汇期权交易双方的风险与损益分析。期权的买方在支付一定金额的期权费后便拥有选择权,即在期权到期日或期权有效期内,若期货价格发生有利变动,看涨期权买方可以选择按执行价格拥有约定数量多头期货合约的权利,看跌期权买方可以选择按执行价格拥有约定数量空头期货合约的权利,期权过期后买方权利作废。期权的卖方在得到一定金额的期权费后便拥有配合买方执行的义务,即当看涨期权的买方选择拥有多头期货合约时,看涨期权的卖方则无条件相应被迫持有与买方价格相同、数量相等的空头期货合约;当看跌期权的买方选择拥有空头期货合约时,看跌期权的卖方则无条件相应被迫持有与买方价格相同、数量相等的多头期货合约;期权过期后卖方的义务也被相应解除。

(1)期权合同买卖双方的风险。对期权合同的买方来讲,由于只是购买了一种权利而没有义务,因而其最大的风险是交易双方的信用风险,即期权的卖方是否会因为种种原因而不能履行合约。在实际金融活动中,这种情况只有在合同卖方倒闭时才会出现,否则,银行或公司就没有任何理由不履行合同。合同买方付出的最大代价就是所支付的期权合同费用。

期权合同的卖方所面对的风险完全是另一种情形。由于出售的是权利,保留的是义务,因此没有任何信用风险,面对的主要是市场风险。因为他的最大的利润已经被固定下来,即当其出售期权合同时已收到一笔费用,这是一笔用来自保的费用。如对方不执行合同,那么他将完全持有这笔费用;但如合同买方要求执行合同,则市场肯定是不利于卖方的。那么,他的损失大小就完全依赖于合同执行时的市场汇率,因而风险从理论上讲是无穷大的。但事实上,合同的卖方往往是从事该交易的专业人员,他们会根据汇率预测科学地收取期权费,使自己的风险损失得到最大的补偿,而且他们非常熟悉金融市场的风险分散机制与工具,会采取一定的防范措施来保护自己。

另外还有一项风险是买卖双方都要面对的,即清算风险。所谓清算风险,就是指合同一旦被执行,双方不能按约定金额交换约定货币的风险。由于货币的交换是通过货币母国的清算中心进行的,因此即使在同一天交换,也有一个时间差问题。

(2)看涨期权买方与卖方的损益。假定在外汇期权交易中不存在违约风险,即合约的卖方不存在不履行合约的可能,下面我们来分析说明外汇看涨期权交易中双方的损益。

假定期权交易的期权费用为每美元 2 日元的差额,执行价格为 1 美元兑 120 日元。如图 3-1 所示,在看涨期权到期日的交易结果有以下三种可能性:

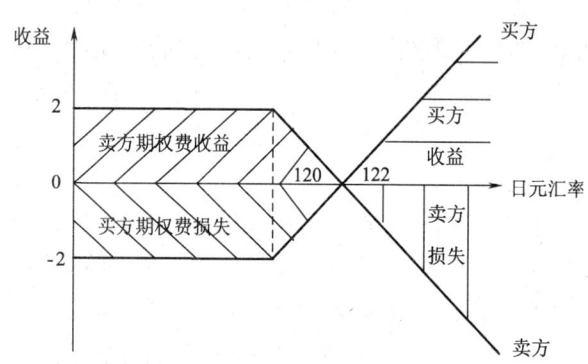

图 3-1　看涨期权买方与卖方损益

当执行价格与现时价格相等时,也就是处于"吻合价格"状态时,买方的交易结果是亏损的,其亏损额就是买方购买看涨期权时所支付的期权费;相应的卖方盈利,其盈利额就是卖方在卖出看涨期权时所收的期权费。

当美元贬值日元升值时,看涨期权的执行价格高于现时价格,买方的交易结果是亏损,亏损额仅限于其所支付的期权费;相应的卖方盈利,其盈利额就是买方的损失额。

当美元升值日元贬值时,看涨期权的执行价格低于现时价格,买方处于盈利状态,但必须要等到现时价格高出执行价格一定程度(美元升值到 1 美元兑 120+2 = 122 日元)、可以抵消买方支付的期权费的时候,买方才会盈利,随着美元的不断升值,其盈利额可以无限大;相应卖方的情况正好相反。

(3)看跌期权买方与卖方的损益。假定期权交易的期权费用为每美元 2 日元的差额,执行价格为 1 美元兑 120 日元。看跌期权买方与卖方损益如图 3-2 所示,在看跌期权到期日的交易结果有以下几种可能性:

当执行价格与现时价格相等时,也就是处于"吻合价格"状态时,或看跌期权的执行价格低于现时价格时,买方的交易结果是亏损,其亏损额就是买方购买看跌期权时所支付的期权费;相应的卖方盈利,其盈利额就是卖方在卖出看跌期权时所收的期权费。

当美元贬值日元升值时,看跌期权的执行价格高于现时价格,买方的交易结果是盈利,但必须要等到执行价格高出现时价格一定程度,美元必须贬值到 1 美元兑 118 日元时,才可以抵消买方支付的期权费,买方盈利。随着美元的不断贬值,其盈利额越来越大。相应卖方的情况正好相反。

当美元升值日元贬值时,看跌期权的执行价格低于现时价格,买方的交易结果是亏损,因此买方会放弃期权交易,其损失为期权费,卖方获得等额于期权费的利润。

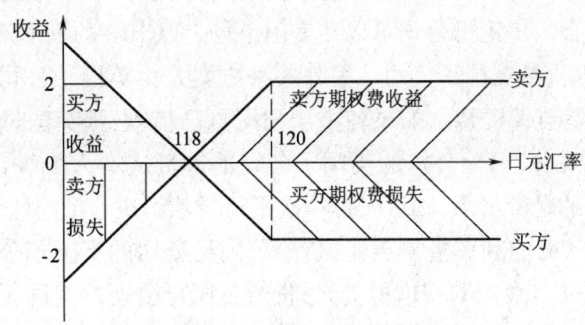

图 3-2 看涨期权买方与卖方损益

（五）长期远期合同

长期远期合同有时简称长期远期，是在远期合同的基础上发展起来的一种适用于一年以上的套期保值方法。由于长期远期的交易双方现在就要确定更远的未来如 3 年或 5 年后的汇率，以前曾经被人们认为是一种赌博行为，在一些国家不受法律保护。但是，随着人们风险意识以及风险管理技术的提高，现在已经得到普遍的应用，大多数跨国银行通常会标出主要货币 5 年的远期汇率，例如，美元、英镑、欧元、日元、加拿大元和瑞士法郎等。有的银行甚至提供一些主要货币 10 年甚至更长期限的远期合同。长期远期对一些公司很有吸引力，特别是当它们已签订长期的固定价格出口或进口合同，并且想使自己的现金流量不受汇率波动影响的时候，它们会使用长期远期来套期保值。鉴于长期远期的经济效益与短期远期相比具有更大的不确定性，企业更容易发生不履约的信用风险，因此，银行对使用长期远期的企业有更高的信用要求，除非资信特别好的企业，否则得不到银行提供的长期远期套期保值服务。

（六）平行贷款

平行贷款又称背对背贷款，指两方交换货币，承诺在未来的约定日按照事先商定的汇率再行换回，相当于一笔即期互换和一笔远期互换的组合。跨国公司在资产负债管理中往往运用平行贷款方法来调整资金净头寸，规避外汇风险。设在两个不同国家的两家跨国公司，如果各自拥有设在对方所在国的子公司，这两家公司就会各自给对方所在国的子公司以同等数量的中长期本币贷款。平行贷款是一件一举三得的事情：一则有利于双方融通资金；二则避免了货币转换的风险；三则降低了筹资成本。但是，这种方法主要适用于金融市场不发达的国家，在发达的金融市场一般不用这种方法，因为平行贷款与货币互换一样，无法解决第二笔货币互换时不利的一方的信用风险。

【例 14】一家英国母公司在美国有一家子公司，而一家美国母公司在英国有一家子公司。英国母公司的美国子公司需要一笔期限为 7 年的美元资金，如果英国政府不对外汇交易课税，英国母公司可在英国市场上以 9% 的利率借到英镑，换成美元提供给美国子公司，但由于英国政府对外汇交易课以重税，使得这种筹资方式成本加大，英国母公司不得不考虑其他的解决办法。其中一个方案就是美国子公司在美国市场上直接筹集美元资金，由于美国子公司为外国公司，信用级别较低，因而筹资成本较高，假设借款利率为12%。与此同时,美国母公司也遇到了同样的问题,它的英国子公司需要一笔期限为7年的英镑资金。美国母公司可以在美国市场上以10%的利率筹集到一笔美元资金,然后换成英镑提供给英国子公司。另外一种方案是由英国子公司在英国市场上以11%的利率筹集一笔英镑资金。如果各个子公司自己借款,则英国母公司的美国子公司的筹资成本为12%,美国母公司的英国子公司的筹资成本为11%,如果双方的母公司获悉他们有平行的融资要求,则可安排一次平行贷款解决这个问题。具体过程是:英国母公司在英国以9%的利率借得英镑,贷给美国母公司的英国子公司;同时,美国母公司在美国市场上以10%的利率借得美元,贷给英国母公司的美国子公司。最后结果是:英国母公司的美国子公司获得利率为10%的美元资金(节约2%),美国母公司的英国子公司获得利率为9%的英镑资金(节约2%)。

平行贷款包括两个相互独立的贷款协议,分别具有法律效力,因此,如果某一方违约,另一方仍需履约,不得自动抵消。为了降低这种风险,市场上出现了背对背贷款,它是两国境内的两个公司的直接贷款,尽管有两笔贷款,但是却只签订一个贷款协议,协议中明确规定,如一方违约时,另一方有权自动从本身的贷款中抵消损失。平行贷款已经具备了货币互换的雏形。

(七) 货币互换

互换交易是降低长期资金筹措成本和资产负债管理中防范利率和汇率风险的最有效的金融工具之一。货币互换是指买卖双方交换货币。确切地说,货币互换是处在不同国家的两家公司进行即期货币兑换,并在将来的某个日期再进行反方向的兑换,它相当于一个即期外汇交易和一个远期交易的组合。通过这种交易,交易双方可以避免各自所承担的汇率风险,并能降低成本。互换交易是外汇交易业务中常见的一种交易。最佳的货币互换对象是拥有相似但方向相反的融资或投资需求的企业。

1. 货币互换的类型。根据不同标准,货币互换可分做不同类型。

(1) 按照利率与本金的互换形式分类。固定利率对浮动利率、非分期货币互换是最基本的货币互换形式,这种互换有时也被称为借款互换。在这种互换中,双方在一开始交换两种不同货币的本金,然后在互换结束时,再将本金交换过来。互换期间,双方相互支付不同货币的利息,其中一方向对方支付固定利率,另一方支付浮动利率。货币互换通常是根据具体的资产和负债情况设计的,因此互换的过程非常灵活,在此基础上货币互换也衍生出不同的形式,主要有以下几种:

一是固定利率货币互换。这种互换与基本互换形式的共同点是期初、期末都有本金的互换,不同点是固定利率互换双方交换的是不同货币的固定利率。

二是浮动利率货币互换。浮动利率货币互换有时也称为基本点货币互换。在这一交易中,互换双方在期初、期末交换不同货币的本金,期中进行不同货币的浮动利率互换。

三是分期支付货币互换。分期支付货币互换是指互换双方在期初交换不同货币的本金,但不是在互换结束时一次性地将本金再互换过来,而是在互换期间分期将本金互换过来,与此同时伴随着不同货币的利率互换。根据利率互换的不同特征,分期支付货币互换也可以分为三种形式:固定利率分期支付货币互换,双方互换的是不同货币的固定利率;浮动利率分期支付货币互换,双方互换的是不同货币的浮动利率;固定利率对浮动利率分期支付货币互换,其中一方支付固定利率,另一方支付浮动利率。

(2)按照互换的交割时间分类。从交割时间上来进行划分,互换交易又可分为三种形式:

一是即期对远期的互换交易。这是指同时进行即期和远期交易,是互换交易最常见的形式。按参加者划分,互换交易又可分为两种类型:一类是纯粹的互换交易,交易中涉及两方,所有外汇买卖均发生在银行与另一家银行或公司客户之间。另一类是分散的互换交易,交易有三个参加者,即银行与一方进行即期交易而同时与另一方进行远期交易。在这种情况下,银行实际上仍然同时进行即期和远期交易,因而符合互换交易的特性。

在互换交易中,决定交易规模的因素不是即期交易的汇率,而是互换汇率。互换交易是指远期外汇汇率与即期外汇汇率的差价,即远期升水或贴水。如果远期升贴水值太大,互换交易不会发生,因为交易的成本往往超过了交易所能获得的好处。

二是即期对即期的互换交易。这是指在买进或卖出一笔即期交易的同时,卖出或买进同种货币的另一笔即期交易,但两笔交易的交割日不同。一笔交易在成交的第一个营业日交割,而另一笔交易则在成交后第二个营业日交割。这类交易主要用于创造市场的大银行之间的交易,旨在避免进行短期资金拆借时遭受汇率变动风险。

三是远期对远期的互换交易。它指同时买进并卖出两笔同种货币不同交割期的远期外汇。一种办法是买进较短交割期的远期外汇(如 1 个月),卖出较长交割期的远期外汇(如 3 个月)。另一种办法正相反,买进期限较长的远期外汇,卖出期限较短的远期外汇。例如,一个交易者在卖出 100 万 1 个月远期美元的同时又买进 100 万 3 个月远期美元,这个交易即是远期对远期的互换交易。由于这一形式可以使银行及时利用较为有利的汇率机会,并在汇率变动中获利,因而越来越受到重视和使用。

由于互换交易具有不同的交割期结构,因而可以避免因时间不同造成的汇率变动的风险,有利于国际贸易和投资活动。

2. 货币互换操作分析。货币互换是不同货币间的交换,货币互换交易一般有三个基本步骤:

第一步,本金的初期交换。这是指在互换交易初期,双方按协定的汇率交换两种不同货币的本金,以便将来计算应支付的利息再换回本金。初期交易一般以即期汇率为基础,也可以交易双方协定的远期汇率做基准。

第二步,利率的互换。即指交易双方按协定的利率、以未偿还本金为基础进行互换交易的利率支付。

第三步,到期日本金的再次互换。即在合约到期日,交易双方通过互换,换回期初交换的本金。下面我们以一个具体的案例来说明货币互换的做法与步骤。

【例15】日本一家公司需借入 5 年期 6 000 万英镑的资金,以满足在英国大量投资的需要,由于该公司已在英国发行了大量的英镑债券,很难再以 5.75%的利率发行新债,但该公司可以按 8.875%的固定利率发行 5 年期的欧洲美元债券。与此同时,中国香港地区一公司准备从英国进口商品并需借入一笔欧洲美元,原所借的欧洲美元利率均在9.25%左右，但是它从未发行过英镑债券，并可按5%的利率发行5年期欧洲英镑债券。这两家公司在英国资本市场上发行不同货币的债券存在相对利差：

欧洲美元债券利差为37.5基点，即9.25%-8.875%；

欧洲英镑债券利差为75基点，即5.75%-5%；

美元与英镑的汇率为：1英镑=1.3美元。

某投资银行作为双方交换的中间人，按年度本金额的0.25%收取手续费。于是双方达成协议，通过投资银行进行互换，基本程序是：

首先，期初交换债券。由日本公司在英国发行欧洲美元债券7 800万美元，由香港公司发行英镑债券6 000万英镑，通过投资银行互换债券，如图3-3所示。

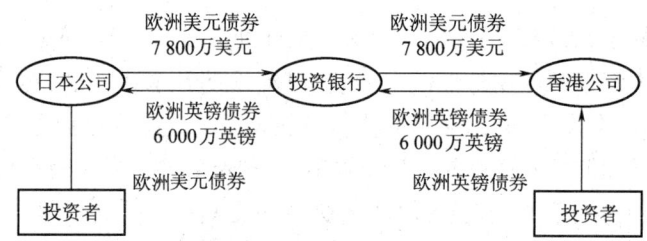

图3-3　初期交换债券流程

其次，期内交换利率。5年中由日本公司每年向香港公司支付6 000万英镑镑券的利息，年利率为5%；香港公司每年向日本公司支付7 800万美元债券的利息，年利率为8.875%；投资银行收取0.25%的手续费。如图3-4所示。

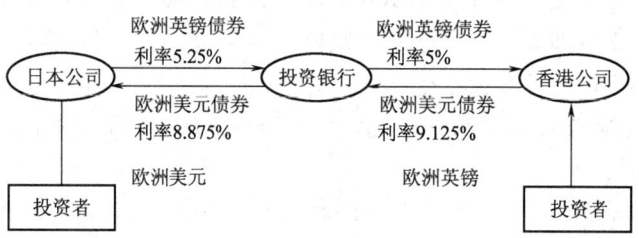

图3-4　期内交换利率流程

最后，期末归还债券，期末由日本公司向投资者偿还7 800万美元，由香港公司向投资者偿付6 000万英镑，完成此笔互换交易。如图3-5所示。

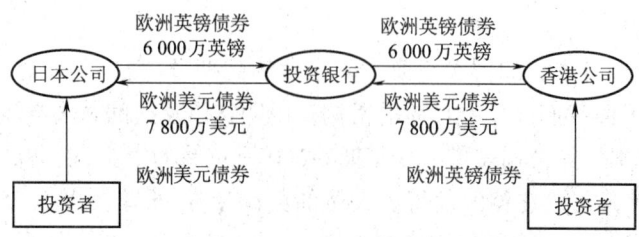

图3-5　期末归还债券流程

通过上述互换交易,日本公司发行欧洲美元债券筹集到了所需要的英镑,并且发行成本比直接发行欧洲英镑债券节省了50基点(5.75%-5.25%);香港公司发行欧洲英镑债券还回了所需要的欧洲美元,其发行成本也比直接发行欧洲美元债券节省了12.5基点(9.25%-9.125%);投资银行在双方互换交易中的费用收入为50基点。

3. 互换交易风险分析。同利率互换一样,外汇互换也存在着信用风险。此外,交割风险和国家风险也值得重视。

(1) 交割风险(Delivery Risk)。交割风险有时也称为结算风险,交割风险是指互换双方位于不同的国家时,由于时差的存在,世界各地的资本市场的结算时间不同,从而双方必须在一天的不同时间向对方办理支付时产生的风险。例如,日本资本市场的收市时间正好在美国资本市场开市之前,有可能出现交割风险。货币互换双方进行本金交换时,如果使用的是同种货币,互换支付采取净额支付的方法,也就是由一方向另一方支付差额部分。交易双方可以采用一些办法来控制交割风险,例如,一些互换银行往往规定对互换对方的每天允许结算限额,或者通过中立第三方进行交换,第三方只有在收到双方支付的款项时,才能给双方分别办理支付。

(2) 国家风险(Sovereign Risk)。国家风险是指因国家强制的因素而使互换对方违约,从而给互换银行带来经济损失的可能性。国家风险的产生主要是因为有些国家实施外汇管制,对外支付外汇均需经过政府有关部门批准。如果互换对方处于这种严格外汇管制的情况下,就有可能没有获得本国政府的有关部门批准而已对外签约,这样到期时就不能按时对外支付,从而给互换银行带来经济损失。货币互换对方所属国家的政府进行外汇管制的可能性越大,互换对方不能履约的可能性越大,互换银行面临的国家风险也越大。

第五节 银行汇率风险管理方法

一、资产负债"配对"管理

外汇资产负债的配对(Matching)管理,是指通过对外汇资产负债的时间、币别、利率、结构的配对,尽量减少由于经营外汇存贷款业务、投资业务等而需要进行的外汇买卖,以避免风险,包括下述主要内容。

(一) 远期头寸的到期日的匹配

在未来的任一时点上,银行应该尽可能地使到期的资产能够并且恰好抵付到期的负债。因此,银行需要按不同币别分别统计、报告资产与负债头寸到期日的搭配情况,对账户进行现金流量管理,对到期日不搭配的资产和负债进行调整,必要时对负债不足资产的部分进行融资,对负债多于资产的部分进行投资,制造新的期限相同的资产。

(二) 币种匹配

在外汇的存贷款上做好币种的配对,银行应该遵循:筹集什么外币,借出什么外币;

贷款到期时，收回什么外币，筹资合同到期时银行付出什么外币的原则。通俗地讲，就是银行应该努力做到借、用、还货币的统一。

（三）外币存贷款到期日的匹配

银行外币存贷款的到期日不对称，不仅存在外汇风险，还存在融资风险。银行应该做好外汇存贷款的到期日统计，及时掌握各个时期的存贷款是否有超借或超贷的情况，检查某种外币负债和资产的累计不对称金额，评估、监督银行因此而发生的融资或流动性风险的程度，防止出现太大的外币存贷款到期日不对称。

（四）外币资产与负债的利率匹配

由于银行从国外借入的现汇资金是以伦敦市场银行同业拆放利率（LIBOR）计算利息的，因此，银行在国内发放外汇贷款的利率，一般也应按浮动利率计收利息，不定期地将利率进行调整公布，尽可能减少外币资产与负债之间的利率基础差异，规避利率风险。

（五）合理调整外汇资产负债期限结构

当出现短期外汇负债长期使用时，应适当增加长期存款，压缩长期外汇贷款，活化沉淀资金，提高资金的流动性。当出现长期外汇负债短期运用时，不能盲目增大长期外汇贷款而机械地追求期限对称，必须调整负债结构，增加低成本负债。外汇负债结构的调整可以通过增量的调节来改变存款结构。

银行的资金业务、外汇交易业务本质上是一种中介服务，要为最终客户的外汇资金需求服务，因此其外币的资产负债结构随时都在变化之中，远期外汇交易到期日不匹配、币种不匹配、资产负债期限与利率不匹配，是经营中经常发生的现象。调整这些失衡的状态，银行主要可以采用两种手段：一种是货币市场运作，通过外币的短期投资或者拆借来获得理想的资产负债结构；另一种是衍生金融工具买卖，通过远期合同、期货合同、互换合同（或掉期合同）、期权合同来获得理想的资产负债结构。实际上，衍生金融工具不仅能够锁定银行资金交易、外汇交易的价格，起到控制、减少外汇风险的作用，它还因不需要像现货交易那样的大规模现金流动而成为高效的资产负债管理工具。

二、建立多层次的限额管理机制

银行的交易风险主要产生于外汇买卖，因此制定外汇交易敞口头寸的最高限额是银行最重要的控制交易风险的方法。在实际操作中，对外汇交易设立多层次的限额管理机制，是银行监控汇率风险的最重要和最有效的方法。外汇交易限额包括日间头寸限额、隔夜头寸限额以及止损限额。

（一）设定日间头寸限额（Intra-day Limit）

所谓日间头寸限额，是指银行在每个营业日的时间内可持有外汇头寸的最大额度，具体可分为日间交易敞口总头寸限额和交易员日间头寸限额。日间交易敞口总头寸指日间交易过程中未平盘的头寸的最高持有限额，通常采取累计的方式计算额度，而且还对不同的货币设有最大交易额度。日间交易敞口总头寸的大小一般依据银行的自有资本金额来确定，同时需要考虑银行的外汇交易政策、不同币种的优劣势、不同外汇交易种类的风险度，以及银行的资本金规模。

交易员日间头寸限额是指交易员被授权在日间持有的外汇头寸的最大额度。银行管理层根据交易员的级别、业绩、经验,将日间交易敞口总头寸限额分解到每一个交易员,确定交易员的最高交易权利,防止其滥用职权、任意开盘。银行管理层可以通过各种风险监控系统来监控每个交易员在日间的交易行为,一旦有超过限额的情况发生,该系统会马上进行提示,交易员必须采取措施减少外汇头寸。

(二)设定隔夜头寸限额(Overnight Limit)

交易员在日间所累计的未平盘头寸,保留到次一交易日,成为隔夜头寸(Overnight Position)。隔夜敞口头寸包括日间交易的遗留未平盘头寸(即持盘隔夜的头寸)和夜间交易的开盘头寸,甚至包括一部分已持盘很久未平的头寸。隔夜敞口头寸显然要比日间敞口头寸的风险大得多,因为银行经营时间结束后,大部分交易员下班了,无法及时把握汇市的波动,也不可能像在营业时间内那样对汇率的波动做出迅速有效的反应,敞口头寸随时都面临亏损的风险。对亚洲国家的银行而言,隔夜敞口头寸的风险尤其大,因为美元是核心货币,而在美国处于交易高峰时,亚洲的国家大部分是下班期间,每逢周五晚上9:00美国商务部发表美国有关经济数字(如通货膨胀率、失业率、开工率等)时,市场上美元都会出现大幅涨落,而亚洲国家的营业时间已经结束。近些年,亚洲国家包括中国在内发生的多宗银行亏空事件都是隔夜敞口头寸管理不当造成的。

为了控制金融风险,一些国家的政府监管部门对银行持有隔夜敞口头寸的最高金额做出了规定:银行的隔夜总头寸不得超过银行资本金的一定比率,例如10%。为了有效地控制隔夜敞口头寸风险,银行对交易员的隔夜敞口头寸也设定最高限额,交易员的隔夜头寸限额通常是日间头寸限额的一半或者更低。

(三)设定止损限额(Stop Loss Limit)

在瞬息万变的外汇市场中,对汇率走势的判断错误是在所难免的。为了避免由于判断错误而导致巨大的损失,在银行现有外汇头寸的损失达到某一数额时,需要立即轧平其所有外汇头寸,以避免损失的金额过大而陷入无法收拾的局面。这一规定的最大损失金额就是止损限额。止损限额常常被称为止损点。设定止损点是为了防止由于汇价朝不利于银行头寸的方向波动而造成巨额亏损的有效手段,也是国际上银行管理汇率风险的基本方法。银行外汇交易的止损控制一般分为整体止损限额和交易员止损限额。

整体止损限额是银行对外汇交易亏损的最大容忍程度,反映了外汇交易潜在亏损与银行整体经营风险控制的临界点。一旦超过这个临界点,就会影响银行的正常运行。因此,银行要综合各种因素(资本金规模、交易管理水平、经营指标等),对每一类交易品种(即期、远期、掉期、期权交易等)订出不同的合理的止亏限额。银行对整体交易亏损的限制一般采用时间止损限额方法,即规定每天或每月各类交易的亏损限额,若交易亏损超过该类交易的规定限额,当日或当月该类交易就必须停止。有的银行也采用比例止损限额方法来控制整体交易亏损,一旦每天交易的账面亏损超过开盘总头寸的一定百分比,通常为0.5%~1.5%,外汇交易就必须终止。

交易员的止损限额是银行允许的交易员进行外汇交易的最大亏损金额,交易员止损限额的总和不能超过整体止损限额。银行可以按每笔未平盘头寸的百分比或不同货币的汇价的点数来决定交易员的止损限额。与隔夜敞口头寸控制相同,银行对不同水平的交易员设定不同的止损限额。

除了制定每天各类交易的限额之外,还需制定每日各类交易的最高亏损限额和总计最高亏损限额。当这些限额被超过时,银行将进入市场,进行相应的外汇即期、远期、掉期以及期货和期权等交易,将多余的头寸对冲掉。

三、套期保值

（一）表内套期保值

在此,我们举例说明银行的表内套期保值策略与手段。

【例16】假定一家银行为利率为15%、期限为一年的100百万美元英镑贷款筹措资金时,选择相当于100百万美元的、利率为11%的一年期英镑定期存款,而不是原来的美元定期存款。此时它的资产负债组合如表3-16所示。

表3-16 资产负债组合

资产	负债
100百万美元贷款(利率9%)	100百万美元定期存款(利率8%)
相当于100百万美元的英镑贷款(利率15%)	相当于100百万美元的英镑定期存款(利率11%)

表3-16显示这家银行的资产负债组合不仅在期限方面完全匹配,而且在币种的构成方面也完全匹配。现在分别按照两种假设条件来分析该银行在资产收益和负债成本之间的利差变化:第一种情况,假设英镑兑美元汇价由原来的£1=$1.60降为£1=$1.45;第二种情况,假设英镑兑美元汇价由原来的£1=$1.60升为£1=$1.70。

1. 英镑贬值。我们已经知道,当英镑兑美元汇率降为£1=$1.45时,上述银行的英镑贷款报酬率(按美元计算)等于4.21875%。现在再来计算它的100百万美元的英镑负债的美元成本,具体步骤如下:

(1)在年初以11%的利率借入相当于100百万美元的一年期英镑定期存款。按照原来£1=$1.60的汇率,按英镑计价的这笔定期存款金额为62.5百万英镑。

(2)到年末时银行必须连本带息向英镑定期存款持有者支付:

$$62.5 \times 1.11 = £69.375(百万)$$

(3)当英镑汇价在年末降为£1=$1.45时,银行以美元计价的本息付款等于100.59375百万美元(69.375×1.45),即它的以美元计价资金成本等于0.59375%。

因此,该银行在年底时的资产平均报酬率为:

美元资产报酬率+英镑资产报酬率=(0.5)×(0.09)+(0.5)×(0.0421875)
= 6.609%

它的负债平均成本为:

美元负债成本+英镑负债成本=(0.5)×(0.08)+(0.5)×(0.00594)
= 4.297%

它的净收益为:

资产平均报酬率-负债平均成本=6.609%-4.297%=2.312%

2. 英镑升值。我们已经知道,当英镑币值由年初的£1=$1.60升为年末的£1=

$1.70 时,以美元计价的英镑贷款的报酬率等于 22.188%。现在我们需要计算出银行在年末需要向英镑定期存款持有者支付的、按美元计价的本息金额:69.375×1.70 = 117.937 5 百万美元,即它的以美元计价的英镑筹资成本等于 17.937 5%。

因此,该银行在年底时的资产平均报酬率等于:

$$(0.5)\times(0.09)+(0.5)\times(0.22188)=15.594\%$$

它的负债平均成本等于:

$$(0.5)\times(0.08)+(0.5)\times(0.179375)=12.969\%$$

它的净收益为:

$$15.594\%-12.969\%=2.625\%$$

从上面的两种假设所产生的结果可以看出,一家银行如果将它的外币资产与外币负债直接匹配,则无论汇率在贷款期间发生什么样的变动,其利差都可以锁定为正数。具体到【例 16】,当英镑升值时,利差为 2.625%;当英镑贬值时,该银行的利差为 2.312%,从而避免了英镑汇率下跌给该项资产组合可能造成的利率亏损(-1.39%)。

(二)远期外汇合约套期保值

银行可以利用远期外汇市场对表内的外币资产头寸进行保值,例如它可以出售一笔一年期的英镑远期外汇合约。这种远期外汇合约并不反映在银行的资产负债表内,而是作为表外的或有资产,它的作用在于抵消因外币贷款期满时的英镑现货汇率不稳定而产生的风险。在银行看来,与其年末按照目前无法知道的汇率将其英镑贷款本息兑换成美元,不如现在就按照已知的美元兑英镑的远期汇率将预期的英镑贷款本息收入以远期合约的形式予以出售,以便年末时以英镑向远期合约的买方换回美元。正是通过出售这种英镑远期合约,银行得以避免了未来现货汇率变动对其英镑贷款收益率所产生的负面影响。

通过具体例子,我们可以说明银行采取何种步骤对它的外汇风险进行表外套期保值。

【例 17】承【例 16】,银行将采取下列步骤:

第一,年初银行以现货汇率将 100 百万美元换成 62.5 百万英镑(100÷1.60)。

第二,银行随即以 15% 的年利率将 62.5 百万英镑贷与英国某客户。

第三,银行将预期的英镑贷款本息收入以一年期远期汇率予以出售。

假定年初时英镑兑美元这一远期汇率为 £1 = $1.55,即与当时的现货汇率相比存在 5 美分的贴水。以百分比表示,即:

$$(\$1.55-\$1.60)/\$1.60=-3.125\%$$

这意味着年末银行将 71.875 百万英镑的本息收入给付远期合约的买方时,后者将向银行支付:

$$62.5\times1.15\times1.55=71.875\times1.55=111.406 \text{ 百万美元}$$

第四,年末英国借款者将向银行偿付贷款本息 71.875 百万英镑。

第五,银行将它收到的 71.875 百万英镑给付一年期远期合约的买方,同时从后者处获得 111.406 百万美元。

假定不存在借款者拖欠还款或远期合约买方违约的情况,上述贷款的收益率一开始就已锁定在:

$$\frac{\$111.406-\$100}{\$100}=11.406\%$$

换句话说,无论美元兑英镑的汇价在一年贷款期内发生什么变化,上述贷款收益率都会因银行采取的表外套期保值方法而得以保证。给定这一英镑贷款的收益率,该银行整个资产组合的预期报酬率将等于:

$$(0.5)\times(0.09)+(0.5)\times(0.11406)=10.203\%$$

鉴于这家银行的一年期美元定期存款的利息成本为8%,因此,无论从它最初提供英镑贷款到一年之后该笔贷款本息收回期间美元兑英镑的现货汇率发生什么样变化,它均能够在一年内将其无风险的利差收入锁定在2.203%的水平。

上述例子表明,只要银行不断地减少其美国国内的贷款,同时不断地增加对英国的贷款,并对后者进行套期保值,它就有利可图,因为经套期保值,以美元计价的英镑贷款收益率11.406%超过了国内贷款收益率9%。但是,随着银行增加对英国客户的贷款,银行需要在现货市场购入更多的英镑,这将提高以美元表示的英镑现货价格,使其超过原来的$1.60=£1。此外,银行也会因为其英镑贷款收益的增加而出售更多的远期英镑以换取美元,从而使远期汇率低于原来的$1.55=£1。

可见,英镑的远期和即期汇率之间的差价扩大,对银行来说,利用远期合约对英镑贷款进行套期保值的吸引力将会逐步减少。这个过程将持续下去,直到银行的8%的筹资成本正好等于其利用远期合约保值的英镑贷款的收益率为止。换句话说,此时如通过借入美元换取英镑,并利用远期合约对英镑贷款进行套期保值,已不再有任何利润可言。

(三)外汇期货套期保值

以上我们以远期外汇合约为例介绍了表外套期保值工具,实际上银行还可以使用其他的表外工具,如外汇期货、期权合同或货币掉期来为它们的表内外汇风险进行保值。

【例18】假定一家美国银行向英国某公司提供总额为100百万英镑的1年期英镑贷款,利率为15%。为了防止在上述贷款期间因英镑兑美元汇价下跌造成的亏损,该银行试图用外汇期货合同对其贷款进行套期保值。从2007年3月29日的交易情况可以看出,尽管外汇期货的交割月份一般为每年3月、6月、9月和12月,但当天在芝加哥商品交易所交易的英镑期货合同有两种,交割月份分别为2007年6月和2007年9月。因此,上述银行在提供1年期英镑贷款的同时,无法在期货市场从事一笔期限同样为1年的套期保值交易。实际上,期限最长的合同是6个月,即2007年9月到期。但是,从2007年3月29日当日尚未了结的合同数来衡量,9月份到期的合同在市场上不如6月份到期合同的流动性大。如果银行使用6月份到期的期货合同对其1年期的英镑贷款进行套期保值,它只能在该期货合同到期时再从事一笔新的合同交易,这笔新的交易有可能是9月到期,也有可能是12月到期,甚至可能是次年3月到期。如果是前两种情况,银行必须在合同到期时继续从事新的合同交易,直到最后一个期货合同的到期日与它的英镑贷款到期日完全一致为止。考虑到合同的转换所涉及的交易成本以及新的期货合同价格的不确定性,采用远期外汇合约或货币掉期进行套期保值,有可能对那些希望能在一个较长的时期锁定这类套期交易价格的银行更具有吸引力。

不过,为了便于理解外汇期货合同的作用,我们暂且假定本例中的这家美国银行仍然愿意利用期货市场进行套期保值。由于该银行预计英镑将会贬值,为了避免英镑贷款到期时因英镑贬值而使换回的美元减少,它计划采用空头套期保值的方法,在即期卖出一笔英镑期货合同,1年后再买入相同数量的英镑期货以轧平头寸(如果期货合同的期限短于贷款期限,银行必须在1年内不断地就期货合同展期)。那么,银行应该出售多少个期货合同?从理论上说,这家银行出售的英镑期货合同的数量应该大到由这些合同所产生的利润能足以抵消英镑贬值所造成英镑贷款的亏损。这里,有两种情况需要考虑:第一种情况:在未来的1年内,预计美元兑英镑的期货价格的变动方向及变动幅度与美元对英镑的现货价格变动完全一致,即不存在任何基本点风险;第二种情况:预计期货价格和现货价格的变动方向一致,但变动幅度不完全相同,即存在基本点风险。以下我们分别对这两种情况加以分析。

先看期货和现货价格的变动趋势完全一致的情况。假设2007年3月30日现货市场上美元兑英镑的汇价(S_t)为 \$1.635 3/£1;期货市场上2007年6月份的合同(F_t)为 \$1.615 6/£1。再假定提供100百万英镑贷款的那家美国银行预计1年之后的现货和期货汇率分别为:

$$S_{t+1} = \$1.585\ 3/£1$$
$$F_{t+1} = \$1.565\ 6/£1$$

即现货市场的汇率变动(VS_t)和期货市场的汇率变动(VF_t)均为0.05美元。根据上述预测,该银行必须在2007年3月30日出售总金额为115百万英镑(100百万英镑贷款加15百万英镑利息)的英镑期货合同才有可能避免其115百万英镑的预期贷款收入遭受亏损。这里我们假定上述银行在今后1年期间不断地将它的期货合同予以展期(即9月、12月和次年3月份到期),直到2008年3月30日它的贷款合同到期为止。同时,我们还假定英镑期货合同的汇价在此期间保持不变。

每一个英镑期货合同的标准金额为62 500英镑。因此,银行需要出售的英镑期货合同(N_f)的数量就等于:

$$N_f = \frac{115\ 000\ 000}{62\ 500} = 1\ 840(个)$$

如果上述银行确实出售了1 840个英镑期货合同,而且1年之后现货和期货汇价的变动果真与银行预期的完全一致,它的英镑贷款的亏损是否恰好与期货合同的收益相互抵消?先计算以美元表示的英镑贷款的亏损:

$$£115百万 \times (\$1.635\ 3/£1 - \$1.585\ 3/£1) = \$5.75(百万)$$

这意味着,如果在1年内,现货市场的英镑汇价由 \$1.635 3/£1 降至 \$1.585 3/£1,银行从英镑贷款中获取的收益将会相应的减少5.75百万美元。再计算一下银行因出售期货合同而产生的收益:

$$(£62\ 500 \times 1\ 840) \times (\$1.615\ 6/£1 - \$1.565\ 6/£1) = \$5.75(百万)$$

由于英镑期货合同的价格由1年前的 \$1.615 6/£1 跌至 \$1.565 6/£1,银行将因出售1 840个标准金额为62 500英镑的合同而获取5.75百万美元的利润。实际上,这笔5.75百万美元的现金流量产生于每天对期货合同结算价格的调整(Mark to

Market）。我们知道,期货合同与远期合约的一个重要区别在于期货合同的价格每天随市场行情的变化而调整。随着期货价格的下降,英镑期货合同的买方一方面必须按照英镑兑美元较低的汇价调整它的合同价格,另一方面又必须从它的保证金账户中,向合同的卖方(即美国银行)支付相当于新旧合同价格之差额的款项。因此,1 年之后,由于期货市场英镑兑美元汇价下跌了 0.05 美元,期货合同的买方必须按其购买的合同总金额(即 £ 62 500×1 840),向卖方支付 5.75 百万美元(\$ 0.05×62 500×1 840)。2008 年 3 月 30 日,当英国某公司将英镑贷款本息偿还给美国银行时,美国银行将通过买进 1 840 个英镑期货合同来轧平它的同等数量的空头期货头寸。此时,尽管银行在将英镑贷款本息兑换成美元时会因英镑即期汇率的下跌而蒙受损失,但由于同一时期期货价格的同幅度下跌使它在空头套期保值交易中赚入了同等数额的美元,最终使它避免了因这笔贷款而产生的外汇风险。

在以上的例子中,我们并未考虑因期货合同结算价格调整对利息收入产生的影响。事实上,作为期货合同的卖方,美国银行获得的那笔 5.75 百万美元的利润是在一年时间里每天随结算价格的调整而不断产生的现金流量。因此,这部分现金流量可以按照当时的美元短期利率进行再投资,从而使这家美国银行因从事期货合同交易而获取的利润收入在总额上超过 5.75 百万美元。基于这种情况,在外汇期货市场从事套期保值的这家美国银行可以根据它对上述利息收入的预期而略微减少其需要出售的合同数。至于它可以在原来所说的 1 840 个合同的基础上减少多少个合同,一方面要取决于该期货合同的结算价格调整的具体方式,另一方面还要取决于在整个合同生效期内短期利率的水平及其变动状况。一般来说,短期利率水平越高,银行需要为其现金头寸的套期保值而出售的期货合同的数量就越少。

(四)外汇期权套期保值

一家银行为了避免利率风险,可以通过债券的期权交易或债券的期货期权交易对其多头或空头债券头寸进行保值,它也可以使用类似的工具对其某一笔多头或空头外汇资产头寸进行保值,以避免该笔外汇资产因汇率风险而蒙受损失。

【例 19】一家美国银行于 2007 年 3 月购买了一笔由英国财政部发行的 1 月期英镑债券,4 月份到期后该银行将从该笔投资中获得 100 百万英镑的收入。由于这笔债券是使用美元负债购买的,银行有可能因今后一个月内英镑对美元的汇价发生贬值而蒙受损失。例如,用美元标价的英镑币值如由目前的 \$ 1.640 1= £ 1 降至 \$ 1.50= £ 1,将使银行从到期的英镑债券所获得的收入由原来预期的 164.01 百万美元减至 150 百万美元。汇率的大幅贬值甚至有可能使该银行从英镑债券投资中获得的收益不足以偿还其为购买该笔英镑债券而发生的美元负债。为了弥补这一外汇敞口风险,银行也许可以按 \$ 1.62= £ 1 的合同约定价格购买 1 月期的英镑卖出期权。这样,如果一个月之后英镑汇价果真下降至 \$ 1.50= £ 1,银行可以将 100 百万英镑的债券收入出售给期权合同的卖方,并从后者换回 162 百万美元;而不是像前面所说的那样,它只能从现货市场上换回 150 百万美元。反之,如果英镑在一个月之后出现升值,或者其贬值后的汇率并没有低于 \$ 1.62= £ 1,买入卖出期权的银行将不会行使期权,因为直接到现货市场出售 100 百万英镑的债券收入将会超过 162 百万美元。

采用这种保值方法的成本以及它所购买的卖出期权合同的必要数量,一方面取决于银行必须支付的期权费,另一方面则取决于其交易的场所。

根据 2007 年 5 月 24 日《华尔街日报》,可以发现银行在费城期权交易所购买 1 月期的约定价格为 \$1.62＝£1 的欧式英镑期权所需支付的费用。我们可以看到,2007 年 6 月到期的英镑卖出期权合同(以 2007 年 5 月 23 日的行情为准)的期权费用为每英镑 2.3 美分(\$0.023)。由于英镑期权合同的标准价格为 31 250 英镑,因此每个英镑卖出期权合同的期权费为 718.75 美元。如果我们例子中的那家银行准备对其整个 100 百万英镑的债券资产头寸进行保值,则它需要购买的卖出期权合同数量为:

$$\frac{100\ 000\ 000}{31\ 250} = 3\ 200(个)$$

为此它必须支付的期权费为 2 300 000 美元(\$718.75×3 200),这就是银行为避免外汇风险而购买的期权合同的全部成本。

除了直接根据其英镑资产头寸购买期权合同之外,银行还可以通过购买外汇期货合同的卖出期权进行保值。根据 2007 年 5 月 24 日《华尔街日报》,可以看出,2007 年 5 月 23 日,在芝加哥商品交易所购买一个 2007 年 6 月到期的、约定价格为 \$1.62/£1 的英镑期货卖出期权合同的期权费用为每英镑 2.2 美分(\$0.022)。由于英镑期货期权合同的标准价格是 £62 500,每个英镑期货卖出期权合同的期权费用为 \$1 375。如果我们不考虑基本点风险的问题,即我们假定美元兑英镑的现货汇率和它们在期权市场上的期货汇率的变动趋势完全一致,那么银行为了对其英镑资产保值而需要购买的英镑期货期权合同的数量就等于:

$$\frac{100\ 000\ 000}{62\ 500} = 1\ 600(个)$$

为此它必须支付的期权费用总共为 2 200 000 美元(\$1 375×1 600)。

顺带说明的是,银行为购买英镑卖出期权和英镑卖出期货期权而支付的期权费可能会有所不同,即使两者的约定价格完全相等。以我们例子中的那家银行来说,它在购买上述两种期权合同时所选择的约定价格都是 \$1.62/£1,但英镑卖出期权的费用为每英镑 2.3 美分,英镑卖出期货期权的费用为每英镑 2.2 美分。这一区别导致上述银行在采用两种不同保值手段时产生总额为 100 000 美元的成本差异。造成这种成本上的差别的原因是多种多样的,比如基本点风险的差异、市场的流动性差异、合同到期日的差异等。此外,现货期权合同通常是欧式的,即买者只能在合同到期日行使期权;反之,期货期权合同是美式的,即买者可以在合同到期前的任何一天行使期权,这也是造成这两种期权合同的期权费有所不同的一个原因。

(五) 货币互换套期保值

正如利率互换合同可以用来对利率风险敞口进行保值,银行可以使用货币互换合同对其外汇风险敞口进行保值。下例说明的是,当银行的资产和负债之间的币种不相匹配时,它们如何利用货币互换合同来避免外汇风险。

【例 20】一家美国银行的固定利率资产全部以美元计价,但该资产组合中有一部分是通过发行总面值为 50 百万英镑的 4 年期英镑债券提供资金的,每年的息票率固定为 10%。再假定有一家英国银行的固定利率资产全部以英镑计价,它发行了总面值为 100

百万美元、期限为 4 年期、每年的息票率同样为 10% 的美元债券,作为其资金来源的一部分。这两家银行都面临着外汇风险。对美国银行而言,它的风险在于今后 4 年内美元兑英镑的汇价可能下跌,从而使它每年用于支付英镑债券利息以及到期后的本金的美元成本增加。换言之,相对于目前的汇率来说,它将需要拿出更多的美元用来兑换英镑以支付债券本息。另一方面,英国银行担心美元兑英镑的汇价提高,这样,利用其资产所产生的英镑现金流量偿付美元债券本息就会遇到困难。

实际上,这两家银行可以从事一笔货币互换合同交易来避免各自的外汇风险。按照合同规定,英国银行每年以英镑形式向美国银行付款,其金额相当于后者因发行英镑债券而需支付的英镑本息;与此同时,美国银行每年以美元形式付款给英国银行,金额相当于后者必须支付的美元债券本息。通过上述交易,英国银行实际上把它的固定利率美元负债转换成固定利率英镑负债,使它更好地与英镑固定利率资产所产生的现金流量相匹配。同样,美国银行也把它原来的固定利率英镑负债转换成固定利率美元负债,从而可以与它现有的美元资产的现金流量相匹配。在对现金流量进行交换之前,合同双方通常会根据各自对未来汇率变动趋势的估计,就某一个固定的汇率水平达成一致意见。就我们的例子来说,这一固定汇率在合同一开始就设定为 \$2＝£1。表 3-17 概括了英、美两家银行通过货币互换合同进行交易所产生的现金流量。

表 3-17　固定利率货币互换合同所产生的现金流量

年份	现金流量		以美元计价英国银行付款	以美元表示的两家
	美国银行 (百万美元)	英国银行 (百万英镑)	(按 \$2＝£1 汇率计算)	银行净现金流量
1	10	5	10	0
2	10	5	10	0
3	10	5	10	0
4	110	55	110	0

在以上例子中,两家银行负债的固定利率假定都为 10%。实际上,利率相等并不是固定利率货币互换合同的必要条件。例如,我们可以假定美国银行发行的英镑债券的息票率每年为 5%,而英国银行发行的美元债券的年息票率仍为 10%。这样,表中美国银行根据互换合同支付的美元款项保持不变,但英国银行每年的英镑付款额却减少了 2.5 百万英镑(或 5 百万美元)。因利率不同而造成的两家银行付款差额可以通过以下两种办法来弥补:一种办法是由英国银行在合同生效当日向美国银行一次性支付一笔款项,其金额相当于按现在值计算的、两家银行每年在现金流量上出现的差额;另一种办法是每年由英国银行向美国银行付一笔款项,用于抵消每年在货币互换合同上产生的现金流量差额。此外,如果美元市场汇率在货币互换合同生效期间升值,该合同对美国银行来说就变得较为昂贵;反之,如果美元贬值,英国银行就会发现合同的成本提高了。

最后要说明的是,以上关于货币互换合同的介绍是合同双方均按固定利率付款作为假设条件的。如果我们把货币互换合同与利率互换合同结合起来,还可以产生一种以固定利率交换浮动利率为特征的货币互换合同。

到目前为止,我们都是使用一种外币的例子来讨论完全匹配或不相匹配的外币资产和外币负债的组合对银行承受的外汇风险所造成的不同影响。实际上,许多大的商业银行持有多种外币的资产和负债头寸,就像外汇交易涉及多种外币一样,资产负债组合的币种的多样化有可能减少银行整个资产的报酬和负债的成本所面临的外汇风险。

经验数据证明,由于各国的利率或股本报酬率的变动通常不会同步发生,银行因资产负债组合多样化而获得的潜在收益可以抵消它在各单一币种的资产负债头寸上存有的互不匹配所导致的风险。当然,银行对外汇风险的管理离不开对市场的分析及进一步对汇价的预测。预测越准确,外汇风险的管理也就会越有效。

【案例分析】

(一)罗斯—罗伊斯有限公司[①]

罗斯—罗伊斯(Rolls-Royce)有限公司是一家英国航空发动机制造商,1979年公司在全世界销售额达8.48亿英镑,但实际亏损了5 800万英镑。公司的1979年度报告(第4页)将损失归罪于英镑对美元的大幅度升值,即从1977年初的£1=$1.71升值为1979年年底的£1=$2.12。

造成损失的最重要原因是美元相对英镑的持续疲软的影响。罗斯—罗伊斯国内生产的大量民用发动机是提供给美国的航空业使用的。由于美国在民用航空领域不论是作为生产者或消费者均处于主导地位,所以这些发动机通常都是以美元标价而且随着美国指数的上涨而上涨……

对罗斯—罗伊斯公司在全球喷气发动机市场上的竞争地位作仔细研究便可以发现美元风险的根源。过去的几年中,该公司的出口一直面向美国市场,而且出口销售收入保持了在总销售中占有40%的稳定份额。美国市场被两家美国竞争者所占据:Prattand Whitney航空技术集团(United Technologies)和通用电气公司的航空分部。由于罗斯—罗伊斯的支柱产品RB211的客户是美国的飞机制造商(波音747SP和747以及洛克希德的L1011),公司的出口销售在货币上没有选择余地,只能使用美元。

的确,在1978年和1979年,罗斯—罗伊斯公司达成的几宗大笔发动机合同一直用美元。另一方面,公司经营成本(零部件和偿债)却是以英镑计价。这些合同通常盯住在£1兑换约$1.80的汇率上,而罗斯—罗伊斯的经理实际上预期英镑能进一步跌落到$1.65,但他们没有对其美元风险进行抵补。如果这些经理的估计是正确的,美元继续坚挺,那么公司就可得到意外的利润。但是美元疲软,固定美元收入和英镑成本所带来的影响使其在1979年与美国签订的发动机合同上发生了外汇交易损失,据《华尔街日报》报道,损失高达2亿美元。

《华尔街日报》的该篇报道还进一步指出:"根据前期协议合同,生产和销售的发动机越多,罗斯—罗伊斯的损失就越多。"

---

① 摘自:[美]艾伦·C. 夏皮罗. 跨国公司财务管理(第7版)[M]. 蒋屏,等,译. 北京:中国人民大学出版社,2005。

问题:

1. 为了评价美元兑英镑汇率变化给罗斯—罗伊斯带来的经济影响,你需要了解哪些因素?通货膨胀会影响罗斯—罗伊斯的风险吗?

2. 在给定这些因素条件下,如何计算罗斯—罗伊斯的经济风险?

3. 如果罗斯—罗伊斯对其美元合同进行了套期保值,公司还会遭受经济风险吗?通货膨胀风险呢?

4. 为了减少或消除美国发动机合同带来的经济风险,罗斯—罗伊斯可采用哪些财务管理战略?

5. 对于按合同将提供的剩余发动机,罗斯—罗伊斯可以采用哪些非财务手段来降低其风险?对于未来交易中的风险呢(例如出口销售分散化)?

6. 为了证实"根据以前协议合同,生产和销售的发动机越多,罗斯—罗伊斯的损失就越多"这一论断的正确性,你还需要什么信息?

(二)香港贸易公司

一家香港贸易公司,日常资金以美元形式持有,即以美元为本位币,由于经营需要,每年需要在欧洲国家选购贸易产品及其他用品,年支出约1亿美元左右,所购产品在中国内地及香港地区销售和贸易,在欧洲进货时是以欧元结算,而销售结算则以美元为本位币结算,因此每次的进货和销售都要经历两种货币之间转化的循环:以美元现金兑换欧元,在欧洲购货以欧元支付货款,在中国内地或香港地区进行商品交易最后仍结算成美元。如果美元对欧元货币汇率在上述循环过程中(存货周转次数假设为120天)波动较大,尤其是欧元升值,那么这家贸易公司将会在每一次的业务循环中都将面临巨大的汇兑损失风险。

试运用所学汇率风险管理方面的知识作一下探讨:

1. 该公司面临的是何种外汇风险?

2. 防范这类风险有哪些方法?

3. 在上述业务循环中,在哪部分环节上最有可能发生外汇风险?你有何具体的办法?

4. 综上所述,你对该公司的业务循环与公司资金组合有何建议?

【延伸阅读1】

国际货币基金组织应利用 SDR 应对新冠疫情[①]

2020年7月16日英国《金融时报》刊发中国人民银行行长易纲文章《国际货币基金组织应利用 SDR 应对新冠疫情》,以下为全文:

新冠疫情暴发以来,国际货币基金组织(IMF)已先后采取一系列救助措施帮助成员国应对疫情。然而,进行 SDR 普遍分配这项措施,虽经反复讨论,始终未能落实。这

[①] 资料来源:金融时报,2020-07-16。

是个错误。SDR 有时被称作"纸黄金",可以被快速创造。SDR 普遍分配正是现在待拼的拼图。

在新冠疫情的巨大冲击下,新兴市场和发展中国家尤为脆弱,进行 SDR 普遍分配对其尤为重要。多数新兴市场和发展中国家面对的不仅是一场公共卫生危机,它们还面临经济和金融方面的诸多挑战。国际社会不应该对这些国家坐视不管。

SDR 的价值由 IMF 基于一篮子主要货币确定。通过 SDR 普遍分配,可以补充 IMF 成员国的外汇储备,提升其购买力,是应对这场百年不遇危机的快速、务实、公平和低成本的措施。

SDR 普遍分配对那些尚未被全球金融安全网和货币互换网络充分覆盖的发展中国家尤为重要。

IMF 的快速信贷便利和快速融资工具等紧急融资工具能够发放的贷款数量较为有限。很多受到疫情冲击的国家对申请 IMF 的传统贷款项目心存疑虑。根据 IMF 测算,在下行情景下,成员国对 IMF 资金的总需求将超过 2 万亿美元,远超 IMF 1 万亿美元的现有资源。

SDR 普遍分配是有先例可循的。为应对全球金融危机,2009 年 4 月的 G20 伦敦峰会迅速就 2 500 亿美元 SDR 普遍分配的方案达成共识,这对缓解危机、提振信心和促进全球经济复苏发挥了重要作用。此外,作为危机应对措施,SDR 普遍分配可以快速发生,2009 年 4 月伦敦峰会过后,8 月 7 日 IMF 理事会即批准了分配方案,8 月 28 日分配方案即落实。

SDR 普遍分配是应对当前危机切实可行的措施。在一个理想世界,我们应该根据需求对 SDR 进行特殊分配,而非根据各国在 IMF 的份额进行普遍分配。这样可以避免一大部分 SDR 流向发达国家。但这需要修改 IMF 协定,短时间难以发生。

并且,分配 SDR 对提升有关国家储备的边际效应十分显著。根据彼得森研究所的估算,如果 IMF 分配 5 000 亿美元 SDR,76 个全球最贫穷的国家可获得 220 亿美元 SDR,其总国际储备可上升超过 9%(其中 22 个国家国际储备可上升超过 20%)。这将远超 G20 缓债倡议覆盖的发展中国家 2020 年需偿付的 140 亿美元的债务总额。

同时,IMF 可以通过减贫与增长信托(PRGT)等工具,动员和调配 SDR 资源,为有需要的成员国提供支持。

SDR 分配成本较低,且可以提升成员国外汇储备。一国仅在将 SDR 兑换为其他硬通货时才需支付利息,这一利息也低于市场融资的成本。SDR 利率确实不如优惠贷款成本低廉,但优惠贷款是十分有限的。因此,SDR 资源和优惠贷款是相互补充的关系。发达国家也可以通过 SDR 分配获得更丰富的资源来参与国际救助,从而减轻对国内财政资源的压力。

关于 SDR 普遍分配确实存在一些关切。关切之一是 SDR 普遍分配未附加改革条件,会助长道德风险。但新冠疫情是外生冲击,在爆发全球卫生危机和流动性紧张时期,不宜进行结构性改革。在灾难面前,"活下来"是首要问题。SDR 分配、快速信贷便利(RCF)以及其他紧急融资,能避免疫情对生产力造成永久性破坏,这些工具不附加改革条件是正确的。

还有些人提出了一些自SDR创立之初就有的疑问,但不能将这些关切作为不采取行动的借口。

有观点认为分配SDR意味着允许IMF创造新的货币。实际上,SDR和货币不能画等号。IMF将SDR定性为一种补充性储备资产。SDR目前仅限于官方部门使用,私人部门一般不接受,SDR的使用范围远小于货币。SDR分配不需要以对应的篮子货币发行为基础,因此也不会直接引起货币创造。

还有一种观点认为,SDR的主要作用是补充全球对储备资产的长期需求,但新冠疫情并非长期危机。这种观点似乎把SDR的作用理解得过于狭隘。新冠疫情对全球经济的冲击已经超过了全球金融危机,持续的时间还有高度的不确定性,长期影响更难以估量。进行SDR普遍分配可以补充各国的外汇储备、减轻疫情引起的流动性不足,最终是为了保持国际货币体系的有效运行。

进行SDR普遍分配的建议已经得到绝大部分国家支持。为应对疫情和推动全球经济复苏,国际社会应尽快达成共识并落实SDR分配。

【延伸阅读2】

香港联系汇率制度的困境与出路①

正如弗兰克尔所说,"没有任何一种汇率制度在任何时候、任何地方都是最优的"(Jeffrey A. Frankel,1999),联系汇率制度对于香港亦是如此。联系汇率制度消除了港元兑美元的汇率风险,支撑了香港自由港和国际金融中心的发展,但牺牲了利用自主利率政策调节内需的功能。随着经济社会发展和外部环境变化,之前支持香港维系联系汇率制度的条件发生了变化,继续维持联系汇率制度的成本和风险增加。

2018年以来,香港经济基本面有所恶化(香港实际GDP同比增速从2018年一季度的4.5%连续下降至2020年一、二季度的-9.1%和-9.0%。尽管三季度的降幅收窄且后续有望恢复正增长,但据IMF预测,2021年香港经济仍将较2019年下降4.1%)、社会事件发酵,加之中美经贸摩擦加剧,美国加大对中国香港的制裁,香港经济前景大幅下滑,金融市场风险增加,资本外流压力加大,港元持续走弱并多次触及弱方兑换保证(以下简称"触弱"),引发市场对联系汇率制度崩溃的担忧。2020年爆发的新冠疫情缓解了香港的货币体制危机,并提供了一个反思联系汇率制度运行条件和发展前景的窗口。

(一)港元汇率波动放大,贬值压力显现

对于香港这样的小型开放经济体,没有持续、稳定地赚取外汇的能力,也没有避免货币动荡的能力,除了把货币与主要贸易伙伴挂钩以外别无选择。一方面,港元货币基础的任何变动都必须有美元资产按固定汇率计算的相应变动完全配合。2010年以来,香港外汇储备资产大约是其基础货币总额的2倍,为港元汇率和金融市场稳定提供了

---

① 资料来源:崔晓敏,肖立晟. 香港联系汇率制度的困境与出路. 银行家杂志,2021-03-22。

坚强后盾。另一方面,香港金融管理局透过自动利率调节机制及履行兑换保证的坚决承诺,维持港元汇率稳定。当资金大幅流入,港元汇率触及强方兑换保证时,金融管理局沽出港元、买入美元,港元流动性增加、利率下行,鼓励资本流出,港元汇率回弱;当资金大幅流出,港元汇率触及弱方兑换保证时,金管局买入港元、沽出美元,港元流动性减少、利率上升,吸引资本流入,港元汇率转强。

1984—2007年,香港联系汇率制度整体运行良好,成为稳定香港市场信心和金融中心地位的支柱。2008年以来,港元汇率波动放大,贬值压力显现。金融危机期间,受全球信贷紧缩、资金调回周转、美港利差回落以及新股上市集资等影响,大量资金流入香港,港元汇率多次触及强方兑换保证。2014—2015年,美联储开始退出量化宽松政策,但美联储升息预期延后,叠加欧央行负利率政策、美港利差维持低位以及"沪港通"等因素,资金涌入香港,港元需求持续强劲,港元汇率再度触及强方兑换保证。2017年美国总统特朗普上台后,中美经贸关系急剧恶化,香港(内地与外界的商业桥梁)受到连带影响,叠加美港利差回升。2018年港元时隔13年之后首次触发弱方兑换保证。2019年在香港修例风波的冲击下,港元汇率再次触弱,并在新冠疫情前维持偏弱的状态。2020年,受新冠疫情和油价暴跌的冲击,美联储出台新的量化宽松政策,美元指数持续下行、美港利差回落,叠加股票投资相关的港元需求增加,港元汇率快速转向强方位。但港元并不是唯一走强的货币,不少新兴经济体货币(如中国人民币、南非兰特、印度卢比及东南亚国家货币等)同期均有明显升值,联系汇率制度不可持续的风险上升。

作为一种硬钉住汇率制度,联系汇率制度的运行有赖于良好的经济、法治和制度条件。经济条件包括:和锚定对象的经济结构和面临冲击类似,以降低汇率维持成本;经济高度开放且贸易部门是重要构成部分,进而锚定主要贸易伙伴;灵活的要素、产品与资产市场,能透过价格、工资和收入变动应对外来冲击;拥有充足的外汇储备以稳住汇率。法治和制度条件包括:由于最后贷款人能力的缺乏或受限,需要一个健康和监管良好的金融体系;严格的财政纪律,避免过度支出,且服从货币发行局的稳定努力;连贯的法律框架或法律支持,以提高汇率可信度。

随着时间的推移,中国香港的经济、法治和制度条件发生了变化,使得继续维持联系汇率制度的风险上升、挑战增加:一是中国香港与美国的经济周期出现分化,维持联系汇率制度的成本增加。二是中国香港、中国内地和美国的贸易关系转变,联系汇率制度实施的经济基本面出现偏离。三是香港价格周期受内地因素驱动,使其货币政策容易出现与当地经济和社会发展不相适应的情况,进而影响联系汇率制度的稳定运行。四是香港金融市场中的内地主体增加,同时境外非市场主体对香港金融体系的干预增加,使得货币制度运行所需要的金融条件扩大化和复杂化。

(二)联系汇率制度改革面临困难

香港联系汇率制度已处于进退两难的境地。一方面,支持联系汇率制度的条件发生变化,继续维持的成本和风险增加。特别地,打击香港联系汇率制度可能成为美国对付中国的手段之一。另一方面,在中美关系充满不确定性的情况下,如果香港自发调整汇率制度,变换货币发行锚,不仅转换的存量金融成本非常高,同时港元的信用可能急剧下降,甚至招致全球资本做空。当前,全球疫情走势分化为香港联系汇率制度提供了缓冲时间,但在外部冲击、内部失衡等因素的影响下,香港经济的长期前景仍然不甚明朗。随着新冠疫苗取得积极进展,美国疫情和经济形势将明显好转,预计2022—2023年美国经济有望恢复,如果通胀快速抬升还可能提前进入加息通道。届时,如果美国加大对香港金融市场的打击力度,香港联系汇率制度将面临更大的挑战。因此,当前有必要提前谋划香港汇率制度的改革方向。

关于联系汇率制度的改革方向,有关人士曾提出港元自由浮动、美元化或人民币化、改变挂钩汇率、变换挂钩货币等替代方案,但这些方案当前都面临不同程度的问题和困难。第一,浮动汇率对于香港这样的小型开放经济体,维持成本高且容易出现货币信心危机。第二,美元化或人民币化不仅意味着香港彻底丧失货币政策独立性,当前还与香港《基本法》中港元的法定货币安排(至2047年)相冲突。第三,改变挂钩汇率指在不改变联系汇率制度的基础上,一次性调整港元兑美元汇率水平或兑换空间。这一做法能暂时缓解港元压力,但仍未解决内在矛盾,并可能伤及联系汇率制度的公信力。第四,变换挂钩货币包括钉住人民币、除美元和人民币外的其他货币(如欧元)和一篮子货币三种情况,由于香港经济与中美以外的其他经济体关联有限,因此钉住第三国货币不具备可操作性,而钉住一篮子货币面临各种现实困难,钉住人民币则需等待合适的时机。

(三)联系汇率制度改革的可行方案

尽管没有十全十美的替代方案,但香港既要为货币体制的长期调整做好准备,也要为外部突发冲击未雨绸缪。从长期来看,香港汇率制度的调整需要与其经济发展方向相匹配。香港的经济增长依赖国家发展大局,随着中国经济"双循环"新发展格局的落地和深化,香港与内地经济的融合将从商品市场、实际资本市场以及总供给冲击向金融市场和总需求冲击延伸。这意味着香港需要与内地建立更深入的货币合作,以维护其国际金融中心地位,并避免在内地资本账户开放过程中被边缘化。如果香港维持现行汇率制度而不做改变,一方面,在制度和区位红利耗尽后,香港被边缘化的可能性将大大增加;另一方面,香港经济结构与货币体制的矛盾将会愈加紧张,并将导致金融风险逐步积累,甚至可能突然爆发。

在长期转向钉住人民币的道路上,香港的汇率制度调整存在两种情景:

第一种情景,在没有外部压力的情况下,香港可维持当前的汇率制度安排,待时机成熟后直接转向钉住人民币,甚至在制度允许的条件下探讨香港和内地货币整合的可能性。这里的时机成熟包括两点:一是待人民币汇率清洁浮动和资本账户开放之后;二是在外汇市场相对平静期,港元既无升值压力又无贬值压力,如果外汇市场几乎没有平静期,次佳时期是资本流入、经常账户顺差、港元面临升值压力的时期。

第二种情景,当外部突发冲击危及联系汇率制度时,港元和美元硬脱钩风险激增。此时,港元要么主动与美元脱钩,要么由于无法维持而被动与美元脱钩。参考国际经验,港元与美元脱钩后,如果还不具备钉住人民币的条件,可先引入港元对人民币或美元汇率的宽幅波动机制。直接转向对人民币汇率的宽幅波动机制,有助于对接后续钉住人民币的汇率制度改革,但能否实现受制于人民币国际化的情况。当然,对于香港这样的小型开放经济体而言,宽幅波动机制只是过渡安排,长期来看港元最终还应转向钉住人民币。

港元汇率宽幅波动机制具备实际操作可行性。与钉住汇率制度相比,±20%的宽幅波动机制,能够充分反映市场供求变化,国际投机的套利空间小。香港外汇储备资产大约是其基础货币总额的两倍,这意味着香港金融管理局具备足够的市场公信力,正常情况下港元汇率能够维持在限制区间内波动。即使港元汇率在短期出现较大投机压力,需要香港金融管理局入市干预,但港元触及20%的贬值边界后,已在很大程度上释放了港元贬值压力,届时,金融管理局再入场稳定汇率,所需的外汇储备资金会少很多。极端情况下,如果香港的外汇储备快速消耗,内地也可给予一定的支持。1997—1998年亚洲金融危机时,正是由于内地的支持,香港才得以幸存于国际投机者的攻击。截至2021年1月末,中国外汇储备规模达到3.2万亿美元,是1998年的20倍以上,对国际投机者具有较强的威慑力。此外,应对非市场力量对香港金融市场的恶意攻击,金融管理局及其他相关机构不必囿于陈规,还可考虑采用资本管制等手段进行干预。

需要强调的是,无论是主动脱钩、被动脱钩以及转换货币锚,必将会给香港经济带来较大的短期损失,但这是避免长期风险积聚和应对外部突发冲击的次优选择。同时,货币大幅贬值也不一定会触发危机,还取决于经济的基本面情况。从历史上货币大贬值的经验来看,94%的大贬值发生在较高通胀或贸易赤字的背景下。即便在欧洲货币危机时,芬兰、意大利和英国通过贬值和降低利率,经济很快就开始复苏。这意味着只要香港经济的基本面尚好,外部冲击引致的货币贬值有望在1~2年内消退。改善香港经济的基本面,一是要着力解决内部失衡压力,适度增进货币体制的灵活性和适应性,如扩宽兑换保证范围、改变港元流动性供应、设立新的政策利率等;二是要牢牢把握内地经济发展方向,尽快融入并做大做强人民币金融活动(包括证券市场、债券市场、人民币业务等领域),巩固香港作为离岸人民币枢纽和资金进出内地的中介角色。

【思考题】

1. 简述汇率风险的构成要素及其相互关系?
2. 简述汇率风险的三种表现形式。
3. 交易风险主要表现在什么情况下?如何测算一家企业所面临的交易风险?
4. 企业通常的汇率风险管理战略有哪些?企业如何选择合适的汇率风险管理战略?
5. 希尔顿国际集团打算投资一个新的瑞士饭店,初期投资需要150万美元(或者按现行汇率 \$0.63=1SF,2 380 000SF)。前10年的利润将用于再投资,到时希尔顿将出售给它的合伙人。根据预期利润,10年后该饭店中希尔顿的股份价值3 880 000SF。

要求:

(1)瑞士法郎价值的波动将怎样影响此项投资?
(2)怎样提前预测10年后美元对瑞士法郎的汇率?

6. 2005年,中国的通货膨胀率大约是2%,而美国的通货膨胀率为3%,同时,汇率从¥8.27=\$1变化为¥8.03=\$1。

(1) 2005年人民币的实际价值是多少？是上升还是下降？幅度是大还是小？

(2) 像宝洁公司一样产品主要在当地市场销售的公司，其美元利润受到人民币实际价值变化的可能影响是什么？公司怎样处理这些影响？

(3) 产品主要出口到美国的纺织品生产商，其美元利润受到人民币实际价值变化的可能影响是什么？公司应如何处理这些影响？

7. Chemex是美国一家化学特殊制品公司，年销售额6亿美元，其中50%是出口收入；出口到加拿大为10%，出口到日本、英国、德国、法国和意大利均为8%。它发生的所有成本用美元计算，而大多数出口销售额以当地货币标价。要求：

(1) 汇率变化是怎样影响Chemex公司的？

(2) 区别Chemex公司的交易风险和经济风险？

(3) 公司如何防范交易风险？

(4) 为防范经济风险，公司应采取什么样的财务、营销和生产策略？

(5) 公司对外销售时，每次都对其国外销售收入头寸进行套期保值，或者所有国外销售定价用美元，通过这些方法，公司能消除经济风险吗？为什么？

8. 比较外汇期货交易与远期外汇交易的异同。

9. 假定美国公司W在90天后必须向加拿大供应商支付C＄1 000万。要求：

(1) 解释W可以怎样利用外汇期货合同对其汇率风险进行套期保值，它需购买多少份期货合同？

(2) 解释W可以怎样利用外汇期权合同对其汇率风险进行套期保值，它需购买多少份外汇期权合同？

(3) 比较采用外汇期货合同与期权合同的利弊。

证券投资风险管理

【学习要点】
1. 证券投资风险的形成原因和类型
2. 证券投资风险的评估方法
3. 防范证券投资风险的证券投资策略
4. 利用衍生金融工具防范证券投资风险的操作原理

【导引阅读】

A 股历史时刻：股民突破 2 亿，6 年时间 1 亿人入场①

(一) A 股又迎来历史时刻

中国结算 25 日发布消息称，自 2019 年 3 月突破 1.5 亿以来，A 股投资者数量不断增长，到 2022 年 2 月 25 日已达 20 000.87 万。这意味着，A 股投资者数量已正式突破 2 亿大关。

历史数据显示，A 股投资者数量在 2016 年 1 月正式突破 1 亿。从 1990 年 12 月上交所建立开始算起，第一个 1 亿投资者的积累大概花了 26 年。2016 年 1 月至今，第二个 1 亿投资者的积累大概用了 6 年。券商人士称，投资者数量的快速增长，与居民财富的积累、资本市场的发展以及人口受教育程度提升有关。

随着投资者数量越发庞大，投资者保护变得越发重要。证监会相关负责人在多个场合都曾表示，要加强投资者权益保护，增强广大投资者的获得感。此外，资本市场在发展融资端时，也要注重投资端建设，促进投融资平衡协调发展。

(二) 投资者数量突破 2 亿大关

回溯历史发现，2015 年 4 月，中国结算开始公布每个月的期末投资者数量。在此之前，中国结算主要公布期末股票账户数。2015 年 4 月末，A 股投资者数量 8 185 万。在 2016 年 1 月末，投资者数量突破 1 亿。2019 年 3 月，投资者数量突破 1.5 亿。2022

---

① 资料来源：券商中国，2022-02-26。

年 2 月,投资者数量正式突破 2 亿整数关口。

如果以上交所建立为起始点,A 股投资者数量达到 1 亿,大概用了 26 年,而从 1 亿到 2 亿,大概只花了 6 年时间。

中原证券研究所负责人牟国洪向记者分析了近些年我国投资者数量快速增长的原因。他认为,其中可能存在着三方面原因:

首先,我国经济发展上了一个新台阶,人均 GDP 跨过重要门槛,居民财富逐年增长,对资产配置的需求逐步增加。

其次,最近 10 年来我国资本市场发展愈发规范,市场制度逐步完善,开户制度改革和移动互联网的结合,使投资者能更便捷进入市场。此外,部分优质上市公司的投资价值和赚钱效应越来越明显,吸引了更多投资者进入股票市场。

最后,年轻一代人逐步成为市场的重要参与者,20 世纪 80、90 年代出生的人陆续进入市场,这代人普遍受教育程度较高,理财观念较上一代人更活跃,对股票类高风险资产的接受程度更高,参与股票市场的程度较上几代人更高。

(三)促进投融资平衡,提升投资者获得感

随着我国资本市场的发展壮大,资本市场在满足实体经济融资需求的同时,越来越注重投资端的建设,促进投融资的平衡协调发展。

刚刚召开的证监会 2022 年系统工作会议提出,要坚持稳字当头,切实维护资本市场平稳健康发展。加强宏观研判和政策协调,健全风险预防预警处置问责制度体系;稳步推动中长期资金入市,促进投融资总体平衡和协同发展;健全资本市场预期引导机制,为市场平稳运行营造良好环境。

2020 年 10 月,证监会主席易会满在 2020 金融街论坛年会上表示,要加强投资端制度建设;在加快融资端改革的同时,协同推进投资端改革;壮大公募基金的管理人队伍,进一步完善投资顾问业务的规则,着力提升各类资管机构的专业能力,推动优化第三支柱养老金等中长期资金入市的政策环境;要完善全业投资的会计业绩评价和激励机制等制度安排,培育和壮大资本市场长期投资的意愿和能力,加快推动证券集体诉讼制度落地,完善投资者权利行使、保障和救济的制度机制,积极倡导长期投资、价值投资和理性投资文化。

(四)随着投资者数量越来越多,投资者保护也显得越来越重要

2021 年 5 月,《中国资本市场三十年》一书正式亮相,证监会主席易会满在序言中表示,资本市场直接关乎上亿家庭、数亿人的利益,尊重投资者、敬畏投资者、保护投资者,是资本市场监管工作人民性的具体体现。证监会将保护投资者合法权益贯穿于监管各环节、全流程,全力防范化解重点领域风险,坚决打击各类违法违规行为,积极构建公开、公平、公正的市场环境,提供更加有效的监管保护和司法救济,增强广大投资者的获得感。

2022 年 2 月 18 日,证监会在官网公布了对十三届全国人大四次会议《关于优化我国上市公司中小股东权益保障机制的建议》的答复。证监会表示,投资者保护工作直接关系到亿万人民群众的切身利益,将持续构建和完善证券投资者保护制度,保护投资者尤其是广大中小投资者的合法权益。

(五)券商网金的大发展

A股投资者从1亿到2亿快速发展的时期,也是券商网金部门飞速发展的时期。一方面,投资者数量增多,推动了券商网金部门的发展;另一方面,网金部门的发展,也为投资者入市提供了更多的便利。

2014年,随着国金证券"佣金宝"的横空出世,互联网与证券公司的跨界合作启动,开启了一轮声势浩大的互联网证券浪潮。其中最出名的就是低佣和APP,部分券商凭借这两样武器提高了市场占有率,最为典型的就是华泰证券市场份额异军突起。

早几年前,券商开始大举自主研发APP,发展互联网金融线上业务,那时"新增开户量"是一个重要的考核指标,但现在"圈地"运动暂告一段落,这个指标已被弱化。

据了解,目前券商网金部或电商部的成绩单考量标准比较多元化,包括APP用户活跃度、新增客户的交易量占总交易量的比例等。

有券商向记者透露:"电商部主要承担了客户营销、互联网平台建设和大众客户服务的职责,因此需要对新增客户、新增资产、平台用户、平台日活月活等指标负责。"

证券投资,是现代投资活动中的重要组成部分。随着经济全球化的发展,资本可以在全世界流动,证券市场已从局部、区域性市场发展成全国性乃至国际性市场。国际政治、经济的风云变幻更可以通过证券市场这个链条在全球范围内迅速传播、扩大,从而使证券投资风险成为各种经济矛盾、问题的集中体现。本章将在介绍证券投资风险有关内容的基础上,详细阐释管理此类风险的方法。

第一节 证券投资风险

一、证券概述

从一般意义上来说,证券是指用以证明或设定权利而做成的书面凭证,它表明证券持有人或第三者有权取得该证券拥有的特定权益,或证明其曾经发生过的行为。证券按其性质不同,可分为凭证证券和有价证券。凭证证券又称无价证券,是指本身不能使持有人或第三者取得一定收入的证券。本文主要论述有价证券。

（一）有价证券的概念与特征

1. 有价证券的概念。有价证券是指标有票面金额,证明持有人有权按期取得一定收入并可自由买卖的所有权或债权凭证。

2. 有价证券的特征。有价证券具有如下特征:

（1）证券的产权性。拥有证券就意味着财产的占有、使用、收益和处置的权利。

（2）证券的收益性。证券的收益性是指持有证券本身可以获得一定数额的收益,这是投资者转让资本使用权的回报。

（3）证券的流通性。它又称变现性,证券的流通是通过承兑、贴现、交易实现的。

(4)证券的风险性。这是指证券持有者面临着预期投资收益不能实现,甚至使本金也受到损失的可能。

(二)有价证券的种类与区别

有价证券包含的种类繁多,在投资活动中发挥最主要作用的是债券和股票。

股票是有价证券的一种主要形式,是指股份有限公司签发的证明股东所持股份的凭证。股票有三个基本要素:发行主体、股份、持有人。

债券有四个方面的含义:发行人是借入资金的经济主体;投资者是出借资金的经济主体;发行人需要一定时期还本付息;反映了发行者和投资者之间的债权债务关系,而且是这一关系的法律凭证。

作为筹措资金的手段,股票与债券都是有价证券,两者的收益率相互影响。它们的区别如表4-1所示:

表4-1 股票与债券的区别

	股票	债券
权利	所有权凭证,股票所有者是发行股票公司的股东,一般拥有投票权,可以通过选举董事行使对公司的经营决策权和监督权	债权凭证,债券持有者与债券发行人之间是债权债务关系,无权参与公司的经营决策
目的	发行股票是股份公司为创办企业和增加资本的需要,筹集的资金列入公司资本	发行债券是公司追加资金的需要,它属于公司的负债,不是资本金
期限	一旦投资入股,股东便不能从股份公司抽回本金,因此,股票是一种无期投资,或称永久投资	一般有规定的偿还期,是一种有期投资
收益	股息红利不固定,一般视公司的经营情况而定	有规定的利率,可获得固定的利息
风险	风险较大	风险相对较小

在国际金融投资活动中,证券投资的方法主要有以下几种:①买卖外国股票;②投资跨国公司股票;③买卖当地发行上市的外国企业股票;④投资国际互助基金。

在外国股票交易所购买外国有价证券虽然符合现代证券投资组合理论的基本投资原则,但由于涉及各国可供使用的信息、交易成本和税收的巨大差异,这一投资方法往往缺乏效率。

像其他管理良好的证券组合一样,跨国公司不仅能通过在不同行业之间,而且可在不同国家之间分散销售,来分散风险、减少净现金流量的变化。从这一意义上看,跨国公司作为单个企业能达到类似于国际证券投资组合分散化所具有的稳定性目标。这是因为跨国公司分散经营,能使整体销售水平不易受到母国经济周期的不利影响。投资跨国公司股票,可使投资者获取比在外国证券市场投资购买证券更多的利益,其原因既在于在外国证券市场购买证券需支付较高的交易成本、税收,存在众多的证券交易障碍,也在于这些市场本身的不完备性和信息的不对称性。

在本国当地证券市场进行外国证券交易是另一种可选择的途径。由于这些外国证券在当地发行并上市,有利于充分利用市场信息,实现证券投资的效益目标。但因在当地上市交易的外国证券数量常常十分有限,所以,很难用这种方法获得国际投资分散化的全部好处。

再一种方法是购买国际互助基金的份额。由于这种投资基金本身是不同国家证券的投资组合,它具有与国内互助基金相同的优点,往往被认为比纯粹的国内互助基金具有更大的降低风险能力。所有这些均使国际互助基金投资成为一种具有代表意义的国际证券投资方法。

二、证券投资风险概述

证券投资风险是指证券价格的不确定变化导致行为人遭受损失的不确定性。

收益和风险是证券投资的核心问题,投资者的投资目的是为了获得收益,投资收益是未来的,而且一般情况下事先难以确定,未来收益的不确定性就是证券投资的风险。

收益与风险的基本关系是:收益与风险相对应。一般来说,风险较大的证券其要求的收益率相对较高;反之,收益率较低的证券,风险相对也较小。但是绝不能认为,风险越大,收益一定越高。通常认为,证券投资的收益与风险共生共存,承担风险是获取收益的前提;收益是风险的成本和报酬,它们之间成正比例的互换关系。投资者只能在收益和风险之间加以权衡,即在风险相同的证券中选择收益较高的或在收益相同的证券中选择风险较小的进行投资。这种关系表现为:预期收益率=无风险利率+风险补偿。

预期收益率是投资者承受各种风险应得的补偿。无风险收益率是指把资金投资于某一没有任何风险的投资对象而获得的收益率,我们把这种收益率作为一种基本收益,再考虑各种可能出现的风险,使投资者得到应有的补偿。

全面理解证券投资面临的风险,应注意以下几点:

第一,客观条件的变化是证券投资风险的重要成因,尽管证券投资主体无力控制客观状态,却可以认识并掌握客观状态变化的规律性,对相关的客观状态做出科学的预测,这也是证券投资风险分析的重要前提。

第二,证券投资风险是指可能的后果与证券投资主体预期发生负偏离,负偏离是多种多样的,且重要程度不同。在复杂的现实经济生活中,"好"与"坏"有时很难截然分开,需要根据具体情况加以分析。

第三,尽管风险强调负偏离,但实际中肯定也存在正偏离。由于正偏离是人们的渴求,属于风险收益的范畴,因此在证券投资风险分析中也应予以重视,以它激励证券投资主体勇于承担风险,获得风险收益。

(一)证券投资风险的来源

证券市场是市场经济中的一种高级组织形态,同时也是高风险市场,因为证券价格具有很大的波动性、不确定性。

1. 证券的本质决定了证券价格的不确定性。从本质上说,证券是一种价值符号,其价格是市场对资本未来预期收益的折现,其预期收益受利率、汇率、通货膨胀率、所属行业前景、经营者能力、个人及社会心理等多种因素影响,难以准确估计,表现在价格上具有较强的不确定性。证券的这一本质属性,决定了以它为交易对象的证券市场从形成起就具有高风险性。

2. 证券市场运作的复杂性导致了证券价格的波动性。证券市场的运作过程,实际上是市场供给与需求之间由不平衡到平衡、由平衡到不平衡的循环往复过程,但与其他商品市场不同的是,证券市场的供需主体及决定供需变化的因素与机制更加复杂。从市场参与者来看,从政府到企业、从机构到个人,形形色色,非常广泛,他们在市场中的地位、对市场的熟悉程度、对市场的要求千差万别。从市场构成来看,包括发行主体、交易主体、中介机构等,代表着不同的利益群体,内部运作机制各不相同。从交易工具来看,有债券、股票、基金及金融衍生产品等,各类工具在性质、交易方式、价格形成机制等方面既自成体系又彼此联系。在这一环境中,证券市场的价格显得更加难以捉摸,不断波动甚至暴涨暴跌。

3. 投机行为加剧了证券市场的不稳定性。在证券市场的运作过程中,投资与投机行为是相互伴生的。投机资本追逐利润的行为加剧了市场价格波动。当投机行为超过正常界限,变成过度投机,市场风险凸显。例如,20 世纪 20 年代末美国股市出现投资大众化浪潮,投资者最少只需交 10%保证金即可购买股票,信用交易条件之宽、规模之大空前绝后,股价逐日飙升,市场投机气氛炽热,道·琼斯指数从 1926 年的 120 点飞速达到 1929 年的最高点 386 点。最终,疯狂的投机导致更大幅度的灾难性暴跌,到 1932 年,道·琼斯指数下降 85%。

4. 证券市场风险控制难度较大。证券市场涉及面广、敏感度高,社会、文化生活中的许多变化都会对风险积聚产生影响,任何重大政治、经济事件都可能触发危机,对市场中的所有风险因素难以全面把握、控制。主观上,受监管能力及自律程度的局限,各类甘冒风险博取赢利的不规范行为难以杜绝,而对违规行为的发现、纠正则需要一段过程。

(二) 证券投资风险的分类

从总体来说,证券投资风险可分为系统性风险和非系统性风险两大类。

系统风险(Systematic Risk),指由于某种因素使证券市场上所有的证券都出现价格变动的现象,给一切证券投资者都会带来损失的可能性。这种影响是全局的,会导致整个市场的证券行市发生变化。经济的、政治的和社会的变动是系统风险的根源。

系统风险可分为利率风险、市场风险、购买力风险、国际政治风险和外汇风险。当然,这种划分并不是绝对的,有些利率风险、市场风险、购买力风险和外汇风险可以通过多样化和分散化来避免,这时它们就属于非系统风险。系统风险的主要特点是:①由共同的因素所引起;②影响所有证券的收益;③不可能通过证券多样化来回避或消除,因此它又称为不可多样化风险(Undiversifiable Risk)。当然,这种风险对不同证券的影响程度是不一样的,有的证券价格易为整个经济环境所干扰,而另一些则抗干扰能力强一些。譬如一些耐用消费品生产厂家的股票价格就易受到经济变动的影响,当整个经济出现不景气时,消费者首先取消的是昂贵的耐用消费品购买计划,进而影响到厂家的生产和利润,使这些企业的股价也随之变动。而粮食等基本消费品生产加工经营企业,无论经济是否景气,它们的收益均显得比较稳定,股价变动也要小一些。

非系统风险(Unsystematic Risk),仅涉及某一特定的证券,指某些个别因素对某一证券造成损失的可能性。它与系统风险不同,专指个别证券所独有并随时变动的风险,主要包括经营风险和财务风险等。这种类型风险的主要特点是:①由于特殊因素所引起;②只影响某种证券的收益;③可以通过持有证券多样化来消除或回避,因此它又称为可多样化风险(Diversifiable Risk)。例如持有多种股票,当有些价格下跌、股息减少时,另一些股票的价格可能上升,这样就可能使风险彼此冲销。

系统风险与非系统风险的关系可由图4-1看出。

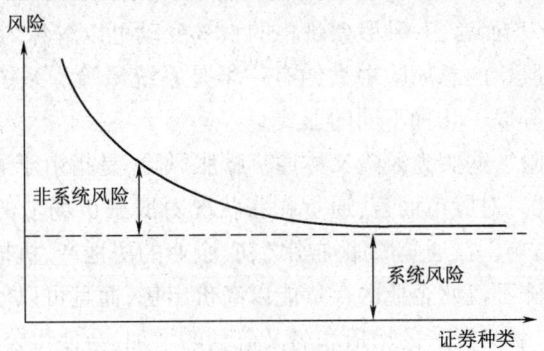

图4-1 系统风险和非系统风险关系示意

总风险是由系统风险和非系统风险合并而成的。但此合并并非简单的相加,而是依照几何学中的欧几里得定理结合而得。用公式表示为:

(总风险)² = (系统风险)² + (非系统风险)²

下面我们分别对股票投资风险与债券投资风险进行详尽论述。

1. 股票投资风险。股票投资风险指实际获得收益低于预期收益的可能性。

股票投资收益是投资者投资行为的报酬。一般情况下,股票投资的收益主要有两类:一类是货币收益,另一类是非货币收益。货币收益是投资者购买股票后一定的时期内获得的货币收入,包括两部分:一是投资者购买股票成为公司的股东后,按照其持股的多少,从公司获得相应的股利,如股息、现金红利等;二是因持有的股票价格上升所形成的资本增值,也即投资者通过低价买进后高价卖出所赚取的差价利润。非货币收益的形式多种多样,如大额投资者购买到一定比例的公司股票后,可以进入公司的董事会,进而影响甚至决定公司的经营活动等。非货币收益一般不能直接定量衡量。在研究股票投资收益率时,暂不考虑非货币收益。对国际证券投资来讲,衡量投资收益还与证券的不同种类、市场及标价货币有关。一般而言,本币的投资总收益可分解为三个部分:股利或利息收入、资本收益(损失)、货币收益(损失)。

投资外国股票的一个时期本币总收益率 R 可计算如下:

本币收益 = 当地货币收益 × 货币收益(损失)

$$1+R = \left[1 + \frac{P(t) - P(0) + DIV}{P(0)}\right](1+g) \tag{4-1}$$

式(4-1)中:$P(t)$ 表示 t 期当地货币股票价格;DIV 是当地货币的股利收入;g 是用本币表示的本币价值变化的百分比。

【例1】假设期初股票价格为50个当地货币单位(LC,下同),股利所得是1 LC,期末股票价格是48 LC,且该期内当地货币对本币贬值5%,则根据等式,本币的投资总收益率是-6.9%。

$$R=[1+(48-50+1)/50](1-0.05)-1=-6.9\%$$

本例中,投资者同时遭受当地货币本金的资本损失和本币投资的货币损失。

可以对股票投资中的系统风险和非系统风险做以下分析:

(1) 系统风险。系统风险使几乎所有的股票以同样的方式一起变动。以1997年东南亚金融危机中的"香港股灾"为例,几乎所有在香港证券交易所上市的股票都受其影响而大幅下跌。平均而言,一种股票价格的50%变动可以解释为股市指数的变动,换而言之,典型的普通股票的总风险中大约有一半是系统风险。系统风险主要可分为购买力风险、利率风险等以下几种不同的形式。

第一,购买力风险。购买力风险又称通货膨胀风险,是指由于通货膨胀而引起的投资收益率的不确定性。对股市而言,通货膨胀状况对股票市场上的供求状况和股票价格水平有着重要的影响。在通货膨胀加剧之初,企业的房地产、机械设备等固定资产账面价值上升,物价上涨不仅使企业的存货能以高价出售,而且可以使企业从以往低价购入的原材料上获益。名义资产的增值和名义盈利的增加,会使得公司、企业股票的市场价格上扬。与此同时,预感到通货膨胀可能加剧的人们,为保值也会抢购股票,刺激股价暂时上涨。然而,当通货膨胀持续上升一段时间后,它会使股票价格走势逆转,并给投资者带来负效益。公司资产虚假增值暴露出来,新的生产成本因原材料等价格上升而提高,企业利润相应减少,投资者开始抛出股票,寻求其他金融资产保值方式。这样股票市场需求萎缩,供大于求,股票价格自然会下降。对投资者的最终货币收益而言,通货膨胀会使得投资者持有的股票贬值,抛售股票所得到的货币收入的实际购买力下降。例如,某投资者投资1 000美元购买股票,一年后取得股息100美元,股息率为10%。但当通货膨胀大于10%时,投资者非但不能获得实际收益,反而会亏本。购买力风险通常不易被投资者觉察到,这是由于货币幻觉的存在所造成的。

在实际经济生活中,购买力风险是经常存在的。1960—1982年,消费品价格指数的上涨大大降低了股票投资的实际购买力。

第二,利率风险。某种股票的利率风险(Interest Risk)起因于市场利率(指银行信用活动中的存贷款利率)的波动所导致的该股票报酬的潜在变动。或者说,利率风险是由于市场利率的改变而引起的股票总价格变动中的相应部分。

一般而言,市场利率上升,股票市场价格会下跌,反之则上涨。其原因主要有:①人们持有金融资产的基本目的是获取收益,在收益率相同的情况下,银行储蓄的安全性要远高于股票投资,所以,一旦银行存款利率上升,资金就会从证券市场流出,从而使证券投资需求下降,股票价格下跌,投资收益减少;②银行贷款利率上升后,信贷市场银根紧缩,企业资金流动受阻,利息成本提高,生产发展与盈利能力随之削弱,企业财务状况恶化,造成股票市场价格下跌。

第三,市场风险。市场风险是指由于直接影响股票市场的内外部因素的改变和市场形势的变化而给投资者带来损失的可能性。根据引起市场风险的不同原因,具体可将其分为以下几种风险:宏观经济风险,社会、政治风险,外汇变动风险。

• 宏观经济风险。宏观经济风险主要是由于经济的周期性波动、宏观经济政策以及国际经济因素的变化给股票投资者可能带来的意外收益或损失。

经济周期(Business Cycle)会给投资者带来重大的风险。它是整个国民经济的一种波动,包括四个阶段:繁荣、危机、萧条和复苏,这几个阶段依次循环,但并不是定期循环。在经济复苏和繁荣时期,社会总需求、总投资旺盛,经济增长率上升,就业率和个人收入水平也有较大的提高,与此同时,证券市场筹资与投资十分活跃,证券投资收益看好。然而,在经济萧条,特别是危机时期,由于社会经济活动处于停滞不前甚至萎缩和倒退状态,经济秩序不稳定,证券市场也必然受到冲击。这样就可能出现:一方面,资金需求减少,市场交易规模随之缩小;另一方面,股票价格大幅度波动并呈跌势,投资者实际收益率下降,甚至出现亏损。一般"牛市"(股票指数从某个较低点持续上升)从萧条开始,经复苏到高涨;而"熊市"(股票指数从某个较高点持续下降)则是从高涨开始,经衰退到萧条。因此,应在股票市场价格处于牛市上升前买进,恰好在股票市场价格处于熊市降低前卖出,即买低卖高,否则易遭受市场风险带来的损失。

政府的经济政策会从多方面影响到证券投资:产业政策对不同企业股票的市场价格变动会带来不同的影响;财政政策将直接影响到国债的发行规模,而国债的发行量以及市场价格水平同股票价格又有着休戚相关的联动效应;税收政策通常会从企业收益与消费者投资实际所得两方面影响股市;金融管理政策对证券市场的影响更大,严格的管理法规,有利于市场交易的正常进行,不健全的法规则可能为不正当交易提供契机。此外,政策的连续性与稳定性也至关重要,随意地发布重大信息必然会造成股票市场的不正常波动。

国际经济因素的变化也会影响股市的稳定性。市场经济的发展使得一国经济发生的问题会在国际上引起连锁反应。如1987年纽约股市暴跌,在很短时间内就殃及东京、伦敦、法兰克福等主要国际证券市场,酿成全球性股灾。

• 社会、政治风险。稳定的社会、政治环境对证券投资者至关重要。倘若一国政治局势出现大的变化,如政权更迭、国内出现动乱、对外政治关系发生危机时,都会在证券市场上反映出来。此外,政界人士参与证券投机活动和证券从业人员内幕交易一类的政治、社会丑闻,也会对证券市场的稳定构成很大威胁。20世纪80年代日本的"利库路特事件",其影响面之广、影响时间之长,堪称此中经典。

• 外汇变动风险。汇率波动会引起投资收益的变动。汇率波动,尤其是短期汇率变动很难被投资者预测,当投资者投资于某种外国资产时,就会遭受到汇率变动所带来的股票收益下降的可能性。

(2)非系统风险。非系统风险是由个人、企业由于经营能力和管理能力等可控原因所带来的,只影响到少数人、少数企业的风险。

非系统风险主要包括经营风险、财务风险和流动性风险。

第一,经营风险。经营风险是指由于企业内部经营管理和外部经营环境方面的问题造成企业收入的变动而引起的股票投资者收益的不确定性。其中:内部经营管理导致的风险称为管理风险,外部经营环境导致的风险称为环境风险。

管理风险是因为管理人员所作出的管理决策而引起的总收益变动中的相应部分。管理风险的大小,与管理决策人员的知识水平、经验阅历等有关。一个称职的管理人员,是受过良好教育、有丰富的经验以及较强责任心的人,能够针对各种不利的情况,做出较为有利的决策,减少管理风险。不过,管理风险不可能完全避免,人无完人,再称职的人也难免做出某些错误的决定。管理风险主要来自以下一些管理方面的失误:

• 对不可抗力缺乏保护性措施。不可抗力指不可抵抗的自然现象,如地震、暴风、旱涝等。不可抗力事件有时会毁灭一家本来很好的企业的全部财产。如果这家企业没有对其财产等进行保险,公司就可能遭遇突然的破产。因此,企业管理者应对企业的厂房、设备甚至某些主要人员进行保险,以减少遭受巨大财务损失的风险。保险以后,如果再遭受不可抗力的破坏,企业所遭受的损失就由保险公司来承担。反之,如果对不可抗力因素不采取保险措施,就有可能给投资者带来管理风险。

• 任由产品老化过时,不注意更新产品。产品都有其生命周期,任何企业的产品老化过时,就会影响企业的产品销售,降低公司的收入。因此,企业的管理者必须从盈利中拿出足够的费用用于研究和开发新产品,以更换老产品,从而保持和扩大对市场的占有率。相反,如果企业做不到这一点,其结果必然是使投资者遭受长久持续的损失。

• 销售持续上的错误。企业要保证其生存,必须使自身的销售维持在盈亏平衡点以上的一定水平。要做到这一点,一方面需要提高产品的质量,并不断更新产品;另一方面,还要加强销售管理。如果任由公司的产品依赖于某个或某几个特定的顾客群,一旦失去他们,就会使企业陷入困境。因此,企业的管理者应努力开拓广泛的顾客群,以防范和减少因销售所引起的管理风险。

环境风险主要指政府针对某一特定企业的经济政策和管理措施对该企业的经营活动产生的影响。例如,在实际生活中,政府可能会有意识地扶持某企业或赋予其垄断经营权,而对另一企业则进行干预,以限制其活动范围和方式。美国的反托拉斯法就曾波及 AT&T、IBM 等大型跨国公司的经营行为。

第二,财务风险。财务风险(Financial Risk)又称"拖欠风险"(Default Risk),是由于投资财务强度(Financial Strength)变动而引起的投资总风险中的相应部分。例如,当一个公司远离或接近破产时,这些财务强度变动就会在该公司所发行的股票的市场价格上得到反映。财务风险的衡量,可以用投资者所承受的、由于发行股票的公司的财务强度的变动而导致的那部分报酬变动来进行和完成。

财务强度有两方面的含义:一方面,财务强度是对公司财务状况好坏的反映。财务状况的好坏,可通过各种财务比率来获得。但从本质上讲,财务强度不外是公司所拥有的资金数量对它所需支付出去的资金数量的一种关系。公司自有资金对所需支付资金的比例越大,公司财务状况越好,财务强度越大。显然财务强度越大,财务风险越小。

财务强度的另一方面含义是指支付要求的强度,即证券持有者要求发行公司支付证券报酬的先后权利。支付要求的强度大,说明证券持有者具有较优先的权利。这种强度的大小,可以从发行公司破产后其拍卖财产所得的先后次序中体现出来。一般当公司宣告破产后,其财产拍卖所得按以下顺序支付:有关法律上的费用,如律师费等;公司雇员工资的支付;各种税收的支付;有担保贷款者的支付;一般贷款者的支付;优先股的支付;普通股的支付。

从以上可以看出,股票持有者的财务强度最低。因为他们的支付要求权在支付顺序的最后,从而所遭受的财务风险最大。通常可以通过观察一个公司的资本结构来估量该公司股票的财务风险。资本结构中贷款和债券比重小的公司,其股票的财务风险低;贷款和债券比重大的公司,其股票的财务风险高。

投资者,不管是投资于股票、债券还是其他证券,都面临着所投资的公司拖欠甚至是破产的可能性。破产通常能被财务分析者预知,因为不断恶化的财务比率和债务拖欠总是先于破产。等到破产实际发生时,陷于困境的公司的证券市场价格已经降低到接近于零。因此,破产损失只占拖欠所造成总损失的一部分。投资者的财务风险损失,主要来自破产之前一段时间内就已经发生的拖欠造成的损失。更大程度上来讲,是拖欠而不是破产,引致了投资者面临的财务风险并造成他们的损失,进而影响投资者得到应有报酬的肯定性。

第三,流动性风险。流动性风险是指由于将资产变为现金方面的潜在困难而造成的投资者投资收益的不确定性。在流通市场上交易的各种股票之间的流动性差异很大,有些股票极易脱手,而另一些股票在投资者急于要将其变现时,除非在价格上做出很大的牺牲,否则很难脱手。因而投资者在进行股票投资时,不同股票的流动性风险也是要予以考虑的问题。

综上所述,股票投资的风险可用图 4-2 表示。

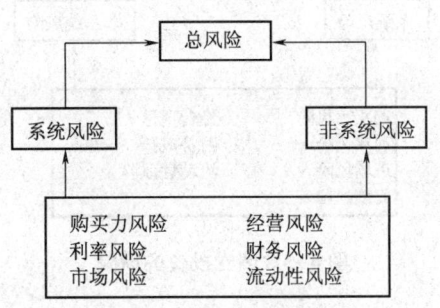

图 4-2 股票投资的风险

2. 债券投资风险。债券投资风险指影响债券市场价格变动及其实际收益率的因素变化所导致的投资者实际利益发生变化的可能性。

债券的价格可分为发行价格和市场交易价格两类。发行价格指在发行市场(一级市场)上,投资者在购买债券时实际支付的价格。市场交易价格指债券发行后,一部分可流通债券在流通市场上按不同的价格进行交易的价格。市场交易价格的高低取决于公众对该债券的评价、市场利率及人们对通货膨胀率的预期等。一般,债券价格与到期收益率成反比。不论票面利率与到期收益率的差别有多大,只要离债券到期日越远,其价格的变动越大。实行固定的票面利率的债券价格与市场利率及通货膨胀率成反向变动。

债券利率对发行者来说,是筹集资金所付出的成本;对投资者而言,则是付出货币投资债券到期以后的收益。

债券收益分两方面:一是购买债券而获得的利息收益;二是在债券市场上流通债券及回收时,债券买卖价格与债券面值的差额收益。

投资外国债券的一个时期本币总收益率 r,可按如下公式计算:

本币收益=当地货币收益×货币收益(损失)

$$1+r=\left[1+\frac{B(t)-B(0)+C}{B(0)}\right](1+g) \tag{4-2}$$

式中：$B(t)$ 代表 t 期当地货币债券价格；C 表示当地货币的利息收入；g 是用本币表示的本币价值变化的百分比。

【例2】假设债券期初价格是95个当地货币单位(LC,下同)，利息收入是8LC，期末债券价格上涨至97LC，且该期内当地货币对本币升值3%，则根据式4-2，本币的投资总收益率是13.8%。

$$r=[1+(97-95+8)/95](1+0.03)-1=13.8\%$$

本例中，投资者的收益来自当地货币本金和收益。

债券市场的投资风险形式与股票市场上的投资风险有很多相同之处，研究重点在于其与股票投资风险形式的不同之处。

债券市场的投资风险形式可如图4-3表示。

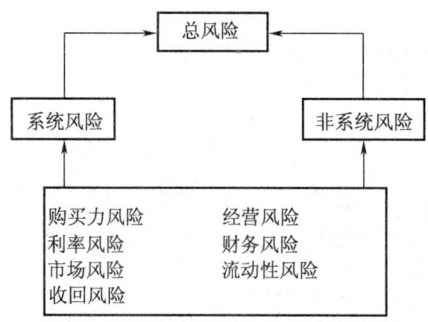

图4-3 债券投资的风险

在此仅对利率风险、财务风险及收回风险进行简单介绍，其余几种形式的风险与相应的股票风险形式基本相同。

债券受利率风险的影响比股票大，原因在于：债券是一种法定的契约，大多数债券的票面利率是固定不变的，因而这种固定收入易受利率变化的影响；股票股利由于受公司的财务状况和经营前景的强烈影响，使得利率风险对其影响相对降低。

与股票投资者相比，债券投资者所蒙受的财务风险要小一些。因为债券投资者是债权人，在发行者分配和破产时的财产分配方面有优于股票持有者(企业的所有人)的权利。

一些债券在发行时规定了发行者可以提前收回债券的条款，这就有可能使得债券在一个不利于债权人的时刻被债务人收回，从而对投资者产生不利影响，这种风险简称为收回风险。当市场利率一旦低于债券利率时，收回债券对发行公司有利。这种状况使投资者面临着不对称风险，即在债券价格下降时承担了利率升高的所有负担，但在利率降低、债券价格升高时却没能收到价格升高的好处。

以上关于证券的投资风险是从客观角度而言的，无论是系统风险还是非系统风险，对于投资者来说都可以说是客观环境或客观因素的风险，是一种来自外部的风险。防范这种风险的前提条件是投资者的正确投资决策及采取正确有效的投资行为。但从现实情况看,证券投资的风险,往往出自投资者本身的错误决策和投资行为,不妨称之为"投资者自身风险"。这种风险是一种由于主观行为因素造成的风险。其主要表现有:①错误地判断证券的素质和投资收益率;②盲目地进行股票的买卖交易活动,随风潮进行证券买卖;③错误地判断买卖时机,错过买卖的最佳时点;④缺乏智慧型的投资决策和投资技巧;⑤缺乏自我制衡的投资心理和自我约束的投资行为,不能量力而行、适可而止。

总之,投资者错误的决策和投资行为,可以使客观存在的风险变为事实,造成重大的损失。

三、证券投资风险的评估

评估证券风险是管理证券风险的前提。从某种意义上说,它比分析和衡量投资的预期收益更为重要。因为只有对各种证券的投资风险有一个大致的把握,才能在众多的投资对象中选择最佳的投资目标。

(一) 证券投资风险评估的原则

1. 风险评估的结果只能是一个大致的参考值。风险评估结果可以作为比较各种证券风险度的参考值,投资者由此可以大体了解哪种证券的风险较大,哪种证券的风险较小。虽然风险评估的目的是测量某种不确定因素导致的投资收益减少的程度,但是,不能指望它可以给出一个十分精确的答案,使评估结果与将来的实际情况完全一样。

2. 风险评估的结果很可能会发生变化。风险的变异性决定了任何一种证券的风险程度都是可以改变的。风险程度低的证券可能会因为某些因素的变化而成为风险高的证券;反之,风险程度高的证券也会因为一些因素的变化而成为低风险的证券。所以,对风险的评估要有连续性,要定期核对、修正其评估结果。

3. 注意不同证券的风险的特殊性。评估风险的方法通常是根据风险变动的一般规律或计量经济学的定理设计的。然而,在不同的时间、不同的地点、发生在不同类型证券上的风险,总有一定的特殊性。所以,在应用风险评估的结果进行投资决策时要注意到这一点,避免以简单的形式逻辑推理代替逻辑思维做出选择。

(二) 证券投资风险评估的方法

风险评估的方法有很多,具体采用哪种方法主要取决于评估对象、评估意图和评估条件。投资者可以根据自己的情况做某种选择,也可以综合运用多种方式同时进行。较为常用的方法有以下几种:

1. 德尔菲专家意见法。近年来,这种方法被人们普遍运用到证券风险尤其是股票投资风险的评估之中。投资者利用这种方法广泛地听取有关专家,如市场分析家、证券管理者、证券从业人员等对当前投资利弊与风险度的分析意见,从中归纳出带有某种倾向性的结论,供投资者决策时参考。

2. 经济计量评估法。经济计量评估法可以分为以下几种:

(1) 年度价差法。这种方法主要用于评估股票投资风险,它将风险与股票价格的波动联系起来。股票价格可能产生两个方向的变动,即上升或下降。估价上升迅速的股票往往也可能急剧下降。因此,涨和跌两个方向的波动程度,是判断股票风险程度的最主要和最简单的指标。

年度价差法是先分别列出某一企业若干年度股票的最高价和最低价,然后分别求出各个年度的价差。价差的计算公式为:

$$价差 = \frac{(最高价-最低价)}{(最高价+最低价)/2} \times 100\% \tag{4-3}$$

将某一企业若干年度的最高价差、最低价差和平均价差求出以后,再与其他企业的同类指标相比较。价差较大的股票,说明其价格波动较为剧烈,投资风险也较大。价差既可以按年度计算,也可以按月、周衡量。

(2)标准离差法。证券风险是预期收益与实际收益之间的离差。证券投资的预期收益变动的可能性和变动幅度,可以借助数理统计中的概率分布和标准差(σ)的概念来描述,进而衡量和比较不同资产的风险情况。

采用这种方法,首先必须计算出收益率的期望值。实际上,受众多因素影响,单一证券的收益率是不断变化的,是一个随机变量,投资者无法准确地预知其未来实际值。投资者能做到的只是推算收益率这个随机变量的概率分布,进而求出收益率的期望值。收益率期望值越高,对投资者越有利。根据概率论原理。一个连续的随机变量 X 所形成的概率分布为连续分布。最常见的连续分布为正态分布,但在具体计算投资收益或测定风险时,为了计算方便,这个连续的随机变量通常以近似不连续的数值表示并计算。因此,收益率的期望值就是各个随机变量与其对应的概率乘积的总和,即设 X 的各变量为 $X_i (i=1,2,3,\cdots)$,对应的概率为 P_i,那么 X 的期望值为:

$$E(X) = \sum X_i \times P_i \tag{4-4}$$

求出期望值后,就可以计算出方差(σ^2)和标准差(σ)。计算公式为:

$$\sigma^2 = \sum [x - E(X)]^2 \times P_i \tag{4-5}$$

$$\sigma = \sqrt{\sum [x - E(X)]^2 \times P_i} \tag{4-6}$$

因此,只要推算出证券收益率的概率分布,就能求出方差和标准差。收益率期望值是投资者所预期的最可能实现的收入值,但由于许多因素的影响,如股价上升的幅度没有达到所预测的水平等影响,期望值与证券的实际收入值可能并不相等。σ 可反映出实际收入值对其期望值的离散程度,从而反映出不同证券风险的大小。一般来说,标准差越大,风险也越大;标准差越小,风险也越小。

标准差也可以用来衡量证券市场整体风险。把整个证券市场的标准差与个别证券的标准差相比较,就可以判断出每一家公司证券的风险程度。以1968—1974年间的情况为例,依据标准差计算公式,S&P(标准普尔)指数500种选择股票的周加权标准差为1.98%,同期IBM公司股票的周标准差为2.94%,而国家半导体公司股票的周标准差为8.94%。如果以整个市场的标准差作基数,假定其为1.0,那么IBM股票的风险就为1.48(2.94/1.98),而国家半导体股票的风险为4.52(8.94/1.98)。

(3)β 系数法。用标准差反映的是证券投资总风险。然而,总风险是由系统风险和非系统风险两部分构成的。在许多情况下,分别判断系统风险或非系统风险对选择投资对象更重要。β 系数法就是这样一种方法,该方法测算的是单项证券投资的系统风险。其计算公式为:

$$\beta = \frac{某种证券的预期收益 - 该期收益中的非风险部分}{整个市场证券组合的预期收益 - 该期收益中的非风险部分} \quad (4-7)$$

β 值的大小表示股票收益波动性的大小,说明其风险程度。当某种证券的风险情况与整个证券市场的风险相一致时,这种股票的 β 系数等于1,此时其波动的程度与市场一样。如果某种证券的 β 系数大于1或小于1,则其波动的程度大于或小于市场波动的程度,则该证券的风险程度高于或低于整个市场水平。如果 β 值超过1.5以上,可以看做高风险证券。在国外,有些证券咨询服务公司把许多证券的 β 值都计算出来供投资者选购时参考。一般把 β 值小于1的证券称为防守型证券, β 值大于1的证券称为进攻型证券。

实际上,任何一个企业,在正常的年度,总可以获得一定的固定收入。与此相同,投资于证券市场上的某一证券,在一般情况下,也会获得一定的收益。整个经济环境的变化,可由整个证券投资市场的平均收益来衡量。这样一来,证券投资的收益就可用证券收益中非风险部分、受整个股市影响的部分以及误差部分三者之和来加以表示。

以上分析可用如下市场模型归纳:在一定时间内对某一证券投资的收益与同期整个证券市场的投资收益,即证券市场价格指数(Market Index)存在正相关性,即如果整个证券市场收益上升,则该股票收益也上升,反之则下降。用公式表示为:

$$r_i = \alpha_{iI} + \beta_{iI} \times r_I + \varepsilon_{iI} \quad (4-8)$$

其中:r_i 表示一定时期内投资于证券的预期收益;r_I 表示同期整个市场平均预期收益;α_{iI} 表示截距(表示无风险收益);β_{iI} 表示斜率;ε_{iI} 表示随机变量(代表误差部分)。

根据此模型,某一证券的总风险(用方差 σ^2 表示)可分为两部分:市场风险(或称系统风险)和单一风险(非系统风险)。用公式表示为:

$$\sigma_i^2 = \beta_{iI}^2 \sigma_I^2 + \sigma_{\varepsilon i}^2 \quad (4-9)$$

其中:$\beta_{iI}^2 \sigma_I^2$ 表示系统风险;$\sigma_{\varepsilon i}^2$ 表示非系统风险。

设投资者投资于多种证券,进行投资组合,即其中投资于 I 证券的比例为 X_i,则该组合投资的总收益为:

$$r_P = \sum_{i=1}^{N} x_i r_i \quad (4-10)$$

将式(4-8)代入式(4-10),可得该组合投资的总收益:

$$r_p = \sum_{i=1}^{N} X_i (\alpha_{iI} + \beta_{iI} \times r_I + \varepsilon_{iI}) \quad (4-11)$$

由公式(4-9)可得证券组合投资的总风险为:

$$\sigma_P^2 = \beta_{pI}^2 \sigma_I^2 + \sigma_{\varepsilon p}^2 \quad (4-12)$$

其中:
$$\beta_{pI}^2 = \left[\sum_{i=1}^{N} x_i \beta_{iI}\right]^2 \quad (4-13)$$

假定组合投资中各证券之间的 ε_{iI} 互不相关,则组合投资中非系统风险为:

$$\sigma_{\varepsilon p}^2 = \sum_{i=1}^{N} x_i^2 \sigma_{\varepsilon i}^2 \quad (4-14)$$

公式(4-12)表明,和某一证券投资的总风险一样,组合投资的总风险也可以视为由两部分组成:系统风险 $\beta_{pI}^2 \sigma_I^2$ 和非系统风险 $\sigma_{\varepsilon p}^2$。

多样化投资将减少组合证券投资的总风险,因为多样化投资将导致组合投资的非系统风险减少而系统风险保持基本不变。

一般而言,组合投资证券数目越多,则每一证券所占的比例越小。因为组合投资的 β 系数是组合中各证券 β 系数的平均数,因此除非故意将 β 相对大或小的证券加进去,否则不会引起 β 较大的变化。一般的组合多样化不会引起组合投资的 β 系数向特定的方向变化,进而使组合投资的系统风险向一特定的方向变化。因此,多样化导致系统风险的平均化。

非系统风险则不同。举一特例证明,假设投资于组合证券中各证券的比例相同,则非系统风险为:

$$\sigma_{\varepsilon p}^2 = \sum_{i=1}^{N} \left[\frac{1}{N}\right]^2 \sigma_{\varepsilon i}^2 = \frac{1}{N}\left[\frac{\sigma_{\varepsilon 1}^2 + \sigma_{\varepsilon 2}^2 + \cdots + \sigma_{\varepsilon N}^2}{N}\right] \tag{4-15}$$

括号中的值为各证券非系统风险的平均数,但是非系统风险为这一平均数的 $1/N$ 倍。N 越大,则组合投资非系统风险越小。一般,N 超过 30 以后,非系统风险趋于 0。

由此,多样化投资可以在保持收益不变的情况下,减少投资的总风险。

3. 财务指标法。对于大多数投资者而言,财务指标法是一种比较直观且容易掌握的风险评估方法。它主要用来评估股票的非系统性风险。财务指标评估法的基本原则是利用企业财务报表和市场价格提供的信息,编制或挑选一套指标体系,反映企业的经营实绩和企业发行的证券的质量,在此基础上,通过比较和动态的分析,加入评估者主观的判断,确定证券的风险度。

(1)适用于债券投资风险评估的财务指标。对债券而言,主要的财务指标有:

• 偿债风险度。该指标考察的是企业的债务支付能力。用公式表示为:

$$偿债风险度 = \frac{税前盈利 + 折旧}{各种债券的利息 + \left[\frac{应还债务本金}{(1-税率)}\right]} \tag{4-16}$$

偿债风险度越大,表明企业支付债券本金的能力越大,偿债能力越强,风险越小,反之亦然。因为企业盈利后先付税和偿还信贷方面的债务,然后才是债券的还本付息。

• 盈利覆盖率。该指标考察的是企业盈利水平与债务水平的对比。用公式表示为:

$$盈利覆盖率 = \frac{息税前盈利}{应支付的各种债券利息} \times 100\% \tag{4-17}$$

此比例越高,投资的风险越小,反之风险越大。因为比例高,说明盈利覆盖率大,偿债能力强,故风险小。

• 资产与负债对比。资产与负债又可从下述角度进行对比:

资产负债率,即"资产/负债"。此值可以直接看出企业的负债程度,负债率高,风险相对大些。

资产净值,即"资产-负债",如果此值为负数,则风险相对较大,前景莫测。

短期偿还能力,即"(资产-库存)/资产",此值为正数时风险相对较低。因为如果是负数,说明库存过大,超过资产总额。如果企业的商品销路有问题,库存积压严重,资金就不能收回,企业收益必然下降。此值若为正数,则越大越好,说明库存较少,资金周转较快,企业处于良性循环状态。

长期债务比重,即"长期债务额/全部资本",此值很大说明短期内风险很小或没有。因为长期债务对企业来说意味着短期内没有还债问题,企业偿还能力在短期内不会发生变化,风险较小。

(2)适用于股票投资风险评估的财务指标。对股票而言,常用的财务指标一般有两类:

第一类,股票盈利能力指标,包括每股盈利、每股股息、市盈率和投资收益等。

• 每股盈利,它表明公司的盈利水平。计算公式为:

$$每股盈利 = \frac{税后利润总额}{公司总股本} \tag{4-18}$$

• 市盈率,它主要反映公司股票每股盈利与股票市场价格水平之间的关系。用公式表示为:

$$市盈率 = \frac{股票市场价格}{每股盈利} \tag{4-19}$$

第二类,企业偿债能力指标,包括反映企业短期偿债能力的流动比率、速动比率、流动资产构成比率,以及反映企业长期偿债能力的负债比率、产权比率、固定资产对长期负债比率等。

• 流动比率,即流动资产和流动负债之间的比率,是衡量公司短期偿债能力的最通用的指标。用公式表示为:

$$流动比率 = \frac{流动资产}{流动负债} \tag{4-20}$$

流动比率越大,表明公司的短期偿债能力越强,公司有充足的营运资金;反之说明公司的偿债能力不强,营运资金不足。因此,财务健全的企业,其流动资产应远高于流动负债,一般以大于2较合适。但是,对于公司和股东,流动比率也不是越大越好。因为,流动比率过大,并不一定表示财务状况良好,尤其是由于应收账款和存货余额过大而引起的流动比率过大,更是对财务健全不利。一般认为,流动比率超过5,意味着公司的资产未得到充分利用。流动比率的缺点是不能揭示流动资产的构成内容。

• 速动比率,即速动资产和流动负债的比率,用于衡量公司的到期清算能力。用公式表示为:

$$速动比率 = \frac{速动资产}{流动负债} \tag{4-21}$$

一般认为,速动比率最低限为0.5,如果保持在1,则流动负债的安全性较有保障,此时即使公司的资金周转发生困难,也不致影响其即时偿债能力。

• 流动资产构成比率,即资产负债表中每一项流动资产总额中的比率。用公式表示为:

$$每项流动资产在流动资产总额中的比率 = \frac{每一项流动资产}{流动资产总额} \tag{4-22}$$

该比率的作用在于了解每项流动资产所占用的投资额和弥补流动比率的不足,达到检测流动资产构成内容的目的。

• 负债比率,即负债与股东权益之间的比率。用公式表示为:

$$负债比率 = \frac{股东权益}{负债总额} \tag{4-23}$$

它表明企业每单位资本吸收了多少单位负债。通过分析这一比率,可以测知企业长期偿债能力的大小。负债比率越小,表明股东所投资的资产越多,债权人的债权越有保障,并表明企业对外负债与利息分担减少;负债比率越大,自有资金越来越小,财务不健全,一般认为负债比率最高限为3。

- 产权比率,即股东权益与总资产之间的比率,表明股东权益在总资产中所占的比重。用公式表示为:

$$产权比率 = \frac{股东权益}{总资产净额} \times 100\% \tag{4-24}$$

产权比率越高,表明企业自有资金占总资产的比重越大,长期资产结构越健全,长期偿债能力越强。一般认为,自有资金率必须达到25%以上。

- 固定资产对长期负债比率。用公式表示为:

$$固定资产对长期负债比率 = \frac{固定资产}{长期负债} \times 100\% \tag{4-25}$$

该比率可以显示企业尚有多少固定资产可供长期借贷的抵押担保,亦可以显示长期债权人权益安全保障的程度。一般认为此比率至少要大于100%,越大则越能保障长期债权人的权益。

第二节　证券投资管理策略

一、分散投资法

分散投资法是投资者在证券投资中普遍采用的方法。"不要把所有的鸡蛋都放在一个篮子里",是对分散投资最形象的比喻。分散投资的意义在于降低投资风险,保证投资者投资收益的稳定性。因为当一种证券不景气时,另一种证券的收益可能上升,从而使得投资者所持有的各种证券的收益和损失在相互抵消后仍能获得较好的投资收益。许多共同基金的基本经营方针就是如此。分散投资的含义包括以下四个方面的内容。

(一)分散投资对象

投资者应将其投资资金广泛分布于不同种类的投资对象上。例如可用一部分资金购买安全性较强的政府债券,一部分资金购买公司债券,一部分购买股票。在证券发行者所属的行业方面,也应适当分散投资,不应仅集中于某一行业,而应对工业、交通、金融等行业都有所涉及。购买某一行业的证券时,在发行企业的选择方面也要力求分散,不能把投资注意力只集中在一个企业上,要购买不同企业的证券,特别要注意购买产品众多的企业的证券,因为这种企业在产销市场上容易站稳脚跟,经营的安全性更强。只有这样,才能形成较为合理的投资结构。

(二)分散投资时机

由于证券市场瞬息万变,人们很难准确把握证券行市的发展变化,所以必须在投资时机上予以分散。投资者在投资时可以慢慢投入,经过几个月或更长的时间才完成投资。这样一来,就可以在一定程度上避免由于投资时机过于集中或把握不准投资时机而带来的风险。若购买股票,投资者还可以根据经济周期变动对股价的影响,利用股价循环的不同阶段购买股票,以达到分散投资时机的目的。

(三) 分散投资地域

投资者不应仅仅持有某一地区发行的证券,而应对国内各地区以至国际金融市场上发行的证券都有所选择,从而减少或避免由于某一地区政治、经济的动荡而可能出现的投资损失。

(四) 分散投资期限

市场利率变化是影响证券行市的重要因素。由于不同时期市场利率的变动方向和变动幅度不同,从而导致了不同期限结构的证券行市的变动方向和变动幅度也大不一样。实现证券期限分散化,就可以减少利率变动对投资者所持有证券的行市的影响,从而降低利率风险。

分散投资法对投资者而言简便易行,适用性较强。

对一个市场中的非系统风险,是不是越分散越好呢?从理论上说,当投资组合分散到市场所有证券上时,即形成一个市场组合,组合投资的收益将代表该市场的一个加权平均收益率。这种收益率是投资者对整个市场因存在系统风险而要求的最低报酬率。然而在实际市场中,由于信息不完全及交易费用的存在,组合并不是越分散越好。一个充分分散的基金,其投资包括15~25种证券。

二、杠铃投资法

杠铃投资法(Darbell Strategy)是将全部投资资金集中投放于短期证券和长期证券上的一种保持证券头寸的方法。用图形表示形似两头大中间小的杠铃,故得此名。

运用这种投资方法,长、短期证券的期限由投资者自行选择,当然也有购买中期证券的情况,但为数寥寥。从投资资金的投放看,在长、短期两种证券当中也不是平均分配的,而是根据市场形势做出决定,同时,还要视市场利率变化、证券行市涨跌情况进行调整。如果预期长期市场的利率会下降、长期证券的价格将要上涨时,就把投资重点放在杠铃的长端上,卖出一部分短期证券,购入长期证券。等到长期市场利率下降、长期证券价格上涨到一定幅度时,再卖出长期证券,购入短期证券。通过长期证券的先买后卖,投资者就可获利。同样,当预期短期市场利率可能下降、短期证券价格将上涨时,就把投资重点放在杠铃的短端上,卖出一部分长期证券,购入短期证券。待短期市场利率已经下降、短期证券价格上涨时,便可卖出短期证券以获利。

使用杠铃投资法,客观上对投资者提出了很高的要求。因为只有在投资者具备了较高的投资分析水平,能对利率走势做出比较准确预测的情况下,才有可能获得较好的投资效果。一旦对利率的预测与实际情况发生偏差,就会蒙受损失。但由于影响利率变动的因素很多,要准确把握和预测利率变化方向并非易事。因此,杠铃投资法无疑加大了投资管理的难度。但从风险和收益的关系角度看,这也是控制证券风险的一种积极办法。

三、长、短期投资法

这是将全部投资资金集中投放于一种期限的证券上,以保持证券头寸的方法。

长期投资法是指将投资资金全都用来购买长期证券(可能是股票,也可能是债券),而对短期证券则不予问津。这种方法可以获得较高的收益,但不利于保持较强的流动性。

短期投资法正好与长期投资法相反,采用这种方法,是把资金全部都用于购买短期债券。由于短期债券变现容易,因此可以满足流动性的要求,一旦投资者需要资金时,能够迅速转让,满足生产经营的需要。但它在获取投资收益方面,则要逊色于长期投资法。这种方法比较适合那些支配长期资金能力有限或能用于投资的仅仅是暂时闲置资金的投资者。

四、固定模式投资法

这类方法多为进行股票投资时所采用。所谓固定模式投资法,是指根据对股票价格变动的趋势的把握,按一定的模式进行投资。在运用此类方法投资时,通常都遵循减少风险、分散风险和转移风险等风险控制原则,利用不同种类股票的短期市场价格波动,在股票价格上升时抛出、股票价格下跌时买进,获取收益。固定模式投资法主要有以下几种类型。

(一)平均资金投资计划法

采用这种方法,是在股票价格上涨时分批卖出股票,而在股价下跌时分批买进股票。例如,在股价上涨时,如想卖出某公司的股票300股,当时股价为每股40美元,虽然其认为股价还会上涨,但又觉得把握不准。在这种情况下,可先卖出100股,其余200股在股价每上升10%后再分两批卖出。这样,每股股票的平均售价为44美元,可获得额外利润1 200美元。同样,在股价下跌时,也分批买进,以避免一次买进后由于股价持续猛跌而遭受更大的损失。实行分批买进,还可以有较充裕的时间观察市场形势,然后据以确定是否继续投资于同一种股票。

采用"平均法"有两点好处:第一,可以防止交易过量。如一次以其全部资金购入某种股票或卖出全部股票,以后股票市价若下跌或上涨,投资者没有了回旋的余地。采用"平均法"则可降低其平均购进成本或提高其平均出售价格,且有时间充分考虑是否终止以后的买入或卖出。第二,可以减少投资损失。一次买进后如股价下跌,投资损失必然很大,但若分批购进,股价纵然跌落,损失仍可较轻。

需要注意的是,在股价波动剧烈时期,"平均法"适宜在股价呈主升趋势时采用,在股价呈持续猛跌趋势时则不宜采用。即使是预期股价呈上升趋势,投资者也必须准确预测出上升趋势所处的时间,否则股价在上升阶段停留的时间很短,上升之后猛然转跌,分次卖出比一次卖出所蒙受的损失要大。所以,"平均法"对预测股价走势提出了很高的要求。

(二)固定金额计划法

采用该方法进行股票投资时,严格遵循股价上升时卖出、股价下降时买进的原则,以使股票的投资金额固定在一定数量上。采用这种投资方法,把一定数额的资金投资于股票,这部分资金称为股票基金;另一部分资金保持流动能力,称为现金基金,亦可将其投资于债券或优先股。

【例3】某投资者以1万元的固定金额进行投资,其中5 000元购买普通股,另外5 000元购买债券。如所购普通股股价上涨到6 000元,就出售部分普通股,使股票基金维持在市价5 000元的水平,若股票市价跌到购买价以下,就出售部分债券,用所得资金改购股票,亦使股票基金维持在市价5 000元。

实施固定金额计划,一般都严格遵循分散投资原则,即每次购入若干种普通股,以减少投资风险。此外,还应尽力避免在股价最高时投资,以减少和避免投资损失。

(三) 固定比率计划法

采用该方法,投资者将投资资金分别投放于股票和债券,并使股票金额和债券金额保持固定的比率。它与固定金额计划法的区别在于:固定金额计划法的立足点是要维持固定的股票基金数额,而不考虑股票基金与现金基金(或债券与优先股金额)在投资总额中的比例;而固定比率计划法则着眼于维持这种比率。

(四) 变动比率计划法

采用该方法,投资者随着某种股票平均数的变动,相应调整投资总额中股票基金和现金基金所占的比率。变动比率计划法和固定比率计划法的根本区别在于:固定比率计划法要求股票和债券的投资比率是不变的,而变动比率计划法要求投资比率是可变的。

运用这种方法调整股票基金和现金基金的具体操作过程是:当某种股价平均数上升一定幅度时,便相应卖出一定数额的股票,从而使得股票在投资总额中的比率减少;反之,当某种股价平均数下降一定幅度时,则相应买入一定数额的股票,使得股票在投资总额中的比率增大。

通过以上对固定模式投资法中的几种方式的介绍,可总结出其基本原理:

第一,各种方式都把资金分为两部分,即进取性投资和保护性投资。前者投资于价格波动较大的股票,其收益率一般比较高,风险也比较大。后者投资于股价比较平稳的股票或投资基金,收益平稳,风险也比较低。

第二,在两种资金之间确定一个恰当的比率,并随着股价的变化按照定式对两者的比率进行调整,使两者的搭配能满足预期的收益水平和风险控制目标。

第三,投资者根据市场价格水平的变化,机械地进行股票买卖活动。

第三节 利用衍生金融工具管理证券投资风险

一、期货交易

根据现代证券组合理论,股票市场的价格风险有两种:一种是系统性风险,另一种是非系统性风险。对于非系统性风险,人们可通过投资分散化策略而加以抵消,但对于系统性风险,投资分散化策略显然无济于事,股价指数期货正是在这种背景下被人们设计出来的一种新的套期保值的工具。

股价指数期货(Stock Index Futures),是指以某一股票市场的价格指数为标的物的期货交易形式。股票价格指数(简称"股指")用于衡量整个股市总的价格水平的变化,给股票发行者和投资者提供参考。它是根据十几种或几十种,甚至数百种上市大公司的股票价格综合编制而成的。不同的股票市场计算股票价格指数的方法不同,但其基本原理都是把各个时期的股票价格水平与基期的价格水平进行比较,以衡量股票价格的涨落。若把基期价格水平作为100,则有:

$$当天股价指数 = \frac{当天股价水平}{基础股价水平} \times 100 \tag{4-26}$$

股票价格指数的单位通常为点。股票价格水平,有的计算方法采用每股的平均价格,有的则采用成交的股价总值。例如,从某股票交易所上市的股票中选取甲、乙、丙三种股票计算股票价格指数。假定它们在基期的价格分别为5元、10元、15元;成交数量分别为2万、3万和4万股。在当期的价格分别为10元、15元和20元;成交数量分别为4万、3万和2万股。于是,基期的每股平均价格为(5+10+15)/3 = 10元;当期的每股平均价格为(10+15+20)/3 = 15元。按每股平均价格计算的当期股价指数为(15/10)×100 = 150点。

根据上述假定数据,基期的股价总值为:5×2+10×3+15×4 = 100万元,当期的股价总值为:10×4+15×3+20×2 = 125万元。于是,按股价总值计算的当期股价指数为(125/100)×100 = 125点。

股指期货合约是一种金融期货合约,是参与股票期货市场的买卖双方根据事先约定好的价格同意在未来某一特定时间进行股票指数交易的一种协定。由于股票指数是一种极为特殊的商品,没有具体的实物形式,双方在确定股票指数期货合约时,实际上只是把股票指数按点数换算成货币进行交易。交易时并不进行股票实物的交割,只是根据交割日合约的价格与最初买进或卖出合约的价格的差额,来进行现金交割。这种现金结算与合约到期前的"逐日盯市"结算实际上采用同样的方式,其唯一的区别只是在最后结算后,双方的头寸均已冲销掉。

目前,世界上比较著名的股指期货合约有:英国伦敦金融时报100种股票指数合约、美国芝加哥商品交易所的"S&P500种综合股票指数"期货合约、日经股票平均价格指数合约、香港恒生股票价格指数期货合约等。

股票指数套期保值的原则是:股票持有者若要避免或减少股价下跌造成的损失,应在期货市场上卖出指数期货,即做空头。假使股价如预期那样下跌,期货市场上的空头所得可用于抵补持有的股票资产因行市下跌而引起的损失。

股价指数期货的空头套期保值主要适用于投资者持有现货股票或准备在未来某时发行股票等场合。现举例说明股价指数期货的空头套期保值。

第一,持有现货股票组合时的套期保值,举例如下:

【例4】某投资者于某年3月10日在现货市场买进一批股票,总价为1 000万英镑,当时FT-SE 100指数为1 580.0。为防范股价下跌而导致损失,该投资者决定用同年6月份到期的FT-SE 100指数期货合约来对其持有的现货股票组合实施空头套期保值。

假定3月10日时,6月份到期的FT-SE 100指数期货价格为160.00,则上述投资者在套期保值时所需卖出的期货合约数应为：

$$10\,000\,000/(25\times160.00\times10)=250(份)$$

在上式中,分子为目前现货股票组合的价值,而分母则为目前期货合约的价值。在分母中,25 为 LIFFE 所规定的 FT-SE 100 指数期货合约中交易单位的乘数,它代表每一个 FT-SE 100 指数点的价值。但由于 FT-SE 100 指数期货价格系以 FT-SE 100 指数除以 10 报出,故在计算套期保值所需的期货合约数时,在分母上必须乘以 10 才对。

于是,在 3 月 10 日,该投资者在买进总价为 1 000 万英镑的现货股票的同时,应到 LIFFE 卖出 250 份 6 月份到期的 FT-SE 100 指数期货合约。

假如到 4 月 20 日,FT-SE 100 指数跌至 1 501.0,跌幅为 5%,因此,投资者持有的现货股票组合的价值将减少 50 万英镑。但与此同时,FT-SE 100 指数期货价格也相应地跌至 152.00。于是,该投资者对冲其期货头寸,可获利 50 万英镑[(160.00-152.00)×250×10×25]。若忽略交易成本,则该投资者在期货市场的盈利正好抵补他在现货市场的损失,从而实现了"完全套期保值"。

第二,准备发行股票时的套期保值,举例如下：

【例5】在某年 5 月 3 日,A 公司股票的市场价格为每股 25 美元。于是,该公司决定于一周后以这一价格增发 20 万股股票,以筹措 500 万美元的资本。然而,若一周后股市下跌,则该公司发行同样多的股票,却只能筹得较少的资本。因此,该公司决定用同年 6 月份到期的 S&P500 指数期货合约做空头套期保值,其基本步骤及结果如表 4-2 所示。

表 4-2 股价指数期货的空头套期保值

	现货市场	期货市场
5 月 3 日	S&P500 指数为 456,A 公司发行股票 20 万股,每股 25 美元,计划筹资 500 万美元	卖出 22 份 6 月份到期的 S&P500 指数期货合约,价格为 458,合约总值为 503.8 万美元
5 月 10 日	S&P500 指数跌至 442,A 公司计划发行股票 20 万股,每股 24.25 美元,实际筹资 485 万美元	买进 22 份 6 月份到期的 S&P500 指数期货合约,价格为 443,合约总值为 487.3 万美元
损益	-15 万美元	+16.5 万美元
套期保值结果		+1.5 万美元

在上述各例中,为方便起见,我们实际上已做了如此的假设:在现货市场上,由投资者所持有、发行或购买的股票同股价指数所包含的一系列股票完全正相关。这与现实不符。

股价指数期货以股票市场的价格指数为标的物,而这一价格指数所反映的,是整个股票市场上各种股票的市场价格的平均水平及其变动情况。然而,对于某一机构投资者而言,尤其是对于个人投资者而言,他们所购买或持有的股票通常只是其中的某一种或某几种具体的股票,而不可能同时购买或持有整个市场的所有各种上市股票。由于各种具体股票的价格变动性未必与整个股市的变动性完全一致,因此,人们利用股价指数期货来对这些具体的股票实施套期保值,就未必能如愿以偿地取得预期的效果。这是因为股价指数上升,并不等于个别股票的价格也上升;同样,股价指数下跌,也并不等于个别股票的价格也下跌。另外,即使个别股票的市场价格与整个股市的变动方向完全一致,其变动的幅度也未必一致。例如,市场利率的变动固然要引起各种股票市场价格的反向变动,但各种股票所受的影响程度未必相同。又如,通货膨胀率的升降及经济周期各阶段的更替也将引起整个市场所有股票市场价格的普遍变动,但各种股票的市场价格的变动幅度也不尽相同。因此,即使我们撇开非系统风险不说,单就系统性风险而言,各种股票的风险大小通常也都是各不相同的。

诚然,对于大多数投资者而言,尤其是对于广大的机构投资者而言,他们往往采取投资分散化策略,以回避非系统性风险。因此,他们往往同时持有多种不同的股票。换言之,他们不是只持有个别股票,而是持有一组股票。这一组股票可称为一种证券组合(Portfolio)。但是,在一般情况下,任何一个投资者所持有的任何一种证券组合也不可能同时包括某标的指数所包括的所有各种股票。这是因为大多数被作为期货合约标的物的股价指数通常都包含着成百上千种不同的股票。更进一步说,即使某投资者同时持有某种股价指数所包括的所有股票,但他所持有的各种具体股票在其整个证券组合中所占的比重也未必同计算股价指数时各种股票的权数正好相一致。

所以,在正常情况下,各投资者所持有的证券组合的风险与整个股市的风险是不一致的。尤其是某些个人投资者所持有或准备持有的某个别股票的风险更是同整个股市的风险不相一致。这样,在利用股价指数期货进行套期保值的过程中,如果套期保值者对这种风险的不一致性估计不足或根本没有加以考虑,那么这种套期保值的效率往往是很低的。之所以如此,是因为在一般情况下,某证券组合的风险,特别是某个别股票的风险通常大于整个股市的风险。因此,在套期保值时,如果人们不考虑这一因素,则在现货市场所存在的全部风险中,至少有一部分风险在实际上根本没有得到应有的防范。

为了避免上述情况的发生,以尽可能实现完全套期保值,在利用股价指数期货进行套期保值时,人们通常用 β 系数来调整套期保值所需的期货合约数,以尽可能使全部风险都得到防范。

如前所述,β 系数是用来衡量某一种证券(或一组证券)相对于整个证券市场的风险程度的指标。某股票的 β 系数为 1.5,就表示若整个股市上升 10%,则该股票的价格将上升 15%;反之,若整个股市下跌 10%,则该股票的价格将下跌 15%。这就说明,该股票的风险是整个股市风险的 1.5 倍。

在实务中,各种股票(或证券组合)的 β 系数通常可从经纪公司或某些数据库中获得,也可根据历史资料利用回归方法求得。

在股价指数期货的套期保值中,β 系数是确定套期保值比率的重要因素。这种根据 β 系数确定套期保值比率,从而对现货头寸实施套期保值的方式,就是所谓的 β 加权套期保值(Beta Weighted Hedge)。这种套期保值的方式与我们在前面举例说明的套期保值不同,投资者在计算套期保值所需的期货合约数时,不是简单地根据现货价值与期货价值对比求出,而是在此基础上再乘上现货股票或证券组合的 β 系数,用公式表

示,即:

$$\text{套期保值所需要的合约数} = \frac{\text{现货股票或证券组合的总值} \times \beta}{\text{一份期货合约的价值}} \quad (4-27)$$

由式(4-27)可知,当现货股票或证券组合的总值一定、一份期货合约的价值也一定时,β 系数越大,则所需的期货合约数就越多;β 系数越小,则所需的期货合约数就越小。

【例6】某机构投资者持有一证券组合,其 β 系数为 1.2。在 3 月 10 日时,日经 225 指数为 36 000,该证券组合的总值为 50 亿日元。为避免股市下跌而造成损失,该机构投资者决定用 6 月份到期的日经 225 指数期货合约做空头套期保值。因 β 系数为 1.2,故对 50 亿日元的证券组合做空头套期保值,其应卖出的期货合约的价值总额必须为 60 亿日元。所以,当期货价格为 36 500 时,其应卖出的期货合约数为:

$$\frac{5\,000\,000\,000 \times 1.2}{1\,000 \times 36\,500} = 164(\text{份})$$

现在,我们将该机构投资者的这一空头套期保值及其结果用表 4-3 来说明。

表 4-3 股价指数期货的 β 加权套期保值

	现货市场	期货市场
3月10日	日经225指数为36 000,证券组合的总值为50亿日元,目前股市看跌	卖出164份6月份到期的日经225指数期货合约,价格为36 500,合约总值为59.9亿日元
4月10日	日经225指数跌至34 500,跌幅为4.17%,证券组合的总值减少为47.5亿日元,减幅为5%(β系数为1.2)	买进164份6月份到期的日经225指数期货合约,价格为35 000,合约总值为57.4亿日元
损益	-2.5亿日元	+2.5亿日元

由表 4-3 可看出,通过这样的套期保值,该投资者在现货市场的损失正好被期货市场的盈利所抵消。也就是说,他在现货市场的全部损失都得到了弥补。但如果在套期保值时,该投资者未考虑 β 系数,而只是根据证券组合的价值与期货合约的价值的对比,算出其应卖的期货合约数为 137 份,则在期货价格由 36 500 跌至 35 000 时,他在期货市场上将只有 2.05 亿日元的盈利。这一盈利显然不足以抵补他在现货市场所受的损失。

所以,在股价指数期货的套期保值中,投资者能否准确地估计其现货头寸的 β 系数并据以确定套期保值比率,是决定其套期保值效果的重要环节。

二、期权交易

股价指数期权是指以某一股票市场的价格或某种股价指数合约作为标的物的期权交易形式。股价指数期权可分为现货期权与期货期权。我们在此对现货期权作详细介绍。股价指数现货期权以某种股价指数本身作为标的物,在履约时,它根据当时的市场价格和协定价格之差实行现金结算。国债期货期权是一种长期利率期权,其有关内容在利率风险管理中已有过介绍。

(一) 买进看涨期权

买进看涨期权主要适用于如下两种场合:一是目前卖空标的物,二是预期在将来买进标的物。在这两种场合,若标的物价格上涨,投资者将受到损失,买进看涨期权正是可有效地避免这种损失的一种策略。

在这一套期保值中,套期保值者既可在价格发生不利变动时,以有限的代价避免可能发生的无限损失,又可在价格发生有利变动时获得这种价格变动带来的意外收益。

(二) 卖出看涨期权

卖出看涨期权主要适用于如下两种场合:一是目前持有标的物,二是预期在将来卖出标的物(如准备在未来某时发行股票以筹措资金等)。在这两种场合,若标的物价格下跌,投资者将受到损失,通过卖出看涨期权,投资者可用收取的期权费来弥补这种损失,从而避免或缩小价格变动的风险。

【例7】某投资者购入10 000股B公司股票,准备持有两个月,购入价为每股50元。为规避持股期间市场价格下跌的风险,该投资者就在购入B公司股票的同时,售出100个以B公司股票为标的物的欧式看涨期权合约,每个合约的交易单位为100股B公司股票,协定价格为每股48元,收取的期权费为每股3元,权利期间为两个月。

在做这样的套期保值后,该投资者的盈亏将取决于期权到期日B公司股票的市场价格,如表4-4所示。

表4-4 卖出看涨期权的套期保值结果　　　　单位:元/股

到期日市场价格(S_T)	现货市场盈亏 ($S_T - S$)	期权市场盈亏 $\{C - \text{Max}[0, S_T - X]\}$	净损益 $\{S_T - S - \text{Max}[0, S_T - X] + C\}$
60.00	+10.00	-9.00	+1.00
55.00	+5.00	-4.00	+1.00
48.00	-2.00	+3.00	+1.00
47.50	-2.50	+3.00	+0.50
47.00	-3.00	+3.00	0
45.00	-5.00	+3.00	-2.00
30.00	-20.00	+3.00	-17.00
0	-50.00	+3.00	-47.00

在表4-4中:S_T表示期权到期日B公司股票的市场价格;S表示B公司股票的购入价格;X表示看涨期权的协定价格;C表示看涨期权的期权费。

很显然,当S_T等于或高于X时,投资者获得最大利润;当S_T低于X而高于$(S-C)$时,投资者仍可获利,但所获的利润要少于最大利润;当S_T等于$(S-C)$时,投资者既无利润,也无损失;当S_T低于$(S-C)$时,投资者受到损失。在这范围内,S_T越低,损失越大;在极端情况下,当S_T跌至零时,投资者受到最大损失。但即使在这种极端情况下,上述策略也显然是值得的,因为投资者通过出售看涨期权所获得的期权费,毕竟可在一定程度上抵消市场价格下跌所造成的损失。

可见,作为一种套期保值的策略,卖出看涨期权的避险效果是有限的,其限度即是投资者所收取的期权费。同时,从【例7】中,我们还可看到,当投资者通过卖出看涨期权而做套期保值之后,他的获利程度已被固定。之所以如此,是因为当市场价格上涨,且涨至协定价格以上时,看涨期权的购买者将执行期权。于是,投资者在现货市场的利润将被期权市场的损失所抵消。所以,即使市场价格涨得再高,他的净利润也不会因此而增加。

(三) 买进看跌期权

看跌期权是期权购买者所拥有的可在未来某特定时间以协定价格向期权出售者卖出一定数量的某种金融商品的权利。投资者之所以买进这种期权,是因为他预期标的资产的市场价格将下跌。买进这种期权后,若标的资产的市场价格果然下跌,且跌至协定价格之下,该投资者可行使其权利,以较高的协定价格卖出他所持有的标的资产,从而避免市场价格下跌所造成的损失。

(四) 卖出看跌期权

作为一种套期保值的策略,卖出看跌期权与卖出看涨期权一样,也是以收取的期权费来弥补市场价格的不利变动所造成的损失,从而缩小或消除由价格的不确定变动所带来的风险。但卖出看涨期权是一种回避市场价格下跌风险的策略,而卖出看跌期权却是一种回避市场价格上涨风险的策略。

【例8】某年8月10日,一位投资基金经理预期1个月后将收到一笔1 000万美元的资金,他准备用这笔资金购买当时看好的几种股票。他估计这几种股票的市场价格将在近期内就要上涨,如果他的估计准确,则当他收到资金时,必须以较高的价格买进这些股票。为避免这一损失,他决定通过卖出S&P100指数看跌期权来实施套期保值。假定当日S&P100指数为290点,他以14.5(合1 450美元)的价格卖出协定价格为300、权利期间尚有1个月的S&P100指数看跌期权345个(以当日指数290点计算,合约总值为10 005 000美元,与现货头寸的10 000 000美元基本相等),共收取期权费500 250美元。如果1个月后,股票的市场价格平均上涨了5%,而S&P100指数也升至305点,那么,该投资基金经理在8月10日可用1 000万美元买到的股票,现在必须用10 500 000美元才能买到。所以,他在现货市场的损失是500 000美元。幸好他当时卖出的345个S&P100指数看跌期权,因市场价格高于协定价格而不会被执行,他所收取的期权费可抵补他在现货市场的这一损失。

(五) 动态套期保值

以上所举的例子均为静态套期保值。所谓静态套期保值(Static Hedging),是指套期保值者在期权市场上建立一种与其现货市场数额相等、方向相反的头寸后,不做任何调整,当市场价格发生不利变动时,通过执行其持有的期权,或通过期权头寸的对冲而达到保值目的的套期保值策略。

静态套期保值的优点是简便易行,因为套期保值者在建立这种头寸后,无需再做任何调整。但它的缺点是套期保值的效果往往不甚理想,其主要原因有二:一是套期保值者所支付的期权费无法得到补偿;二是套期保值者若在期权到期前执行期权,他实际上只能得到该期权的内在价值,而不能得到它的时间价值。因此,静态套期保值的成本往往较高,套期保值的效率却往往较低。弥补静态套期保值的缺点的办法是实行动态套期保值。

所谓动态套期保值(Dynamic Hedging),也称 Delta 套期保值(Delta Hedging),是指套期保值者以期权合约的 Delta 值作为套期保值比率的确定依据,来建立所谓"Delta 中性"的套期保值头寸,然后再根据 Delta 值的变动,经常甚至不断地调整套期保值头寸,以确保套期保值的完全性。

严格地说,在期权的动态套期保值中,套期保值者所要做出的调整包括三个方面:一是对买进或卖出的期权合约数的调整;二是对期权合约协定价格的调整;三是对期权合约有效期的调整。在这里,我们只对其中的第一种调整加以简要的分析,以说明金融期权动态套期保值的基本含义。

1. Delta 的含义。Delta(通常以 δ 表示)是期权价格的一种敏感性指标。它表示标的资产的市场价格的变动对期权价格的影响程度。换言之,Delta 是用于反映期权价格对标的资产市场价格变动的敏感程度的指标,用公式表示:

$$Delta = 期权价格变动额/期货价格变动额 \tag{4-28}$$

例如,某看涨期权的标的物价格上涨 1 美元,该看涨期权的期权费上涨 0.5 美元,则我们称该期权的 Delta 为 0.5。

对于看涨期权,如果标的资产价格上涨(下跌),则期权价格随之上涨(下跌),二者始终保持同向变化,看涨期权的 Delta 为正值;对于看跌期权,标的资产价格的变化与期货价格方向相反,看跌期权的 Delta 为负值。

在实务中,人们通常根据某种期权定价模型来计算期权的 Delta 值。例如,根据布莱克—斯科尔斯模型,我们可通过求期权价格对标的物价格的一阶偏导数而得到所需的 Delta 值。

2. Delta 的特性。由 Delta 的概念可知,Delta 具有如下几个比较重要的特性:

(1)对于看涨期权而言,标的资产的市场价格与期权的内在价值同方向变动,因此,看涨期权的 Delta 值必大于0。

(2)对于看跌期权而言,标的资产的市场价格与期权的内在价值反方向变动,因此,看跌期权的 Delta 值必小于0。

(3)无论是看涨期权,还是看跌期权,其 Delta 的绝对值都小于1。

(4)从绝对值来看,平价期权的 Delta 为 0.5,虚值期权的 Delta 介于 0 与 0.5 之间,实值期权的 Delta 介于 0.5 与 1 之间。

(5)越是虚值的期权,其 Delta 的绝对值越是接近于 0,而越是实值的期权,其 Delta 的绝对值越是接近于 1。

(6)由于期权费由内在价值和时间价值两部分构成,因此,除了标的资产市场价格的变动以外,权利期间的缩短——从而时间价值的减少——也会导致期权 Delta 值的相应变动。

在金融期权的动态套期保值(即 Delta 套期保值)中,Delta 绝对值的大小是确定套期保值比率,从而确定套期保值所需的期权合约数的依据。其确定的原则是:为实现完全套期保值,套期保值比率(即套期保值者所需买进或卖出的期权合约的价值总额与套期保值对象的价值总额的比率)应该等于该期权的 Delta 绝对值的倒数。

然而,由于 Delta 本身是可变的,它将随着期权标的资产的市场价格的变动以及期权有效期的变动而不断地变动,所以,由它决定的套期保值比率亦将不断地变动。投资者所建立的套期保值头寸必须通过不断调整以适应这种变动,只有这样,它才能继续保持 Delta 中性。

【例9】某投资者在现货市场买进 1 000 股 C 公司股票。为防范股票持有期间市场价格下跌而造成损失的风险,它决定买进以 C 公司股票为标的物的看跌期权,来实施动态套期保值。现假设当时该投资者买进的看跌期权为一平价期权,即其协定价格与当时的市场价格正好相等,因此,其 Delta 为-0.5。根据 Delta 中性的原则,该投资者应买进 20 个这样的期权合约,方可实现完全套期保值。因为只有在这种情况下,若股票价格下跌,该投资者在现货市场的损失才能正好被期权市场的盈利所抵消。

然而,在建立上述头寸后,若股票价格下跌,以该股票为标的物的看跌期权将由平价期权转变为实值期权,于是,其 Delta 的绝对值将上升,套期保值比率将下降;反之,若股票价格上升,以该股票为标的物的看跌期权将由平价期权转变为虚值期权,于是,其 Delta 的绝对值将下降,套期保值比率将上升。因此,为维持 Delta 中性,套期保值者必须在股票价格变动时,及时地根据 Delta 的变动情况,做出增加或减少期权合约数的决策,以确保套期保值的完全性。

例如,我们先假设上述投资者在买进 20 个看跌期权后,股票价格有所上涨,Delta 变动为-0.4,则为维持 Delta 中性,该投资者就必须再买进同样条件的看跌期权合约 5 个。其计算公式为:

$$1\,000 \div (100 \times 0.4) - 20 = 5(个)$$

如果我们再假设该投资者在做了上述调整后,一方面由于股票价格有较大幅度的回跌,另一方面由于期权到期日日益临近,故 Delta 变动为-0.83,套期保值比率下降至 1.2。因而,该投资者又需要卖出多余的 13 个看跌期权合约,以维持 Delta 中性。其计算公式为:

$$25 - 1\,000 \div (100 \times 0.83) = 13(个)$$

如上所述,静态套期保值的主要缺点在于套期保值的不完全性,而动态套期保值正是为弥补静态套期保值的这一缺陷而被人们创造出来的。但是,动态套期保值也并非十全十美,它同样存在着多方面的缺点。尤其值得注意的是,动态套期保值实际上也很难实现完全套期保值。其主要原因有如下两个:

第一,在动态套期保值中,被作为套期保值工具的往往是场内期权。这是因为只有场内期权才具有较高的流动性,投资者才可随时通过反向交易来实现对冲。但是,场内期权的标准化特征却限制了人们的选择余地,从而影响着套期保值的实际效率。如在每一期权合约的交易单位一定时,投资者根据 Delta 值算得的套期保值所需的期权合约数往往不是一个整数,而投资者实际买进或卖出的期权合约数又显然必须是整数。这样,投资者实际上无法做到完全的 Delta 中性,而只能做到基本的或近似的 Delta 中性。这是动态套期保值之所以难以实现完全套期保值的一个重要原因。

第二,由以上分析可知,要实现完全套期保值,投资者必须不断地随着股市的波动及权利期间的缩短计算新的 $Delta$ 值,并据以调整自己的套期保值头寸。但是,在调整套期保值头寸时,投资者又不可避免地需要支付相应的交易成本。头寸调整得越频繁,投资者所需支付的交易成本也就越高。因此,过于频繁地调整套期保值头寸,必将引起交易成本的过度提高,从而影响套期保值的实际效果。

所以,金融期权的动态套期保值是一种要求很高、难度很大、技术性很强的交易形式,它要求套期保值者既能准确地观察 $Delta$ 的变动情况,又能恰如其分地做出是否调整、何时调整以及怎样调整其套期保值头寸的决策。只有这样,人们才能以最低的成本实现最有效的套期保值。也就是说,只有这样,套期保值者才能最大限度地提高套期保值的实际效率。但是,对一般投资者而言,要真正做到这样,显然不是轻而易举的。

【延伸阅读 1】

全面解读巴菲特 2022 年致股东的信[①]

2022 年度巴菲特致股东的信正式发布了,刚刚伯克希尔·哈撒韦公司在官网发布了每年一度的《致股东的信》,我拿到之后如获至宝,一口气读完整封信,也第一时间为广大投资者进行解读。每年 2 月份,巴菲特都会写一封信来给投资者讲过去一年他投资的收获和教训,这种无私的分享也使得很多不同投资理念的投资者都非常尊重巴菲特。巴菲特这封信往往附在伯克希尔·哈撒韦的年报之中,为广大投资者提供价值投资的圣经。2021 年度伯克希尔·哈撒韦跑赢了标普 500 指数,而此前的五年和十年表现均不及美股大盘。进入 2022 年,伯克希尔·哈撒韦获得了大幅增值,来自科技企业的富豪们身价出现了集体缩水,而 2022 年巴菲特的投资标的表现良好,成为目前唯一的身家增长的原十大富豪,这在 2022 年美股出现近几十年最差开盘的情况之下是非常难能可贵的,也体现出巴菲特一直比较保守的投资风格。

过去六年里我有四年到美国奥马哈参加巴菲特的股东大会,第一时间为广大投资者解读巴菲特和芒格的真知灼见。近两年由于受到疫情的影响,巴菲特股东大会无法在线下举办,我也和广大投资者一样在线上共同聆听了巴菲特的高见。在今年信的末尾,巴菲特预告将在 4 月 29 日到 5 月 1 日,在奥马哈现场举办年度股东大会,但是遗憾的是受到疫情的影响,我大概率不能亲赴现场,到时候我会和大家一起线上观看巴菲特股东大会的实况,第一时间为大家解读。

今天读了巴菲特 2022 年致股东的信,大快朵颐,先为大家解读一下这封信重要的内容。受益于 2021 年美股大幅上涨,伯克希尔·哈撒韦获得了每股市值增长 29.6% 的好业绩,而标普 500 指数的增幅是 28.7%,伯克希尔·哈撒韦跑赢了零点几个百分点。长期来看,伯克希尔·哈撒韦的业绩更加惊人。从 1965 年到 2021 年,伯克希尔·哈撒韦每股市值的复合年增长率为 20.1%,明显超过标普 500 指数的 10.5%。由于复利的

[①] 资料来源:杨德龙. 全面解读巴菲特 2022 年致股东的信. 新浪财经,2022-02-28。

力量,1964 到 2021 年伯克希尔·哈撒韦的市值增长率是惊人的 36 416 倍,而标普 500 指数是 302 倍,也就是说伯克希尔·哈撒韦的市值增长在过去 50 多年的时间跑赢了标普 500 高达 100 多倍,这充分体现出价值投资的魅力。虽然伯克希尔·哈撒韦复合年均增长率为 20.1%,也就是 20% 左右,每年跑赢标普 500 只有 10% 不到,但是累计近 60 年的复利增长,前者是后者的 100 多倍。做价值投资并不求每一年获得多高的收益率,关键是要获得长期稳定复合的增长,从而能够做时间的朋友,长期获得惊人的投资回报,这也是伯克希尔·哈撒韦创造的奇迹般业绩给我们带来的最大启示。我在做基金投资管理中,也一直把业绩稳定增长作为投资的目标,而不追求在某一年获得多高的回报,从而做长跑的冠军、长跑的健将。

《致股东的信》篇幅很长,把其中一些亮点给大家重点讲一讲,建议大家有时间阅读一下原文,相信各位会受益匪浅。首先我们来看一下伯克希尔·哈撒韦的持仓,截至 2021 年 12 月 31 日,伯克希尔·哈撒韦持有的股票市值是 3 500 亿美元左右。第一大重仓股依然是苹果,达到 1 610 亿美元,占到总股票持仓的 46% 左右,可谓极其重仓。巴菲特对于看好的公司一直保持重仓的一个习惯,苹果无疑是为他创造利润最高的公司,为伯克希尔·哈撒韦贡献近 1 000 亿美元的利润。第二大持仓是美国银行,达到 459 亿美元。第三大重仓的是美国运通,达到 248 亿美元。第四大重仓的是可口可乐,达到 236 亿美元。值得关注的是,他持有的唯一的中国股票是港股的比亚迪,达到 76.93 亿美元。他当年买入的成本仅仅是 2.32 亿美元,获利高达 30 倍以上。巴菲特在投资中国股票上出手两次都斩获颇丰。最早是投资中石油的港股,获利近 200 亿港币。第二次投资比亚迪获得了 30 倍以上的回报,获利达到近 400 亿人民币。很多人说投资中国股票很难赚钱,为什么巴菲特两次出手两次获利颇丰呢,无疑是股神具有比较好的投资理念,获得了比较好的投资回报,这一点值得我们学习。

巴菲特投资可口可乐已经达到近 40 年,长期持有优质公司为巴菲特创造了高额的利润。值得关注的是,巴菲特投资苹果获得近 1 000 亿美元的回报并不是因为苹果涨了很多,也不是在苹果早期投入的,而是在苹果已经成为世界第一大市值的公司、市值达到 1 万亿美元的时候投资的。因为他非常看好苹果公司的基本面以及才华横溢的首席执行官库克,他在信中说库克将苹果产品的用户视为自己的初恋,这无可厚非。这也说明即使投资市值很大的龙头企业,如果因为龙头企业业绩好,敢于重仓反而能够贡献更多的利润。巴菲特布局的基本上都是各行业的龙头股,这和我长期以来看好白马股是一样的理念。一些优质龙头股具备长期的投资价值,而每一轮市场的下跌其实都为大家配置优质龙头股带来了机会。在当前 A 股市场整体低迷的时候,很多优质龙头股大幅下跌之后,我们认真去读巴菲特 2022 年致股东的信会更具有现实意义。一些被错杀的优质龙头股或者是优质龙头基金具备了比较好的配置价值。

第二个值得关注的亮点是,伯克希尔·哈撒韦虽然拥有 3 500 亿美元的权益资产,但是仍然在资产负债表中留有大量的现金仓位,包括 1 440 亿美元的现金和现金等价物。也就是说,留有 20% 到 30% 的现金仓位,并没有满仓配置权益资产。巴菲特在信中说:查理和我已承诺,伯克希尔·哈撒韦将始终持有超过 300 亿美元的现金和等价物,我们希望公司在财务上坚不可摧,从不依赖陌生人甚至朋友的善意,我们都喜欢睡个好觉,我们希望我们的债权人、保险索赔人和你也这样做。持有现金仓位可以应对可能发生的一些宏观环境的变化、可能发现的一些股灾,通过持有大量的现金也可以在发生股灾的时候从容地布局一些优质的资产。虽然巴菲特在信中说他对于权益资产有压倒性的偏好,在他小时候,1942年3月11日最早买了三股Cities Service的优先股的时候就第一次表现出这种热情,当天道琼斯指数收于99点,现在则达到36 000点左右。作为美国人,巴菲特永远不做空美国,从而创造了长期投资的奇迹,这也是做价值投资的基础。因为你只有相信长期是向上的,才敢于在股灾的时候抄底,所以作为中国人,我建议我们永远不要做空中国,因为没有人能通过做空祖国来实现长期获利,我们要坚定做好、做多中国,从而和祖国一起获得财富的增值。巴菲特在投资中始终保留20%~30%的现金仓位这一点也值得我们学习,从而能够更好地应对市场的大幅波动。伯克希尔·哈撒韦目前持有80%左右的仓位。经过了几年的牛市之后,美股的估值普遍处于高位,这些都会影响巴菲特投资企业的热情,因为他更喜欢在股灾的时候去买。

第三个亮点是股份回购,伯克希尔·哈撒韦一直热衷于通过回购来提升股东权益。巴菲特在信中说通过三种方式增加股票投资价值:第一种是最重要的,即通过内部增长或者收购来提高伯克希尔·哈撒韦控股业务的长期盈利能力。第二是购买许多良好或者优秀公司的非控股部分的股票,但是现在几乎没有发现什么能让我们兴奋的东西,也从一定程度上暗示当前美股很多股票的估值较高,这很大程度上是因为长期低利率推动所有生产性投资的价格上涨,无论是股票、石油还是农场都是一样。第三个创造价值的途径就是回购伯克希尔·哈撒韦的股票,通过回购来注销流通在外的股份,可以提升每股收益,从而增加了股东的价值。回购对伯克希尔·哈撒韦的股东来说变得很有意义,过去两年中(2019—2021年),伯克希尔·哈撒韦回购了外部流通股的9%,总成本517亿美元。可见大量回购是提升股东价值的重要因素,这一点也值得国内很多现金流充沛的优秀企业效仿,通过回购可以向市场释放积极的信号。

这封信里还有很多精彩的内容,因为篇幅有限就不给大家一一讲解了,建议大家认真阅读原文,结合当前内部市场的实际来做好投资的决策。学习巴菲特的价值投资理念要付诸行动,而不是停留在理论上。做价值投资是一场修行,最重要的是知行合一,克服人性的弱点,从而获得长期投资的胜利。

【延伸阅读2】

中国证监会行政处罚决定书(乐视网、贾跃亭等)[①]
〔2021〕16号(节选)

当事人:乐视网信息技术(北京)股份有限公司(以下简称乐视网),住所:北京市朝阳区姚家园路105号院3号楼乐融大厦15层。

贾跃亭,男,1973年12月出生,乐视网实际控制人,时任乐视网董事长,住址:山西省临汾市尧都区。

[①] 资料来源:中国证监会网站,2021-03-26。

依据2005年修订的《中华人民共和国证券法》(以下简称《证券法》)有关规定,我会对乐视网信息披露违法、欺诈发行行为进行了立案调查、审理,并依法向当事人告知了做出行政处罚的事实、理由、依据及当事人依法享有的权利。当事人乐视网、谭殊、张旻翚、邓伟未提出陈述、申辩意见,未要求听证,当事人沈艳芳、曹彬提出陈述、申辩意见,未要求听证,当事人贾跃亭等人提出陈述、申辩意见,并要求听证。我会于2020年11月10日、12月1日、12月2日举行了听证会,听取了当事人陈述、申辩意见。本案现已调查、审理终结。

经查明,乐视网、贾跃亭等存在以下违法事实:

一、乐视网于2007年至2016年财务造假,其报送、披露的申请首次公开发行股票并上市(以下简称IPO)相关文件及2010年至2016年年报存在虚假记载

经查,乐视网2007年虚增收入939.95万元,虚增利润870.23万元(虚增利润占当期披露利润总额的59.27%,下同);2008年虚增收入4 615.52万元,虚增利润4 308.25万元(136.00%);2009年虚增收入9 375.76万元,虚增利润8 883.18万元(186.22%);2010年虚增收入9 961.80万元,虚增利润9 443.42万元(126.19%);2011年虚增收入6 937.65万元,虚增利润6 529.13万元(39.75%);2012年虚增收入8 965.33万元,虚增利润8 445.10万元(37.04%);2013年虚增收入19 998.17万元,虚增利润19 339.69万元(78.49%);2014年虚增收入35 194.19万元,虚增成本590.38万元,虚增利润34 270.38万元(470.11%);2015年虚增收入39 922.39万元,虚减成本943.40万元,虚增利润38 295.18万元(516.32%);2016年虚增收入51 247.00万元,虚增成本3 085.15万元,虚增利润43 276.33万元(-131.66%)。具体情况如下:

(一)首次发行阶段,乐视网通过虚构业务及虚假回款等方式虚增业绩以满足上市发行条件,并持续到上市后

1. 通过贾跃亭实际控制的公司虚构业务,并通过贾跃亭控制的银行账户构建虚假资金循环的方式虚增业绩,具体如下:(略)

2. 通过虚构与第三方公司业务,并通过贾跃亭控制的银行账户构建虚假资金循环的方式虚增业绩,具体如下:(略)

3. 在与客户真实业务往来中,通过冒充回款等方式虚增业绩,具体如下:(略)

(二)2010年乐视网上市后财务造假情况

2010年乐视网上市后,除利用自有资金循环和串通"走账"虚构业务收入外,还通过伪造合同、以未实际执行框架合同或单边确认互换合同方式继续虚增业绩。

1. 虚构广告业务确认收入,在没有资金回款的情况下,应收账款长期挂账,虚增业务收入和利润,具体如下:(略)

2. 虚构广告业务确认收入,在没有资金回款的情况下,后续通过无形资产冲抵全部或部分应收账款,相应虚计成本和利润,具体如下:(略)

3. 继续通过虚构与第三方公司业务,通过贾跃亭控制银行账户构建虚假资金循环的方式虚增业绩,具体如下:(略)

4. 通过第三方公司虚构业务确认收入,同时通过贾跃亭控制的银行账户构建部分虚假资金循环和记应收账款长期挂账方式虚增业绩,具体如下:(略)

5. 通过与客户签订并未实际执行的广告互换框架合同或虚构广告互换合同确认业务收入,虚增业绩,具体如下:(略)

6. 利用广告互换合同,以只计收入或虚计收入但不计成本的方式虚增业绩,具体如下:(略)

二、乐视网未按规定披露关联交易

2017年4月17日,乐视网以"增资款"名义转给全资子公司重庆乐视小额贷款公司(以下简称乐视小贷)2.1亿元,乐视小贷收到上述2.1亿元后,立即以贷款名义分7笔每笔3 000万元将资金转给7家乐视网关联公司,上述7家公司收到资金后,当天便将资金全部转给乐视控股(北京)有限公司(以下简称乐视控股)。上述贷款构成关联交易,根据《深圳证券交易所创业板股票上市规则(2014年修订)》第10.2.4条"交易金额在100万元以上,且占上市公司最近一期经审计净资产绝对值0.5%以上的关联交易,应当经董事会审议后及时披露"的规定,上述事项是应当经乐视网董事会审议并及时披露的关联交易事项,但乐视网未按规定及时披露,违反了《证券法》第六十三条、第六十七条第一款、第二款第十二项和《上市公司信息披露管理办法》(证监会令第40号)第四十八条的规定,构成《证券法》第一百九十三条第一款所述的信息披露违法行为。乐视网时任董事长贾跃亭未勤勉尽责,是乐视网未披露关联交易违法行为直接负责的主管人员。时任监事会主席吴孟代表7家关联方中的4家签字,知悉该关联交易事项,未勤勉尽责,导致乐视网未披露上述关联交易,是上述违法行为其他直接责任人员。

三、乐视网未披露为乐视控股等公司提供担保事项

2016年2月,乐视网对乐视控股在乐视云计算机有限公司《股权收购及担保合同》项下的回购义务提供无限连带保证,担保金额为10亿元,至2019年可能承担的最大回购金额为17.5亿元,占最近一期(2014年)经审计净资产的29.92%(最大回购金额占比52.35%)。乐视致新电子科技(天津)有限公司(以下简称乐视致新)系乐视网2012年至2017年并表子公司。2016年12月,乐视致新对其关联公司对外应付货款和存货采购共计5 208.37万美元提供担保,金额折合人民币3.47亿元,占乐视网最近一期(2015年)经审计净资产的9.10%。2015年4月、2016年4月乐视网对乐视体育文化发展有限公司A+轮、B轮融资的投资者承担回购义务,分别涉及回购金额10.2亿元和103.95亿元,分别占最近一期(2014年、2015年)经审计净资产的30%和272.48%。

根据《深圳证券交易所创业板股票上市规则(2014年修订)》第9.11条"上市公司发生本规则9.1条规定的'提供担保'事项时,应当经董事会审议后及时对外披露"以及"属于下列情形之一的,还应当在董事会审议通过后提交股东大会审议:(一)单笔担保额超过公司最近一期经审计净资产10%的担保……(六)对股东、实际控制人及其关联人提供的担保"的规定,上述三项均属应及时披露的事项,但乐视网未按规定及时披露,也未在2016年年报中披露,违反了《证券法》第六十三条、第六十七条第一款、第二款第十二项和《上市公司信息披露管理办法》(证监会令第40号)第三十条第二款第十七项的规定,构成《证券法》第一百九十三条第一款所述的信息披露违法行为。时任董事长贾跃亭参与上述对外担保有关事项,未勤勉尽责,是乐视网未披露对外担保事项违

法行为直接负责的主管人员。时任董事会秘书赵凯直接参与对外担保有关事项,并负责公司信息披露工作,未勤勉尽责,导致乐视网未及时披露上述担保事项,为其他直接责任人员。

四、乐视网未如实披露贾某芳、贾跃亭向上市公司履行借款承诺的情况

(一)贾某芳减持及履行借款承诺情况(略)

(二)贾跃亭减持及履行借款承诺情况(略)

五、乐视网2016年非公开发行股票行为构成欺诈发行

2015年5月25日,乐视网召开第二届董事会第五十二次会议,审议通过乐视网非公开发行股票议案。2015年8月31日,乐视网召开第二届董事会第六十三次会议,审议通过乐视网非公开发行股票的调整事项。2015年9月23日,乐视网非公开发行股票申请经中国证监会发行审核委员会审核,并获无条件通过。2016年5月19日,中国证监会出具《关于核准乐视网信息技术(北京)股份有限公司非公开发行股票的批复》(证监许可[2016]1089号),2016年5月25日乐视网召开第三届董事会第二十一次会议,审议通过延长乐视网非公开发行股东大会决议有效期的议案。2016年8月8日乐视网非公开发行上市。乐视网本次非公开发行新股10 664.30万股,募集资金47.99亿元,申报披露的三年一期财务数据期间为2012年至2014年及2015年1~6月。根据前述关于乐视网财务造假的事实,乐视网不符合发行条件,以欺骗手段骗取发行核准。

乐视网上述行为违反了《证券法》第十三条、第二十条、《上市公司证券发行管理办法》(证监会令第57号)第三十九条第一项的规定,构成《证券法》第一百八十九条第一款所述的欺诈发行违法行为。

时任董事长贾跃亭、财务总监杨丽杰在推动乐视网上述发行事项及涉及的财务造假事项中发挥了组织、策划、领导、实施作用,在财务造假中,采取隐瞒、编造重要事实等特别恶劣的手段,造假金额巨大,未勤勉尽责,在报送、披露的发行申请文件上签字并保证所披露的信息真实、准确、完整,违法情节特别严重,是乐视网欺诈发行行为直接负责的主管人员。时任监事吴孟、副总经理贾跃民直接参与相关财务造假行为,未勤勉尽责,在发行申请文件上签字并保证所披露的信息真实、准确、完整,在欺诈发行中发挥较大作用,违法情节较为严重。时任董事、监事、高管的刘弘、邓伟、谭殊、张特、吉晓庆、沈艳芳等人,未勤勉尽责,在发行申请文件上签字并保证所披露的信息真实、准确、完整,是乐视网欺诈发行行为的其他直接责任人员。根据前述关于乐视网财务造假的事实,贾跃亭作为乐视网实际控制人,指使相关人员从事上述财务造假事项,导致公司申请非公开发行申报披露的2012年至2014年及2015年1~6月三年一期财务数据存在严重虚假记载,构成《证券法》第一百八十九条第二款所述的违法行为。

以上事实,有相关临时报告和定期报告、发行申请文件、记账凭证、客户往来核算资料、情况说明、当事人笔录、证人证言、银行账户流水、证券账户交易记录、企业工商登记资料等证据证明,足以认定。

当事人及其代理人在听证会和申辩材料中提出如下申辩意见:(略)

根据当事人违法行为的事实、性质、情节与社会危害程度,我会决定:

第一,对乐视网2007年至2016年连续十年财务造假,致使2010年报送和披露的

IPO申报材料、2010年至2016年年报存在虚假记载的行为,未依法披露关联交易、对外担保的行为,以及对贾跃亭、贾某芳履行承诺的披露存在虚假记载、重大遗漏的行为,根据《证券法》第一百九十三条的规定,对乐视网责令改正,给予警告,并处以60万元罚款;对贾跃亭、杨丽杰给予警告,并分别处以30万元罚款;对刘弘给予警告,并处以25万罚款;对吴孟给予警告,并处以20万元罚款;对赵凯给予警告,并处以10万元罚款;对谭姝给予警告,并处以8万元罚款;对吉晓庆、张旻翚给予警告,并处以5万元罚款;对朱宁、曹彬给予警告,并处以3万元罚款。贾跃亭作为乐视网实际控制人,指使从事上述相关信息披露违法行为,对其给予警告,并处以60万元罚款,合计对贾跃亭罚款90万元。

第二,对2016年乐视网非公开发行欺诈发行行为,根据《证券法》第一百八十九条的规定,对乐视网处以募集资金百分之五即2.4亿元罚款;对贾跃亭、杨丽杰处以30万元罚款;对贾跃民、吴孟处以20万元罚款;对刘弘、邓伟、谭姝、张特、吉晓庆处以5万元罚款;对沈艳芳处以3万元罚款。贾跃亭作为乐视网实际控制人,指使从事上述违法行为,对其处以2.4亿元罚款,合计罚款240 300 000元。

综上所述,对乐视网合计罚款240 600 000元,对贾跃亭合计罚款241 200 000元,对杨丽杰合计罚款60万元,对吴孟合计罚款40万元,对刘弘合计罚款30万元,对贾跃民合计罚款20万元,对谭姝合计罚款13万元,对吉晓庆、赵凯分别罚款10万元,对邓伟、张旻翚、张特分别罚款5万元,对沈艳芳、朱宁、曹彬分别罚款3万元。

上述当事人应自收到本处罚决定书之日起15日内,将罚款汇交中国证券监督管理委员会,开户银行:中信银行北京分行营业部,账号:7111010189800000162,由该行直接上缴国库。当事人还应将注有其名称或姓名的付款凭证复印件送中国证券监督管理委员会行政处罚委员会办公室备案。当事人如果对本处罚决定不服,可在收到本处罚决定书之日起60日内向中国证券监督管理委员会申请行政复议,也可在收到本处罚决定书之日起6个月内直接向有管辖权的人民法院提起行政诉讼。复议和诉讼期间,上述决定不停止执行。

【思考题】

1. 分析证券投资的主要途径。
2. 何谓证券投资风险?证券投资风险有哪几种形式?
3. 描述证券投资风险与收益之间的关系。
4. 证券投资风险测量有哪几种方法、如何测量?
5. 如何利用股价指数期货、股价指数期权来防范证券投资风险?

信用风险管理

【学习要点】
1. 信用风险的内涵、特点和类型
2. 信用风险的衡量方法和主要信用风险衡量模型
3. 传统信用风险管理方法
4. 新型信用风险管理方法

【导引阅读】

银保监会去年罚款 27 亿,银行家称"金融乱象得到有效遏制"[①]

2022 年 3 月 3 日,银保监会官网发布 4 份行政处罚决定书,其中有 3 份是向兴业银行信用卡中心、广发银行信用卡中心、华夏银行信用卡中心各罚款 10 万元。

同日,建行深圳分行因产品制度存在缺陷、贷款"三查"不尽职被银保监会深圳监管局罚款 90 万元,相关责任人禁止终身从事银行业工作。

近年来,监管机构对银行业金融机构的监督检查力度持续增强。3 月 2 日,银保监会主席郭树清在国务院新闻办新闻发布会上透露,2021 年银保监会修订出台部门规章 14 部、规范性文件 44 件。大幅提高违法违规成本,全年处罚银行保险机构 3 870 家次,处罚责任人员 6 005 人次,罚没款合计 27 亿元。

"金融严监管趋势日趋显著。"索信达控股(03680.HK)副总裁宋爱华向经济观察网表示,从监管角度看,金融创新给监管合规带来了更多挑战,要做动态监管、实时监管,借助于监管科技的迭代,金融监管正逐步从场景化应用到全链条应用转变。面对愈发严格的监管要求,尤其是在数据治理方面,金融机构应进行有效的监管数据建设和管理。

---

① 资料来源:胡群. 银保监会去年罚款 27 亿,银行家称"金融乱象得到有效遏制". 经济观察报,2022-03-04.

(一) 金融市场乱象得到有效遏制

"到 2019 年底防范化解重大金融风险取得实质性进展,八个方面的风险明显收敛。"郭树清表示,2021 年,重点领域风险持续得到控制,宏观杠杆率下降了大约 8 个百分点,金融体系内的资产扩张恢复到较低水平,再次回到了个位数。从 2017 年到 2021 年,五年拆解高风险影子银行 25 万亿元,过去两年就压减 11.5 万亿元。5 年时间内处置不良资产约 12 万亿元,最近两年处置 6 万多亿元。地方政府隐性债务状况趋于改善,房地产泡沫化、金融化势头得到根本扭转。一批高风险企业和违法违规金融机构得到有序处置。P2P 网贷机构全部停止运营,未兑付的借贷余额压降到了 4 900 亿元。过去五年累计立案查处非法集资案件 2.5 万起。防范外部风险冲击的韧性进一步提高。

"金融风险日趋收敛"。2022 年 3 月 3 日,央行官网发布文章称,银行业金融机构总体稳定。我国银行业总资产在金融业总资产中占比超过 90%,银行稳则金融稳。从人民银行按季对银行业金融机构开展评级的结果看,2021 年第四季度全国 4 398 家银行业金融机构中,4 082 家机构评级处于安全边界内,资产占银行业总资产的 98.96%,316 家高风险机构资产占比仅为 1.04%。特别是资产占比 70% 左右的 24 家大型银行评级一直优良,部分银行主要经营指标居于国际领先水平,发挥了我国金融体系"压舱石"的关键作用。从时序看,高风险银行机构数量从 2019 年三季度的 649 家峰值水平,连续 6 个季度下降至 316 家,"十四五"期末有望降至 200 家以内。

近年监管机构不断推出弥补监管制度短板的多项举措,不仅有力地推动了监管体系建设完善,同时促进了金融服务实体经济能力的提升,在防范化解金融风险等方面也显示出了积极的成效。严监管之下,银行家对银保监会的严监管政策态度如何?

"银行家对当前监管工作成效整体上持认同态度。"2022 年 3 月 2 日,中国银行业协会联合普华永道会计师事务所共同发布《中国银行家调查报告(2021)》(以下简称《报告》)显示,近年监管层大力整治规范重点业务,在防控银行业整体风险、持续集中整治银行业乱象方面取得了显著成效,金融风险防控能力进一步提高。2021 年,随着巩固乱象成果、深化强监管工作的持续推进,市场更加规范,72.6% 的银行家认为"金融市场乱象得到有效遏制",过去金融领域的机构乱象、业务乱象、交易乱象等得到有效改善,60.7% 的银行家认为"银行业金融机构整体风险有效防控"。

《报告》显示,2021 年银行家对主要监管手段的评价整体明显提升。其中,"监管评级"手段的评价得分居于首位(4.48 分),"监管政策制定"(4.47 分)、"监管问责"(4.47 分)、"现场检查"(4.46 分)和"行政处罚"(4.45 分)等手段得分较高。近年来监管层通过持续的监管检查、严厉的监管处罚和对相关责任人的问责,有效遏制了金融市场乱象,推进了银行业的审慎稳健经营,取得的监管效果获得了银行家的普遍认可。

(二) 部分业务合规压力大

"提升非现场监管威慑力,强化现场检查尖刀利剑作用。保持行政处罚高压态势,切实提高金融违法违规成本。加强对依法监管的科技支撑,提高监管数字化智能化水平。"1 月 25 日,银保监会 2022 年工作会议强调称。

2 月 22 日,中央第四巡视组向中国银保监会党委提出要"提高监管能力和防范风险能力"等五点整改意见建议。

同日,中央第十四巡视组向中国人民银行党委反馈了巡视情况,并提出,科学有效防范化解金融风险,加强统筹协调,健全长效机制,加强监管能力建设,完善协同监管机制,从严加强金融监管等建议。

近年金融监管形势严峻复杂,对中国银行业合规经营与管理能力的提升提出了更高的要求。《报告》调研数据显示,从合规压力来源上看,超四成银行家认为贷款业务的合规压力较大(44.8%),但与2020年数据(70.1%)相比明显下降,表明在近年严监管、重处罚的监管环境引导下,商业银行强化了合规经营的理念,基本实现了从"被动合规"到"主动合规"的转变。

26.5%的银行家认为地方政府债务相关业务存在合规压力,未来商业银行在该业务领域将面临合规管理压力。调研结果也显示,银行家认可政府债务相关业务应得到政策大力规范整治(25.0%)。

针对银行业面临的多种风险和存在的突出问题,《报告》认为,监管未来会将补齐监管制度短板作为重点工作,加快提升金融监管的专业化和有效性。对此,超三成银行家认为应加强"产品创新管理"方面的监管制度建设,例如将金融创新产品纳入审慎监管框架。同时,银行家指出,在"金融科技监管"(28.5%)和"数据治理"(25.3%)方面也需加强指引。此外,还有24.71%的银行家认为,应在"监管协调"方面加强制度短板建设。更为重要的是,今年将有更多的监管政策逐步实施,这对金融机构提出更高的要求。

2022年1月26日,中国人民银行、银保监会、证监会联合发布《金融机构客户尽职调查和客户身份资料及交易记录保存管理办法》,并将于3月1日起施行。

1月30日,《中国银保监会银行业金融机构监管数据标准化规范(2021版)》(EAST 5.0)发布,要求金融机构切实推进数据治理,提升数据质量和数据专业性,进一步增强数据规范性。2月8日,中国人民银行、市场监管总局、银保监会、证监会印发的《金融标准化"十四五"发展规划》明确完善金融风险防控标准,健全金融业综合统计标准,推进金融消费者保护标准建设,加强标准对金融监管的支持。

"监管科技智能化是必然趋势。从数据角度看,金融业务线上化、虚拟化是必然趋势,这带来了大量的数据积累与沉淀;从技术角度看,大数据、人工智能、云计算这些技术的发展提供了很好的技术支撑;从监管角度看,金融创新给监管合规带来了更多挑战,要做动态监管、实时监管。这都反映了监管合规对于数据的重视程度逐渐上升。"宋爱华称,金融机构对于监管不仅仅是完成监管数据报送,而是要自上而下构建一整套监管制度保障体系、监管数据治理体系、监管数据资产管理体系、监管数据报送体系、监管数据应用体系,实现自外而内的"数据化"。

信用风险与利率风险和汇率风险的一个显著区别在于它在任何情况下都不可能产生意外的收益,它的后果就是损失,甚至是巨大的损失。银行发放的巨额信用贷款,因企业破产而成为坏账;一家企业,由于交易对方可能不履行合约而难以及时取得生产原料或难以及时销售产品,形成积压或难以及时回收货款等,都将严重影响生产经营活动。例如,日本大藏省 1998 年 1 月 12 日公布,按日本新的统计标准,该国 146 家银行的不良债权总额为 76.6 万亿日元。巨额坏账问题一度严重地威胁着日本银行体系的稳定,成为阻滞日本经济复苏的一个关键因素。在我国,银行的呆账、坏账问题也是金融体系的沉疴重症。本章首先介绍信用风险,然后讨论信用风险的衡量及管理方法。

第一节 信用风险概述

一、信用风险的含义

信用风险是指由于交易对方(债务人)信用状况和履约能力的变化导致债权人资产价值遭受损失的风险。它可以是违约方拒绝提供所承诺的货物或服务,也可以是无力按时或全部偿还所欠的债务。

信用风险有多种分类标准。从风险的影响程度看,信用风险可分为本金风险和重置风险:如当一方不足额交收时,另一方有可能收不到或不能全部收到应得证券或价款,造成已交付的价款或证券的损失,这就是本金风险;违约方违约造成交易不能实现,未违约方为购得股票或变现需再次交易,因此可能遭受因市场价格变化不利而带来的损失,这就是重置风险。从导致信用风险的因素来看,信用风险分为财务风险和经营风险:前者是指由于财务环境恶化(主要是现金流的匮乏)造成客户拒绝支付或延期支付的可能性;后者主要是指由于跟客户商业活动和管理活动有关的环境恶化导致的授信客户拒付的可能性。本书将信用风险分为商业信用风险和银行信用风险。

商业信用是销售方向客户销售货物和提供服务时,允许客户延期支付贷款;银行信用是银行为了在未来获取利息并收回本金,而向借款人提供贷款。在这两种信用形式中,都可能存在客户或借款人违反、撤销、重新协商或更改既定的契约,从而给销售方或银行造成损失,这就是信用风险。另外,信用风险还是一种双向性风险,会同时影响到授信方和受信方。在商业信用中,销售方面临客户可能拒绝付款的风险,而客户也面临销售方不予交货的风险;同样在银行信用中,贷款银行承受借款方可能无力偿债的风险,而借款方也会面临银行收回贷款的风险。本书重点分析银行信用风险。

二、信用风险的特点

(一)综合性

各种金融风险、市场风险、政治风险、自然灾害风险、财务风险等各种类型的风险,最终都会通过信用风险体现出来,具体表现则是信用交易中的违约行为。

(二)传递性和扩散性

在交易活动中,交易一方的信用风险可能导致另一方的信用风险,而另一方的信用风险又可能导致第三方的信用风险,最终形成一个"信用风险链"。如债务人的信用风险可能会造成债权人的信用风险,而债权人的信用风险又可能进一步造成其他债权人的信用风险。

(三)累积性

由于信用风险具有传递性,一方的信用风险可能会扩散到关联各方,引起加总的信用风险迅速增大。从小的方面来说如"三角债",从大的方面来看如信用危机、金融危机等。在这一点上,信用风险与市场风险不同,市场风险是双向的,一方所失正是另一方所得,加总起来市场风险为零。

(四)隐蔽性和突发性

信用风险可以通过安排新的负债得到缓解,如"借新债还旧债",使信用关系暂时得以维持。这样,即使发生信用风险,起初也难以显现出来。

(五)不确定性

风险本身就是一种不确定性,但它是一种可以计量的不确定性。信用风险由于受交易方的道德水平、经营能力、努力程度等主观性因素的影响,其不确定性就更大,因而对其进行量化处理和客观评价都非常困难。

三、信用风险的成因

(一)客户的履约能力出现了问题

1. 财务风险。财务风险是指由于财务状况恶化(主要是现金流的匮乏)造成客户拒绝支付或延缓支付的可能性。主要是客户在筹集资金过程中,由于未来收益的不确定性而导致的风险。财务风险的实质是客户负债经营所产生的风险,其大小与客户筹资数额的多少和投资收益率的高低密切相关。当客户投资收益率高于货币资金的时间价值,也就是高于借款利息率时,借入资金的比例越大,客户收益率就越高;当投资收益率低于货币资金的时间价值,也就是低于借款利息率时,借入资金的比例越高,客户收益率就会越低。

借入资金必须按期还本付息,在未来偿还债务能力不确定的情况下,就会相应增加压力和负担,面临着资不抵债的潜在风险,这也就形成了客户的财务风险。但在生产经营活动中,客户企业为达到规模经济,实现经营目标,又不得不想方设法筹借经营性资金,进行负债经营。因此在负债经营过程中,必须正确衡量财务风险的程度,确切计算风险的价值并掌握其规律性,力求把财务风险控制在最小的范围内。

2. 经营风险。经营风险是指客户经营不善,致使不能及时偿还债务、拒绝付款的可能性。造成企业经营不善的原因有很多,其中主要的有:

(1)企业产权关系不明确,经营者并不承担相应的责任。
(2)企业缺乏长远的发展战略。
(3)企业成本控制不力。
(4)企业管理机构设置混乱、层次繁多。
(5)市场发生变化,产品卖不出去或价格降低。
(6)企业经营过于多样化,摊子铺得过大。

3. 客户破产。如果客户宣布破产,就不可能正常归还欠款。即使在企业被清算时,赊销企业最多也是减少损失而不能避免损失。破产企业的多数债务将随着企业形态的消失而消失。客户企业破产是造成赊销坏账的另一个主要原因。

一个企业走向破产的原因很多,但却有主动破产和被动破产的区别。主动破产往往是企业有目的的破产,不一定是经营不下去的原因,有很多都是为了逃债。企业被动破产,则可能是由于上述的财务、经营方面的原因所致,也有的因为经济不景气、发生突发政治或刑事案件、被政府勒令停业等。

企业信用管理部门对于企业破产风险的防范虽然困难比较大,但是如果管理得当,对企业的运行状况追踪及时,也能减少部分损失。通常,绝大多数的破产企业在破产或者进入破产保护前的一段时间内是有预兆的,除非客户遇到不可预见的突发事件和被政府勒令停业。如果企业信用管理部门设有对客户进行动态跟踪的管理程序,应该能发现诸如客户企业的财务状况不佳、经营状况在走下坡路、主要经理人员或股东有变化等迹象,从中分析和判断企业的走势与风险程度,从而及时采取应对措施。即使客户企业的保密工作做得很好,信用管理部门也至少能了解到客户企业进入破产期的公告,在破产法规定的期限内,作为债权人申请参加破产清算,尽可能地挽回欠账损失。

(二)客户的履约意愿出现了问题

我国有的企业存在"反正企业是国家的,银行也是国家的,即使还了债或贷款,也只不过是把钱从这个口袋挪到另一个口袋"的错误观念。其中在采用托收承付方式时,由于银行监督不力,给许多企业造成可乘之机,卖方强制买方接受不符合合同约定的商品,买方也可能不讲信用,任意拖欠货款。

有些企业的法制观念不强,存在着"人情重于债"的意识,不善于用法律手段来保护自身的债权,甚至放弃债权。有些企业为了保证本企业资金周转,也采用同样的手段拖欠对方或他人的货款,从而使债务关系变得极为复杂。

(三)蓄意欺诈

一些信用恶劣的企业利用合同、票据以及预付订金、延期付款等方式进行长期拖欠,最后达到部分或全部占有对方货物、货款的目的;有些不良分子也利用信用卡恶意透支或者利用信用销售长期拖欠,达到部分或全部占有对方货物、货款的目的。

(四)其他风险

虽然说信用风险主要与客户的财务和经营分析相关,同时受客户履约意愿所左右,但是有一些原因却是客户自身不能控制的,了解这些风险有助于我们从一个更广泛或更复杂的角度对风险进行评估。

1. 国家风险。国家风险源于大量的授信客户都位于同一国家或同一类型的国家,是某一国家或某些国家的情况发生变化而导致的潜在的不良后果,即因某国客户群坏账增多、客户无法控制的事件而导致的延迟付款。

2. 行业风险。行业风险源于大量的授信客户都属于同一行业。一个行业可能由于某种原因走向低迷或衰退,并面临由此带来的困境。一旦发生行业低迷或衰退,将有可能使行业内的大量企业面临破产。若企业的客户大量集中于这一行业的话,将会出现客户群坏账大增、延迟付款行为增多等严重的信用风险。处在下滑、恢复和增长这一周期的行业的风险最大,因为在未来的某一时间内,现在尚未发生的衰退将不可避免地会出现。当行业处在经济萧条期时,常会面临更多的尖锐问题。有些行业的收入波动很大,销售量与经济周期密切相关,它会随着经济周期的不同而增加或减少。如果固定成本水平相对较高的话,将会给这一行业带来相当高的破产风险。对经济周期较为敏感的行业有房地产、建筑、娱乐、旅游、酒店、餐饮和航空业等。

第二节 信用风险的衡量

一、信用评分体系

银行、供应商和专业的信用评估机构都会运用一些财务比率来分析企业的财务状况。但是,不同的组织在分析过程中,会使用一系列不同的财务比率指标。

不管选用什么样的财务比率,分析过程一般包括表5-1中所列四个方面的内容:

表5-1 财务比率分析法考虑的内容

现金流动性	当一个企业的债务到期时,企业手中是否有充足的现金来偿还债务
盈利能力	企业是否能够盈利,企业的营业利润应该构成偿还债务的主要资金来源
财务杠杆	企业在多大程度上能够使用股权和债务融资,企业是否借款过多
经营能力	企业是否能够有效地运用营运资本,或者企业是否过多地投资股票;相对年销售金额而言,企业提供的信用是否过多

财务比率分析法被广泛地运用于信用分析中。但是,它也存在着以下的局限性:

第一,简单的财务比率分析无法全面地反映客户的信用风险情况。每一个财务比率相互之间都是孤立的,目前还不能够精确地组合众多相关的财务比率,以形成一套考评客户信用风险的体系。

第二,财务比率分析取决于借款人的主观判断,从而带有强烈的主观性。

第三,一个财务比率得出的结论可能同另一个财务比率得出的结论相悖。

第四,信用分析者并不清楚每一个财务比率的重要程度。

第五,在决定是否提供贷款时,财务比率分析可能无法为贷款人提供明确的"是"或者"否"的答案。

因此,企业和银行通常使用一个信用评分体系来评估企业的信用。所谓的信用评分体系是指运用统计方法来衡量借款申请的风险大小。《1993年信用评分指南》(Guide to Credit Scoring 1993)中将信用评分定义为,"运用统计的方法,以相同特征类别的公司以往的经营业绩为基础,来评估这类企业未来的营运情况。到目前为止,它是最为一致、准确和公平的信用评估方法"。

目前,存在大量的、不同类型的测试标准,包括Z值模型(财务恶化的预期测试法),或者是诸如穆迪和标准普尔提供的评级方法,都可用来评估企业的信用等级。

(一) Z值模型

Z值是通过几个财务比率计算出来的。这些比率用于分析企业财务的健康程度。

Z值模型是通过对"健康"企业和"失败"企业样本数据的分析而构建的。这一过程需要用到多元统计分析。

Z值模型的公式如下:

$$Z = \sum_{i=1}^{n} C_i R_i \tag{5-1}$$

其中:R_i 是模型选用的指标;C_i 是每个指标对应的系数。

如果 Z 值较高,那么说明企业比较健康;如果 Z 值较低,那么说明企业具有潜在的破产风险。

美国的瑞德沃德·奥特曼(Redward Altman)教授根据五个关键指标建立了如下的 Z 值模型:

$$Z = 1.2X_1 + 1.4X_2 + 3.3X_3 + 0.6X_4 + 0.999X_5 \tag{5-2}$$

其中:$X_1 = \dfrac{营运资金}{总资产}$;$X_2 = \dfrac{未分配利润}{总资产}$;$X_3 = \dfrac{息税前利润}{总资产}$;$X_4 = \dfrac{股权市值}{债务的账面价值}$;$X_5 = \dfrac{销售收入}{总资产}$。

该模型中,如果企业的 Z 值高于 2.99,那么该企业就不会破产;如果企业的 Z 值低于 1.81,那么该企业具有潜在的破产风险。

奥特曼的 Z 值模型选择的样本数量比较少,而且都是美国企业的数据。可以认为,适用于美国的 Z 值模型不一定适用于其他国家,适用于某一个行业的 Z 值模型不一定适用于其他行业。

(二)机构评级

1. 穆迪的长期债务评级。穆迪的长期债务评级分为 9 级,从 Aaa 级直到 C 级。需要说明的是,虽然这些评级是针对债务本身所做的评价,但是常常被用来指发行债务企业或银行的信用级别。表 5-2 就是穆迪长期债务评级的内容。

表 5-2 穆迪的长期债务评级

评级	特 征
Aaa	质量最高的债券,本金安全,利息支付有很好的保障
Aa	高质量的债券,但不如 Aaa 级,利润空间有较大的不确定性
A	仅次于上一级债券,还本付息能力比较可靠
Baa	中等级别债券,安全性既不很高也不很差。当前的本金和利息很有保障,但长期看很不稳定。投资中有一定的投机性质
Ba	投资该债券被认为具有投机性质,本金和利息的偿还保证一般
B	这些债券缺少作为较好投资项目应具备的优势。不管从长期还是短期看,本金和利息的偿还都不能得到保证
Caa	级别很低的债券,本金和利息的安全支付受到威胁,有些这样的债券可能已经出现了拖欠
Ca	高度投机性的债券,常常被拖欠
C	最低的评级,债券几乎不可能再获得投资级(即非投机的)评级

2. 标准普尔的长期债务评级。标准普尔的长期债务评级主要有两大类:

(1)投资级:AAA,AA,A 和 BBB。

(2)投机级:BB,B,CCC,CC 和 C。投机级意味着债务发行者按时还本付息的能力很不确定。另外,还有两种更低的级别:C1,D。

AA 至 CCC 级可以加上加号(+)或减号(-)进行修正,以表示同一级别内债务的相对地位。加号代表的评级要比减号高一些。表 5-3 是标准普尔长期债务评级的内容。

表 5-3 标准普尔的长期债务评级

评级	特 征
投资级	
AAA	最高级别,还本付息能力特别强
AA	只比 AAA 级低一些,还本付息能力很强
A	也有很强的还本付息能力,但是在环境和经济情况发生不利变化时易受到一些不良影响
BBB	还本付息能力较强,但是这种能力可能会因环境的变化而被削弱,不如其他投资级别的债务安全
投机级	
BB	这一级别债务次于 BBB 级和 BBB-级,经济环境中面临持续的不确定性或者日趋恶化的情况,可能导致其无法安全地按时还本付息
B	这一级别债务次于 BB 级和 BB-级,目前可以满足偿还本息的需要,但是比 BB 级的违约风险要大
CCC	这一级别债务次于 B 级和 B-级
CC	此级别债务要次于 CCC 级债务
C	此级别债务要次于 CCC-级债务
其他级别	
C1	没有利息支付的收入型债券
D	还款被拖欠,或者已提请破产,拖欠可能性很大

通常,一项债务会被多家机构评级。尽管在有些项目上标准普尔与穆迪的看法很不相同,例如,标准普尔对许多航天行业的评级要比穆迪的高,但是两者评级还是具有广泛的可比性。

二、信用风险模型

20 世纪 90 年代以来,由于商业银行贷款利润持续下降和表外业务风险不断加大,促使银行采用更经济的方法度量和控制信用风险,而现代金融理论的发展和新的信用工具的创新,给开发新的信用风险计量模型提供了可能。与过去的信用管理相对滞后和难以适应市场变化的特点相比,新一代金融工程专家将建模技术和分析方法应用到这一领域,在传统信用评级的基础上提出了一批信用风险模型。新《巴塞尔协议》明确指出:"一些利用内部评级的、复杂程度更高的银行还建立了以评级结果(以及其他因素)为基础的信用风险模型。这种模型旨在涵盖整个资产组合的风险这一特点,在仅仅依靠外部信用评级或内部信用评级中是不存在的。"委员会表示将关注这方面的进展。这说明,巴塞尔银行委员会在一定程度上肯定了目前的计量信用风险模型。

(一)信用风险模型分类

信用风险模型可以根据其所使用的方法进行分类。

1. 从上至下模型和从下至上模型。从上至下模型(Top-Down Model)用单个统计数据对信用风险进行分组。即将许多不同来源的风险都视做同质风险加总到组合的整体风险中,而不考虑个别交易的细节。这种方法对于所含信用笔数很多的零售信用组合比较适用,但对于公司贷款或国家贷款,就不太合适了。即使是在零售组合里,从上至下模型也可能隐藏着来自行业的或地理位置的特别的风险。

从下至上模型(Dottom-Up Model)解释了每一种资产/贷款的特征。它适用于公司信用组合和资本市场组合。

2. 风险定义。违约模式模型(Default-Mode Models)只把完全的违约视为信用事件。因此,债券市场价值的任何变动或信用评级的任何变动都是无关的。

盯市(Mark-to-Market)考虑市场价值的变化和包括违约在内的信用级别的变化,这些公平市场价值模型提供了对风险的更好估计。

3. 违约概率的条件概率模型和无条件概率模型。条件概率模型(Conditional Models)中包含了宏观经济因素变动对违约概率的影响。显然,在经济衰退期间违约率会上升。

无条件概率模型(Unconditional Models)具有固定违约概率,并且因此往往关注的是贷款者或者特定因素信息,然而某些环境因素的改变也允许用改变模型参数的方法来实现。

4. 违约事件的结构模型和简化模型。结构模型(Structural Models)通过资产的共同变动来解释相关性,例如股票价格。对于每一个债务人而言,这一价格为代表违约概率变动的随机变量。

简化模型(Reduced-Form Models)通过假设特定违约事件和"背景因素"间具有某一特定功能的关系,来解释相关性。例如,不同债务人的违约事件之间的相关性,可以通过对普通风险因子(例如工业和国家风险)的载荷来模型化。

(二)现代信用风险度量模型

现代信用风险度量模型主要有 CreditMetrics 模型、KMV 模型、CreditRisk+模型和 CPV 模型四类。

1. 模型介绍。我们将对四种主要的现代信用风险度量模型予以介绍。

(1) CreditMetrics 模型。1997 年 4 月初,美国 J.P 摩根财团与其他几个国际银行——德意志、摩根、美国银行、瑞士银行、瑞士联合银行和巴克莱德胜证券(BZW)[①]共同研究,推出了世界上第一个评估银行信贷风险的证券组合模型(CreditMetrics)。这一模型属于"从下至上"方法。该模型是基于借款人的信用评级、次年评级发生变化的概率(评级转移矩阵)、违约贷款的回收率、债券市场上的信用风险价差计算出贷款的市

---
① 巴克莱集团旗下的投资银行。

场价值及其波动性,进而得出个别贷款和贷款组合的信用风险(VaR)值。

模型的具体计算步骤是:首先,对信贷组合中的每个产品确定敞口分布。其次,计算出每项产品的价值变动率(由信用等级上升、下降或拖欠引起)。最后,将单项信贷产品的变动率汇总得出一个信贷组合的变动率值(加总时应考虑各产品之间的相互关系)。由此可见,在假定各类资产相互独立的情况下,每类资产信用风险组合的风险值等于该类资产的敞口分布与其信用等级变动或拖欠的变动率,即等于信用等级变动(或拖欠变动率)与贷款额的乘积。

这个系统的组成如图 5-1 所描述。

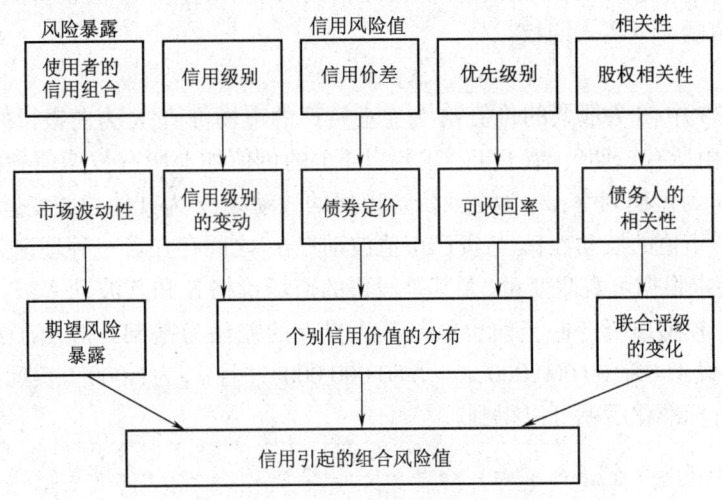

图 5-1 CreditMetrics 模型系统

这种方法的一个缺点就是它并没有将信用风险和市场风险结合起来考虑,其损失仅仅由信用状态的变化引起,而不是由市场变动引起。市场风险在暴露上并不存在不确定性。例如,就互换而言,目标日期时的风险暴露为期望风险暴露。对债券的定价进行调整,是将今天的远期利率水平和当前信用价差应用到该债券在这一时间范围上的信用级别来进行的,因此不存在利息率风险。

(2)CreditRisk+模型。CreditRisk+模型是瑞士信贷于 1997 年 10 月公布的。这种方法与 CreditMetrics 模型有很大差别。它是在纯粹的精算统计方法的基础上建立起来的,而这种精算方法来自财产保险文献。

CreditRisk+模型与作为盯市模型(MTM)的 CreditMetrics 不同,它是一个违约模型(DM),它不把信用评级的升降和与此相关的信用价差变化视为一笔贷款的 VaR(信用风险)的一部分,而只看做是市场风险,它在任何时期只考虑违约和不违约这两种事件状态,计量预期到和未预期到的损失,而不像在 CreditMetrics 中度量预期到的价值和未预期到的价值变化。在 CreditRisk+模型中,违约概率不再是离散的,而被模型化为具有一定概率分布的连续变量。每一笔贷款被视做小概率违约事件,并且每笔贷款的违约概率都独立于其他贷款,这样,贷款组合违约概率的分布接近泊松分布。CreditRisk+模型考虑违约概率的不确定性和损失大小的不确定性,并将损失的严重性和贷款的风险暴露数量划分频段,计量违约概率和损失大小可以得出不同频段损失的分布,对所有频段的损失加总即为贷款组合的损失分布。

总的来说,CreditRisk+模型提供了一种只需要最少的数据资料就可以迅速确定信用损失分布的分析方法。然而像CreditMetrics一样,这种方法也没有考虑市场风险暴露的不确定性。

(3) KMV模型。穆迪公司的KMV公司(Moody's KMV)提供了对将近30 000个全球公众公司的预计违约频率(EDFs)的预测,其所使用的许多技术被视为私有的并且不进行公开。

该模型的基本思想就是默顿模型方法在信用风险上的应用。股权价值被看做对该企业资产价值的一个买入期权:

$$S = c(A, K, r, \sigma_A, \tau) \quad (23,11) \tag{5-3}$$

式(5-3)中:S为股票的价值;A为企业资产的市场价值;K为向银行的借款,即负债的价值,它由所有短期负债(1年或1年以下)的价值加上所有长期债务的账面价值的一半得到;r为短期利率;σ_A为企业资产市值的波动性;τ为其他相关变量。

企业股票市值的波动性σ_S与资产市值波动性σ_A之间存在着一种理论关系式:$\sigma_S = g(\sigma_A)$。这要求根据可观测变量(尤其是股票的市场价格S和其波动率σ_S)来反复进行预测。这个模型以资产的当前价值与其边界点的差额为基础计算出了预计违约频率。例如,假设$A = \$100\,000\,000$,$K = \$80\,000\,000$,并且$\sigma_A$为1 000万美元。将此对违约的差额进行标准化后就可以得到:

$$z = \frac{A - K}{\sigma_A} = 2$$

如果我们假设有正态分布的收益,标准正态变量z取值低于-2的概率为2.3%,因此违约频率为EDF=0.023。

KMV模型中的信用风险,在本质上是由债务人资产价值变动引起的。给定企业的资本结构e,一旦设定了资产价值的随机过程,那么任何期限内的实际违约率(不论是1年还是2年等)都可以被推导出来。

KMV模型的方法最适用于公开上市的公司,这些公司权益的价值由股票市场决定,然后可以将股份和资产负债表中所包含的信息转换为内在的违约风险。

KMV公司声称这个模型对违约的预测远远优于信用评级方法。可收回率与违约间的相关系数也可以由模型自动得到。

(4) 信用组合观点(Credit Portfolio View, CPV)模型。这个模型由从事咨询的麦肯锡公司于1997年公布。这一模型主要关注的是宏观经济因素对组合信用风险的影响。它在CreditMetrics的基础上,对周期性因素进行了处理,将评级转移矩阵与经济增长率、失业率、利率、汇率、政府支出等宏观经济变量之间的关系模型化,并通过模拟周期性因素的"冲击"来测定评级转移概率的变化。

这种方法主要是从上至下的方法,因而不能产生关于公司信用组合信用风险的足够信息。

2. 模型之间的区别。上述四个模型的区别可归纳为以下六个方面:

(1) 在风险的界定方面,CreditMetrics模型和CPV模型属于MTM模型,

CreditRisk+模型属于DM模型,而KMV模型既可被当做MTM模型,也可被当做DM模型。

(2)在风险驱动因素方面,在KMV模型和CreditMetrics模型中,风险驱动因素是企业资产价值及其波动性;在CPV模型中,风险驱动因素是失业率等宏观因素;在CreditRisk+模型中,关键的风险驱动因素是经济中可变的违约率均值。

(3)在信用事件的波动性方面,在CreditMetrics模型中,违约概率被模型化为基于历史数据的固定的或离散的值;在KMV模型、CPV模型和CreditRisk+模型中,违约概率是可变的,但服从于不同的概率分布。

(4)在信用事件的相关性方面,各模型具有不同的相关性结构:KMV模型和CreditMetrics模型是多变量正态,CPV模型是因素负载,而CreditRisk+模型是独立假定或与预期违约率的相关性。

(5)在回收率方面,在KMV模型的简单形式中,回收率是不变的常数;在CreditRisk+模型中,损失的严重程度被凑成整数并划分为不同的频段,在频段内回收率是不变的;在KMV模型的最新版中,回收率是随机的;在CreditMetrics模型和CPV模型中,回收率也是随机的。

(6)在计量方法方面,CreditMetrics模型对个别贷款或贷款组合采用分析方法进行计量,对大规模贷款组合则采用蒙地卡罗模拟技术进行计量;KMV模型和CreditRisk+模型采用分析方法进行计量;CPV模型则采用模拟技术求解。

第三节 信用风险管理方法

一、传统的信用风险管理方法

(一)基本抵押原则

重视抵押品的价值对银行是非常有益的,它可以减少贷款中的信用风险。虽然债权人可以因债务人不偿还债务而起诉债务人,也可以请求法庭对债务企业进行清算,但是债权人还有一项很重要的权利就是指派接收人员对担保资产进行拍卖。

广义的抵押包括留置、典押、抵押等几种形式。

1. 留置。留置是指银行有权保留债务人的财产权利直到债务清偿。普通的留置行为中,虽然债权人保留了债务人的财产,比如股票,但是财产的所有权仍归债务人所有。尽管如此,一旦债务不能偿还,只要给债务人合理的通知,银行就有权依据留置权拍卖留置的资产。

2. 典押。典押是指将资产、资产的所有权文件或可转让票据存放在银行,作为贷款担保。银行要求客户签署一份典押书。尽管银行保有典押品,但是法定的所有权仍属债务人所有。

3. 抵押。当债务人不能偿债时,基于企业资产的借贷条约,银行有权先于其他债务人从被抵押的资产获得偿还。抵押有两种形式:固定抵押和浮动抵押。

固定抵押基于明确的资产。固定抵押的特点是通常使用固定资产作为抵押,固定资产是指企业会长期保留的资产。固定抵押给予债权人对被抵押资产的合法所有权。固定抵押一般在抵押贷款时发生。

浮动抵押基于企业的浮动资产,浮动资产是企业资产的一类,在企业正常的业务过程中随时间而变化,它既包括现有的资产也包括未来的资产。适用于浮动抵押的流动资产有账面债务和可交易股票等。在有企业承诺和资产抵押前提下的浮动抵押(最为常见的抵押方式)是以企业的固定财产和流动资产作为抵押的。

通常情况下,固定抵押更加令人满意,它使债权人对确定的资产享有直接的权利。没有债权人的同意,债务人无法出售这些资产。如果流动资产比作为抵押物的固定资产更容易售出时,浮动抵押更为有利。

(二)违约事件与保证契约

大多数无担保贷款都包含限制性的约定以保护贷方。这种约定可分为两大类:定量约定和定性约定。

1. 定量约定。定量约定将明确的标准和财务限制施加于借方,借方同意在贷款期间遵守这些约定。一份典型的贷款协议会包含3~4款定量约定。

最常见的定量约定有:

(1)净价值检验标准。它又称债务检验标准,是一项限制借方能获得的债务总额的约定,表示为债务占借方总股本的百分比。

借款企业同意除了事先约定的特例外,它的债务总额不超过所有者权益的某一百分比。所有者权益是股本、未分配利润、资本公积与盈余公积之和。这个限制通常定为所有者权益的100%~175%。

(2)对抵押借贷的限制。这是借方企业做出的对抵押借贷进行限制的保证。这种限制通常表示为抵押物占所有者权益的最大百分比,一般来说是10%~100%,这要视借方公司的性质而定。

(3)利息保障倍数的检验标准。这一标准是指借方保证企业在特定的时间内(通常是一个财政年度内)的息税前收入(IBIT)至少为应付利息的某一特定倍数。也就是说利息保障倍数是IBIT与应付利息的一个比率,在约定中可以具体规定这个值不低于2.5。如果银行希望抑制企业过度负债,可以将这一比率规定为3,甚至是4。业务呈周期性变化的企业由于利润流很不稳定,可能会抵制利息保障倍数检验标准,因为在经济低迷时期,其交易量很小,所以这一标准很可能被突破。

(4)最低净价值。借款企业可能被要求将企业的所有者权益价值维持在一个最低货币数量之上。例如:一个企业可能保证它的所有者权益价值不低于2亿美元。一旦所有者权益的价值跌破2亿美元,就意味着该企业违反了协议。通常最低净价值定为略低于借款企业的流动净价值,与借贷期开始时的净价值相同,因此这个协议为贷方提供了一个早期损失预警。

(5)最低流动比率。流动比率是指企业的流动资产与流动负债相比的倍数。此协议可以规定流动比率不得低于某一特定的值,尤其是对于有清算危险的借方企业,银行可以坚持签订这种协议。银行可以选定一个介于 1.0~1.5 的值,作为迫近清算危机的早期预警。

2. 定性约定。定性约定是借方做出的非量化保证,用以保护贷方免受损失。对约定的任何违反都视同违约,银行可以要求立即偿还贷款。

定性的协议一般有三种:

(1)否定保证。这是指借款企业保证不会同更高级别的债权人签订其他的合同,使得在企业发生清算的情况下,债权体系中不会出现比贷款银行级别更高的债权人。

(2)交叉拖欠条款。银行经常利用这一条款寻求更多的安全保障。这一条款规定,如果企业拖欠了任何一笔超过一定数额的贷款或在与银行交易中违约数额超过一定限制,将自动认为它在其他所有贷款和银行交易中发生了拖欠。交叉拖欠条款通常规定了最小拖欠数额的范围,一般为所有者权益价值的1%~2%,或者一笔资金限额,比如 100 万~1 000 万美元。超过这个值,就将触发交叉拖欠。

(3)重大不利因素条款。银行经常要求签订这一条款,它规定如果受信企业的财务状况或者其商业地位出现了重大不利的变化,将等同于拖欠。

二、现代信用风险管理方法

(一)信用衍生品

通过各种安排来降低信用风险,是 30 人小组(G-30)衍生产品计划所提出的 20 条建议之一。新《巴塞尔协议》明确指出:"降低信用风险的技术如信用衍生产品的近期发展使银行风险管理的水平大幅度提高。"信用衍生产品让使用者能在不涉及融资等因素的条件下转移信用风险。举个例子,如果一家银行向一家航空公司提供了 1 亿美元贷款,信用级别为 AA,另一家银行向一家能源公司提供了 1 亿美元贷款,信用级别也为 AA。如果两家银行各拿出 5 000 万美元贷款进行互换,则两家银行都可以得到好处,因为航空业和能源业同时遭受危机的可能性要小得多。换句话说,银行的资产组合可以得到更好的分散化。互换贷款后,两家银行在利用客户信息和资金的规模效益方面都将处于更有利的地位,并因为贷款规模的扩大而能和公司客户建立更为稳固的业务关系。

信用衍生产品交易市场兴起于 20 世纪 90 年代早期,其参与者主要是一些大型货币中心的商业银行和投资银行。这个市场的规模虽然较小,但成长速度很快。1996—2002 年,信用衍生品市场规模估计从大约 $400 亿增长至 $23 000 亿以上。而且这些年来这个市场每年都在成倍地增长。

信用衍生品(Credit Derivatives)是将信用风险从交易的一方转移到另一方的合约。这种合约允许把信用风险从贷款和债券中剥离出来,并放在不同的市场上进行交易。它们的市场价格以信用价差、信用级别或违约状况为基础。和其他衍生工具一样,信用衍生品既可以单独交易,又可以作为其他一些金融工具的组成部分,嵌于诸如信用联系票据这样的金融产品中。

信用衍生产品属于场外交易的金融合约,其支付是或有的,且与特定发行者的信用级别变动相关联。这里说的特定发行人通常不是参与信用衍生产品合约的某一方。

本书介绍以下五种信用衍生产品：

1. 信用违约互换。信用违约互换(Credit Default Swap,CDS)是指信用违约互换的购买者向信用违约互换的出售者转移第三方信用违约风险的信用衍生产品。在信用违约互换交易中,买方定期向卖方支付一定费用,而一旦出现第三方信用违约(主要指债券主体无法偿付),买方有权利将债券以面值出售给卖方,从而有效规避信用风险。由于信用违约互换产品定义简单、容易实现、标准化、交易简洁,自20世纪90年代以来得到了迅速发展。目前国外信用违约互换市场规模相当庞大,而且流动性强。

在信用违约互换交易中,买方以风险管理为目的,而卖方则以投资为目的。信用违约互换的结构如图5-2所示,买方(保护的购买者)向愿意承担风险的卖方(保护的出售者)在合同期限内支付一笔固定的费用,该费用可以是一次性的,也可以分期支付,支付金额等于协商好的基点乘以标的债券的面值;卖方在接受该费用的同时,承诺在合同期限内,当发生信用违约时,向买方赔付违约的损失。违约金额一般是标的资产原值与残值的差额,即：

$$违约金额=(1-回收率)\times 标的资产原值$$

其中:回收率=债券残值/票面值。

由于信用事件(通常是违约)会引发支付,一般都会在合约中列明这些事件,以避免合同执行过程中引发的争议。违约互换合约通常包括一个"实质性条款",该条款规定由第三方作证即可以确认信用情况的变动。

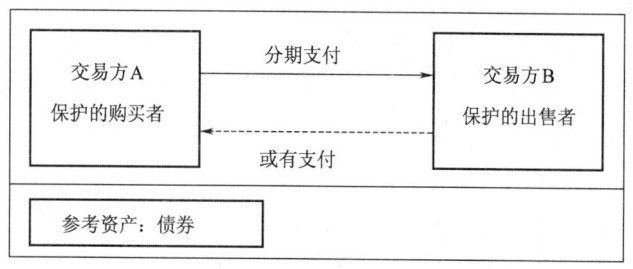

图5-2 信用违约互换结构

【例1】保护的购买者A,签订一份1年期的信用违约互换合约,其互换标的物为XYZ公司发行的价值$1亿的债券,该互换合约每年要求支付50个基点的费用。XYZ公司的债券被称为信用风险资产。

该年初,保护的出售者获得$50万的支付,如果年末时XYZ公司对这一债券违约导致其市价跌至40美元,出售方就必须向A支付$6 000万。如果A持有这种债券作为其投资组合的一部分,信用违约互换就可保护其不受债务人违约引起的损失。

违约互换被嵌入许多种金融产品中,投资于一种风险(对信用风险敏感的)债券相当于投资于一种无风险债券并同时卖出一份信用违约互换。

比如,如果这种风险债券售价为90美元并且承诺在一年后支付100美元,无风险债券售价为95美元。因此购买风险债券相当于以95美元买入无风险债券并出售一份目前价值5美元的信用违约互换合约。两种投资所预付的成本是相同的,一旦公司违约,最终支付额也是一样的。

签订一份信用互换合约并不能完全消除信用风险。当保护的购买者降低其对参考信用所承担的风险时,却承担了来自保护出售者的新的信用风险。一份有效率的信用互换应该保证标的信用者的违约风险与互换合约交易对手的违约风险具有较低的相关性。

表5-4解释了合约交易对手对信用违约互换定价的影响。即参考债务为5年期BBB级债券时,不同互换交易方提供的信用违约互换的信用价差。如果交易对于无违约风险,对这种BBB级债券的信用违约互换的信用价差应为194个基点。信用价差既与交易对手的违约风险有关,又与交易对手与参考信用的相关性有关。在表中最差的情况下,当交易对手的信用等级为BBB级并且两者相关系数等于0.8时,互换合约的保护是相对无效率的,故信用违约互换只值134个基点。

表 5-4

相关系数	互换交易方的信用级别			
	AAA	AA	A	BBB
0.0	194	194	194	194
0.2	191	190	189	186
0.4	187	185	181	175
0.6	182	178	171	159
0.8	177	171	157	134

资料来源:Hull J. and White A. Valuing Credit Default Swaps Ⅱ: Modeling Default Correlations. Journal of Derivatives, 2001.

图5-3描述了信用违约互换合约的一种变体——"先违约先补偿"卖出期权。假如银行持有的资产组合由四笔信用级别为B的高收益贷款构成,其中每笔贷款的面值均为1亿美元,期限5年,利率为同业拆借利率加200个基点。这些贷款的违约相关率很低,也就是说,在期权有效期内(比如说两年),一笔以上贷款同时出现违约的事前概率很小。"先违约先补偿"卖出期权能为这四笔贷款中任何一笔在两年内出现的违约损失提供补偿,从而降低了银行所面临的信用风险。如果这段时期内出现了一笔以上

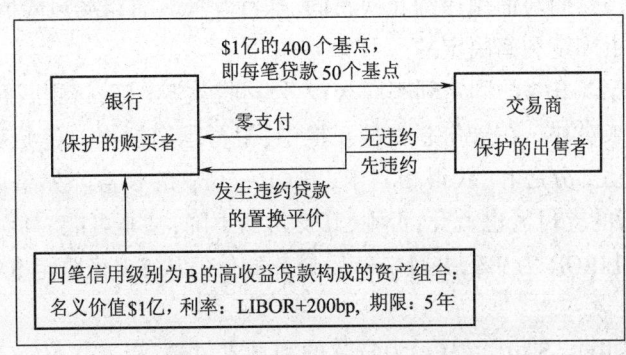

图5-3 "先违约先补偿"卖出期权结构

的贷款违约,银行只能获得先发生违约的那笔贷款的补偿。

银行可能选择在一个为期两年的期间内使自己免除信用风险,而贷款的期限则可能为 5 年。假定每笔贷款在两年中违约的概率为 1%,由于每笔贷款的违约是不相关的,则期权的出售者在贷款违约时按贷款面值(1 亿美元)对银行进行补偿的概率为四笔贷款违约概率之和,或者说就是 4%。这接近于 B 级贷款的违约率,其违约差价为 400 个基点。在进行这种交易后,银行所面临的违约风险会随贷款的数目呈几何级数下降,本例中,出现一笔以上贷款违约的概率 ≈ (1%)×(4%×3)/2 = 0.06%。

2. 总收益互换。在总收益互换(Total Return Swaps, TRS)合约中,由被称为保护购买者的一方进行一系列与参考资产总收益相关的支付。总收益互换(TRS)合约的交易对象是标的工具(如债券、贷款、债券或贷款组合)的收益。在典型的总收益互换合约中,购买信用风险的一方需要进行定期付款,支付金额一般随同业拆借利率浮动。出售信用风险的一方则定期根据标的工具的收益情况进行支付,支付额中包括利息及标的工具市场价值的变动。在标的工具市场价值上升的情况下,升值的好处由互换合约的购买者(保护的出售者)获得;而在标的工具市场价值下跌时,贬值的损失也会由保护购买者转移给保护的出售者。大多数总收益互换合约的期限都很短(一般是 3~5 年),比标的工具的期限(一般为 10~15 年)短得多。这种互换的结构如图 5-4 所示。

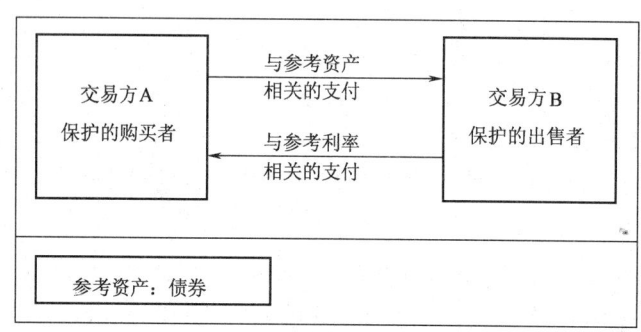

图 5-4 总收益互换结构

这种互换与合约标的资产的市场价值的变动紧密相关,并且在"市场对市场"的框架下提供了对信用风险的保护。总收益互换能达到消除标的资产所有经济风险的效果而不需要出售它。然而与信用违约互换不同,这种互换具有市场风险因素,因为其中一个方向的支付是由固定利率决定的。

【例 2】A 银行以 10%的固定利率向 XYZ 公司贷款 $1 亿,该银行可通过与 B 签订一份总收益互换来对冲。在这份总收益互换中,银行承诺换出这笔贷款的利息加上贷款市场价值的变动部分之和,获得相当于 LIBOR+50bp 的收益。如果这笔贷款的市场价值上升了,银行的支付额也上升;否则,其支付额下降,甚至可能为负。

如果现在的 LIBOR 为 9%,并且一年后贷款的价值从 $1 亿跌至 $9 500 万,A 银行的净负债则为:

流出 10%×$100 = $10(百万),为贷款的利息支付额;流入 9.5%×$100 = $9.5(百万),为获得的参考支付额;流出[(95-100)/100]×$100 = -$5(百万),为贷款价值的变动额;以上加总可得净收入为$-10+9.5-(-5) = \$4.5$(百万)。A银行就可通过在总收益互换上的收益来抵消贷款经济价值上的变动。

总收益互换合约还为购买者提供了进入流动性稍差的信贷市场(国内或者是国外)的机会,在一般情况下,他们是无法涉足这类市场的。对那些没有庞大的机构设置或缺乏贷款经验的投资者(如对冲基金)而言,总收益互换合约提供了一种很方便的投资机会。

从出售方的角度看,总收益互换合约有利于资产多样化并进而降低信用风险敞口。出售者在不通过公开市场交易的情况下,就可以出售贷款组合,同时还能维持同公司客户间的良好业务关系。

3. 信用价差远期与期权。这些衍生品工具的价值是由风险债券与无风险债券之间的信用价差决定的。

在一份信用价差远期合约(Credit Spread Forward Contract)里,如果到期日的信用价差大于合约规定的价差水平,合约购买方就可收到相当于两者差额部分的支付;反之,则由购买方向出售方支付相应数额的金额。支付额公式如下:

$$\text{支付额} = (S - F) \times MD \times \text{名义值} \tag{5-4}$$

该式中:MD指修正的持续期;S为当前价差;F为协议价差。交易用现金进行结算。

此外,这也可以表示为价格的函数:

$$\text{支付额} = [P(y + F, n) - P(y + S, N)] \times \text{名义值} \tag{5-5}$$

该式中:y为相应国债的到期收益率;$P(y + F, n)$为n年后到期的证券的现值,用y加上信用价差进行折现。注意到如果$S > F$,支付额将会与式(5-4)一样为正。

在信用价差期权合约(Credit Spread Option Contract)里,期权的买方支付一笔期权费给卖方,这样若给定到期日时发生了任何价差增加,买方都拥有将其转移给期权卖方的"看跌期权":

$$\text{支付额} = Max(S - K, 0) \times MD \times \text{名义值} \tag{5-6}$$

该式中:K为协议价差。期权的购买者购买了信用保护,或者说当债券价值下降时将其按某一给定价格卖给期权出售者的权利。支付额公式也可以直接表示为价格的函数。

4. 信用联系票据。信用联系票据(Credit-Linked Holes,CLN)并非单独的衍生品合约,而是将一般的附息债券与某些信用风险特征结合起来。其目标一般是为了使投资者通过承担一些信用风险来增加所得收益率。与总收益互换合约不同,信用联系票据是一项有形资产。它最简单的形式就是公司债券,或是对信用风险敏感的债券。该资产的杠杆融资比率可以达到10倍。由于不存在追加保证金要求,对投资者来说,信用联系票据可能造成的损失是有限的,而收益则可能是无限的。有些信用联系票据还可以得到穆迪或标准普尔这类公司的信用评级。信用联系票据属于资产负债表内的金融工具,它的交易不会引起标的资产所有权的转移。

图5-5给出了一个典型的信用联系票据的结构图。银行买进标的资产,并将其交付给托管人。在这个例子中,我们假定标的资产为价值$1.05亿的非投资级贷款(信用级别为B),利率为银行同业拆借利率加250个基点,购买所花费的成本等于银行的

筹资成本(即同业拆借利率)。在接受标的资产后,托管人发行了$1 500万的信用联系票据,全部出售给投资者。托管人将发行票据所获得的收入投资于美国国债(假定收益为6.5%),并用这些国债来为贷款组合提供质押。在我们的例子中,质押品占贷款原始价值的14.3%(15÷105)。这意味着杠杆融资比率为7(105/15=7)。

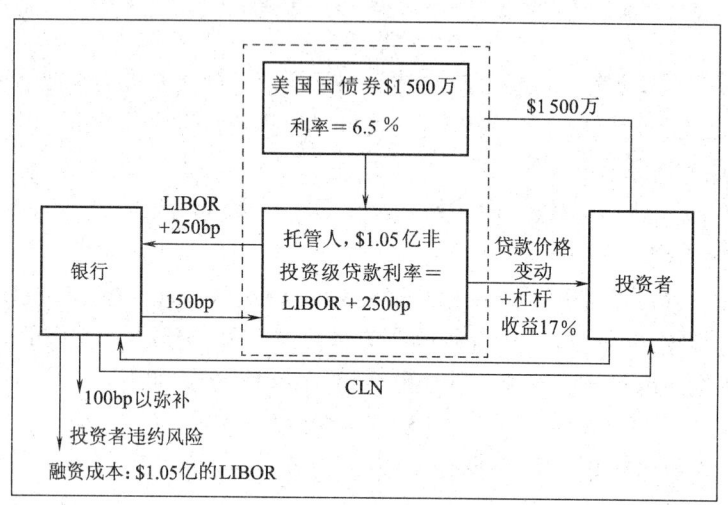

图5-5 信用联系票据结构

银行所获得的净现金流为100个基点,即银行同业拆借利率加250个基点(原始贷款产生的收益)减去融资成本(同业拆借率),再减去银行支付给托管人的150个基本点。在这个例子中,100个基点要按贷款的$1.05亿面值换算成具体的金额,同时银行所承担的违约风险只涉及超过$1 500万的部分。

投资者可以获得按$1 500万票据面值计算的17%的收益率(即$1 500万质押品所产生的6.5%,加上银行按$1.05亿贷款面值支付的150个基点)。这个收益率不包括贷款组合价值的变化,贷款组合最终转移给了投资者。在这个结构中没有追加保证金要求,因此投资者可能遭受的最大损失等于其初始投资额$1 500万。如果贷款组合的价值损失超过了$1 500万,则投资者可以选择放弃合约,让银行自己承担超过该限额的损失。对投资者来说,购买信用联系票据等于持有银行出具的信用违约互换合约。

5. 信用中介互换。在信用中介互换交易中,由于交易双方可能不愿直接进行交易,所以由第三方(通常是一家AAA级的衍生产品公司或其他特殊目的公司)居中进行协调。

图5-6描述了这种交易的结构。假定A和B希望交易一份标准的10年期利率互换合约,根据这个合约,B获得固定利率(比如说是7%)的收益,同时支付银行同业拆借率+5个基点的浮动利率利息。一个AAA级的机构X被请来作为交易中介。在交易过程中,X先向B支付7%的固定利率,并收取银行同业拆借率+5个基点的浮动利率;然后再从A处收取7%的固定利率,并支付同业拆借率-10个基点的浮动利率。在整个交易过程中,X不承担任何市场风险,但要承担交易双方的违约风险(为此,中介方获得了15个基点的收入)。

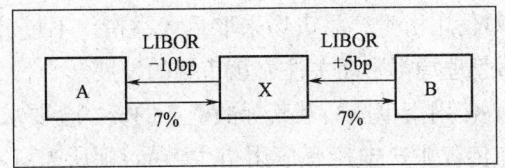

图 5-6 信用中介互换结构

信用衍生品市场的迅速增长是其有用性的最好证明。作为风险管理工具,它使得投资者可以通过交易将风险转移给那些承担能力更强的人。许多观察者,包括一些银行监管者指出,通过信用衍生品分散了银行承担的信用风险,使得银行经受住了2001年的经济衰退以及伴随而来的违约的增加,而没有出现严重问题。这一期间发生了有史以来最大的公司破产事件(世通公司与安然公司)和最严重的国家违约,但全球金融市场仅仅由此发生了一点波动,损失在大范围中被分散掉了,例如,在安然事件中,有大约27亿美元的风险暴露被转移到了信用衍生品上。

在一个低利率的经济环境中,很多投资者想通过转向非传统市场寻求更高的收益。比如,他们会考虑高收益金融工具、新兴市场国家的债券以及资产支持金融工具。这意味着投资者愿意接受较低的信用级别和更长的期限。不过同时,大多数机构投资者在非投资级别金融工具的使用上都受到管制条例或公司章程的限制,有些还对和特定发行人进行交易的期限进行了限制。通过传统金融工具和衍生产品的结合,信用衍生产品为投资者提供了进入高收益市场的机会。在期限和杠杆融资水平方面,信用衍生产品可以根据客户的偏好来构造。

使用者还可以通过信用衍生产品,利用贷款市场和债券市场对同一个债务人定价不一致而产生的盈利机会,或利用某个投资者对公司信用差价的观点(或定价偏差)产生的盈利机会。

信用衍生品的另一个有用的功能就是价格发现。通过创造或扩展信用风险市场,市场观察者可以通过新的市场对信用风险成本进行更好的度量。

从不利的方面来看,信用衍生品市场可能相对缺乏流动性。这是因为,这种衍生品不同于利率互换,参考信用没有被标准化。并且,市场上存在不同的定价方法。这是由基本参数数据的缺乏造成的,如违约概率和可收回率等。由此产生的结果是,信用衍生品的公平定价相对于其他衍生品工具而言缺少一致性。

信用衍生品还引入了一种新的风险因素——法律风险,实际上交易各方有时候可能会为了某种信用事件的定义而争论不休,这也说明了为什么银行业监管者都在用警惕的眼光关注着这个市场的发展。问题在于,当存在普遍的违约时,这些合约是否都还是有效的。

当衍生品市场是由于监管套利而得到发展时,问题就更加显著,监管套利(Regulatory Arbitrage)是指试图规避银行监管者规定的繁复的资本金要求而采取的行为。通过利用信用衍生品来剥离贷款的信用风险,商业银行已经系统性地降低了其资本金要求。如果经济上等效的信用风险暴露确实具有较低的资本金要求,这就可能是有利的。而这究竟是利是弊,则是一个见仁见智的问题。

监管者至今还未对信用衍生产品市场采取重大举措。不过,国际清算银行(BIS)、欧盟、美联储以及货币管理局都密切关注着该市场的发展。

监管当局主要关心信用衍生产品及其标的资产的资本金要求。根据欧盟资本充足率指南(CAD),如果在传统账户中持有信用衍生产品,则所需资本金比率为8%;如果在交易账户中持有,则比率仅为1.6%。

经过国际掉期业务及衍生投资工具协会(ISDA)和英国银行公会的游说,英格兰银行颁布了一个新的信用衍生产品资本要求指南。该指南和美联储的新指南相一致,允许银行在不考虑交易对手风险的情况下使用内部模型为衍生产品定价,不过需要加上一个附加值以抵补可能出现的交易对手风险。虽然这一改进朝着正确的方向迈出了一大步,但该方法和现行的信用衍生产品定价方法(在这些方法中,标的资产的市场风险和信用风险敞口,以及交易对手风险是同时被纳入模型并进行定价的)仍存在分歧。

不过在CAD标准下,纳入交易账户中的违约互换合约会导致更高的资本要求。事实上,资本充足率原则并未考虑信用衍生产品风险被冲抵的情况,除非银行对风险敞口做了完备的套期。套期交易的期限必须和信用衍生产品相同,而且应建立在同一项标的资产之上。因此用一项5年期的违约卖方期权来为一笔10年期公司(信用评级为A)贷款做套期的话,尽管可以降低风险,但不能减少所需的资本金。实际上,使用信用衍生产品还极有可能导致惩罚性的资本要求。银行可能会发现某笔贷款接受了比如5%的交易对手风险资本要求时,在该银行为贷款进行套期的信用衍生产品交易中还得接受另外5%的资本要求。这样一来,总的资本要求比率为10%,高于原有规则所规定的8%。

目前监管资本要求差异很大,主要取决于风险敞口是传统账户上的长期公司信贷的形式,还是通过信用衍生产品交易创造出来的。假定银行直接购买1亿美元公司债券,资本金要求计算如下:

$$\begin{aligned}\text{资本金} &= \text{面值} \times \text{发行者风险权数} \times 8\% \\ &= \$1\text{亿} \times 100\% \times 8\% \\ &= \$800(\text{万})\end{aligned}$$

银行可以选择出售建立在这1亿美元贷款基础上的信用互换合约,或购入总收益互换合约。这样的话,就可能有两种不同的结果:

- 信用产品方法:

$$\begin{aligned}\text{资本金} &= \text{信用等价金额} \times \text{交易对手风险权数} \times 8\% \\ &= (\$1\text{亿} \times 100\%) \times 20\%(\text{OECD 国家银行}) \times 8\% \\ &= \$160(\text{万})\end{aligned}$$

- 衍生产品方法:

$$\begin{aligned}\text{资本金} &= \text{信用等价金额} \times \text{交易对手风险权数} \times 8\% \\ &= [0(\text{重置成本}) + \$1\text{亿} \times 1.5\%(\text{固定收益的附加值})] \\ &\quad \times 50\%(\text{衍生交易对手的最大风险权重}) \times 8\% \\ &= \$6(\text{万})\end{aligned}$$

图5-7描述了监管资本在不同的情况下如何影响资本收益。

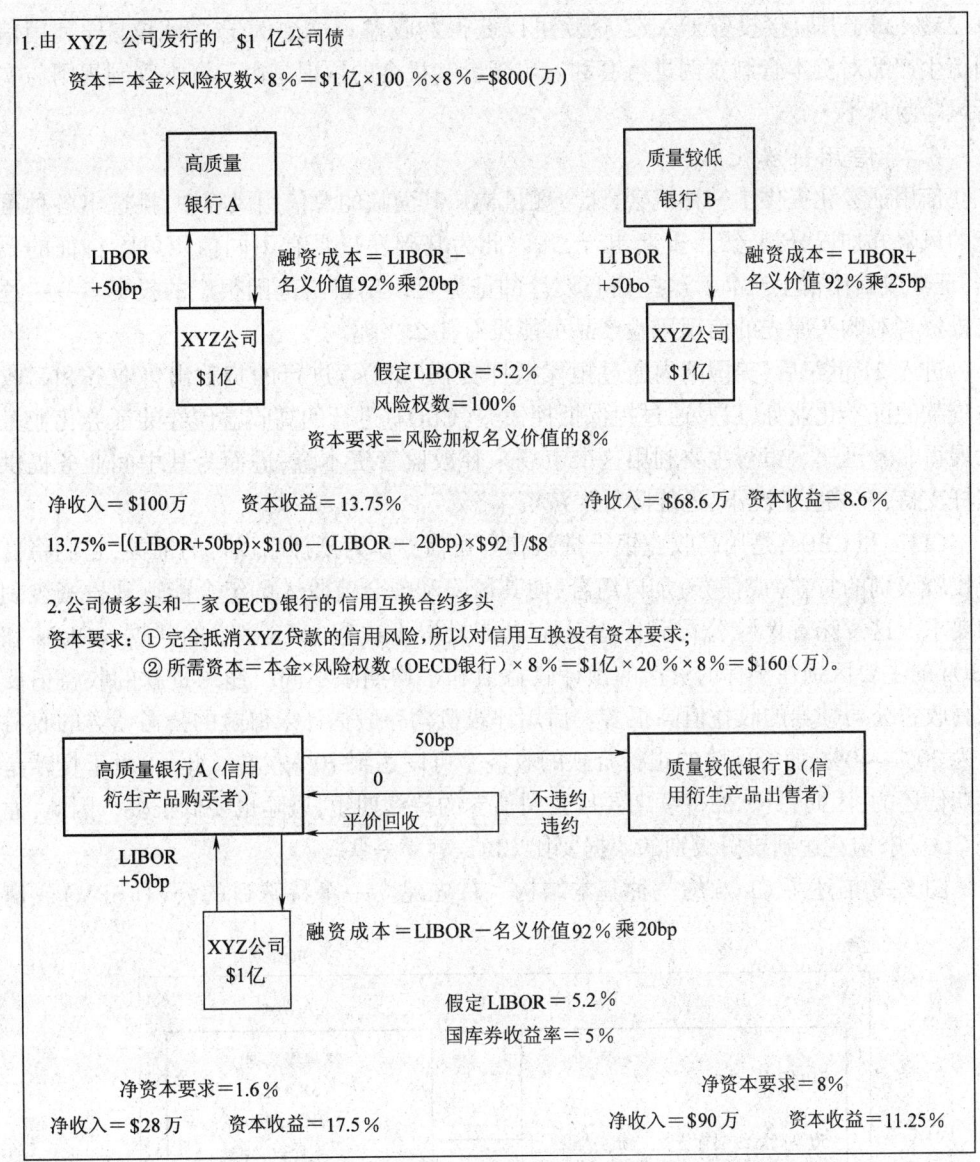

图 5-7 监管资本在不同的情况下如何影响资本收益

【例3】假定有两家信用级别不同的 OECD 银行同时参与了对一家企业的贷款 XYZ。这两家银行的资本收益率不同,并不是因为它们所面临的资本要求不同,而只是因为融资成本不同。银行 A 可以按同业拆借利率-20 个基点的利率融资,从而可以得到 13.7%的收益率,而银行 B 的融资利率为同业拆借率+25个基点,其收益率为 8.6%。如果银行 A 和银行 B 就 XYZ 贷款的信用风险达成了完全的信用互换合约,则银行 A 的资本要求比率仅为 1.6%,其资本收益率可以增加到 17.5%。银行 B 所处的情况等价于持有 XYZ 贷款的长期敞口。

对上述这笔信用衍生产品交易的资本要求比率为 8%,即 800 万美元(假定将这笔资本准备投资于国库券,每年可获得 5%的收益)。这样,银行 B 的资本收益率将为

11.25%,高于其直接投资于 XYZ 贷款可以获得的收益。这个例子说明了怎样利用信用衍生产品对资本管制条例进行套利。出现套利机会的原因是由于资本管制规则与实际风险敞口不一致。

（二）信用证券化

信用证券化提供了一种机会,让金融机构从其面临的总信用风险中,挑选出各种可能的风险并加以分割,然后重新组合,并以此为基础发行具有不同信用风险特征的票据、证券或信用衍生产品。这些精心设计的证券可以出售给范围很广的投资者——这些投资者对购买原先的信用风险产品可能没有什么兴趣。

进入 21 世纪后,美国国内通过担保抵押贷款(CLOs)进行的贷款出售业务和高收益贷款的证券化业务,以及通过担保抵押债券(CBOs)进行的高收益债券的证券化业务发展得非常迅速。银行主要利用这个市场来释放监管资本金,进而为其中间业务提供杠杆支持,在某些情况下,还能降低经济资本金。

CLOs 和 CBOs,是用高收益银行贷款和公司债券作为抵押品发行的证券,它们将低于投资级别的贷款(或债券)加以组合,使其风险和现金流收入的组合能达到投资级别的要求。这意味着保险公司和养老基金也能投资于这些"高等级"的票据。CLOs 和 CBOs 的主要区别在于标的资产的预计收益值和平均期限不同。违约贷款的收益值要比高收益公司债券的收益值高很多。信用评级机构一般估计未保险的公司债券的收益率为 30%~40%,而经保险的银行贷款的收益率可以达到 70%左右。此外,由于贷款是分期偿还的,因此,贷款的持续期要比公司债券的持续期短,风险也要低很多。因此,通过 CLOs 来构造达到投资级别的票据要比 CBOs 容易一些。

图 5-8 描述了 CLOs 的一种基本结构。首先建立一个特殊目的公司(SPV)或信

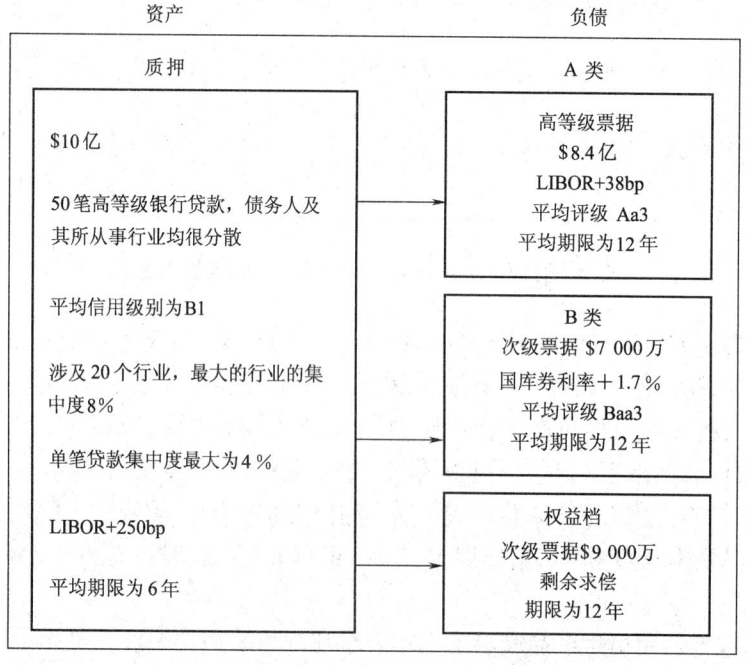

图 5-8　CLOs 的一种基本结构

托机构,该机构发行三类证券:安全性高的 A 票据、安全性高的 B 票据和一种附属付款承诺或"权益票据"。发行收入被用于购买高收益票据,并提供质押。在实践中,CLOs 的资产篮子中可能也会包括少量的高收益债券(通常低于 10%)。CBOs 的情况则正好相反,其资产篮子中包括的高收益债券一般都超过了 10%。

一种典型的 CLOs 由一个资产篮子组成,比如包括 50 笔贷款,贷款的平均信用级别为 B1(根据穆迪公司的评级体系)。这个资产篮子可能涉及 20 个行业,没有一个行业的集中度超过 8%,贷款集中度一般应保持在(比如)4%以下。假定这些贷款的加权平均期限为 6 年,而发行票据载明的期限为 12 年。再假定这些浮动利率贷款的平均收益率为银行同业拆借利率加 250 个基点。由于贷款期限和票据期限间存在缺口,就需要对贷款组合进行积极的管理。银行通常都会雇用一个合格的管理人,根据合约的规定,对贷款组合进行日常管理。在前 6 年中(这一时期又称为再投资期),贷款分期偿还的现金流收入以及贷款到期偿付或违约的收益都被投资于新贷款。此后,在现金流收入实现后,这三类票据将被一并赎回。

在这个例子中,发行的票据分为三档:两种投资级的高安全性证券和未评级的附属付款承诺。附属付款承诺属于第一风险部分,也就是说这部分收入是用来吸收违约损失的,从而将风险控制在高等级证券应有的范围内。在我们的例子中,高等级票据 A 的信用级别为 Aa3,息票为银行同业拆借率加 38 个基点,这比同等级公司债券要更有吸引力,因为公司债的利息通常低于银行拆借利率。第二种高等级票据 B 或者说是中间等级票据的信用级别为 Baa3,其固定利率支付为 12 年期国库券利率+1.7%。由于初始贷款的利息为银行同业拆借率加 250 个基点,附属付款承诺提供的收益率将非常可观——如果支持这些票据的标的贷款大多数都能足额偿还的话。

通过把现金流列入优先地位,就可以完成信用增级过程。像穆迪和标准普尔这样的信用评级机构,都开发有自己的一套方法来对这些高等级票据进行评级。

评级机构给贷款组合所做的平均评级取决于很多方面的因素,包括标的贷款的信用质量、贷款的利差收益、行业和债务人的分散程度、超额质押情况、流动性、利率和基差风险以及贷款资产管理者的经验等。比如,假定资产组合中各贷款的平均信用评级为 BB-,所对应的 5 年累积违约率为 20.6%,该资产组合支持发行的 A 类票据的目标评级为 AA。在这种情况下,即便是在违约率上升到 38%的水平时,该资产组合也应保证对 A 类票据持有者现金流的支付。

【延伸阅读 1】

2020 年美联储货币政策与 2008 年金融危机时期比较①

在疫情冲击下,全球金融市场激烈动荡,经济迅速进入衰退。对此,2020 年 3 月 3 日以来,美联储迅猛、激进地使用紧急大幅降息、"无限"量化宽松(QE)等六大类工

---

① 资料来源:蔡祥玉,齐美杰,杜明. 当前美联储货币政策与 2008 年金融危机时期比较. 银行家杂志,2020-06-05。

具,进行了17次操作。2020年3月3日,美联储宣布将联邦基金利率目标区间下调50个基点到1%~1.25%的水平,以应对新冠肺炎疫情对美国经济造成的影响。这是2008年国际金融危机以来美联储采取的首次非常规紧急降息。2020年3月15日,美联储宣布将联邦基金利率目标区间下调1个百分点到0~0.25%的超低水平,同时启动7 000亿美元量化宽松计划。与2008年国际金融危机不同的是,美国当前并未面临金融危机,美国面临的是新冠肺炎疫情引发的公共卫生危机和潜在经济衰退风险。美联储当天在声明中说,将联邦基金利率目标区间维持在0~0.25%的水平,直到确信美国经济能经受住新冠肺炎疫情造成的风险考验,回到实现充分就业和物价稳定目标的正轨上。此举意味着重启"零利率+量化宽松"这一非常规货币政策工具组合,是美联储自2008年金融危机后再次回到零利率时代。

当前美联储仍未重启定向救助大型机构、定期拍卖(TAF)等工具,也不排除继续创设新工具甚至效仿日本直接购买ETF的可能。各方认为,当前全球受疫情蔓延、经济下滑、金融市场动荡三重冲击,挑战远超2008年金融危机,美联储货币政策力度更大,但短期难以稳定市场情绪,更无法解决疫情、经济问题,或继续加大政策力度。

(一)两次危机发生的背景不同

2008年金融危机始于美国经济增速放缓、美联储加息背景下次贷市场崩溃。互联网泡沫破裂后,美联储推行货币宽松政策,2001—2003年连续13次降息至1%,低利率下美国住房市场快速发展,住房次级抵押贷款市场迅速扩张。2004年后美国经济逐渐回暖,为应对攀升的通胀预期,美联储在2004—2007年加息17次至5.25%,加息带动相关利率的上升,提高了融资成本,触发次级抵押贷款市场违约,引发了全球金融危机。

当前新冠肺炎疫情冲击实体经济,全球经济增长预期急剧下滑,引发金融市场动荡,疫情冲击经济是根本原因。疫情蔓延使全球经济增长面临极高不确定性,特别是能源、航空、酒店等行业风险攀升,市场避险情绪升温,风险资产价格回落。地缘政治风险、发达国家财政货币政策空间狭窄、政府企业部门杠杆率高企等痼疾进一步加剧了投资者忧虑。同时,长期低利率促使机构投资者重仓股市,并偏好购买ETF等被动投资产品和龙头科技蓝筹企业。投资模式相似导致投资者抛售相同股票,成为股市下跌"放大器",由此引发了金融市场动荡。

(二)两次危机政策措施内容比较

对比2008年金融危机时期,美联储当前的货币政策更迅猛、更激进。从具体操作工具来看,整体与2008年类似,以降息、QE等全面宽松,搭配货币互换、流动性支持工具等,为特定市场注入流动性。

1. 紧急降息。本次全面降息更迅速,但受制于政策空间较小,累计降息幅度不及2008年。2008年金融危机时期,美联储自2007年9月至2008年底共降息10次,将联邦基金目标利率区间由5%~5.25%下调至0~0.25%,累计下调500个基点。2020年3月,美联储连续紧急降息合计150个基点,降至0~0.25%。其中,3月3日降50个基点;3月15日降100个基点,创美联储历史最大单日降幅。

2. 量化宽松(QE)。本次重启时间更早,购债规模不设限额,力度大于2008年,旨在为市场注入更多流动性。2008年金融危机时期,美联储在降息空间触底后,才开启第一轮QE,购买1.725万亿美元资产。此后数年,继续推出第二轮、第三轮QE,购买规模高达2.275万亿美元。2020年3月15日,美联储宣布开展7 000亿美元QE;3月23日,美联储宣布将按需买入美国国债和抵押贷款支持证券(MBS),市场普遍解读为"无限量化宽松"。

3. 存款准备金。本次准备金利率低于2008年,并取消法定准备金要求,鼓励商业银行发放贷款。2008年金融危机时期,美联储将法定和超额存款准备金利率从2008年10月的1.4%和0.75%同时降至12月的0.25%。2020年3月,美联储两次下调法定和超额准备金利率共150个基点至0.1%。同时,从3月26日起将法定存款准备金利率降至零。

4. 贴现窗口。本次下调贴现率更迅速,以补充商业银行短期流动性。2008年金融危机早期,美联储先后十余次调低贴现率,从6.25%降至0.5%,累计下调575个基点,并将贷款期限最长延至90天。截至2008年末,贴现窗口借款升至849亿美元。2020年3月3日、3月16日,美联储分别下调贴现率50个和150个基点,降至0.25%,并将贷款期限延长至90天。3月18日,贴现窗口借款升至280亿美元。

5. 央行货币互换。降利息、增频率、扩规模,旨在缓解离岸美元流动性紧张。2008年金融危机期间,美联储与欧洲、日本、英格兰等14家央行签署总额7 550亿美元的货币互换协议;2008年10月,取消与欧洲、瑞士、日本与英格兰央行的额度限制,全部协议于2010年2月1日终止。2010年5月,欧债危机爆发,美联储恢复与欧洲、日本、英格兰、瑞士、加拿大五大央行美元互换,不设金额限制,并于2013年转为常设协议,不设时限。2020年3月15日,美联储宣布加强上述五大央行互换安排,下调互换利率25个基点,在7天期操作基础上,新增84天期流动性操作,将每周货币互换操作频率增至每日。3月19日,美联储与另外9家央行建立临时美元流动性互换安排,澳大利亚、巴西等6国分别为600亿美元,丹麦、挪威、新西兰分别为300亿美元,总计4 500亿美元,较2008年该9国额度翻倍,至少持续6个月。

6. 启动一系列流动性支持工具,向市场提供流动性。一是重启一级交易商信贷工具(PDCF)、商业票据融资工具(CPFF),分别为回购市场和商业票据市场注入流动性。二是重启定期资产支持证券贷款工具(TALF),为资产证券化市场(ABS)注入流动性,支持信贷流向企业和消费者。三是将2008年金融危机商业票据——货币市场基金流动性工具(AMLF)和货币市场投资基金工具(MMIFF)整合为货币市场基金流动性工具(MMLF),为货币市场基金提供流动性支持,并在其抵押品中加入市政债券等,促进信贷流向市政当局。四是增设新工具一级、二级市场公司信贷工具(PMCCF、SMCCF),支持大型企业融资。

7. 直接向最需救助的主体发放贷款。2008年金融危机期间,美联储多次发放定向贷款,贷款对象包括贝尔斯登和美国国际集团(AIG)等公司。如2008年9月和10月,美联储先后宣布向AIG提供850亿美元、378亿美元贷款救助。2020年3月23日,美联储宣布建立"大众企业贷款计划",为符合条件的中小企业提供贷款。4月9日,美国财政部表示,将为实施"大众企业贷款计划"而建立的特殊目的工具进行750亿美元的股权投资。

8. 2008年创设的多个融资工具目前尚未使用。目前,美联储尚未使用的2008年危机时创设的融资工具还有:2007年12月创设的定期拍卖工具(TAF);2008年3月创设的定期证券出借工具(TSLF);2008年7月创设的定期证券借贷期权计划(TOP)。根据疫情的发展、原油价格走势来看,目前存款类金融机构和非银金融机构短期流动性风险较小,但受疫情影响较大的个人与中小企业仍面临较大的风险,预计TAF、TSLF和TOP等工具可进一步发挥作用。

(三) 当前美联储货币政策效果存在较大不确定性

2008年金融危机时,美联储非常规货币政策有效地压低了长期市场利率,对经济止跌企稳起到了明显的作用,作为衡量经济活跃度的制造业采购经理人指数(PMI)从危机时的最低40以下反弹到50以上;失业率逐渐下降,2015年2月达到5.5%,位于5.2%~5.5%的货币政策目标区间;GDP增速恢复至2%的水平。2015年12月16日,美联储宣布8年来的首次加息,表明美国经济已经基本上步入了正常发展的轨道。

对比2008年危机,本轮疫情最直接的冲击发生在实体经济层面而非金融市场。短期来看,政策实施会对全球金融市场和实体经济稳定起到一定的积极作用。例如,2020年3月23日以来,美国股市开始见底反弹,标普500指数从最低点累计涨幅达到28.5%。但长期来看,经济和金融稳定根本取决于疫情能否有效控制。从近期美国公布的经济数据来看,情况进一步恶化。3月美国零售和食品服务业销售额为4 831亿美元,环比下降8.7%,是自1992年开始公布这一数据以来最大月度环比降幅;工业生产环比下降5.4%,降幅超过市场预期的4.2%,为1946年2月以来最大降幅;截至2020年4月9日,美国超过1 600万人申请了失业救济金,超过了大萧条时期,而且从政策操作基础、国际环境来看,本轮形势更加复杂,加大了效果的不确定性。

1. 抛弃前瞻性指引,快速重启诸多非常规货币政策工具,引发市场恐慌急剧上升。前瞻性指引是美联储同公众沟通其未来货币政策走向的工具。2008年金融危机联邦基金目标利率降为0之后,美联储利用每次议息会议声明中的前瞻性指引,与市场参与者沟通未来货币政策走向,成为家庭与企业消费和投资的重要决策依据。但是,此次面对疫情冲击,美联储抛弃前瞻性指引,快速重启诸多非常规货币政策工具,短期注入大量流动性。但缺乏有效的预期管理,对市场形成较大冲击,导致市场不确定性急剧上升,投资恐慌情绪上升。

2. 后续货币政策空间有限,继续加码存在风险。对比2008年危机,此次美联储在短期内将联邦基金利率目标下限降至零,继续下降空间较小,若再次进行调整,美联储将跟随欧洲央行,进入负利率时代。2008年金融危机后,美联储货币正常化远未完成,缩表计划执行仅使其信贷规模从2018年年初的高点4.44万亿美元下降到2019年9月的3.7万亿美元,后又迅速反弹,当前联储信贷规模已达到约4.6万亿美元,超过前期最高规模,如此庞大的信贷规模将导致美联储货币正常化遥遥无期。

3. 原油市场剧烈波动加大货币政策操作难度。对比2008年危机,此次危机还叠加原油价格大幅下降,油价下跌造成实际通胀下跌,实际利率下行程度有限,大幅削弱了降息的有效性,容易出现流动性陷阱。同时,受油价大幅下跌和原油需求下降冲击的页岩油企业,以及受疫情影响较大的个人与中小企业面临较大的风险,失业率上升和中小企业破产概率增加,美国垃圾债市场可能出现挤兑现象,进一步引发金融机构风险,加剧了单纯疫情造成的经济衰退风险,美联储货币政策有效性尚存在不确定性。

4. 政府部门杠杆率高,协同货币政策存在制约。除美联储超常规货币政策外,2008年金融危机时期美国也出台了诸多超常规的财政刺激政策,例如直接注资受困企业、出台问题资产救助计划(TARP)等。为应对此次疫情冲击,美国财政部门也推出了刺激政策,包括计划推出大规模居民减税方案、提供免息贷款用于支持小微企业等。但目前美国政府部门杠杆率为98.7%,政府部门负债高企,在这样的背景之下,财政与货币政策的协同面临较大的挑战。

综上分析,美联储推出的无限量QE、重启和新设多项政策工具,覆盖范围广,一定程度上缓解了因市场剧烈震荡和资产遭抛售带来的流动性压力。但当前美国境内的确诊和死亡数还在攀升,经济金融走向仍充满不确定性。对比2008年金融危机与此次疫情,美联储后续货币政策空间有限,但已有的货币政策工具并未全部使用,因此,预计后续美联储将会推出更多的货币宽松工具,并将加强与财政政策的协同配合,通过政策协同发力修复市场悲观预期,实现经济稳定目标。

【延伸阅读2】

投资者付出巨大亏损为高股价离谱估值买单[①]

大族数控破发,再度向市场发出警示,市场已经为"三高"发行买单,这种亏损本来是可以避免的,亏损也是巨大的。

大族数控是虎年以来第一家首日破发新股,以发行价76.56元平开,随后直线跳水,6分钟就跌去15%,截至收盘报收66.16元,下跌13.58%,中一签投资者亏损5 200元。中签如同中刀,大族数控之所以破发,还在于"三高"发行:首先,发行市盈率达108.4,而中证指数发布的"C35专用设备制造业"最近一个月平均静态市盈率仅有38.88,是同行业平均市盈率3倍左右。其次是绝对价很高,是年内创业板第二高发行股,仅次于三元生物,高达76.56元。大族数控需要募集资金17亿元,实际募集资金32.16亿元,超募资金15.16亿元。部分网上投资者有先见之明,弃购,从而规避了亏损,网上投资者弃购金额为3 754.63万元。

同行业上市公司平均市盈率只有38.88,机构掌控定价权硬是要把大族数控新股市盈率推高到108.4,完全就是拿着基民的钱不当一回事,胡乱定价,结果就是上市首日破发而损失惨重,不过对于机构管理人而言,反正亏的不是自己的钱,即使股价破发亏的也是基民的钱。最后为"三高"发行买单的不是基金管理人,而是基民,这就是一种道德风险。

实际上2021年下半年以来,机构也好,网上投资者也好,已经开始为超高价发行买单,新股连续出现破发潮,即使第一个交易日不破发,接下来交易日也会破发,中签投资

---

① 资料来源:杜坤维财经. 投资者付出巨大亏损为高股价离谱估值买单. 新浪博客,2022-03-01。

者损失不小。2021年十月份，连续5个交易日出现新股破发，10月22日以来，中自科技、凯尔达、可孚医疗、中科微至、新锐股份、成大生物、戎美股份7只新股全部破发，连续破发引发舆论一片哗然。但是市场投资者并没有记住教训，依然在"三高"的路上不断蒙眼狂奔，新股破发不断上演，不是首个交易日破发，就是炒新狂潮以后一路下跌、奔向破发。例如，百济神州并没有实现盈利，可发行价高达192.6元，上市首日即破发，报收160.98元，现在股价只有121.55元，按照发行价持有到今每签亏损35 525元。

新股破发只不过是一个缩影，科创板和创业板指数大跌是过高股价、过高估值的一种最真实反映。从高点3 576.12点算起，创业板指数现在报收2 881.31点，下跌19.4%，处于跌破技术熊市临界点。从双创ETF看，也出现了较大的亏损，双创ETF净值只有0.74元。何为双创ETF，这是一种被动配置基金，投资于创业板和科创板的科技股，按照一元价格发行，相比于新股更能反映市场全貌，尽管是专家理财，出现系统性风险以后也无济于事，专家理财也是亏了不少钱，亏损幅度在26%左右。这样的投资水平是专家理财不行，还是市场不行？

注册制下，市场的天平依然倾向于融资者的利益，更多地向IPO倾斜。随着证监会、沪深交易所及证券业协会相继发布科创、创业两大注册板块的询价新规，主动权还是在机构管理人的手中，并没有人逼迫机构给出超高溢价。人家融资只需要1个亿，可是机构非常大方，硬是要塞给10个亿，把所有的利益给了上市公司，把所有的风险自己承担，机构定价永远是太过乐观缺少理性，造成新股破发严重。即使在炒新热度支配下，短时间没有破发，但随着时间推移，更多的公司加入了破发大军，让投资者遭遇投资损失。

部分专家认为新股破发是注册制改革的胜利，那是站着说话不腰疼，完全曲解了注册制的真谛，新股定价关键是双赢，而不是破发，高价发行新股破发是投资者为自己疯狂定价买单，徒劳而无益。

【思考题】

1. 分析信用风险的内涵、特点及产生原因。
2. 简述Z值模型和CreditMetrics模型、KMV模型、CreditRisk+模型和CPV模型四类信用风险模型的内容，并比较这些模型各自的特点。
3. 简述传统的信用风险管理方法的内容。
4. 分析信用违约互换、总收益互换、信用价差远期与期权、信用联系票据以及信用中介互换等信用衍生品的操作流程。
5. 简述CLOs的基本结构。
6. 资产证券化已成为目前国际金融市场最具活力的金融创新之一。中国人民银行在2005年3月21日宣布，经国务院批准，信贷资产证券化与住房按揭证券化的试点工作正式启动。国家开发银行和中国建设银行作为试点单位，将分别进行信贷资产证券化和住房抵押贷款证券化的试点。结合所学内容，分析我国开展资产证券化试点的意义。

操作风险管理

【学习要点】
1. 操作风险的内涵、特征和形成原因
2. 操作风险与其他风险的区别与联系
3. 现代金融机构操作风险的管理框架和策略
4. 巴塞尔委员会对操作风险的定义和管理思想

【导引阅读】

两周内 4 次熔断！美股这是怎么了?①

过去两周,美股因急速下跌,开盘后 4 次触发熔断机制。

美股历史上,盘中熔断只有 5 次,过去两周便出现 4 次。人们在感慨"见证历史"的同时也察觉到,不同寻常的苗头已经出现。

所谓熔断机制,是在股市过快涨跌时自动停盘,帮助市场复归冷静的机制。

美股本年度第一次的盘中熔断,是由 2020 年 3 月 9 日油价暴跌引起的。

3 月 6 日,沙特与俄罗斯原油减产谈判无果,沙特降价卖油,国际油价跳水。受油价暴跌和疫情蔓延双重打击,美股 3 月 9 日开盘后全线暴跌,触发今年第一次熔断(美股史上第二次)。为何油价暴跌会拖累股市?

简言之,美国的疫情走势仍不明朗,消费、就业受疫情冲击拖累,恐慌情绪蔓延,油价下跌加剧了这一情绪,导致能源板块股价大跌。此外,债市风险也在抬升,危及金融系统稳定性。

具体来说,沙特的原油开采成本每桶约 10 美元,美国页岩油的开采成本则高达约 40 美元/桶。为抢占国际能源市场,美国油企曾大量举债开发页岩油,这些债务几乎都是高风险、高收益的 B 级债。美国页岩油生产商是高收益债券市场的重要组成部分,约占市场的 10%。

---

① 资料来源:云中歌. 两周内 4 次熔断！美股这是怎么了. 侠客岛,2020-03-21。

美国投行高盛称:"如果油气企业的信贷状况恶化,偿债出现压力,将对美股乃至整个金融系统的稳定性造成冲击。"

市场在追涨杀跌中愈发恐慌,美国本土疫情也在持续恶化。3月11日,美国已有23个州及华盛顿特区宣布进入紧急状态,美国宣布对欧洲实施长达30天的旅行禁令。同时,美联储为市场提供额外的2 000亿美元流动性。

对疫情的担忧传递到盘面上,3月12日,美股开盘即熔断。于是,当地时间12日、13日,美联储向市场合计投放了1.5万亿美元的流动性;3月15日,美联储宣布紧急降息,罕见地将联邦基金利率下调100个基点至0~0.25%。

这是美联储历史上第一次单日降息达到100个基点,即便是应对2008年金融危机,美联储的单次最大降息幅度也止步于75个基点。除了降息,美联储还推出7 000亿美元规模的量化宽松计划,QE重出江湖。

不过,市场显然被前述"大礼包"吓了一跳。美东时间3月16日,美股开盘熔断,为本年度第三次盘中熔断。

中国财富50人论坛高级研究员邓海清说,市场怀疑美联储知道了市场不知道的坏消息,所以才会做出如此大力度的宽松。鲍威尔在宣布降息到零利率的同时推出量化宽松计划,且表示反对负利率,这意味着美联储的货币政策空间已经非常有限。

那么,美联储是慌不择路、不管不顾放大招吗?它还有后手吗?简单回顾一下美联储已经做过的事情。

3月3日、3月15日,两次紧急降息,幅度分别为50个基点和100个基点,将联邦基金利率下调至零区间,之后推出高达7 000亿美元的量化宽松计划。在前述大招被证明救市无效后,政策继续加码。

3月17日,美联储重启金融危机时期的商业票据融资机制(CPFF),绕过银行,直接给企业放贷输血。与此同时,美国财政部宣布将出台1万亿美元的经济刺激计划。这一计划包括为小企业提供3 000亿美元的贷款,向市场注入2 000亿美元来保持稳定性,还有两轮2 500亿美元的支票发放,在未来两周内或将向美国民众发放人均1 000美元的支票。

至此,桥水基金创始人达里奥划分的货币政策三种进阶形态——利率调控、量化宽松、"直升机撒钱",都被采用了。

但是,政策组合拳依然没有赢得市场的信心。美股在短暂反弹后掉头向下,于当地时间3月18日开盘后,再次触发熔断机制,遭遇两周内第四次熔断。

当地时间3月19日,受一系列疫情纾困消息影响,美国三大股指集体收涨,道指收涨近1%,收复20 000点失地,纳指涨2.3%,标普500指数涨0.47%。

前述利好消息包括:美国白宫考虑发行50年期和25年期债券,为1.3万亿美元刺激方案提供资金;美国参议院通过了数百亿美元的紧急开支一揽子计划,包括扩大失业保险、向小时工提供带薪病假等,美国财政部长姆努钦3月19日接受采访时说,若上述方案在国会获得通过,他将在三周内向每个成年美国人提供1 000美元,每个儿童500美元。

此外,美联储、美国联邦存款保险公司和美国货币监理署联合发布了货币市场流动性工具的临时最终规则,对机构资本规则做出修改,确保金融机构有效地利用美联储推出的流动性工具获得低风险信贷。

即便如此,分析人士仍未抹去对美股后续走势的担忧。诺贝尔经济学奖获得者罗伯特·席勒警告称,疫情正在破坏商业活动和投资意愿,市场崩溃远没结束,目前全球股市和经济都极度脆弱,很有可能陷入经济衰退。多家机构也发布研报称,在疫情快速蔓延、防控压力上升、经济衰退预期高企的当下,美股市场的不确定性较高,抛压仍较重。

当地时间3月20日,美股迎来2020年首个"四巫日"——股指及股票的期权、期货将同时到期,基金经理在这一天调整仓位,市场波动剧烈。

美股开盘后大幅震荡,高开后急速跳水,在美联储宣布增强协调性央行互换安排后再度拉升,随后回落。最终,道指收跌4.55%、纳指收跌3.8%、标普500指数收跌4.34%。

如果股市下跌行情不改,市场波动性仍旧剧烈,是否有引发金融危机的风险?

海通证券首席宏观债券分析师姜超认为:"如果只是单纯的股市下跌,未必会产生金融危机。但如果出现债市下跌,就要对金融危机高度警惕。"

过去10年的全球低利率环境极大地刺激了欧美企业的举债行为。近期,由于新冠肺炎疫情扩散,股市、油价双跌,企业收益受损,偿债困难,债务违约风险上升。这时,一些B级债券可能被降级,而这些债券的发行规模和金融机构持仓比例都很大,大规模降级可能引发抛售。

上海市人民政府参事、中欧国际工商学院教授盛松成在媒体撰文称,"疫情冲击愈演愈烈,对经济的伤害很大,美股估值原本已处于高位,最近资产价格的暴跌根本上还是由经济和金融形势决定的,呈现典型的流动性踩踏,美联储的行动宜早不宜迟。"他同时表示,美国目前面临的情况比中国还要复杂些,经济与金融相互冲击的负反馈循环很难打破。金融冲击会反向再冲击居民和企业,形成螺旋反应,美联储的扩张行动可以很大程度上减轻经济与金融相互冲击的负反馈循环。

在盛松成看来,从美联储推出的一系列政策措施看,核心在于提供信贷可用性,防止短期冲击演变为长期衰退:"降息和量化宽松未必能完全解决经济衰退,但可以避免流动性恐慌,防止经济陷入大萧条,这是美联储从大萧条及次贷危机得到的最大教训和最宝贵经验之一。"至于美联储今后是否仍有"弹药"可打,盛松成认为,与2008年相比,美联储仍有政策工具尚未使用,比如使用定期拍卖便利工具,重启定期资产抵押贷款工具,在充分确保信贷风险最小化的前提下,请求国会授权购买一定数量的投资级公司债等。

巴塞尔委员会曾在报告中提道:"人们越来越强烈地意识到除信用和市场风险以外的其他风险的重要性,如操作风险,近年来,操作风险已经成为一些重要银行问题的核心问题。"

让我们回顾一下最近的案例。

2008年3月,法国兴业银行因一名交易员长期将其外汇交易上的损失隐瞒不报,导致该行巨亏43亿欧元。如是没有法国政府的鼎力支持,兴业银行的命运将危在旦夕。

2002年2月,爱尔兰联合银行交易员约翰·鲁斯南克,把三年中他在日元/美元外汇交易上的损失一直隐藏在公司在美国的一个分支机构。该事件使该银行的名誉扫地,损失6.91亿美元。

1997年3月,国家西敏寺银行(损失1.27亿美元):利率互换期权交易员奇瑞埃克·派伯斯通过谎报价格、夸大期权合约价值的手段掩盖亏损。该银行信誉垮台,最终被苏格兰皇家银行所接收。

1996年9月,摩根格伦菲尔资产管理公司(损失7.2亿美元):基金经理彼得·杨的越权违规操作导致了巨大的损失。德意志投资银行——摩根格伦菲尔资产管理公司在德国的股东——同意对基金的投资者给予赔偿。

1996年6月,住友银行(损失26亿美元):铜交易商滨中泰南将其秘密账户累积的亏损掩盖达三年多的时间,最后以伪造及欺诈罪名被判入狱。由于他控制着5%的铜市场份额,因此被人称为"百分之五先生"。这家银行的信誉也受到了严重的影响。

1995年9月,大和银行(损失11亿美元):银行设在美国的附属机构中的一名债券交易员隐瞒秘密账户的亏损长达11年之久,事后,这家银行宣布破产。

1995年2月,巴林银行(损失13亿美元):衍生证券交易员尼克·里森将秘密账户累积的亏损隐瞒了两年之久,巴林银行因此事宣布破产。

这些轰动一时的事故中最主要的失败可以归因于某一个交易员,或者是一次内部欺诈案。这些事故中存在市场风险,但主要的还是操作风险。各个商业领域都曾有过类似教训。

商业银行面临的风险主要是信用风险,其次是操作风险,再次是市场风险。零售代理和资产管理这样的商业领域面临的主要是操作风险。举个例子来说,作为投资经纪人的资产经理不承担任何的市场风险,但是,如果他们进行违规操作,就有可能要赔偿客户遭受的损失,这就体现了操作风险。

本章将以银行业为重点,从操作风险的识别、衡量和管理三方面进行论述。

第一节 操作风险的识别

一、操作风险含义

1995年,巴林银行的倒闭案为全球金融机构敲响了警钟,也使金融理论界和实务界开始研究影响日益巨大的操作风险。

国际银行业的风险管理实践表明,有什么样的风险认识,就会有什么样的风险管理水平。因此,对操作风险进行准确、合理的定义是建立完善、有效的操作风险管理体系的前提和基础。

在金融业开始应对操作风险时,选择一个适当的定义显得很重要。如果没有定义,就不可能进行操作风险的衡量与识别。与市场风险和信用风险的情况一样,衡量是更好地管理操作风险所必不可少的步骤。而且,如果缺乏相关的风险定义,就无法对风险经理所应担负的监督风险的职责做出正确的说明。含混不清的定义会诱使风险经理将损失归咎为他人的责任,因此很可能造成不同类别的风险经理之间的意见分歧。举例来说,如果一位客户无法偿付贷款,那么就需要调查这应该归因于"正常的"信用风险,还是归因于信贷人员失误。准确的区分在现实中是很难做到的。因此,管理者应首先对操作风险包括的范围进行界定,以降低企业内部在这个概念上的混乱。

国际上关于操作风险的定义可以归纳为三种观点:

第一,广义的操作风险概念。即市场风险和信用风险以外的所有风险都是操作风险。这个定义同时涵盖了商业风险,而商业风险是企业为了创造股东利益而必须承受的风险。商业风险包括战略决策的失误,比如进入利润率过小的商业领域,而风险经理无法直接控制这类风险。同样,凭借这样一个定义很难识别和衡量所有的风险。因此,一般认为这个定义的范围过大。

第二,狭义的操作风险概念。只有金融机构中与运营部门有关的风险才是操作风险,即由于系统及运营过程中的错误或疏忽而可能引致潜在损失的风险。但是,这个定义只局限于操作过程中,没有包括如内部欺诈、不适当销售等其他一些重要风险,比如偶尔发生的停电也会使银行产生极大的损失。因此,一般认为这个定义的范围过小。

显然,广义观念和狭义概念均不利于操作风险管理工作的开展。

第三,介于广义与狭义之间的操作风险概念,正在逐渐为金融业所接受。这种定义首先区分了可控制事件和由于外部实体如监管机构、竞争对手的影响而难以控制的事件,进而将可控制事件的风险定义为操作风险。

这个定义排除了商业风险,涵盖了如外部欺诈、安全漏洞、监管的影响,以及自然灾害这样的外部风险。实际上,这个定义已经成为巴塞尔委员会的正式定义。该定义也包括了在交易具有法律上的不可执行性时所产生的法律风险,但不包含战略和信誉风险。

二、操作风险的类型及成因

操作风险是同经营业务有关的风险。操作风险涵盖的范围很广,为便于分析,在此将操作风险分为内部风险和外部风险两个部分。

内部风险是指在运营业务过程中出现错失的潜在可能性。企业使用人员、流程和技术来完成业务计划,其中任何一个因素都有可能出现某种错失。因此,内部风险可以定义为未来在业务部门内部人员、流程和技术方面出现错失的可能性。这些错失的一部分是可以预期的,并可以将其纳入业务计划中。而剩下的无法预期的错失导致了主要的操作风险。虽然这些无法预期的错失的影响和发生频率都不确定,但可以认为它们是定期发生的。

进一步,可以把内部风险所导致的财务损失分为两个部分:预期到的部分和未预期到的部分。后者又可分为两个部分:一类为一般性损失,一类是灾难性损失。银行应当为预期到的损失计提一定数量的准备金。此外,还应当保有充足的资本金以应付未预期部分的损失,或者说对这些风险进行保险。

外部风险源于环境因素的变化,比如一个改变了业务格局的新竞争对手、政治和监管制度体系发生重大变化、地震或者其他不能控制的因素等。

如表 6-1 所示,操作风险可以进行以下细致分类:

表 6-1　操作风险细致分类

内部风险			外部风险	
人力	流程	技术	外部风险	物理
雇员冲突/欺诈	会计错误	数据质量	法律	火灾
雇员失误	能力风险	程序错误	洗钱	自然灾害
雇员违法行为	合同风险	安全漏洞	外部采购	物理安全
雇主义务	产品复杂性	战略风险	政治	恐怖主义
就业法	项目风险	系统容量	监管	盗窃
健康和安全	报告错误	系统兼容性	供应商风险	
罢工	结算/支付错误	系统支付	缴税	
知识/技能的缺乏	交易错误	系统失败		
关键职员流失	估价错误	系统合理性		

只有对银行活动进行从头到尾的详尽分析之后,才能对操作风险分类有全面的认识。现在让我们来对衍生品交易过程进行详细分析。

在签署协定之前会有几个因素,会给企业带来操作风险。首先,交易可能会高度依赖特定销售人员和客户之间的良好关系。其次,交易常常依赖于产品设计者高度专业化的技巧,要求产品设计者能设计出更有吸引力的收益和风险结构,这就意味着银行面临"人员风险"。举例来说,能否雇用到专业化的人员。此外,要考虑他们是否有能力满足顾客所提出的要求,或者他们正在处理的业务量过多以致不能满足客户更多的需求。

在对这些交易进行处理的过程中,企业要面对几项新的风险。首先,销售人员可能会有意识地不披露交易风险的全部细节。在员工必须实现既定的奖金目标时,这种风险最可能出现。相似地,销售人员可能会说服客户进行一项根本不适合该客户的交易,这就使企业面临潜在的官司和监管制裁。"人员风险"并不是在交易初期存在的唯一风险。产品开发人员一般会依赖复杂而精密的金融模型对交易进行定价,这就产生了一般称之为"模型风险"的风险。由于将错误的参数输入到了模型之中,或者使用了不恰当的模型(比如超出了模型的应用范围)等因素,模型风险就会增加。

在达成交易并签署了协议之后,在对交易进行记录的过程中,也有可能产生错误。这种错误可能导致交易清算的延误,使企业遭到罚款和遭受其他方面的损失。而且,市场风险和信用风险报告中出现的错误可能会低估该交易风险敞口,反过来这又会引发一些附加交易,这些附加交易本来是无需进行的,这些就是通常所谓的"流程风险"。

对于在交易之前、之中、之后可能出错的事项还有很多。记录交易的系统可能无法对交易进行处理,或者可能因为系统处理容量不够而无法处理。如果这些步骤中的任何一步都是由外部因素决定的,那么就会引发外部依赖风险。

我们可以按照人员、流程、技术或外部依赖风险来对每种风险加以把握,并且可以根据容量、能力或可获得性来对每种风险做出分析。

三、操作风险主要特性

(一) 广泛性

操作风险几乎无处不在,随时随地都有可能发生,其表现形式可能是人为或自然因素造成的大规模干扰,也可以是金融机构经营场所及其附近可能发生的风险。结果可以是由于蓄意或疏忽导致的正常经营活动的中断,也可以是机构员工的不当行为所导致的重大损失或危机,甚至可以是机构与客户、普通员工与管理层之间的争议和不当行为。还有可能是一个机构忽然发现自己卷入诸如会计丑闻、欺诈、不当竞争、恐怖活动、内部破坏、系统攻击、违背法律,或者地震、风暴等事件中去。这些事件大部分都比较隐蔽。这些风险是由失误、疏忽、控制失效等引起的,且大部分风险都属于小概率事件。

(二) 长久性

从人类社会的发展进程来看,人类从开始就面临着操作风险。无论过去还是现在、将来,人类面临的首要风险就是实物损失的风险。Peter Bernstein 在《与天为敌》(Against the God)中认为人类最开始面临的风险也是操作风险,即由于运输、战争等带来损失的风险。随着社会的发展,操作风险在人类所面临的风险中仍然占据很重要的地位,但与以前不同,现代操作风险反映了人类社会进步所带来的新的风险。近年来,人们趋向于认为操作风险与人性和人类对科技的依赖直接相关。

(三) 与人类活动的高度相关性

对银行而言,操作风险是与银行业一同出现的。例如,早期银行业在开展业务时为了防范抢劫或者盗窃,就必须采取措施保护货币及贵重金属。虽然现在由于环境的变化,操作风险发生了很大变化,但是人类行为仍是操作风险中很重要的一方面。从全球来看,金融业由于信贷和会计欺诈、欺骗性交易、法律纠纷、计算机系统等,在过去几年中已经遭受了巨额损失。不管是由于人员失误还是人性的弱点,许多重大操作风险最后都可归因于人员行为。

四、操作风险与市场风险、信用风险的区别与联系

从风险管理的历史发展进程来看,操作风险是在20世纪90年代发生一系列重大事件的背景下开始受到重视的,市场风险、信用风险则由于与操作风险的性质不同,较早地受到重视,并且现在已经逐渐成熟。操作风险的监控才刚刚起步,许多问题都有待解决。

(一) 操作风险与市场风险、信用风险的区别

操作风险与市场风险、信用风险的区别有:

1. 从定义方面来看,市场风险是由市场变化所带来损失的风险,信用风险则指债务人或交易对手未能履行金融工具的义务或其信用质量发生变化,影响金融工具的价值,从而给当事人带来损失的风险。而操作风险跟银行整个体系有关,只要有员工、系统存在的地方,都有可能发生,而且给银行机构带来操作风险的原因多种多样,并随着环境的变化而变化。

2. 从认识的发展阶段来看,市场风险和信用风险无论在定义、量化模型、资本准备

还是监管方面,都已经比较成熟,而且在研究中数据充分;而对操作风险的认识则处于起始阶段,甚至连准确统一的定义都没有,同时还面临数据不充分的困难。

3. 从一致性方面来看,对于市场风险,各银行在市场上公平竞争,都面临同种因素引发的风险,只不过程度不同而已。信用风险则因银行所面对的交易对手的不同而不同,但由于信用风险管理技术的成熟,如果各机构能够严格执行,则也有趋同的趋势。操作风险则完全相反,由于其直接与人员、系统、外部事件息息相关,因此每个机构所面临的操作风险各不相同,甚至相差甚远。而且,操作风险的管理水平、发展状况在各机构也并非完全统一,有的机构由于遭受过某种损失,从而在某方面的管理上已经比较成熟,而有的则刚刚开始。

4. 从发生后产生的损失来看,市场风险与交易的风险暴露大小有关,其最大限度是在某一市场所投入的全部资金。信用风险的最大限度则是交易金额。操作风险则不同,被称为"沉默的杀手",其带来的损失可能对一个机构造成致命的打击。从已公布的数据来看,20世纪90年代以来全世界金融机构由于操作风险而遭受的损失年平均约15亿美元。很多人认为这只是冰山一角,实际上的损失可能多达数倍甚至十几倍。

5. 从损失计量方面来看,最大区别是有效数据的充足与否。市场风险和信用风险由于其性质和历史发展,每个机构都已经建立起庞大的数据库。操作风险则因为记录历史短、概率小而数据较少。另一方面,市场风险和信用风险计量的一般是直接损失,而操作风险在计量时,考虑直接损失的同时,还应该考虑诸如经营中断、法律成本等间接损失,有时甚至是无法计量的损失,比如信誉损失。现代市场风险的管理一般都采用 DPV(Daily Price Volatility)或者 VaR(Value at Risk)模型来计量,操作风险由于内容广泛,同时短期变动数据难以获得,从而难以采用 DPV 或者 VaR 模型来计量。

6. 从与企业文化关系角度来看,企业文化直接决定了企业对待风险的态度,这对市场风险、信用风险、操作风险都将产生同样影响。但操作风险与企业文化还有一种特殊的关系,即相互作用。操作风险与管理层、董事会、普通员工,甚至信件收发人员都有关系,其管理所形成的做法、流程、系统等反过来对企业文化也产生影响。

(二)操作风险与信用风险、市场风险的联系

除了以上区别外,操作风险与信用风险、市场风险又具有密切的联系。

1. 操作风险与市场风险、信用风险都属于机构全面风险管理框架下的部分,它们连同其他风险共同构成了完整意义上的全面风险管理。为了建立起真正意义上的全面风险管理,操作风险在处理结果上应能够同市场风险和信用风险的处理结果建立联系。

2. 在风险管理原则与策略方面,操作风险与市场风险、信用风险在很多方面是通用的。例如经济定价模型(Economic Pricing Models)、情景分析、期望损失模型、因素驱动模型(Factor-derived Models)等。

3. 操作风险与市场风险、信用风险在一定条件下难以区分,相互交织在一起。由操作风险可能导致市场风险、信用风险,市场风险、信用风险则可以反映出一个机构在操作风险管理上存在缺陷。

4. 操作风险管理、市场风险管理与信用风险管理的侧重点不同,可以在一定程度上弥补相互之间的不足。例如,信用风险管理的很多模型就借鉴了市场风险管理的方

法和理论。

五、20世纪90年代以来操作风险受到重视的原因

操作风险在银行诞生之初就已经存在,之所以从20世纪90年代才开始受到重视,主要有以下几方面的原因:

其一,金融机构由于操作风险而遭受的重大损失。过去数十年里,金融机构公布的损失平均每年达到15亿美元,但有人认为实际应该是该数字的几倍甚至可能是十倍。更为重要的是,很多知名机构都由于操作风险损失惨重,甚至破产,例如巴林银行。还有一些机构为此在声誉方面遭受到了沉重打击。

其二,科技进步。科技进步使得操作风险大大不同于20世纪70~80年代,如当时操作风险在系统方面的重点是保护核心数据及其处理工具,而现在保护的范围则是电脑、客户终端、网络服务等。

其三,社会变迁,包括业务的复杂化和世界范围内争端的诉讼趋势。全球竞争加剧是业务趋于复杂的主要原因。然而,社会、劳动力、人类需要的变化也起到了一定的作用,如单亲家庭、劳动力分散、远程办公等人们社会生活的复杂,都可使业务趋于复杂。

其四,竞争加剧、利润下降。银行以前的各种服务和产品都能带来丰厚利润,现在由于竞争,很多机构仅仅是微利或持平,在考虑风险因素后,部分甚至亏损。随着利润的下降,银行消化损失的能力必然下降。因此,操作方面的损失将变得相对明显。

其五,监管环境的变化。与社会、金融机构产品、服务的变化相适应,全球监管也在不断发生变化,由此对某些机构和业务带来了风险。

其六,不完善的保险环境。由于保险理论和传统保险品种的缺陷,目前通过保险并不能有效管理操作风险。因此,操作风险带来的损失更加容易引人注意。

其七,电子商务活动的开展。从某种意义上来说,电子商务并没有给金融机构带来新的风险,而是加重了某些现有的风险。例如,电子商务交易中交易的安全性、网上交易的法律风险、黑客蓄意破坏网络等。

其八,频繁发生的自然灾害。由于火灾、风暴、洪水、地震而遭受损失是操作风险的传统形式。从20世纪90年代开始,在美国东海岸、英国、欧洲都频繁发生大规模的风暴,日本、拉美、美国西海岸也都发生过地震。

其九,全面风险管理概念的提出。近年来,从整体来考虑风险的理念和全面风险管理纲要的出现,使金融机构开始关注操作风险管理。

第二节 操作风险的衡量

一、操作风险量化方法的发展现状

操作风险由于记录的历史较短,而且通常记录的仅仅是影响较大、小概率大损失的

事件,对于日常经营中发生概率较大但损失较小的操作风险事件缺乏系统的记录,这使得有关操作风险的数据极其匮乏,给操作风险的量化带来很大的困难。但随着近年来市场风险量化方法的逐渐成熟及信用风险量化的不断发展,银行界开始尝试着对操作风险进行量化,并取得了一定的进展。巴塞尔委员会认识到实业界操作风险量化的发展现状,在充分调查、广泛征求意见基础上,在新协议中对操作风险的量化方法也做出了规定。

截至目前,操作风险量化方法大致可以分为两大类,即自上而下的方法和自下而上的方法。自上而下法适用于把集团看做一个整体,或者按照业务种类、产品种类等计算风险资本,具体包括基本指标法、多种指标(标准)法、同类机构比较法等方法;自下而上法则按照单个业务流程计算出所需资本后,再加总计算出整个业务种类甚至整个集团所需的风险资本,具体包括专家判断法、高级计量法、统计法等方法。

上面提到的量化方法中,或者明确地给出操作风险的损失分布(如统计性方法),或者直接确定资本要求[如基本指标法、多种指标(标准)法、高级计量法],资本要求是基于对未来操作风险可能造成损失的预测做出的,实质上也是对操作风险的量化过程。上述量化方法中,基本指标法、多种指标(标准)法、高级计量法是巴塞尔委员会于2001年新巴塞尔协议征求意见稿第二稿中提出的,在广泛地征求业界的意见后,最终于2004年定稿中得到确认;同类机构比较法、专家判断法和统计性方法则是在银行业长期的实践中形成的。新协议提出的三种方法,复杂程度逐渐增加,对操作风险的量化精度也逐渐增加,银行采用多种指标(标准)法和高级计量法均要满足特定条件,且方法越复杂,条件越严格。

操作风险量化发展历史不像市场风险和信用风险那样悠久,虽然业内经过长期的实践形成了多种量化方法(还有一部分正处于开发阶段),但大多数量化方法仍处于不断完善阶段,不具有实用性。同时,因为操作风险在各机构之间不完全相同,使得部分方法虽然具有实用性,但并不是适用于所有机构,只在某一机构或类似机构中得以运用。新协议提出三种计算操作风险资本要求的方法,允许满足不同条件的银行选择不同的方法,目的也正是在于使得操作风险的量化更具针对性,对特定银行的风险状况更加敏感。

二、操作风险的衡量方法

(一)基本指标法

基本指标法指银行按照一个基本指标对银行可能遭受的操作风险计量风险资本。新巴塞尔协议中规定银行用总收入作为计算的基本指标,以此为基础乘以一个固定的比例(新协议规定为15%),按照计算出的数据计提操作风险资本。

(二)标准法

标准法中银行的业务分为八个产品线,在各产品线中,总收入代表业务经营规模,也大致代表各产品线的操作风险暴露。计算各产品线资本要求的方法是用银行的总收入乘以一个该产品线适用的系数(用 β 值表示)。β 值代表行业在特定产品线的操作风险损失经验值与该产品线总收入之间的关系。标准法按各产品线计算总收入,而非在整个机构层面计算,例如:公司金融指标采用的是公司金融业务产生的总收入;总资本要求是各产品线监管资本的简单加总。在标准法下,新巴塞尔协议将银行的业务分为八个产品种类(Business Line):公司金融(Corporate Finance)、交易和销售(Trading & Sales)、零售银行业务(Retail Banking)、商业银行业务(Commercial Banking)、支付和清算(Payment & Settlement)、代理服务(Agency Services)、资产管理(Asset Management)和零售经纪(Retail Brokerage)。对每一产品种类,用银行的总收入乘以一个该产品种类适用的系数(用 β 值表示),得到各产品种类的资本要求。在各产品种类中,总收入是个广义的指标,代表业务经营规模,能够大致代表各产品种类的操作风险暴露。β 值代表行业在特定产品种类的操作风险损失经验值与该产品种类总收入之间的关系。产品种类与 β 系数对应表如表 6-2 所示:

表 6-2 银行产品种类与对应 β 系数

产品种类	β 系数	产品种类	β 系数
公司金融 β_1	18%	支付和清算 β_5	18%
交易和销售 β_2	18%	代理服务 β_6	15%
零售银行业务 β_3	12%	资产管理 β_7	12%
商业银行业务 β_4	15%	零售经纪 β_8	12%

(三) 另一种形式的标准法

新巴塞尔协议规定国家监管当局可根据本国情况决定是否允许银行采用另外一种形式的标准法。在该方法下,除零售银行和商业银行这两类业务外,用另外一种形式的标准法计算操作风险资本的方法与标准法相同。对于这两类业务,用贷款和垫款乘以一个固定系数"m"代替总收入作为风险指标。零售银行和商业银行业务的 b 值与标准法一样。该方法下计算操作风险资本的公式为:

$$K_{RB} = b_{RB} \times m \times LA_{RB}$$

其中:K_{RB} 为零售银行业务的资本;b_{RB} 为零售银行业务的 b 值;LA_{RB} 为零售贷款和垫款之和的前三年年均余额;m 等于 0.035。

(四) 高级计量法

即银行在达到新巴塞尔协议规定的一般标准、定性标准、定量标准等标准的基础上,通过内部操作风险计量系统计算监管资本要求。新协议中规定银行机构在使用高级计量法时应获得监管当局的批准。

(五) 局部使用

新巴塞尔协议就基本指标法、标准法、高级计量法三种方法在使用时做出的规定,具体指在符合一定条件(具体参见新巴塞尔协议)时,新协议允许银行就部分业务使用高级计量法,对其余业务使用基本指标法或标准法。

(六) 操作风险在险价值 (Operational Risk VaR)

该方法指在详细分析金融机构所有有关流程后,将内部控制措施看做调节点,对每一调节点控制失败时的损失情况进行估计,同时也估计控制失败的概率,由此得到计算在险价值的两个参数。然后确定一定的置信水平,进而得到某一控制点的在险价值。

在考虑多个控制点失灵所带来的损失的情况下,利用该法通过对各控制点操作风险在险价值进行加总可计算出整个银行机构的操作风险在险价值。

第三节　操作风险的管理

一、操作风险管理概述

制定操作风险政策的责任属于高级管理层,有时也可能委托给别人。为了避免利益冲突,以达到适当的权力制衡,在银行内部不应只由一个部门来对制定政策、采取行动和控制风险负责。

业务管理层负责控制每项业务的操作风险,辅助部门和业务管理层分担一些必要的操作风险管理责任。开发测度和监控操作风险方法的责任属于风险管理部门。除了要确保识别风险之外,风险管理部门还要通过资产组合调整来为操作风险提留足够的资本准备,以便有效地控制操作风险。

银行还应对操作风险发展趋向进行定期的考察,并对其集中程度进行分析,并在考察现有业务以及新产品开发时,进行恰当的风险/收益分析。就这一点来讲,风险管理职能部门的工作需要密切配合其他部门的工作,但又要保持一定的独立性,以便能对风险进行客观的评估。

另外,高层管理层还需要确保其指令得到有效执行,并对执行的效果及时评估。银行的内部审计部门对此项责任负责。

英格兰银行对巴林银行的报告揭示了操作风险管理方面的一些教训:

首先,管理人员有责任充分理解他们所管理的业务。

其次,必须明确每一项业务活动的权责,并相互进行交流。

再次,必须针对所有的业务活动建立相关内部控制,包括建立独立风险管理部门。

最后,顶级管理层和审计委员会必须确保重大缺陷能够得到迅速修正。

该报告指出,许多银行通过制定明确的政策和普遍接受的定义将操作风险控制方法正式化。如果没有一个合适的框架,银行就很难在内部一致的基础上管理操作风险。银行各职能部门可能会在管理操作风险时造成重复投入,或反之,由于没有人具体负责,对操作风险的管理就落在了各职能部门的职责之外。

目前,银行对操作风险的管理还很不完善,大都还只依赖一两个专门的部门。风险管理、内部审计和业务管理部门之间常常缺乏协作。现代银行机构还没有全面的、涵盖了整个银行的管理体系,因此就无法做出银行整体的操作风险报告。银行的资本分配模型也很少将操作风险衡量纳入其中。

因此,更有效地管理操作风险的关键是业务部门和其他部门之间、内部审计部门和风险管理部门之间的协作。建立这种协作关系,需要做到以下四点:

第一,必须从操作环境中提取出必要的风险信息。这里所说的操作环境包括操作风险管理部门所能获知的一些基本信息。另外,操作风险管理部门还必须及时地提交企业总体风险报告和管制风险报告,并且注意同审计部门保持协同工作关系。

第二,银行中各个部门负责具体执行这些政策、管理这些风险,一般各司其职。

第三,内部审计部门需要进行定期审核,以确保操作风险、管理过程的统一性,并且确实按照适当的控制程序加以执行。换句话说,审计师们要分析业务活动在多大程度上符合已设定的风险管理程序。他们还应对操作风险管理过程的设计方案提供独立评估,包括对操作风险衡量模型组成部分、操作风险管理系统的充分性和可靠性,以及同外部管理法规的适应性等相关流程的检查,由此对操作风险管理的恰当性提供一个全面考核。

审计的一个重要目的是评估操作风险在险价值衡量方法(操作风险的 VaR)的设计方案和概念完善度,包括所有同应力测试和报告框架可靠性相关的方法。审计也应当评估影响到所有类型风险管理信息系统的操作风险——不管这些信息是用于评测市场风险、信用风险还是操作风险自身——诸如构建和运用内部模型所使用的程序,包括对市场敞口数据精确性和完备性以及参数估计过程的核查。审计一般也要考察风险控制程序的充分性和有效性,记录控制程序是否符合监管法规中列出的质量/数量标准。

监管法规一般要求审计人员审核风险定价模型和交易部门所使用的估价体系审批程序、风险估测程序的重大变动、风险测度模型涵盖的风险范围。审计应当核实内部模型所有数据的一致性、及时性和可靠性。审计的一个关键作用就是检验波动性和相关度假设的精确度和适用度,以及估价过程和风险转换计算过程的精确度。

G-30 调查指出,内部审计为控制框架的有效性提供独立的内部评估,因而在风险处理过程和风险控制中扮演着重要的角色。

对管理层而言,主要的挑战是确保内部审计人员有足够经验来开展工作,要求员工具有充分的财务能力和系统操作技巧。为此,需要在员工培训上投入巨资,以确保员工了解交易工具和定价模型的特征。

尽管外部审计师和监管检查人并不是组织规定的控制框架组成部分,但他们也应参加到风险控制过程中来。培养和保持适当的专业化程度也是他们在该领域所面对的挑战。

第四,审计师们应使用一些检验过程来考察模型的精确度。为了达到这些目标,银行的风险管理部门需要开发政策、设计操作风险管理方法并且创建必要的辅助部门。之后,操作风险管理的各个职能部门就能管理和分析风险,施行诸如风险调整的资本收益法这样的方法,并且使用保险工具来积极地管理残余风险。

二、现代银行操作风险组织管理框架

一个管理完善的操作风险组织管理框架,应包括以下方面:

董事会直接对股东负责,负有确保机构战略和经营计划合理及监督与之配套措施的责任。作为股东代表,董事会对机构是否有措施来管理能够带来损失的风险负最终责任。

全面的风险管理政策和规定。对于现代银行组织,机构的风险管理政策和规定存在于两个层次,即统一的风险管理核心机构和承担某些分解任务的各业务部门或职能部门。

高层管理队伍。这支队伍对公司各项业务有比较全面的了解,尤其是存在于机构层面和各部门的风险,董事会在政策或经济上给他们支持和鼓励。

企业文化。一个企业的文化可以创造也可以破坏其风险管理框架、策略。如果风险管理得到高层管理人员的重视并在整个机构内加以宣传,操作风险管理将可能成功。反之,如果只是管理层注重控制或者只是当做一项任务,对其不像对开展新业务、为客户服务、创造效益那样重视,操作风险管理将很难成功。

操作风险管理委员会。该委员会可由各业务部门资深代表、机构资深风险管理和控制代表组成。其作用是对机构的操作风险进行监控,同时也起到连接、协调整个机构内各操作风险管理部门的作用。

政策与流程。此处指专门针对操作风险而制定的具体方针、规章制度和控制政策,以及具体流程。

根据业务种类任命的风险经理与管理队伍。在各产品类别任命尽职的风险经理,或在条件具备时组建产品类别范围内的风险管理与控制委员会,对于整个机构风险管理架构具有十分重要的作用。每个风险经理及其队伍都应明确其在操作风险管理与业务损失方面的责任与作用。

机构整体层面上的风险管理与控制职能部门。很多职能部门对于一个完善的总体风险管理架构是必不可少的,这些职能部门可以是诸如市场风险、信用风险等管理部门,也可以是内部审计部门、法律部门、行政部门、安全部门、技术部门、经营部门及风险保险管理部门等。

风险识别委员会。其可以作为操作风险管理委员会的一部分,也可以是独立部分。其任务在于评估风险、评审风险缓释方法。

职工个人职责。不管职工属于产品种类部门还是诸如审计、法律等职能部门,都应在机构通报或者声明中明确每个职工在操作风险控制中的职责。

三、银行业应对操作风险的基本策略

银行对操作风险管理有四种策略选择:接受风险、缓释风险、转移风险、规避风险。

(一)接受风险

操作风险管理最重要的是要对管理决策及其实施的成本与银行面临的操作风险损失两方面进行权衡。在计算风险后,对于能够有效控制、影响后果可以预见且对银行机构影响较小的风险,银行通常会选择接受风险并以自身的资本作为承担可能损失的准备,同时加强操作风险的管理。

到目前为止,这种措施包括处理已经给出的操作风险。由于这些方法着重反映操作风险损失的程度,因此显得非常有用。机构可以依据这些信息来决定为降低操作风险而配置资源是否值得。

比如说,一家银行考虑是否要设置直通流程系统,该系统可以自动识别前台的交易,并传送给后台。这种系统不需要手工操作,可以排除潜在的人为错误,因此可以降低操作风险的损失。如果系统的操作风险收益大于其成本,银行就应该购置该系统。

更一般的情况下,操作风险的降低由损失发生的频率和损失的规模(或者这两者之一)体现出来。

假设有一项 5 年期的利率互换交易。这种简单的工具会产生大量的现金流,而每一笔现金流都有可能发生错误。首先,要对这笔交易进行登记,由交易对手进行确认,并且要对交易进行评估以便利润/损失(P&L)能够归因于交易。利率互换每年支付两次,这样利率的重置和支付净额的计算就有 10 次,从而将产生 10 次现金流。这些支付需要绝对精确的计算,就是说,要精确到分。错误可以是一些次要的小问题,比如支付延迟了一天,也可能是一些重大的问题,比如交易员对冲失败或者进行欺诈性的评估。

互换还会产生一些市场风险,这些风险可能是需要对冲的,应该将这种情况放到市场风险管理系统中,通过该系统将总体情况、交易员风险和机构风险作为一个整体进行监控。此外,应该定期地衡量现有的以及潜在性的信用风险,并把与同一个交易方的所有交易加总起来。这种风险衡量过程中的错误会导致更高的市场风险或信用风险,甚至二者兼有。

操作风险最小化有很多种方法,包括内部控制方法和外部控制方法。

1. 内部控制方法。其具体包括:

(1)职责分离:负责进行交易的人不可以同时担任结算和会计的职责。

(2)双重记录:将两种不同来源的记录(输入)进行核对,即交易票据和后台的确认。

(3)再次调整:将不同来源的结果(输出)进行核对,比如,由交易员估算的利润和由中层管理者计算的利润。

(4)定时器系统:将重要的交易日期(比如清算日期、执行日期)输入日历系统,在发生日之前自动产生信息。

(5)改动控制:对原始交易单据的任何修改的控制,应该和对原始交易单据的控制同样严格。

2. 外部控制方法。其具体包括:

(1)确认:应该由交易对手对交易进行独立的审查,并确认交易票据。

(2)核实价格:为了便于对头寸进行评估,价格应该从外部获得。这也意味着,机构应该具备在开始交易之前对交易进行估价的能力。

(3)授权:应该向交易对手提供授权的交易人员列表,以及允许进行的交易列表。

(4)清算:支付过程本身能够识别某些记录错误的交易。比如,互换中的第一笔现金支付在不同的交易方之间不匹配。

(5)内部/外部审计:这些检查为组织的结构和业务过程中潜在的薄弱环节提供有用的信息。

(二) 缓释风险

许多重大操作风险发生的概率很小,但是存在潜在重大损失,而且,并非所有风险事件都是可控的。风险缓释工具或措施可以用来减少或消除此类操作风险带来的损失。同时,银行也可以彻底将此类操作风险转移给第三方,或采用规避风险的策略。

缓释技术可以保证银行在损失发生后得到部分或全部的补偿，从而有效地减轻或避免操作风险造成的损失水平，目前被广泛认可和采用的缓释技术为操作风险保险，保险一般用来对银行提供一种操作风险方面的经济保证。举例来说，银行可以对由计算机硬件问题造成的损失进行自保，或者可以通过投资创建备份系统来减少风险。根据不同保险方法的成本和价格，管理者可以理性地选择最有效消除风险的手段。相应的，企业需要在保险成本既定的情况下估测操作风险的潜在损失，并将两者加以比较。

目前，除了火灾保险、第三方责任险等传统保险品种可用于操作风险管理外，新的保险品种不断出现，以至于金融机构可以用它来缓释所有能够明确归类的操作风险。如忠诚保险用以覆盖员工的不诚实行为或欺诈行为导致的损失；电脑犯罪保险用以覆盖电脑操作错误、病毒发作和电子交流过程失败导致的损失；专业建议赔偿用以覆盖拙劣建议可能导致的客户投诉甚至是法律诉讼损失；等等。

即使这样，购买保险也并非万无一失。保险的偿付必须要保证绝对及时和全额。一旦拖延赔付，或者在赔偿额度上产生争议，银行就有可能倒闭。这是因为，投保之后，投保人控制损失的激励将减弱，这就是道德风险的问题。承保人清楚这点，而且会相应地提高保险费。同样，逆向选择也会导致保险费用的提高。逆向选择描述了银行控制水平有差别的局面：控制水平低的银行比控制水平高的银行更倾向于购买保险。保险公司无法了解所面对的银行属于哪类，所以保险公司将会提高平均保险费用。

另外，传统保险缺陷使重大损失难以得到真正的防范。例如从保险设计"范围"来看，保险是根据大数定理来设计的，即在数量庞大的基础上，小概率事件将变得非常确定，其暗含的内容是保险机构在设计操作风险保险时，应是保险覆盖范围等同于操作风险的定义，而操作风险是一个宽泛的定义，并不明确，系统、人员、外部事件都可能随时随地给一个金融机构带来风险。另一方面，保险品种设计应是在基数很大时，所覆盖险别以确定概率发生，而操作风险中很多风险是小概率、大损失事件，且不同机构的操作风险状况、结构、规模也不相同。

据统计，通过保险得到补偿的操作风险损失大约仅占全部损失的20%~30%，好在目前部分保险机构已经开始采取全面和协调的方法来开发操作风险保险产品，而非根据风险种类提供保险产品。

(三)转移风险

如果不能进行缓释，银行则可以通过将部分业务活动外包等措施转移风险。在外包时应该同交易对手签订服务协议。在外包时，银行应确保在外包后其业务仍能具有原来的质量。外包本身就是将风险与收益不匹配或者难于控制的业务转让出去，因此，在外包时应确定好双方的权利与责任。

(四)规避风险

最后的选择是规避操作风险，即不开展具有操作风险但又无法采用以上各种手段进行管理的业务。不开展业务当然也就没有通过该业务获取盈利的机会，规避风险是一种消极的管理策略，但在特定条件下，它也不失为一种有效的风险管理策略。

四、操作风险评估

在没有专门机构来评估操作风险时，每个业务管理人员就需要进行自我评估。但是,这种形式提供有意义信息的可能性极小。例如,尼克·里森肯定不会正确地评估他自己在巴林银行所从事业务的操作风险。更一般的看,该问题并不仅仅是一个信任的问题或者能力的问题,还和寻求新投资机会和管理相关风险活动之间的权衡有关。

在正常情况下,高级管理层试图通过运用适当的激励手段将业务经理的个人利益与业务结合为一个整体。如果这种结合是有效的,那么自我评估的确可以比较准确地反映出风险的真实情况。然而,面临困境的业务经理们即使是在风险很高的时候都倾向于将风险的增长看做是暂时的。为了保证客观性、一致性和透明性,独立风险管理部门必须独立地收集和整理数据,并相应对操作风险出示评估意见。

因此,在没有真正的风险管理团队的情况下评估操作风险,要做到以下两点:

一是对获得的信息进行分析。同业务经理层进行谈话,可以让操作风险的评估者对操作风险有一个基本的认识,在分析中还必须保证所获得信息的精确性、集中性(数据收集活动对操作风险的关注程度)和及时性。

二是风险管理者们必须对所有相关业务了如指掌。通过出席各种业务管理层会议、参加新产品审批、参考定期的管理报告,风险管理者可以增进对业务的了解。这也是信用风险管理者和市场风险管理者对各自的风险领域保持及时和实时观察的手段。

五、整合的操作风险

在当今,大多数金融机构都有一套规则来衡量市场风险,另一套规则来衡量信用风险,并且正在开发第三套规则来衡量操作风险。不过,目前大银行正在致力于整合这些方法。具体来说,就是试图用一种新的与市场风险 VaR 和信用风险 VaR 相一致的操作风险 VaR 分析方法。从风险透明度和监管资本两者的角度来看,开发一种统一的风险衡量模型有重要的意义。举例来说,如果人们仅仅简单地将市场风险 VaR、操作风险 VaR 和信用风险 VaR 加总来得出总体的 VaR(而不是开发一种整合的模型),往往会高估风险的规模。对这些数据进行简单的加总忽略了市场风险、信用风险和操作风险之间的相互作用和相关度。

人们普遍认识到国际清算银行(1988)对资本充足度的规定是有缺陷的,终有一天,监管者们将会允许银行使用他们自己的内部模型来计算信用风险 VaR,替代国际清算银行 1988 年制定的过时规定。同样的,国际清算银行 1998 年制定的协定允许银行使用内部模型法来确定交易中市场风险所需的资本数额。

最先使用市场 VaR 方法是银行业而不是监管者,特别是 JP 摩根的 Risk Metrics 产品,推动了该领域的进一步发展。银行业也已经开发了新一代的信用 VaR 衡量方法,如 JP 摩根的 CreditMetrics、CSFP 的 CreditRisk+。这表明银行业某天还会开发出来用于衡量操作风险的 VaR 方法。

随着信用衍生品的出现,银行更加倾向于在逐日盯市的基础上对信用产品进行估价。相似地,保险产品的出现也会对操作风险起到一定的价格发现功能。而正如我们所看到的,市场风险定量技术正在飞速发展,不难预计这样的技术也会运用到操作风险 VaR 的开发上。

一些提供全面服务的咨询企业已经开始协助银行开发一种全面的风险分布图,详细说明操作风险的成分。而且，诸如 Connecticut-Dased 这样的风险管理咨询企业也在向企业提供操作风险数据，由咨询方和银行实务人员对操作风险的共同关注可以提高操作风险 VaR 的估测效率。

对银行而言，一项主要的挑战就是找到精密而又实用的方法来估测操作风险，并且能为监管机构所接受。在理想情况下，将来的整体风险评估模型将会包括市场风险 VaR 和操作风险 VaR，并能根据它计算出监管资本和经济资本。

六、对操作风险的意见分歧

对于金融机构来说，操作风险的引入可能导致的影响是多方面的，如操作风险的引入会增大对于资本金的要求，对于一些专业性的金融公司、非银行金融机构的影响将会更为直接；金融机构为了满足新资本协议所要求的各种计算模型所需要的信息要求，必须要全面搜集内部的损失数据，同时要建立和完善内部的财务报告系统和相关的业务信息系统；许多金融机构会被迫采用操作性风险的缓释技术（如外包和保险等），这会增大金融机构的管理难度。

中国银保监会对于巴塞尔新资本协议操作风险部分的意见如下："与银行体系总体资本水平相关的另一个问题是将操作风险纳入资本监管。商业银行和监管当局都一致认为，在当前的管理水平下，计量操作风险十分困难，在第一支柱中规定操作风险的资本要求仍是有争论的。""非十国集团国家最为关注的是，将操作风险纳入的资本监管将总体上增加资本要求。根据基准法的要求，操作风险的资本要求为银行三年毛收入的平均值乘以某一固定比率。我们同样认为，这种方法不具备风险敏感性。这一方法也不能对银行计量和管理操作风险提供激励机制，特别是考虑到银行目前缺乏资源，而且银行主要关注的是信用风险。在我们看来，部分十国集团国家决定对小银行不使用新协议（包括不采用操作风险），这一决定似乎是对巴塞尔委员会有关新协议可适用于不同国家各类银行的假定提出了直接的挑战"。

【案例分析】

(一) 巴林银行倒闭

1993 年，年仅 26 岁的尼克·里森被任命为巴林银行新加坡期货有限公司（BFS）的结算部主管兼场内交易经理，主要职责是在新加坡国际金融交易所（SIMEX）和日本大阪证券交易所（OSE）之间进行日经指数（Nikkei）期货套利以及在 SIMEX 和东京证券交易所（TSE）之间进行日本国债期货套利。一直以来，巴林银行有一个"99905"的错误账户，专门处理交易过程中因疏忽而造成的错误，BFS 将记录下来的所有错误发往伦敦。但后来，伦敦总部通知 BFS 另设一个错误账户（即"88888"账户），记录较小的错误，并自行在新加坡处理。几周后，又通知要求 BFS 按老规矩办，将所有错误直接报告伦敦总部，但"88888"账户却未被删除，而是保留在电脑中。到 1993 年年中，"88888"账户累计亏损已达 2 000 万英镑。

为了对付巴林银行内部审计员的查账，以及 SIMEX 每天追加保证金的要求，1994

年1月至1995年2月,里森在SIMEX同时卖出日经225指数期货的看涨期权和看跌期权,即卖出马鞍式期权组合(协定价在18 000~22 000),使其收入与"88888"账户中的损失相等,并让巴林银行汇出美元,为购买的期权支付初始保证金和追加保证金。当日经225指数在19 000附近小幅波动时,里森的策略可以盈利,最大利润为看涨及看跌期权的权利金之和;但一旦市场价格跌(涨)破盈亏平衡点X1(X2)时,该策略就开始亏损,风险极大。

1995年1月17日,日本神户大地震,日本股市剧烈下滑。1月23日,日经225指数大跌1 055点,BFS亏损合5 000万英镑。为了挽回损失,里森编制假账,从巴林伦敦总部骗取46亿英镑保证金,购入日经225指数3月份期货合约,卖出26 000份日本政府债券期货合约。无奈神户大地震后,日本政府债券价格普遍上升,2月24日,巴林共损失8.6亿英镑,远超其股本金总额4.7亿英镑。1995年2月27日,英格兰央行宣布:巴林银行因发生巨额亏损和财务危机而不能继续营业,将申请资产清理。

(二)中航油事件

中航油是中国航空油料集团公司(简称"中航油集团")的海外控股子公司,2001年中航油在新加坡交易所主板上市,净资产增加到1.5亿美元,成为新加坡股市的耀眼明星,被称为中国国企"走出去"的模范。

2003年3月底,中航油开始从事投机性场外石油期权交易,基本上是购买"看涨期权",出售"看跌期权"。2003年第4季度,中航油错估石油价格趋势,调整期权策略,卖出买权并买入卖权,这种组合策略是基于未来价格走势下跌的判断,一旦价格上升,会产生巨额亏损,风险极大。

2004年第1季度,国际油价飙升,中航油潜亏580万美元,进行了第一次挪盘。随着油价的持续升高,潜亏继续增加。6月、9月,中航油进行了第二、第三次挪盘。到10月,公司账面亏损已达1.8亿美元,公司现金全部耗尽,也无银行愿为其提供备用信用证。处于困境的中航油只得于10月8日向中航油集团告知从事期权交易和发生亏损情况,并于10月9日书面请求母公司提供1.3亿美元的支持。10月20日,中航油获贷款1.08亿美元,进行补仓。截至11月29日,中航油亏损总额高达5.54亿美元,只得于次日向新加坡最高法院申请破产保护。

根据上面巴林银行倒闭和中航油事件两个风险案例,分析操作风险的形成原因,思考如何通过强化内部控制和外部监管来改善操作风险管理水平。

【延伸阅读1】

如何看待俄罗斯被剔出SWIFT的影响[①]

SWIFT是目前全球最重要的支付指令报文体系,但并不是离开SWIFT,跨国经济往来就绝对没有办法进行。被SWIFT切断服务本身并不是根本问题,真正需要关注的问

---

① 资料来源:王永利. 如何看待俄罗斯被剔出SWIFT的影响. 新浪财经,2022-02-28.

题是被美欧阵营实施严厉的经济制裁甚至与其全面脱钩可能产生的影响。

美国时间2022年2月26日,美国白宫宣布其与欧盟、加拿大领导人的联合声明,决定确保将选定的俄罗斯银行从"环球银行同业金融电讯协会(SWIFT)"的信息系统中删除(注意,这里还不是将所有在SWIFT注册的俄罗斯银行全部删除)。这被很多人解释为:美欧已经对俄罗斯启用"金融核弹""金融撒手锏",将全面封杀俄罗斯的对外贸易与国际金融交易,对俄罗斯的经济发展和社会稳定将造成毁灭性打击。

对此还需要仔细推敲。

(一) SWIFT只是国际支付清算体系中的一部分,而并非全部

国际支付清算体系包括支付清算货币选择、支付指令报文体系、清算资金账户体系、支付清算实际处理等组成部分,SWIFT只是其中的支付指令报文体系。

1. 支付清算货币选择。拥有不同货币的国家之间发生经济往来,首先需要确定经济往来的计价与清算货币。这可能是经济往来中话语权更强一方的货币,也可能是更具国际化的他国货币。在全球广泛的选择过程中,形成了不同国家的货币在国际支付和外汇储备中的份额或地位。这种选择的背后是不同国家综合国力和国际影响力的比较,只有国际影响力最为强大国家的货币才能成为最主要的国际货币(国际硬通货)。目前,美元是头号国际货币,在国际支付中的份额在40%上下,在国际外汇储备中的份额在60%上下;欧元排名第二,在国际支付中的份额接近40%,在国际外汇储备中的份额在25%左右;其他国家货币远远落后于美元和欧元。

2. 支付指令报文体系。发生经济往来的国家之间要进行实际的支付清算,需要由付款方向其清算机构(开户银行)发出支付指令,清算机构据以扣减其支付的款项,同时转入收款方开户银行的账户或减少自己在收款方开户银行的存款,并向收款方开户银行发出支付通知;收款方开户银行收到指令后,登记增加自己在付款方开户银行的存款或扣减付款方在本银行的存款,同时转入收款方的账户,并向收款方发出收妥款项的通知。所以,要实现跨国支付清算,就需要连接各国的支付指令报文规范和处理体系。不同国家的语言文字不同、法律体系不同、时间标准不同等,如果每个国家都分别与其他国家建立独立的支付指令报文体系,是非常麻烦和不经济的,其高成本、低效率甚至会阻碍相互之间经济往来的开展,能够搭建全球标准统一、安全共享、便捷高效的支付指令报文体系才是最佳选择。目前,SWIFT就是全球用户最为广泛的支付指令报文体系。

3. 清算资金账户体系。国际支付清算,涉及清算机构资金账户的开立并拥有足够的资金余额(包括透支限额)以保证支付清算的资金需要。由于国际支付清算可能涉及多种国际货币,需要清算机构在很多国家的银行开立很多的清算账户,并加强清算账户资金(头寸)管理。由于国际支付清算涉及不同的币种、文字等,远比国内单一的货币、文字更复杂,为规避国际支付清算对国内支付清算体系的影响,很多国家都建立相对独立的国际支付清算账户体系,形成风险隔离墙,并与国内支付清算体系保持一定的资金联系。比如,美国境内是美元体系FEDWIRE,跨境的是CHIPS。中国境内是人民币大额实时支付清算体系HVPS,跨境清算的是CIPS。各国支付清算账户体系具有很强的主权特征,需要接受所在国家的严密监管。世界范围内,各国货币最终的支付清算

账户都在其本国(美元最终的支付清算账户是 CHIPS,人民币最终的支付清算账户是 CIPS,如此等等),因为货币的供应最终是由货币发行国管控的。

需要明确的是,CHIPS、CIPS 等主要是资金账户体系,并且主要是其本国货币资金账户体系,主要解决的是国际支付清算的"资金流",并不等于可以完全替代支付指令报文体系,它们基本上还需要与 SWIFT 连接才能完成国际支付清算业务。而 SWIFT 属于支付指令报文体系,本身并不涉及成员单位的资金账户,主要解决的是国际支付清算的"信息流"。

4. 支付清算实际处理。对一笔跨国经济往来的支付清算,需要确定具体的清算机构和清算账户,由此确定清算指令发送和处理的具体路径,清算机构相应进行清算账户处理,扣减付款方存款,并最终转入收款方账户后才算完成。如果出现问题,还要进行差错查找和处理。

由上可知,SWIFT 作为支付指令报文标准制定和指令传送与处理的基础设施,在国际支付清算中属于非常重要的一环,但也只是其中的一个环节,并不是国际支付清算的全部。同时,SWIFT 是目前全球最重要的支付指令报文体系,但并不是离开 SWIFT,跨国经济往来就绝对没有办法进行。实际上,SWIFT 于 1973 年才宣告成立,并且经过很长时间才成为覆盖全球的支付指令报文体系,在没有 SWIFT 之前,跨国经济往来同样存在,只是在 SWIFT 出现后,更好地促进了跨国经济往来的发展。冷战时期,在苏联和美国尖锐对立、社会主义阵营难以得到 SWIFT 服务的情况下,跨国经济往来依然存在,可以选择本阵营最强大国家的货币作为计价清算货币,并通过加密电报、邮件等进行支付清算,甚至无须逐笔进行支付清算,而是采取"记账清算"方式,即在协议范围内,对发生的经济往来采取双方先记账,定期(如每年)进行汇总轧差,只对余额进行清算等。现在,如果一国被 SWIFT 剔除,这个国家仍然可以模仿 SWIFT 的报文规则,通过互联网等渠道与其他国家建立新的支付指令报文体系进行经济往来的支付清算,在技术上并不是难题,只是其运行成本和效率可能无法与 SWIFT 相比。所以,把 SWIFT 说成是"金融核弹或撒手锏"其实是有点夸张。

(二) 支付清算与经济往来、切断 SWIFT 与实施经济制裁的关系

支付清算是为经济往来服务的,没有跨国经济往来,也就不需要国际支付清算。安全高效便捷的国际支付清算,会积极促进跨国经济往来的发展。阻断 SWIFT 的使用,也会对一国发展对外经济往来产生很大影响,但阻断 SWIFT 的使用,只是经济制裁的一种手段,对一国切断 SWIFT 的信息系统,前提是美欧对该国实施严厉的经济制裁,没有经济制裁,美欧单方面阻断 SWIFT 对俄的连接,也会使其对该国的经济往来受阻。所以,美欧阵营对俄的经济制裁才是主角,切断 SWIFT 服务只是配角,不能将主次颠倒。

由此,那种广泛流传的"2012 年美国推动 SWIFT 切断对伊朗的连接,导致伊朗损失了近一半的石油出口收入和大量的对外贸易"的说法实际上是本末倒置,伊朗石油出口等对外贸易大幅减少的根本原因是美欧等对伊朗石油出口等对外贸易进行严厉封锁,包括其自身断绝进口伊朗石油,而不是单纯的因为 SWIFT 切断对伊朗的连接。

目前,SWIFT 在比利时注册,主要受欧盟的控制,同时因美元在国际支付中占据最

重要的位置,美国对其影响也很大,所以,欧盟与美国的联合对SWIFT具有决定性控制力。美欧宣布将选定的俄罗斯银行从SWIFT中删除,甚至有可能完全切断俄罗斯所有银行与SWIFT的连接,意味着这些俄罗斯银行将不能使用SWIFT这一基础设施。美欧英加等一旦宣布将俄罗斯银行彻底剔除SWIFT,意味着这些国家将全面断绝与俄罗斯的经济往来,而且也使得其他国家难以通过SWIFT办理与俄罗斯的支付清算。其他国家要与俄罗斯发生经济往来,只能另外建立与俄罗斯的支付指令传送体系,同时面临被美欧阵营制裁的风险。美欧阵营宣布将对那些为俄国乌克兰战争和俄罗斯政府提供便利的人和实体采取行动,即要求其他国家控制或断绝与俄罗斯的经济往来,这就会逼迫其他国家在美欧等发达国家阵营与俄罗斯之间选边站队。这不仅会对俄罗斯产生很大影响,而且也会对很多与美欧及俄罗斯都存在较大经济往来的国家产生重大的利益权衡问题。如果选择俄罗斯,就可能得罪甚至脱离美欧阵营,面临着发达国家断绝经济往来、封锁先进技术、阻断人员交流等情况,给自己的经济社会发展带来很大伤害。如果选择与美欧发达国家阵营为伍,就会因此而断绝与俄罗斯的经济往来,由于俄罗斯是世界上能源、粮食、矿产等出口大国,也是具有国际影响力的联合国安理会常任理事国,封锁俄罗斯的对外贸易与金融交易,也会对相关产品的国际价格产生冲击,对全球产业链、供应链及金融市场产生影响,比如欧洲目前的能源危机,以及美国超出预期的通货膨胀等。如果由此引发SWIFT切断对很多与俄罗斯保持交易与资金往来国家的服务,也会催生对SWIFT的替代品,加快其他货币的国际化,对SWIFT的业务开拓以及美欧阵营对外经济往来的发展,对美元、欧元等货币的国际流通与国际地位产生深刻影响;如果由此推动世界严重分裂,形成尖锐对立的两大阵营,也会对经济全球化发展、对世界和平稳定产生极大威胁。

所以,被SWIFT切断服务本身并不是根本问题,真正需要关注的问题是被美欧阵营实施严厉的经济制裁甚至与其全面脱钩可能产生的影响。观察SWIFT将俄罗斯剔除可能产生的影响,不能仅仅看到对俄罗斯的影响,更要看到可能对世界经济和政治格局的广泛影响。

【延伸阅读2】

如何看俄乌紧张局势对大类资产走势的影响?①

2022年2月24日,布伦特原油期货4月合约价格突破100美元大关,刷新2014年9月以来新高。当日,俄罗斯总统普京再次发表全国讲话,宣布在乌克兰东部顿巴斯地区发起"特别军事行动",称其目的是为实现乌克兰的去军事化,但占领乌克兰不在俄罗斯的计划之中。早前几日,俄罗斯宣布承认乌克兰东部地区的顿涅茨克和卢甘斯克两个"共和国"独立,加剧了局势恶化。

目前双方的对峙已经上升到实际的军事行动。外媒报道,乌克兰内政部证实首都

---

① 资料来源:陶金. 如何看俄乌紧张局势对大类资产走势的影响. 新浪博客,2022-02-25.

附近遭到导弹攻击,并称俄罗斯的"入侵"已经开始,同时也有目击者称在俄罗斯的 BELGOROD 地区听到了一系列爆炸声。

俄乌局势恶化的速度似乎正在超过人们的预期。乌克兰进入全国紧急状态,欧美各国宣布对俄罗斯实施更加严厉的制裁,包括金融制裁和能源制裁等。

俄乌局势持续恶化,已经对全球大宗市场产生了较大影响,若大规模战争打响,对全球经济的影响也不可忽视。我们从全球经济与贸易,石油、天然气、粮食等大宗供求的长期、短期影响,来判断俄乌紧张局势对全球和中国资本市场的影响。

(一) 对全球大宗商品及能源市场的影响

1. 短期:大宗市场的波动。2021 年,俄罗斯原油产量 5.24 亿吨,占世界原油产量比重达到 12.6%。紧张局势对俄罗斯的原油供给造成了压制。2021 年 12 月下旬以来,布伦特原油价格上涨了 38.5%,已触及 100 美元。天然气价格则在波动中上升,欧洲天然气价格连续第三天大幅上涨,2 月 24 日被视为"欧洲天然气价格风向标"的荷兰 TTF 三月天然气期货价格较前一个交易日暴涨 34%,报 119.5 欧元/兆瓦时。

自 1 月下旬乌克兰向乌东部停火线附近集结兵力开始,前几日已稳定的油价持续上扬。2 月 11 日,俄罗斯表示"乌克兰正在为战争做准备",油价再次应声大涨。2 月 17 日乌东武装宣称政府军重武开火 15 分钟,这是近期各方报道中第一次出现开火,此后油价在前两日短暂稳定后再次上涨。

可见,短期原油价格与事态的发展联系密切,未来若事态进一步激化,原油价格还将上涨。

同时,俄罗斯和乌克兰是全球重要的粮食出口国。2021 年全球小麦产量为 7.76 亿吨,出口量为 2.07 亿吨。其中,俄罗斯和乌克兰小麦产量占全球的 14.0%,两国小麦出口量占全球的 28.5%,俄乌局势紧张已经导致全球小麦价格大幅上涨。

2. 长期:大宗或将趋于稳定。欧洲与俄罗斯的能源互补是长期趋势。从欧洲看,2021 年上半年,欧盟进口的天然气和石油中,分别有 50% 和 25% 来自俄罗斯,远高于其他贸易伙伴。尽管欧盟 27 国的可再生能源使用率是西方国家中最高的,但占其能源消耗总量的比重仅有 15.8%。欧盟石油和天然气消费占能源消耗总量比重分别为 34.5% 和 23.1%,尽管比英美要低,但也是其自身能源消耗结构中占比最大的两项。可见,尽管近年来欧洲推行绿色能源转换,但短期内实现完全的传统能源替代几无可能。

从俄罗斯看,俄罗斯高度依赖欧洲的石油和天然气消费。俄罗斯 GDP 中出口比重超过 25%,出口又以能源产品为主。2021 年俄罗斯的原油、石油制品、天然气、其他矿产品(煤炭等)等能源相关产品出口占俄罗斯出口的比重达到 63.2%,再加上粮食、宝石、贵金属的出口,初级产品的出口达到 66%。一旦受到制裁,相关出口收入的收缩是俄罗斯长期无法承受的。

由此看,不论欧洲还是俄罗斯,持续的战争冲突并非两方的最优解。对于美国,在持续战争中,首先没有欧洲方面关于能源的直接困扰,其次还能替代俄罗斯成为欧洲能源的供给方,因此也不难理解其"拱火"的态度。由此看,持续战争的可能性会受到俄罗斯和欧洲双方的压制。

从制裁方面看,即便冲突持续升级,西方国家对俄罗斯进行更严厉的制裁,直接涉及能源的制裁也不是欧洲愿意看到的,甚至不是美国愿意看到的。近几日西方国家宣布的制裁手段更多针对个人和局部地区,以及俄罗斯具体的金融机构等小范围的主体。即使是金融业制裁,美国也尚未使用 SWIFT 等手段来限制俄罗斯的美元结算和交易。

尽管在俄乌冲突升级的背景下,德国政府暂时停止北溪 2 号天然气管道的审批程序,但考虑到德国 4 000 万家庭中有一半使用天然气取暖,其中 97% 天然气需要进口,且北溪 1 号和 2 号管道都直接从波罗的海直接通向德国,绕开了路上的乌克兰、白俄罗斯、波兰等国家,安全性更高,因此这种暂停可能是暂时的。

(二) 对全球资本市场的影响

1. 短期:全球经济与资本市场波动。从短期看,俄乌局势对全球资本市场产生了情绪上的较大波动,全球范围的避险情绪高涨,全球权益市场普跌,2 月 24 日俄罗斯 MOEX 指数狂跌超过 45%,欧洲和美国股票市场也普遍明显下跌。由此看,多方共输的局面是所有人在短期内所担心的。俄罗斯由于制裁和出口的冲击更为直接,因此短期下行最多。

与此同时,避险资产明显上涨,伦敦现货黄金自 2022 年 1 月底以来已上涨超过 6.4%,超过 1 900 美元/盎司,是半年多以来的新高。美元作为避险货币,也一度走高。美元和黄金往往因为实际利率的波动而呈现反方向波动,近期则是避险情绪发挥了更大影响,使得两者产生了明显的同向变动。

2. 长期:全球经济与资本市场影响有限。从长期看,即便战争持续,其对资本市场的影响往往是有限甚至是反向的。以年度时间维度看,与俄罗斯相关的地缘冲突,往往在爆发当年影响国际油价上涨,第二年便在达到阶段性高点后持续回落。

黄金、美元等避险资产的长期表现也几乎与东欧地缘政治没有持续或明显直接的长期关联,以年度为单位的观察都反映了与石油相似的结论。

总结来看,不论是冲突还是战争,俄乌局势对全球大类资产的短期影响不可忽视,但长期不宜高估这种影响,在很多时候,类似冲突的长期影响有限甚至是反向的。

【思考题】

1. 评析国际上对操作风险进行界定的几种不同观点。
2. 分析操作风险的特性和形成原因。
3. 比较操作风险与信用风险、市场风险的区别和联系。
4. 简述各种操作风险衡量方法的内容。
5. 分析现代银行操作风险组织管理框架及基本的操作风险管理策略。

附录：操作风险管理与监管的稳健做法
巴塞尔银行监管委员会(2003年2月)

(一)营造适宜的风险管理环境

如果对操作风险不了解、欠管理(实际上存在于各种银行业务与经营活动中)，可能会导致部分风险不被识别而失控。董事会与高级管理层都有责任营造这样一种公司文化，即将有效的操作风险管理与坚持稳健的营运控制确立为重中之重。当一家银行的文化以高标准的道德操守严格要求各级管理者时，操作风险的管理才最为有效。董事会与高级管理层应通过各种活动和言语，努力促进这种公司文化的建立，使全体员工在从事银行业务中遵守统一的行为规范。

原则1：董事会应了解本行的主要操作风险所在，把它作为一种必须管理的主要风险类别，核准并定期审核本行的操作风险管理系统。该系统应对存在于本行各类业务中的操作风险进行界定，并制定识别、评估、监测与控制/缓释操作风险所应依据的原则。

这里所称的管理结构包括董事会和高级管理层。关于董事会和高级管理层的职能，各国的立法和管理框架存在重大差异。在某些国家，董事会主要(如果不是全部)负责监督执行机构(高级管理层、一般管理层)，以确保后者完成任务。由于这个原因，在某些情况下，它被称为监事会，这就是说董事会没有行政职能。在其他国家，董事会职权较广，负责制定银行管理层的整体工作框架。由于这些差异，本文中使用的术语"董事会"和"高级管理层"，并不是去确定它们的法律结构，而是把它们当做一家银行的两个决策职能机构。

董事会应批准在全行范围内采用操作风险管理系统，并将操作风险作为一种主要风险来管理，以确保银行的安全与稳健。董事会应为高级管理层就这些原则制定明确的指引，并核准其拟定的相应政策。

操作风险管理系统应建立在对操作风险的适当定义之上，该定义应列明本行操作风险的具体构成。该系统应通过制定具体的风险管理政策、操作风险管理行动的先后顺序(包括向银行外转嫁操作风险的程度和方法)，以阐明本行对操作风险的喜好和容忍度。该系统还应包括具体的政策规定，列明本行识别、评估、监测和控制/缓释风险的方法。一家银行操作风险管理系统的规范与复杂程度应与其风险状况相称。

董事会应负责建立一个能够有效执行操作风险管理系统的管理架构。由于操作风险的管理在很大程度上依赖于内控的完善与否，因此董事会应对管理层的职责、权限与报告制度做出明确的规定，这一点至关重要。此外，操作风险控制、业务操作和后台服务等部门间的职责与报告渠道也应分离，以避免出现利益冲突。管理系统还应在关键程序上做出明确规定以便于操作风险的管理。

董事会应对本行的操作风险管理系统进行定期检查，以应对由于外部市场变化和其他环境因素导致的操作风险,以及与新的产品、业务、系统相关的操作风险。检查的另一目的在于,探寻适宜本行业务、系统和程序的操作风险管理的最佳业界做法。如有必要,董事会还可根据相关分析对本行的操作风险管理系统进行修订,以便将主要操作风险纳入管理系统之中。

原则2:董事会要确保本行的操作风险管理系统受到内审部门全面、有效的监督。内审部门必须拥有一支独立运作、训练有素、业务精良的内审队伍。内审部门不应直接负责操作风险的管理。

银行应有完善的内审制度,以使本行的经营方针和各项规章制度得以有效实施。董事会应(直接地或通过审计委员会间接地)确保审计的范围、频度与本行的风险状况相适应。内审部门应定期检查本行的操作风险管理系统是否由上至下得到有效贯彻。

由于内审部门负责对操作风险管理系统的监督,因此董事会必须确保审计部门的独立性。如果内审部门直接参与到操作风险的管理过程中去,其独立性就会大打折扣。内审部门可以向操作风险管理人员提供有价值的意见,但本身不应直接负责操作风险的管理。委员会发现,在现实情况中,有些银行(特别是小银行)的内审部门可能会负责最初阶段的操作风险管理方案的制定。如有银行存在这种情况,应将操作风险的日常管理职能及时从内审部门转移出去。

原则3:高级管理层应负责执行经董事会批准的操作风险管理系统。该系统应在银行内各部门得以持续的贯彻执行,并且各级员工也应了解自己在操作风险管理中的责任。高级管理层还应负责制定相关政策、程序和步骤,以管理存在于银行重要产品、活动、程序和系统中的操作风险。

管理层应将董事会建立的操作风险管理系统转化成为具体的政策、程序和步骤,以便于不同业务部门贯彻落实和对照检查。虽然各级管理者要在各自的权限内负责相关政策、程序、步骤和监控的适宜性与有效性,高级管理层必须对各职能部门的责权关系和上下级报告关系做出明确的界定,以使各部门对自身的权限与职责始终保持清晰的认识,并调动足够的资源对操作风险进行有效的管理。此外,高级管理层在对风险监控程序的适用性进行评估时,还应将各部门业务政策本身所固有的风险纳入考虑范围之内。

高级管理层应确保本行的业务经营是由一批拥有必要的经验、技能和资源的称职员工来承担,而且负责本行风险监控与合规性检查的员工必须拥有独立于其所监控部门的权力。管理层应确保所有在存在重大操作风险的岗位工作的员工都清晰了解本行的操作风险管理政策。

高级管理层应确保负责操作风险管理的员工与负责信贷、市场和其他风险的员工,以及本行内诸如负责购买保险和联系外包业务的人员进行有效的沟通,否则很可能会导致全行风险管理出现真空或职责重叠。

高级管理层要确保银行的薪酬政策与其对风险的喜好相适应。鼓励员工偏离既定政策(如超过规定的限额)的薪酬制度会弱化银行的风险管理过程。

对文件控制质量和交易处理方式也需特别注意。有关政策、程序和步骤(特别是与支持巨额交易量的先进技术相关的),必须形成书面文件并传达到所有相关员工。

(二)风险管理:识别、评估、监测和缓释/控制

原则4:银行应该识别和评估所有重要产品、活动、程序和系统中固有的操作风险。银行还应该确保在引进或采取新产品、活动、程序和系统之前,对其中固有的操作风险已经经过了足够的评估步骤。

风险识别对后续开发可行的操作风险监测和控制系统至关重要。有效的风险识别要同时考虑内部因素(例如银行的结构、银行业务的性质、银行人力资源的素质、组织机构的变化、员工的流动性)和外部因素(如行业的变化和技术的进步),这些因素可能对银行目标的实现造成重大不利影响。

在识别绝大多数潜在不利风险的同时,银行还应该评估自身对这些风险的承受能力。通过有效的风险评估,银行可以更好地掌握其风险状况和最有效地使用风险管理资源。

银行用于识别、评估操作风险的工具可能包括:

自我或风险评估:银行对其经营和业务中一系列可能的潜在操作风险进行评估。这一过程属于内部驱动并且经常通过列出清单或使用工作组的形式来识别操作风险环境的优劣。例如,记分卡把定性评估转换成定量指标,这样就可以对不同的操作风险类别进行相对排序。某些分数对应的风险可能仅与某类特别业务系列有关,而另一些分数可能对应许多类业务系列的风险。分数可能根据固有风险来定,也可能根据缓释风险的控制措施来打分。另外,银行可以用记分卡(即根据各部门在管理和控制各类操作风险方面的业绩),来决定经济资本的分配。

风险对应关系:在这一过程中,各业务单位、机构职能部门或程序流程都与风险类别之间建立起对应关系。这一行动可以暴露弱点所在,并且有助于突出后续管理行动的重点。

风险指标:风险指标是指用来考察银行的风险状况的统计数据/指标(通常是财务方面的)。对这些指标要进行定期(逐月或逐季)审查,以提醒银行有关风险可能的变化。这些指标可能包括:失败交易的次数、员工流动比率、错误和遗漏的频率和严重程度。

计量:一些公司已经开始使用许多方法来量化其操作风险程度。例如,银行历史损失记录的数据可以用于帮助评估银行蒙受操作风险的程度以及开发缓释/控制风险的政策。充分利用这些信息的有效方法之一是建立一种制度来系统跟踪和记录每项损失事件的频率、严重性和其他相关信息。一些公司还合并使用内外部损失数据、方案分析和风险评估因素。

原则5:银行应该制定一套程序来定期监测操作风险状况和重大损失风险。对积极支持操作风险管理的高级管理层和董事会,应该定期报告有关信息。

一套有效的监测程序对充分管理操作风险至关重要。定期监测行为有利于快速发现并且纠正管理操作风险的政策、程序和步骤中的缺陷。迅速发现和处理这些缺陷可以大大减少损失事件的频率和/或严重程度。

除监测操作损失事件外,银行应该明确适当的指标,以便为将来损失增大的风险提供早期预警。这样的指标(通常被称为关键风险指标或早期预警指标)应该具有前瞻

性,并且可以反映操作风险潜在的缘由,例如快速增长、推广新产品、员工流动、交易中断、系统检修等。如果这些指标都设有门槛值,那么一套有效的监测程序可以帮助明确识别各项重大风险,并且促使银行对这些风险采取适当的行动。

监测的频度应该反映所包含的风险以及操作环境变化的频率和性质。监测应该是银行业务活动的不可分割的一部分。这些监测活动的结果应该写入定期的管理层和董事会报告之中,就好比内部审计和/或风险管理职能部门进行合规性检查一样。由监管当局撰写的报告内容应包括监测方面的情况,并且如果适宜的话,应该内部抄报给高级管理层和董事会。

各业务单位、集团内职能部门、操作风险管理办公室和内部审计等相关机构应该定期向高级管理层呈送报告。操作风险报告内容应该包括内部财务、操作和合规性数据,以及有关决策的事件和情况的外部市场信息。报告应该分发给相应的各级管理层以及可能受到影响的银行内有关单位。报告应该充分反映所有识别出的问题,并且应该提议对突出的问题及时采取纠错行动。为了确保这些风险和审计报告的有效性和可靠性,管理层应该定期核实报告制度和内部控制在总体上的及时性、准确性和相关性。管理层还应该使用外部人员(审计师、监管者)撰写的报告,以便评估内部报告的有效性和可靠性。对报告要进行分析,以便改善目前的风险管理业绩以及开发新的风险管理政策、步骤和做法。

一般说来,董事会应该收到足够的高层信息以便使他们了解银行的整个操作风险状况并专注于重大和具有战略意义的业务。

原则6:银行应该制定控制和/或缓释重大操作风险的政策、程序和步骤。银行应该定期检查其风险限度和控制战略,并且根据其全面的风险喜好和状况,通过使用合适的战略,相应的调整其操作风险状况。

控制行动针对的是银行已经识别出的操作风险。对于所有已经被识别的重大操作风险,银行应该决定是采用合适的步骤来控制和/或缓释风险,还是忍受风险。对于那些不能控制的风险,银行应该决定是否接受这些风险,减少相关业务活动程度,或完全停做此类业务。银行应该制定控制程序和步骤,并且制定一套书面的制度以确保遵循有关风险管理系统的内部政策。原则要素可以包括如下:

- 高层审查银行朝着预定目标进展的情况。
- 检查遵守管理控制措施的情况。
- 审查、处理和解决违规问题的有关政策、程序和步骤。
- 确保有一套责任明确的、成文的审批和授权制度。

虽然一整套书面正式的政策和步骤很关键,但是更需要一种强有力的促进稳健风险管理的控制文化。董事会和高级管理层都有责任建立强有力的内部控制文化,因为控制措施是银行正常业务活动不可分割的一部分。控制措施与正常业务活动的有机结合可以使银行对变化的情况做出快速反应,并且避免发生不必要的成本。

一个有效的内部控制系统还要求职责的适当分解,而且在划分责任时应避免利益冲突。如果职责划分给某些个人或一个小团体时出现利益冲突,这些人就可能会隐藏损失,发生错误或不当行为。因此,潜在的利益冲突领域应该被识别、减少,并要经受独立的认真监测和审查。

除了职责分解之外,银行还应该确保制定了其他内部做法来适当控制操作风险。这些做法的实例包括:
- 密切监测遵守指定风险限度或门槛的情况。
- 对接触和使用银行资产的记录进行安全防卫。
- 确保员工拥有适当的技能和培训。
- 识别某些回报似乎与合理预期不符的业务系列或产品(例如,某种低风险、低收益的交易活动出现高回报,就要怀疑是否如此回报的取得源自内部控制违规)。
- 定期对交易和账户进行复核和对账。

最近几年,因为没有执行此类做法,已经导致某些银行发生了重大的操作风险损失。

操作风险更加明显的领域包括:银行从事新业务或开发新产品(特别是这些业务活动或产品与银行的核心业务战略不符)、进入不熟悉的市场、在远离总部的地区从事业务。在上述情况中,公司没有保证其风险管理控制设施跟上业务活动的增长速度。近几年发生的几起金额最大、影响最广的损失事件或多或少地存在上述情形。因此,银行必须确保:如果此类情形存在,则要特别关注内部控制行为。

一些重大操作风险发生的概率虽低,但潜在的财务影响非常大。而且,并非所有的风险事件都能够被控制(如自然灾害)。风险缓释工具或方案可以用来减少此类事件的风险、频率和/或严重性。例如,对那些具有迅速并且明确的支出特点的业务,保险单可以用来转嫁低频率、很严重的损失风险,而这种损失风险可能是由于错误和遗漏、证券的有形损失、雇员或第三方欺诈以及自然灾害而引起的第三方索赔。

然而,银行只能把风险缓释工具作为补充手段,而不能代替全面的内部操作风险控制。建立快速识别和纠正操作风险错误的机制可以大大地减少风险。还应该认真考虑风险缓释工具(诸如保险)真正减少风险、把风险转嫁到其他业务或领域甚至产生一种新风险(如法律风险或交易对手风险)的程度。

对适当的处理技术和信息技术安全进行投资,对于风险缓释也很重要。然而,银行应该明白,自动化增加可以把高频率、低数额的损失转换为低频率、高数额的损失。后者的原因可能是由内部因素或超出银行直接控制的因素(如外部事件)造成的损失或长时间的服务中断。此类问题或许给银行造成严重困难,并且可能损害一家机构从事主要业务活动的能力。正如下面原则7所讨论的,银行应该建立灾难恢复和业务连续方案来应对这种风险。

银行应该制定政策来管理与外包行为有关的风险。业务外包可以减少机构的风险状况,因为它可以把相关业务转给具有较高技能和规模的其他人来管理。然而,银行借助第三方的力量并不能减少董事会和管理层确保第三方的行为安全稳健并且遵守相关法律的责任。业务外包应该有严谨的合同和/或服务协议做基石,以确保外部服务提供者和银行之间责任划分明确。而且,银行需要管理与外包安排有关的后续风险,包括服务中断。

根据业务活动的规模和性质,银行应该了解任何潜在缺陷对其经营和客户的潜在影响,这种缺陷是指供应商和其他第三方或集团内部服务供应者提供服务的缺陷,包括营业中断和潜在的业务失败或外部合同方违约。董事会和管理层应该确保各方的期望和义务规定明确、理解无误并且具有可操作性。外部供应方的责任限度以及因其错误、疏忽和其他操作失败而对银行进行财务补偿的能力应该被明确地列入风险评估的一部分。银行应该进行初始尽职测试并且监测第三方供应商的业务(特别是那些缺乏银行业规范环境从业经验的),银行还应该定期审查这一过程(包括尽职重估)。对于关键业务,银行可能需要考虑应急方案,包括外部替代方的可行性以及可能在短期内转换外部合同方所需要的资源和成本。

在某些情况下,银行可以决定是否保留一定水平的操作风险或自我防范那种风险,如果风险重大,那么保留或自我防范风险的决定在机构内应该是透明的,并且与银行的整体业务战略和对风险的喜好相吻合。

原则7:银行应该制定应急和连续营业方案,以确保在严重的业务中断事件中连续经营并控制住损失。

由于存在银行不可控制的因素,当银行的物资、电信或信息技术基础设施严重受损或不可用时,可能导致银行无力履行部分或全部业务职责,结果给银行带来重大经济损失,或通过诸如支付系统等渠道而造成更广的金融系统瘫痪。这种可能性的存在要求银行建立灾难恢复和业务连续方案,即考虑银行可能遭受的各种可能的情形,方案还应该与银行经营的规模和复杂性相适应。

银行应该识别那些对恢复服务至关重要的关键业务程序,包括那些依赖外部供应商或其他第三方的业务。对于这些程序,银行应该明确在中断事件中恢复服务的替代机制。应该特别关注恢复电子或物理记录功能,因为这是恢复业务必备的。如果这样的记录是由非现场设施进行数据备份的话,或当银行的营业必须搬迁到一个新地点时,要注意这些地点与受到影响的营业保持足够的距离,以便减少主要记录及设施与备份同时瘫痪的风险。

银行应该定期检查其灾难恢复和业务连续方案,以保证与其目前的经营和业务战略吻合。而且,对这些方案要进行定期测试,以确保银行在低概率的严重业务中断事件发生时能够执行这些方案。

(三)监管者的作用

原则8:银行监管者应该要求所有的银行(不管其大小)制定有效的制度来识别、评估、监测和控制/缓释重大操作风险,并且作为全面风险管理方法的一部分。

监管者应该要求银行开发操作风险管理系统,并遵循本文中的指引且与银行的规模、业务复杂性和风险状况相适应。考虑到操作风险对银行的安全与稳健构成威胁,监管者有责任鼓励银行开发和使用更好的技术来管理这些风险。

原则9:监管者应该直接或间接地对银行有关操作风险的政策、程序和做法进行定期的独立评估。监管者应该确保有适当的机制保证他们知悉银行的进展情况。

监管者独立评估操作风险的内容应该包括:

- 银行风险管理程序的有效性,以及有关操作风险的全面控制环境。
- 银行监测和报告其操作风险状况的方法,包括操作风险损失数据和其他潜在操作风险指标。
- 银行及时有效解决操作风险事件和薄弱环节的步骤。
- 银行为保证全面操作风险管理程序的完整性所需的内控、审查和审计程序。
- 银行努力缓释操作风险的效果,例如使用保险的效果。
- 银行灾难恢复和业务连续方案的质量和全面性。
- 银行根据其风险状况和其内部资本目标(如果适合的话),评估操作风险的整体资本充足率水平。

如果银行是一家金融集团的一部分,监管者应该努力确保它已经制定了一些步骤来保证操作风险的管理适宜于整个集团并且得到有机结合。在执行此类评估时,有必要根据现有步骤与其他监管者进行合作和信息交流。一些监管者或许会选择外部审计师来完成这些评估程序。

监管检查中发现的缺陷应该通过一系列行动来处理。监管者应该挑选最适合银行特殊情况和经营环境的工具。为了使监管者及时收到有关操作风险的信息,可以提出直接与银行和外部审计师建立报告机制(例如,银行内部有关操作风险管理的报告可以定期呈送监管者)。

考虑到目前许多银行的操作风险综合管理程序还处于制定之中,监管者应该积极鼓励持续的内部开发努力,并且监测和评估银行的近期进展和未来的制定计划,对各银行的努力进行比较并且反馈给各银行来改进各自的工作。而且,如果发现某些开发努力效果不佳的原因属实,应对这样的信息进行归纳总结以供计划制定之用。此外,监管者应该集中关注银行在操作风险管理过程中与组织机构有机结合的程度,以确保有效的业务系列操作风险管理,保证交流畅通并且责任明确,鼓励积极的自我评估当前做法和思考可能的风险缓释良策。

(四)信息披露的作用

原则10:银行应该进行足够的信息披露,允许市场参与者评估银行的操作风险管理方法。

委员会认为,银行对公众进行及时和经常的相关信息披露,可以提高市场约束力,并且促成更加有效的风险管理。信息披露数量应与银行经营的规模、风险状况和复杂性相适应。

操作风险的披露领域目前尚未规定好,主要是因为银行还正在开发操作风险评估的技巧。然而委员会认为,一家银行应该对其操作风险管理框架进行一定的披露,并且足以使投资者和交易对手判断这家银行是否有效地识别、评估、监测和控制/缓释操作风险。

流动性风险管理

【学习要点】

1. 流动性风险的内涵、类型和形成原因
2. 流动性风险的识别和测量方法
3. 流动性风险管理理论发展的不同阶段和特点
4. 流动性风险管理的基本策略

【导引阅读】

为什么社会融资增长带不动 M1[①]

狭义货币 M1 的主要构成是企业活期存款,而企业活期存款只有两个来源:企业负债增加和企业营收增加,因此,M1 成为反映企业部门和整个经济活跃度的关键指标。

2022 年 1 月份宏观金融数据的一个突出特点是社会融资大幅反弹与狭义货币 M1 负增长。累计新增社会融资从去年 3 月到 12 月的负增长变身为今年 1 月份高达 19% 的正增长,但与此同时,1 月份狭义货币 M1 录得历史上首次负增长。M1 负增长说明企业部门负债动力依然很弱,同时,企业部门营收还在减少,整个经济依然处于探底的过程。

社会融资增长带不动 M1 并非今年 1 月份才发生的新现象,2017 年以来就一直存在。将 2004 年以来的数据分为两个时间段,第一个时间段是 2004 年 1 月至 2016 年 12 月,第二个时间段是 2017 年 1 月至 2022 年 1 月。观察两个时间段的数据可以发现,在第一个时间段,累计新增社会融资同比与 M1 同比存在明显的正相关关系,社会融资增速加快通常对应着 M1 增速加快;在第二个时间段,两者的关系明显弱化,2017 年以来社会融资平均增速超过了 14%,但 M1 平均增速仅为 7%。

社会融资增长之所以带不动 M1,第一个原因是企业部门一直在去杠杆,企业自身的负债动力很弱。

[①] 资料来源:殷剑峰. 为什么社会融资增长带不动 M1. 首席经济学家论坛,2022-02-23。

如果不考虑疫情冲击的影响,2017年以来中国总体的杠杆率都处于稳中有降的状态。刚刚过去的2021年更是大幅去杠杆的一年,居民、企业、地方政府和中央政府四大部门加总的宏观杠杆率为270%,比2020年下降了7个百分点,去杠杆的力度为过去十年罕见。在四大部门中,企业部门是去杠杆力度最大的部门。2017—2019年的企业杠杆率水平都低于2016年,在2020年疫情冲击导致的被动加杠杆之后,2021年企业部门的去杠杆再次成为宏观杠杆率下降的最主要因素。2021年企业部门负债增速逐季回落,全年企业部门杠杆率较2020年下降了8个百分点,已经回落到接近2015年的水平。

从社会融资的结构看,由于企业负债动力弱,占比最大的贷款增速低于整个社会融资增速。从2017年1月至2022年1月,贷款平均增速只有11%,比社会融资平均增速低3个百分点。2022年1月份贷款增速下降至不到10%,比大幅增长的社会融资增速低9个百分点。虽然1月份企业债券发行同比增速高达48%,但企业债券在新增社会融资中的比重不到10%,无法抵消贷款增速的下滑。

社会融资增长之所以带不动M1,第二个原因是其他部门通过负债来增加支出的动力减弱,从而使得企业营收难以增加。

先看地方政府。2017年以来,地方政府负债动力同样较弱,并且负债中很大一部分是用于借新还旧,而不是产生新的支出。2017—2019年地方政府杠杆率保持稳定,在2020年疫情冲击导致的被动加杠杆之后,2021年杠杆率上升的幅度下降。在增速明显放缓的同时,地方政府债券中用于借新还旧的部分明显上升。在2021年新发行的地方政府债券中,再融资债券的发行占比高达42%,为历年最高。城投债券的增量较高,2021年全年新增2.4万亿元,较2020年增量高出近6 000亿元,但城投债券的增速较往年有所下降,而且,用于借新还旧的比例也很高。

再看居民部门,这是2017年以来加杠杆的主要部门。与2016年相比,2020年居民部门杠杆率上升了16个百分点。2021年,居民部门全部负债的增速逐季回落,全年杠杆率基本维持在2020年的水平——这是2008年以来居民部门首次停止加杠杆。从居民部门负债的工具结构看,由于对小微贷款的鼓励政策,各季度经营贷款增速基本保持稳定,全年中长期经营贷款和短期经营贷款的同比增速分别为19.8%和18.4%,大幅高于消费贷款增速。各季度中长期消费贷款和短期消费贷款增速逐季回落,至年底分别为11.6%和6.6%。

居民部门停止加杠杆的首要原因当然是房地产政策的紧缩,这使得中长期消费贷款增速下降。短期消费贷款增速的更快下滑则反映了居民收入和就业压力上升。2021和2020两年城镇居民平均收入增速仅为5.8%,较2019年下降了近2个百分点。同时,由于对教育培训行业、互联网平台、房地产和高耗能企业的严厉整顿,相关从业者特别是青年群体就业压力骤增。在收入下滑和失业增加的情况下,2021和2020两年社会消费品零售总额平均增速不到4%,低于2019年的6%。

后续M1能否尽快见底回升,其一取决于政府部门负债能否继续保持增长,并且负债中用于新增支出而不是借新还旧的比重能否上升;其二取决于企业部门负债动力能否增强。我们已经看到,企业部门负债动力弱不是短期现象,2017年以来就一直存在,这种现象的背后是宏观上的资本边际报酬过低。

采用多种方法计算表明,随着人口和劳动力增速的持续下滑,中国的资本边际报酬近年快速下降。在最好的情况下,中国的资本边际报酬已经下滑到大体相当于美国的水平;在最坏的情况下,更是接近发达国家中表现最差的日本。然而,在资本边际报酬大幅下降的同时,中国的名义利率和真实利率比其他国家高很多。以中美十年期国债收益率为例,中国的名义收益率比美国高2个百分点左右,由于中国的CPI只有0.9%,美国高达7%,中国的真实利率为2%左右,美国真实利率为负值。日本虽然也是CPI通缩,但其长期优惠贷款利率自2016年以来仅为不到1%。

总之,企业负债动力弱,归根到底是因为宏观上的投资回报太低、利率太高,因而降准已经没有用处,经济起底回升一看财政支出,二看央行能否大幅降息。

流动性指的是金融资产在不发生损失的情况下迅速变现的能力,它要求的是经济主体在任何情况下所具有的其资产随时变现或是从外部获得可用资金的能力。流动性风险往往是市场风险、信用风险和操作风险等其他各种风险的最终表现形式,而且在很多时候会更加凶险,甚至单个商业银行流动性风险的持续恶化都可能演变成为整个金融系统的流动性危机。同盈利性一样,流动性要求不是金融机构所独有的,所有工商企业甚至政府、居民都有流动性要求,只是相比之下,金融机构的流动性要求显得更为重要。鉴于此,金融机构(特别是在混业经营趋势下具有典型意义的商业银行)的流动性风险及其管理便成为本章探讨的中心。

第一节 流动性风险的概念、来源

一、流动性和流动性风险的概念

(一)流动性

流动性一词是外来的金融术语,因流动性问题对金融机构(特别是对银行)具有十分重要的意义而被引了进来。

关于流动性(Liquidity)主要有两种不同理解:一是筹资流动性(Fund Liquidity),也称为现金或负债流动性(或资金流动性和机构流动性),主要描述金融机构满足资金流动需要的能力。某一业务具有流动性指其产生的现金流能够满足支付要求。它不仅包括现实的流动性,即实际拥有的支付能力及将资产变现的能力,而且还包括潜在的流动性,即经济主体采用各种融资方式、金融工具从居民、同业、金融市场等渠道获得现金用于支付的能力。二是市场流动性(Market Liquidity),也称产品或资产流动性,主要指金融资产在市场上的变现能力,即市场上金融资产与现金之间转换的难易程度。如果交易者能够按有利的价格迅速完成一定量的某种资产的交易,就表明市场流动性好。流动性由资产的流动性和负债的流动性两个方面构成。资产的流动性是指现实资产在不发生损失或少发生损失的情况下迅速变现的能力,负债的流动性是指资金需求主体以较低的风险、最合理的成本通过负债手段随时获得所需要资金的能力,故大多是潜在的、可能的,其面对的不确定因素更多,从而使不同的经济主体以及同一经济主体在不同时点获得负债流动性的能力可能大相径庭。当然,流动性是以机会成本为代价的,流动性越强,机会成本越高,资产的收益率就越低。

（二）流动性风险

金融机构的流动性风险是指由于流动性不足而导致资产价值在未来产生损失的可能性。负债方面的流动性风险要求银行能随时满足存款人提现或投资者收回投资的需求,资产方面的流动性要求金融机构能随时满足借款人融通资金和正当的贷款需求。如果不能随时满足这两方面的需求,就会出现流动性风险。流动性风险是由资产和负债的差额及期限差异引起的,当负债大于资产时便出现资金盈余,这种情形不会产生流动性风险,但可能产生利率风险,因为对盈余资金进行投资的收益是不确定的;当资产超过负债时便会出现资金紧缺,此时就产生了流动性风险,金融机构存在无法从市场获得流动性以及为满足资金需要必须支付比正常成本高的成本风险。

银行客户提取存款一般有两种情况:一种是客户根据日常需要的常规性提取现款,或是为弥补同其他银行的清算差额而提存,这两种提取和支付是有规律性的,能够精确地预计和做好安排;另一种情况是客户突然大量提款,这是难于预料的。对公存款给银行带来的风险恰恰是第二种情形,当银行由于企业存款利率及期限结构不合理而不能对这种不确定的提款行为采取有效的应对时,挤兑行为就会因此发生,其后果的严重性将直接引发银行的信用危机,使银行面临倒闭的风险。

金融机构面临两类流动性风险:一种与特定的产品或市场相关,另一种与金融机构的总体资金状况相关。前者指由于不充足的市场深度或由于市场流动性的中断,而不能或不易以原市场价或与之相近的价格对冲某一头寸的风险;后者指它不能在清算时履行付款义务或支付保证金的风险。金融机构面临流动性风险往往意味着其持有的资产流动性差和对外融资能力枯竭。如果金融机构没有足够的现金支付到期的债务,就会被迫出售资产;如果资产的流动性差,该资产就很难以正常的价格出售,金融机构会因此遭受损失;如果金融机构根本无法出售资产,它就必须依赖对外融资来支付到期债务;如果金融机构的对外融资渠道也丧失了,那么该金融机构就会因无法履行到期债务而被宣布破产。1990年2月,Drexel Burnham Lambert 的倒闭就是一例。当时由于该机构持有流动性极差的资产,而且外部融资能力枯竭,所以尽管其持有的流动性差的资产的预期未来收益率很高,但不能满足存款人提现需要而被宣布倒闭。从总体上讲,金融机构的流动性与风险性是相互统一的关系,流动性越强,风险性越小;流动性越差,风险性越大。

二、流动性风险的来源

金融机构流动性风险的来源可分别从内部和外部两方面来探讨。

（一）流动性风险的内部来源

1. 金融机构资产负债结构的影响。金融机构不同于工商企业的重要特征之一是其高资产负债率,正是这一特征导致了金融机构流动性风险始终处于重要的地位。以商业银行为例,商业银行的资产主要包括四大类,即现金资产、贷款、证券投资和固定资产,对流动性风险影响较大的主要是前三类资产。商业银行的负债主要是由存款和借入款组成,其稳定性的强弱决定了银行是否需要将资产变现或借入其他负债以维持流动性。资产结构和负债结构及资产负债总量的对应变动成为影响流动性风险的主要因素。如果商业银行在不能保证有稳定的资金来源的情况下,盲目扩大资产规模,特别是盲目扩大长期资产规模,必然导致风险资产权重的增加,引发流动性风险甚至流动性危机。同样,如果把大量的短期资金来源用于长期投资,则必然加重流动性风险。在资产负债对应关系方面有效回避流动性风险的方法,是实行资产负债比例、总量的平衡,即在资产和负债两个方面各自保持合理比例的基础上,使资产规模符合负债的量的限度。

2. 决策者的经营思想和行为的影响。一般来说,金融企业盈利性与流动性成反比,资金流动性强,那么盈利性就差,反之,资金的流动性差,盈利性就相对好。金融企业决策者的经营思想和行为如果注重盈利性,那么流动性就会较差,反之亦然。

3. 金融企业信誉的影响。金融企业信誉好,对客户能提供较高质量的多方面服务,从而使客户对金融企业信任感增加,其资金流动性会增强;相反,如果金融企业不讲信誉,长期贷款要短期收回,活期存款不能随时支取,那么必然引起客户的不信任,其资金流动性会减弱。

4. 资产质量的影响。资产质量好,有足够的资产准备,资产结构合理,资产变现能力强,那么流动性就会好。相反,如果呆滞资产多,现金资产和短期有价证券保持不多,金融企业的总储备(一级准备加二级准备)不足,长期贷款、长期投资所占比重过多,资产变现能力极为缓慢,或要有大的损失才能变现,在这种资产质量情况下,流动性就会差。

5. 负债结构的影响。金融企业负债结构合理,能保持较多的可以随时取得的主动型负债,如向中央银行借款,同业拆借,发行大额可转换定期存单、金融债券等,那么流动性就好。相反,金融企业负债不合理,很少甚至没有保持可以随时提取的负债,定期存款和长期借款比重较多,那么流动性就差。

6. 其他业务的影响。除资产与负债业务外,金融企业还有中间业务。由于中间业务范围广,经营品种不同,期限也有长短之分,因而对金融企业流动性有不同方面的影响。

(二)流动性风险的外部来源

流动性风险的外部来源包括以下方面:

1. 中央银行政策的影响。中央银行的金融政策与商业银行的流动性风险之间有着密切的关系。中央银行的金融政策主要是靠货币政策来表达,货币政策是经济政策的重要组成部分,一般包括政策工具、中介工具和最终目标几个方面,是中央银行为实现特定目标而采取的各种控制、调节货币供应量或信用总量的方针、政策、措施的总称。中央银行主要通过公开市场操作、存款准备金、贴现率等间接调控手段作用于货币政策的中间目标——货币供给量和利率,进而影响和调节货币政策的最终目标。当中央银行采取扩张性货币政策时,商业银行较容易获得资金,客户的贷款要求容易得到满足,社会信用增加,流动性风险基本上不会发生。此时商业银行面临的不是流动性问题,而是如何运用资金进行盈利的问题。如果中央银行采取紧缩性政策,商业银行向中央银行的借款数额受到控制,整个社会货币数量和信用总量减少,资金呈紧张趋势,存款数额减少,挤兑的可能性增加,贷款的需求量很高,商业银行无法筹集到足够的资金满足客户的需求,造成收益损失,此时,商业银行的管理重点是满足流动性需求、避免流动性风险。

2. 金融市场发育程度的影响。金融市场的发育程度直接关系到商业银行资金的变现能力和主动取得负债的能力,从而影响商业银行流动性风险的大小。商业银行的流动性来源于资产和负债两个方面。从资产方面看,短期证券和票据是商业银行保证流动性需求的工具,当第一准备不够充足时,商业银行就要抛售一部分短期证券和票据来获得流动性。这种抛售行为必须以发达的金融市场为前提。如果金融市场不完备,证券和票据就不能以合理的市场价格买卖,就会加大交易成本。从负债方面来看,金融业务创新为商业银行大量吸收资金和不断获得流动性提供了多种手段。伴随着负债业务的多样化,负债业务的二级市场也日趋完善,这不仅会促进一级市场的发展,而且会为商业银行随时获得流动性开辟途径。比如,大额可转让定期存单的盛行,就是因为它有一个完备而发达的二级市场。

3. 客户信用风险的影响。商业银行向客户贷款的主要目的是为了盈利,但也是有风险的。这些风险有些来自客户的经营不善,有的来自银行决策失误,也有的是客户恶意欺诈骗取贷款。信用风险一旦发生,直接后果就是贷款本息无法按期收回,银行遭受损失。商业银行在进行资产运用时,一般根据资产负债结构对应管理的原则,将未来资金的收回纳入流动性计划,即将贷款的收回纳入流入计划,并运用于偿还债务或重新安排投资。信用风险的发生破坏了流动性的良性循环,扰乱了商业银行的资金运用计划,引发流动性危机。信用风险对流动性的影响还在于贷款本身的流动性差,缺乏活跃的二级市场。因此,贷款一旦贷放出去,即使银行预见到风险的存在,也无法在到期前出售或转让贷款,只能寄希望于客户境况的好转,此时银行失去了回避风险的主动权。总之,信用风险的防范与化解过程也就是流动性风险的防范与化解过程。

4. 利率变动的影响。如果商业银行处于利率管制较松的金融环境中,利率的波动会对商业银行的流动性风险产生很大的影响。从流动性的需求方面来看,当预期利率上升时,商业银行的存款额必然呈上升趋势,而对贷款的需求会因为利率的提高而减少。短期证券的收益率会因存款利率的上升而下降,投资短期证券不再有利可图,整个社会的投资会因此而萎缩。在这种条件下,商业银行的资金很宽裕,各种资产不会产生流动性压力。从流动性的来源方面来看,当预期利率上升时,因利率敏感性资产和负债的结构差异,会产生两种情况:若利率敏感资产大于利率敏感负债,即敏感缺口为正值,那么在资产与负债到期或重新定价时,资产的收益会大于负债的成本,导致现金的流入量大于流出量,这就会提供相当多的流动性;若此时利率敏感资产小于利率敏感负债,即敏感缺口为负值,那么在资产与负债到期或重新定价时,资产的收益会小于成本,导致现金的流入量小于流出量,其后果是,虽然对流动性的影响不大,但会直接减少当期的利息收入,使盈利减少。综合以上情况,当预期利率上升时,流动性充足,不会发生流动性风险。唯一的问题是把闲置资金投资于中、长期资产会使收益增加。此时,商业银行的管理重点应侧重于投资、放宽和盈利性管理。

但当预期利率下降时,正好出现相反的情况。这时商业银行的存款会因为社会投资和消费过度膨胀而急剧下滑,存款余额的急速减少迫使银行必须调动一切可利用的流动性,包括动用第二准备金和出售资产。更为糟糕的是,此时获得主动性负债的能力已经很小,资金来源相当紧张。社会对贷款的需求会因为投资过旺而成倍地扩大,商业银行会因不能贷款而失去盈利机会。短期证券因存款利率下降而提供了较高的收益率。但此时商业银行已很难再筹措到投资资金,这样流动性在需求方面产生了很大的缺口,流动性风险也就出现了。

第二节 流动性风险管理理论

在商业银行漫长的发展过程中,由于各个历史时期经营环境的变化及银行自身业务范围的拓展、业务种类的创新,流动性风险管理理论也经历了一个较长的发展演变过程。

在20世纪60年代,传统的商业银行奉行的是资产管理理论,该理论的主要思想是,银行能够主动加以管理的仅仅是自身的资产项目,而对负债的管理显得无能为力。负债管理理论兴起于20世纪50~60年代,该理论主张银行应该采取积极主动地资金借入,维持资产的流动性,以支持银行资产规模的扩张,获取高水平的利润。但是随着时代的发展,这一理论因缺乏对资产安全的足够重视而逐渐被淘汰,于是到了20世纪70年代,综合以上两种理论,资产负债联合管理理论应运而生。该理论认为,商业银行单靠对资产管理或单靠对负债进行管理都难以达到资产的安全性、流动性和盈利性三者的均衡。银行需要对资产、负债两方面的业务进行全方位、多层次的管理,保证资产负债管理结构调整的及时性、灵活性,并最终实现其资产流动性的供给能力。20世纪80年代末,在各国放松金融管制以及金融自由化的背景下,金融业的竞争空前激烈,产生了资产负债表内表外统一管理理论,这实质上是资产负债管理理论的拓展和延伸。

一、资产管理理论

自1694年英格兰银行开业以来,直到20世纪60年代,西方商业银行在其发展过程中所强调的都是单纯的资产管理。就当时的实际背景来看,金融市场不发达,金融工具比较单一,而且金融机构仅以商业银行为主,使得社会上的盈余资金大多只能选择存入银行,这就为银行创造了相对稳定的资金来源。但是由于这些资金的性质主要是活期存款,而且银行扩大资金来源的自身能动性比较差,所以银行经营管理的重点主要是放在资产业务上。总的来看,资产管理理论主要经历了以下三个发展阶段。

(一)商业贷款理论

商业贷款理论(Commercial-loan Theory)又可以称为生产性贷款理论,是一种确定银行资金运用方向的理论。它是最早的资产管理理论,源于18世纪英国经济学家亚当·斯密的《国民财富的性质和原因研究》一书。该理论认为,由于商业银行的资金来源主要是活期存款,因此其资产业务应集中在短期自偿性贷款上面,即基于商业行为能自动清偿的贷款方面,以保持与资金来源高度流动性相适应的资产高度流动性,即应发放短期流动性较强的资金贷款。因为这类贷款随着商品存款的周转以及产销过程的最终完成,可以从其销售收入中得到偿还。这里短期自偿性贷款主要是指短期的工商企业的流动性资金贷款。

此外,该理论还强调,商业银行不宜发放中长期贷款,如基于此类的大型机械设备贷款、不动产贷款以及农业贷款等等。同时商业银行的放款行为要本着实际存在的商业行为为主的原则,即使要办理一项短期贷款业务,也一定要以真实交易为基础,要用真实商业票据作抵押,以防止银行贷款呆账、坏账的发生,确保资金的安全性。因此,该理论也被称为"真实票据论"。

1. 商业贷款理论的积极影响。商业贷款理论的产生,为现代商业银行经营理论确定了一些重要的原则,也为银行经营理念的后续发展带来了一定的积极影响。首先,该理论为银行保持资金的流动性与安全性找到了依据,它要求银行应该保持资金的高度流动性,以确保商业银行的安全性经营。该理论以真实交易作为银行放款的基础,当社会经济处于扩张时期,随着商品交易量的上升,银行的信贷规模会自动增加;当社会经济不景气时,由于生产投资量的收缩,银行的信贷规模也该自动减少。这样经济发展中产生的泡沫也就不会太大,从而在一定程度上抑制了通货膨胀的产生。其次,该理论强调资金运用应受制于资金来源的性质和结构,这一原则已经成为商业银行进行资金运用所遵循的基本原则。

2. 商业贷款理论的不足之处。随着社会发展和时代背景的变化,商业贷款理论的不足日见端倪,主要表现为:

(1)该理论忽视了贷款需求的多样化。前面提到,商业贷款理论不主张发放中长期性质的贷款,但是依据利率期限结构理论,利率与资金使用时间的长短应该保持着一定的正比例关系,即银行只发放短期自偿性贷款,就会把利润水平限定在一个较低的线位,也限制了银行自身规模的进一步发展。

(2)该理论没有认识到活期存款余额也有着一定的稳定性。生活中,我们都知道"续短为长"的原则。尽管活期存款由于具有随时提取的特性而流动性很强,但在其存款的差额之间,总会有一个相对稳定的余额。随着银行自身规模的扩大,余额数量也会增加,这部分资金用于发放长期贷款并不会影响到其流动性。

(3)该理论没有注意到贷款清偿的外部条件。贷款的性质固然会影响是否具有偿还能力,但外部宏观条件的变化也同样会使其清偿能力受到一定限制。短期贷款的流动性的确很强,可是否能自动偿还还要看由这笔贷款所支撑的商品的周转程度。如果经济处于扩张阶段,商品的销售情况好,贷款的清偿自然不成问题;一旦经济萧条,商品的流通渠道发生困难,短期贷款也难以自动清偿。也就是说,短期自偿性贷款的自偿能力只是相对的,不是绝对的。

(二) 资产转移理论

资产转移理论(Shiftability Theory)是美国经济学家莫尔默于1918年在其发表的

《商业银行及资本形成》一文中提出的。随着第一次世界大战后金融市场的不断发展与完善,金融资产的种类有了极大丰富,资产的流动性显著增强,尤其是短期证券市场的发展,为银行保持较高的流动性提供了新的途径。当时受凯恩斯主义的影响,政府大量发行债券以扩大投资,由于有国家信用的支撑,该类债券在二级市场上极易变现。与此相适应,资产转移理论应运而生。该理论认为,银行保持资产流动性的最好办法是持有可迅速变现的资产,只要这类资产具有较强的可转换性,就既保证了银行的流动性要求,又在一定程度上减小了因持有大量现金而带来的潜在的机会成本损失。

相比较而言,资产转移理论与商业贷款理论均强调银行保持资产流动性的重要性,所不同的是:资产转移理论找到了保持银行资产流动性的新方法,扩大了银行资产运用的范围,丰富了银行资产负债表的结构,突破了商业贷款理论拘泥于短期自偿性贷款资金运用的限制。但是,资产转移理论也存在着明显的缺陷:由于过于强调通过持有可转换资产来保持银行的流动性,这就使银行资产的价值几乎完全受制于宏观经济环境的好与坏,此外,银行的盈利性也没有得到足够的重视。

(三) 预期收入理论

预期收入理论(Anticipated-income Theory)产生于20世纪40年代,最早见于美国经济学家普鲁克诺1949年出版的《定期存款及银行流动性理论》一书中。该理论认为,银行资产的流动性并非取决于贷款期限的长短,而在于借款人的预期收入。也就是说,如果借款人的预期收入有保障,期限较长的贷款也可以接受;如果借款人的预期收入不具有稳定性,就算是期限短的贷款也会面临流动性风险。

就当时的背景来看,第二次世界大战之后,各国面临着战后重建与经济发展的迫切需要。公共项目开支的扩大、大型基础设施项目的投入,以及对消费信贷的支持等,都使得中长期贷款和消费贷款业务有了长足的发展。此外,随着金融机构多元化的发展,商业银行与非银行金融机构的竞争日益激烈,这也就在一定程度上迫使银行不得不拓展其业务种类,增加回报相对较高的中长期贷款的发放额度。可见,预期收入理论的诞生为银行拓宽其高盈利性的业务提供了理论上的依据,深化了对贷款清偿的认识。该理论促进了银行贷款业务的多元化发展,提高了商业银行在金融领域的地位。它促使商业银行从只发放流动资金的旁观者变成了为企业扩大再生产融资的积极参与者,加深了其在经济层面的渗透和控制,既巩固了银行自身的阵地,也是对其他非银行金融机构力量的一种抗衡。预期收入理论的不足之处在于,对借款人未来收入的预测只是凭借银行的主观判断,随着客观经济条件的变化以及突发事件的产生,借款人的实际未来收入与银行的主观判断之间往往会存在一定的偏差(即所谓的估计偏差),这就使得银行的经营面临着更大的安全性方面的风险。

二、负债管理理论

与资产管理理论不同,负债管理理论主张银行通过负债管理来获得流动性,即银行可以积极主动地通过借入资金的方式来维持资产的流动性,从而提高资产业务,提高银行收益。该理论认为,银行的流动性不仅可以通过加强资产管理获得,向外借款也同样可以获得流动性,只要借款的渠道较多且稳定,流动性就有保障。此外,采用负债管理的方式,银行就无需经常保有大量低收益的流动性资产,可将资金投入到更有利可图的业务项目上,以提高银行收益。

(一) 负债管理理论产生的背景

从20世纪60年代开始,西方商业银行的经营就面临着经济、金融环境的巨大变化,具体表现在:

1. 通货膨胀率和市场利率都急剧上升并且难以预料。如20世纪70年代末和80年代初,英美等国的通货膨胀率均保持在两位数以上:美国1979年的消费物价上涨率是11.3%,1980年是13.5%,1981年是10.3%;英国相应年份的物价上涨指数分别是12.7%、18.0%和11.9%。长期的高通货膨胀率引起了市场利率的上升和经常性波动,吸引了大量的投资者和投机者。投资渠道的多元化,使得银行赖以生存的存款规模受到了极大的威胁,这就迫使银行不得不考虑从各种渠道筹措资金。

2. 第二次世界大战以后,各国都意识到了经济发展的必要性。随着经济的稳定增长,金融市场也有了迅速的发展。与此同时,非金融机构与金融机构在金融领域的竞争也愈演愈烈,无论是从资金来源的渠道抑或是从资金的数量上,都让银行业的经营者感受到了前所未有的压力。银行为了在竞争中谋求生存与发展,显然应该开辟新的资金来源渠道,以扩大资产的规模,提高自身的盈利性。

3. 金融创新为商业银行扩大资金来源提供了可能性。为了避免或降低利率风险,以及由此所导致的银行的流动性风险,金融产品的创新日益为人们所重视:①开发可变利率的债权债务工具,如可变利率大额存款单、可调整利率贷款等;②开发金融工具远期交易市场,积极推行金融期货交易;③开发金融工具期权市场等。如在1961年,由美国花旗银行率先推出了大额可转让定期存单,以及随后出现的隔夜回购协议等多种金融创新工具都极大地拓展了银行的资金来源渠道,并为银行采取主动性负债创造了条件。

4. 存款保险制度的建立与发展,也使得银行在涉足高收益、高风险领域有了一席之地。如创立于1938年的美国联邦国民抵押贷款协会(FNMA),通过在其资产负债表中购买并持有抵押贷款来帮助创造传递证券。此外,它还发行债券直接为购买房产抵押贷款融资。1968年从FNMA中分离出来的政府抵押贷款协会(Timing Insurance),一方面资助金融机构(如商业银行、储蓄协会和抵押贷款银行)实施的抵押贷款支持的证券项目;另一方面又在抵押贷款支持的证券中,为投资者提供其资助证券的及时地传递性本金利息支付的担保。此外,联邦住宅抵押贷款公司(FHLMC)的主要功能与FNMA相似,也保证了多发行的证券的本金和利息的及时偿付。可以想象,这些保险担保机构的设立,会在一定程度上激发银行的冒险精神和进取意识。

与此背景相适应,负债管理理论也应运而生。

可以看出,负债管理理论开创了保持银行流动性的新途径,由单靠吸收存款的被动性负债方式,发展成为外向借款的主动性负债方式,从而使银行的流动性和盈利性的矛盾得到了较好的协调。它使银行在经营管理理念方面,从传统的流动性与安全性为先转变为流动性、安全性和盈利性并重,增强了银行的主动性和灵活性,提高了银行的资产收益率。

（二）负债管理理论的缺陷

负债管理理论的缺陷在于：

1. 增加了银行的经营风险。依赖外部短期资金市场借入资金来维持日常的流动性，必然会受到短期资金市场资金供求状况的影响，那么外部因素的不可预测性往往就会增大银行的经营风险。

2. 提高了银行的融资成本。一般来说，从外部短期资金市场进行融资所付出的成本，要高于通常情况下的存款利息。虽然支票账户不支付任何利息，但其他交易账户（如 NOW 和货币市场账户）却要支付一定利息。而且，其所支付的利率一般来说具有粘性，要低于直接买入资金的利率成本。如货币市场存款账户（Money Market Deposit Account）利率的支付就具有相当大的自由度，它不直接以任何货币市场的资产组合为依据。短期大额定期存单（Certificates of Deposit）的利率支付往往会依附于主观估计的短期国库券利率等。

3. 不利于银行的稳健经营。因为较高的收益会使银行忘记其所对应的高风险，忽视对自身自有资本的补充。

三、资产负债管理理论

从前面的分析我们可以看到，无论是资产管理还是负债管理，在保持资产的安全性、流动性和盈利性三者的均衡方面，都存在着某种程度的片面性，往往很难避免厚此薄彼现象的发生。资产管理过于偏重银行资产的流动性和安全性，而对盈利性方面考虑的不够，显然不利于银行经营积极进取思想的形成。负债管理虽然较好地解决了资产在盈利性和流动性方面的矛盾冲突，培养了银行家的进取意识，但由于过分强调依赖外部借款，这就增大了银行的经营风险。由此，人们逐渐认识到，能够将盈利性、流动性以及安全性三者组合推进到更协调、更合理、更有效的管理，应该是对资产和负债的联合管理。

资产负债管理理论产生于 20 世纪 70 年代末，当时市场利率大幅度上涨，使得负债管理在负债成本提高和经营风险增加等方面的缺陷显得越来越明显，也就是说，单纯的负债管理已经不能再满足银行经营管理的需要。这一时期，各国金融管制放松，就美国来看，1980 年，国会通过了《放松对存款机构的管制与货币控制的法令》，紧接着在 1981 年，允许全国范围内的银行等储蓄金融机构对活期存款支付利息，1982 年，允许银行开设不受《Q 条款》利率限制的货币市场存款账户，并于 1983 年同意银行开设超级可转让支付命令账户。这样一系列放松金融经营规范法案的实施，使得银行吸收存款的压力明显减小，业务范围也越来越广。这一方面有利于银行吸收存款，提高其对非金融机构的竞争力，但另一方面，我们也应该看到，由于放松管制所导致的银行竞争性存款利率的上升，同样引起了银行使用资金成本的增加。此外，随着当时利率自由化浪潮的兴起，利率的易变性不断增强，这对"借短贷长"的资金运用思想来说可谓是一个不小的冲击，而且单靠扩大业务量来增加银行收益的经营理念显然已不合时宜。因此从客观上就要求银行由单纯的资产管理或单纯的负债管理转向资产负债的联合管理，并且规定了其管理的目标和任务，即通过有效的资产负债管理，以最终抑制经营风险，谋求稳定的收益增长率;在对银行的收益性评价方面,要注重对资产收益率与资本收益率的考察,保证资产适度的流动性,并且明确了自有资本的比率;另外还规定,要设立资产负债管理委员会,由该委员会制定银行经营的策略和资金筹措、使用的方针,并对已经实施的策略和方针进行跟踪调查,以完善资产负债管理思想。

该理论的基本思想是将资产和负债两方面进行对照分析,围绕所谓的缺口或差额,通过调整资产和负债双方在某种特征上的差异达到合理的搭配。比如在解决流动性这一核心的问题时,先从资产和负债两方面去预测流动性的需要,再从这两方面去寻找解决这种流动性需要的方法途径;既重视对流动性资产同流动性缺口的分析以及对贷款增长额同存款增长额间差距的分析,同时又注意对银行日常流动性头寸状况的监控,以保证其随时调节头寸、安排头寸的能力。

资产负债管理的缺陷主要表现:①资产负债管理使得银行间的竞争变得更加激烈,而且随着金融创新工具的不断涌现,也使得货币监督机构在对银行经营行为的考察方面有些力不从心;②存贷款利率自由化的实施,显然会在无意识中增加商业企业投资成本,这一方面阻碍了经济的发展,另一方面也给金融监管部门在风险测定方面带来更多的问题和麻烦。

四、资产负债表内表外统一管理理论

20世纪80年代末,在各国放松金融管制以及金融自由化的背景下,银行业的竞争空前激烈。这种竞争不仅存在于银行和非银行的金融机构之间,就连非金融的工商企业也开始大规模地介入金融业的激烈竞争,同时各国的货币政策相对偏紧,通货膨胀率下降。这些因素都抑制了银行利率的提高和银行经营规模的扩大,银行存贷的利差收益越来越小。与此同时,大量创新的衍生交易工具不断涌现并迅速变异组合,不仅为银行规避、控制、管理风险提供了许多新的途径和手段,也为银行开辟了新的盈利来源,但这些避险工具本身也存在潜在的、更复杂的风险。

该理论认为,随着金融自由化、全球化趋势的形成与发展,商业银行对于流动性风险和其他金融风险的管理难度更大了,《巴塞尔协议》的实施又要求银行对表外业务的风险也要加强管理。融资技术和融资工具的创新使许多业务可以在资产负债表内外双向转化,如贷款的出售和担保等业务构成的或有负债等。所以商业银行的风险管理不能仅限于资产负债表内的业务,而应该对表内表外的业务统一进行管理。存贷业务只是银行经营的一条主轴,在其旁侧可以延伸发展多样化的金融服务,如信息管理、资产管理、基金管理以及期货期权等多种衍生金融工具的交易。同时这种理论也提倡将原本资产负债表内的业务转化为表外业务。例如,将贷款转让给第三者、将存款转售给急需资金的单位等。这种转售都只单纯地在资产和负债上分别销账,使表内规模缩减或维持现状,而银行收取转让的价格差额。这种做法也同银行逃避审计和税务检查有关。

资产负债表内表外统一管理理论实质上是资产负债管理理论的拓展与延伸,使资产负债管理由表内拓展到表外,从而极大地丰富了金融风险管理、资产负债管理的内容,同时也使得包括流动性风险在内的金融风险管理以及资产负债管理日趋复杂化。

第三节 流动性风险的衡量方法及管理策略

一、流动性风险的衡量

商业银行负债经营的特点以及面临的不确定性,使得商业银行的筹资风险伴随其产生、发展的全过程,与此同时,商业银行经营管理理论也同时产生并不断发展和完善。其中,如何评估、管理筹资流动性风险一直是商业银行经营管理理论的核心内容之一。若要有效进行流动性风险管理,必须科学地识别和测量已知的潜在的资金需求,测算资金需求的规模和时间,通过分析、测量,金融机构应充分了解自己的流动性状况,以便及时化解可能出现的流动性风险。

(一)筹资流动性风险度量方法

1. 指标体系分析法。指标体系分析法是指通过构建基于财务数据的指标体系度量金融机构流动性状况的方法,主要包括流动性指数法(Liquidity Index Ratio)、存款集中度法(Loan Concentration Ratio)和财务比率指标法(Financial Ratio)三类。

(1)流动性指数法。流动性指数法是由美国联邦储备银行提出的,主要用以度量银行在特定状况下所面临的风险损失,即与正常的市场状况相比,银行必须立即出售资产时所承担的损失。在正常市场状况下,银行可以经过较长时间的搜索和协商过程,以公平的市场价格出售资产,而在必须即时出手资产的情况下,银行可能不得不以低于公平的市场价格出售。设即时出手资产的价格与公平的市场价格分别为 P_i 和 P_i^*,流动性指数的计算公式可以表示为:

$$I = \sum \omega_i^* \left(\frac{P_i}{P_i^*} \right)$$

其中:ω_i^* 是每项资产在金融机构资产总额中所占的比重。一般情况下有 $P_i \leq P_i^*$,所以流动性指数通常为 0~1。显然,流动性指数越小,表明即时出手资产的价格与公平的市场价格之间差距越大,银行资产的流动性也就越缺乏。

假定银行有两种资产:占比 50% 的一月期国债和占比 50% 的房地产贷款。如果银行必须在今天出售国债,只能以 90 元的价格售出面值为 100 元的国债,而如果到期日出售,可获得 100 元;如果银行必须今天出售房地产贷款,100 元只能回收 85 元,若一个月到期日时出售该贷款,可收回 95 元。该银行资产组合一个月的流动性指数 $I = 0.5 \times (90/100) + 0.5 \times (85/95) = 0.90$。

(2)存款集中度法。存款集中度法主要度量银行所面临的提前支取的风险,从而可以反映银行对大额存款的依赖性。存款集中度的计算公式为:

$$L = \sum_{i=1}^{n} E_i \omega_i$$

其中 E_i 表示存款规模等级 i 的存款份额,ω_i 表示存款规模等级 i 的权重。存款集中度的值越大,说明存款集中度越高,即潜在的存款提前支取风险就越大,银行所面临的筹资流动性风险就越大。

(3)财务比率指标法,可以用下述财务指标来衡量金融机构的流动性状况:

一是流动性缺口。流动性缺口是银行资产和负债的差额,流动性缺口产生流动性风险。测算流动性缺口既可以通过现有的资产和负债,也可在添加预测的新资产和新负债后进行测算。流动性缺口通常由资产和负债的余额以及它们在一段时间的变化得出,按照惯例,以资产和负债的差额来计算流动性缺口。在任一时点,资产和负债的正缺口一定等于不足的资金额,负缺口一定等于盈余的资金额。

流动性缺口主要受资金需求与资金供给的基本趋势以及季节性、周期性、随机性等因素的影响,所以对流动性缺口的预测可以从上述因素入手予以考察。通常情况下,出现流动性缺口的情形主要是两种:一是资金需求量与资金供给量之间不匹配;二是资金需求量与资金供给量的不断变化。为了更有效地反映资金需求量与资金供给量的变化对流动性的影响,又进一步提出了边际缺口的概念。边际缺口是通过一个给定时间段内资金和负债变动的差额计算而来,正边际缺口意味着资产的代数变动超过负债的代数变动,正缺口相当于一笔资金净流出。

二是现金比率。现金比率既可指现金资产与银行总资产的比率,也可表示为现金资产与银行存款的比率。由于银行现金资产具有很高的流动性,这一比率越高,表明银行资产整体的流动性越强,但并非所有现金资产都是可用的,只有超过法定准备金部分的现金资产才是可用的。它具体包括三个部分:①库存现金;②在中央银行的清算存款;③在其他银行和金融机构的存款。这三部分资产统称为银行的超额准备金,也可称为银行的基础头寸。需要注意的是,基础头寸还不等于可用头寸。

可用头寸是银行开展业务的必要条件,是维持银行正常运转中不可少的,是银行随时可以动用的在规模上有数倍效应的资产。可用头寸的绝对额越多,其在银行总资产中所占的比例越高,表明银行资产的流动性越强。问题在于,可用头寸本身不能为银行带来任何收益或收益很少,因此,从盈利性目标考虑,银行通常将可用头寸的持有量保持在必要的最低限度之内,而且可用头寸也只能从一个比较狭隘的含义上反映银行的流动性状况,其局限性比较明显。

三是流动性证券比率。流动性证券比率是指银行持有的一年内政府债券(包括政府机构债券)与总资产的比率。一年内政府债券是信誉高、期限短、流动性很强的资产,可以在任何时候以最小的交易成本出手。该比率越高,表明银行的流动性越强,当银行出现流动性缺口时,可随时出手短期政府债券以弥补流动性缺口。

四是存贷款比率。存贷款比率是指银行贷款对存款的比率,它是评判流动性的总指标,也是长期以来银行分析家运用较多的传统指标。贷款通常被认为是流动性最低的资产,而存款则是银行主要资金的来源。贷款对存款的比率越高,就预示着银行的流动性越差,因为不具流动性的资产占用了较多稳定的资金来源;反之,贷款对存款的比率越低,说明银行还有多余的头寸,可以用稳定的存款发放新的贷款或进行投资。然而,正如我们前面已经分析的,存贷款比率并不能反映贷款和存款的结构差别,如贷款的质量和期限、核心存款和易变性存款的比率等,所以其流动性的测度也存在明显的不足。

五是核心存款与总资产的比率。银行存款按其稳定与否可分为核心存款和非核心存款。核心存款是指那些相对来说较稳定的、对利率的变化不敏感的存款,季节变化或经济环境的变化对其影响较小,所以核心存款是银行稳定的资金来源。不过,一旦银行失去信誉,核心存款也会流失。非核心存款亦被称为易变存款,受利率等外部因素的影响较大。一旦经济环境变化对银行不利,非核心存款往往会大量流失,而此时也正是银行的流动性需求增加的时候,所以衡量银行的流动性时,不能考虑这类存款。

　　核心存款和总资产的比率在一定程度上反映了银行的流动性能力。一般来说,地区性的中小银行该比率较高,而大银行特别是国际性大银行的这一比率较低。但这并不表明大银行的流动性风险就一定比小银行的高,这也正是该指标的局限性。不过,对同类银行而言,该比率高的银行的流动性能力也相应较高。

　　六是贷款总额与核心存款的比率。贷款总额与存款总额的比率是一种传统的衡量银行流动性的指标,但是后来人们发现易变存款不能作为银行稳定的资金来源,所以现在常用核心存款来代替总存款。贷款总额与核心存款总额的比率越小,银行"存储"的流动性就越高,相对来说,流动性风险也就越小。一般来说,贷款总额与核心存款的比率随银行规模而增加,一些大银行的这一比率甚至大于1。这是因为对大银行来说,核心存款与总资产的比率较低,而单位资产的贷款额又比中小银行高。同前所述,这并不表示大银行的流动性风险一定比中小银行的流动性风险大,因为大银行能更容易地在金融市场上以合理的成本筹措资金,满足流动性需求。

　　七是流动资产与总资产的比率。流动资产是指那些投资期限短(不超过1年)、信誉好、变现能力强的资产。这种资产是"临时存储"在资产负债表上,一旦有需要,马上能以合理的价格转换成现金。流动资产与总资产的比率越高,银行存储的流动性就越高,应付潜在的流动性需求的能力也就越强。总的来说,银行的规模越大,该比率越小,原因亦在于大银行并不需要太多的流动性。

　　这一指标在理论分析上简单明了,但在实践中,首先碰到的问题就是怎样划分资产的流动性。如果贷款能在二级市场上转让,是否贷款也应算做流动性资产?其次,资产的变现能力随市场利率、资金供求关系而变化,如果市场条件发生了变化,某些流动资产也可能难以变现,或者难以以合理的价格变现。另外,该指标没有考虑银行可能使用其他方法来满足流动性需求。该比率小的银行也许其流动性比该比率大的银行还强。

　　八是流动性资产与易变性负债的比率。易变性负债是指那些不稳定的、易受利率、汇率、股价指数等经济因素影响而变动的资金来源,如大面额可转换定期存单、国外存款,以及我国的定活两便存款、证券账户上的存款等。当市场利率或其他投资工具的价格发生对银行不利的变动时,这一部分资金来源容易流失。流动性资产和易变性负债的比率反映了当市场利率或其他投资工具的价格发生对银行不利的变动时,银行所能承受的流动性风险的能力。该比率越大,说明银行应付潜在流动性需求的能力强;该比率小,则说明应付潜在流动性风险的能力弱。由于小银行获得易变性负债的机会较大银行小,所以小银行的流动性资产与易变性负债的比率要大于大银行,但这样并不意味着小银行的流动性风险比大银行小。由于这一比率没有考虑银行获得流动性的其他途经,且易变性负债受外界不利影响后发生变动的敏感程度经常变化,很难准确预测,故这一比率也不能全面衡量流动性风险。

九是存款增减变动额与存款平均余额的比率。该比率在不同的经济周期是不同的。但对于每一家银行来说，存款的增减变动在一定的经济条件下有一定稳定性和规律性，如果出现异常变动，就应引起重视。例如，某周或某月该比率急剧下降，说明存款大量流出，如果该比率的下降幅度与历史周期相比差异较大，则意味着流动性风险增大。在经济环境变化较大或投资者偏好出现较大变化时，该比率就不能准确反映和衡量银行的流动性风险。

十是流动性资产和可用头寸与未履约贷款承诺的比率。该比率可衡量银行是否能满足未履约承诺所需要的流动性需求。如果流动性资产与可用头寸之和大于未履约的贷款承诺，说明可以满足已承诺的潜在贷款需求；如果流动性资产与可用头寸之和小于未履约贷款承诺，说明银行现有的流动性不能满足已承诺的贷款需求，银行的流动性风险较大。该比率越大，说明银行应付潜在贷款需求的能力较大。因为未考虑银行可以从其他途经获取流动性的便利程度和成本，所以该比率在衡量银行的流动性风险时也有其局限性。

十一是证券的市场价格与票面价格的比率。当这一比率小于1时，证券的市场价格低于票面价格。若此时出售证券变现，银行就要承担较大的变现损失。所以，当这一比率小于1而银行的决策者又不愿意承担这种损失时，银行的流动性能力就会受到影响。这样即使有足够的流动资产，银行也缺乏流动性。唯有等市场利率降到足够低，证券的市场价格不低于票面价格时，银行才能以合理价格变现证券。所以，这一比率虽然在一定程度上衡量了银行的流动性能力，但这种能力很大程度上是由市场因素（主要是市场因素）所左右。在这种意义上来说，利率风险决定了流动性风险。

2. 期限结构分析法。由于银行对负债只能无条件按期偿付，而对于资产，银行只能在资产到期后才能依法收回，因此，商业银行的资产和负债存在期限结构的匹配问题。商业银行的资产负债期限结构是指，在未来特定时段内，到期资产数量（现金流入）与到期负债数量（现金流出）的构成状况。最常见的资产负债的期限错配情况是，商业银行将大量短期借款（负债）用于长期贷款（资产），即"借短贷长"，因此有可能因到期支付困难而面临较高的流动性风险。通常认为商业银行正常范围内的"借短贷长"的资产负债结构特点所引致的持有期缺口，是一种正常的、可控性强的流动性风险。资产负债管理可以尽量使资产收入现金流的时间与数额与负债支出现金流的时间和数额相匹配。其衡量办法主要包括久期缺口（Duration Gap Analysis）和到期日结构法（Maturity Structure）。

（1）久期缺口。一个资产组合的久期等于各单个资产久期的加权平均，其中权重是各单个资产的市场价值占资产组合总市场价值的比重。例如，一个资产组合由数量分别为 $x_1, x_2, \cdots, x_n$ 的 n 种资产组成，该组合的久期分别为 $D_1, D_2, \cdots, D_n$。这个资产组合的久期为：

$$D_p = \sum_{i=1}^{n} \left[\frac{x_i}{\sum_{i=1}^{n} x_i} \times D_i \right]$$

可以利用久期来分析商业银行资产和负债的结构是否合理。如果商业银行的资产和负债在一定时期内的平均久期比较接近,表明该时期的流动性状况较好,反之则较差。

假设某商业银行的资产共有 s 种,数量分别为 $x_1,x_2,\cdots,x_s$;负债共有 t 种,数量分别为 $y_1,y_2,\cdots,y_t$。根据上面公式可以分别计算出资产组合和负债组合的久期,依次记为 D_a、D_t。令 $\Delta=D_a-D_t$,于是可得到如下结论。

当 $\Delta>0$ 时,说明在这一时期内,资产的平均到期期限大于负债的平均到期期限。此时,如果主动性负债同时遇到困难,银行就容易面临支付困难,进而产生流动性风险。

当 $\Delta<0$ 时,说明在这一时期内,资产的平均到期期限小于负债的平均到期期限,表明银行的流动性状况较好。

(2)资产负债到期日结构法。资产负债到期日结构法主要通过比较在不同时段内到期的资产和负债额,以确定缺口的大小,即每个时段内资金来源不足的程度或者资产过剩的程度。

结构性缺口的计算公式为:

$$结构性缺口 = 资产 - 负债$$

当资产大于负债,即流动性缺口为正值时,说明到期资产总额大于到期负债总额,便出现资金盈余,这时不会产生流动性风险;当资产小于负债时,即流动性缺口为负值时,说明到期资产总额小于到期负债总额,便出现资金紧缺,此时流动性风险增大,银行面临着无法从金融市场获得资金以及为满足资金需要必须承担比正常情况更高的成本的风险。为了经营的稳健性,巴塞尔委员会要求银行在计算其到期资产额时,要充分考虑到资产的市场风险及变现成本风险。

该方法主要用于未来流动性分析,操作相对复杂,对数据的要求较高。在估算流动性缺口时,银行需要预测未来各个时段内的新增贷款量、新增存款量及到期的资产和负债等关键变量。实际操作中,我们一般通过资产负债表的到期结构表格,清晰的列明未来各个时段内到期的资产和负债,计算每个时间段的流动性缺口大小。

3. 现金流量分析方法。该方法通过考察实际和潜在的现金流量来评估金融机构的流动性大小,特别强调了"实际和潜在的现金流量"的概念,通过对其进行分析,找到流动性风险的来源,并进行有效管理。

常用的流动性需要的测量方法有以下几种:

(1)经验公式法,分别包括对居民和企业存款、贷款的预测公式。

对储蓄存款的预测:

$$居民储蓄存款增长额预测值 = 预测期居民收入总额 \times \frac{报告期居民储蓄存款增长额}{报告期居民收入额} \pm 其他因素$$

对企业存款的预测:

$$企业存款平均余额预测值 = \frac{预测期}{销售计划数} \times \frac{报告期企业存款平均余额}{报告期企业销售总额} \left(1 - \frac{流动资金}{加速率}\right) \pm 其他因素$$

企业贷款预测,又分为工(农)业企业贷款预测及商业企业贷款预测:

工(农)业企业流动资金贷款预测:

$$\begin{aligned}\text{预测期}\\\text{贷款需求量}\end{aligned} = \begin{aligned}\text{预测期}\\\text{工(农)业总产值}\end{aligned} \times \frac{\text{报告期企业贷款平均余额}}{\text{报告期工(农)业总产值}} \times \left(1 - \begin{aligned}\text{流动资金}\\\text{周转加速率}\end{aligned}\right)$$

$$- \begin{aligned}\text{自有流动资金和}\\\text{不合理资金占用}\end{aligned}$$

商业企业流动资金贷款预测：

$$\begin{aligned}\text{商业贷款}\\\text{预测值}\end{aligned} = \begin{aligned}\text{预测期}\\\text{商品库存额}\end{aligned} - \begin{aligned}\text{商业企业}\\\text{自有流动资金}\end{aligned} \pm \text{其他因素}$$

(2)时间数列预测法。该预测方法又可分为平均数预测法与趋势移动平均法。

①平均数预测法，又分为算术平均法和加权平均法。

算术平均法：

$$\bar{x} = \frac{x_1 + x_2 + \cdots + x_n}{n}$$

式中：$\bar{x}$ 为算术平均数；x_n 为变量值；n 为项数。

【例1】某银行2011年各月定期存款增长额如表7-1所示，要求利用算术平均法预测2012年1月份的定期存款增长额。

表7-1　各月定期存款增长额　　　　　　　　　　单位：万元

月份	1	2	3	4	5	6	7	8	9	10	11	12
定期存款增加额	243	256	192	189	243	236	228	217	230	237	206	203

根据公式得2012年1月份的定期存款增长额为223.3万元。

这种方法只能预测一个大概，不可能精确，因为2012年1月份的情况不大可能刚好是2011年各月的平均数。

加权平均法，设变量值为 $x_1, x_2, \cdots, x_n$，对应的权数为 $m_1, m_2, \cdots, m_n$，则加权平均数 x 的测算公式为：

$$x = \frac{m_1 x_1 + m_2 x_2 + \cdots + m_n x_n}{m_1 + m_2 + \cdots + m_n}$$

【例2】根据【例1】中某银行7~12月份的定期存款增长额，预测2012年1月份定期存款的增长情况。由于最靠近预期值的数据可用性最大，越远离预测期的可靠性越弱，所以7~12月份数据的权数分别取1,2,3,4,5,6，则2012年1月份的预测值为：

$$x = \frac{1 \times 228 + 2 \times 217 + 3 \times 230 + 4 \times 237 + 5 \times 206 + 6 \times 203}{1 + 2 + 3 + 4 + 5 + 6}$$

$$= 216.57(\text{万元})$$

②趋势移动平均法。即采用与预测期相邻的几个数据的平均值作为预测值，随着预测值向前移动，相邻几个数据的平均值也向前移动。若考虑各个时期距预测期的时间因素，应对不同时期的数据赋予不同的权数。

【例3】某银行主要客户2011年存款增长额情况如表7-2所示，预测结果如表7-3所示。

表 7-2 各月定期存款增长额　　　　　　　　　　　　　　　　　单位:万元

月份	1	2	3	4	5	6	7	8	9	10	11	12
存款增长额	15	17	20	21	24	28	32	30	36	32	29	31

表 7-3 预测结果

月份	存款增长额	三月份移动平均值 $x_{t+1} = \dfrac{x_t + x_{t-1} + x_{t-2}}{3}$	3个月移动加权平均值 $x_{t+1} = \dfrac{3x_t + 2x_{t-1} + 1x_{t-2}}{1+2+3}$
1	15		
2	17		
3	20		
4	21	17.3	18.2
5	24	19.3	20
6	28	21.7	22.3
⋮	⋮	⋮	⋮
12	31	32.3	31.3

(3)流动性需要计算表法。流动性需要计算表法是以经济判断为基础的(见表7-4)。它认为,一家银行一定时期内所需要的流动性是由三个因素引起的:一是存款增加或减少引起的资金流入或资金流出;二是贷款(或投资)增加或减少所引起的资金流入或流出;三是法定存款准备金随存款变化而增加或减少银行的现金资产。只要对三个因素的变化做出尽可能准确的预测,确定一定时期内的流动性需要就不太难。

表 7-4 银行流动性需要计算示例　　　　　　　　　　　　　　　单位:万元

月份	存款余额 预测值	存款余额 比上月增(+),减(-)	存款准备金增(+),减(-)	贷款余额 预测值	贷款余额 比上月增(+),减(-)	流动性需要(-),剩余(+)	流动性累计需要(-),剩余(+)
上年末	10 900	—	—	7 000	—	—	—
1	10 800	-100	-10	6 500	-500	(+)410	(+)410
2	10 750	-50	-5	6 490	-10	(-)35	(+)375
3	10 400	-310	-31	6 400	-90	(-)189	(+)186
4	9 900	-540	-54	6 440	+40	(-)526	(-)340
5	9 840	-60	6	9 460	+20	(-)74	(-)414
6	9 810	-30	+3	6 500	+40	(-)67	(-)481
7	9 720	-90	+9	6 530	+30	(-)111	(-)592
8	9 790	+70	+7	6 720	+190	(-)127	(-)719
9	9 840	+140	+14	7 200	+400	(-)274	(-)1 028
10	9 980	+140	+14	7 200	+400	(-)274	(-)1 028
11	10 500	+520	+52	7 680	+480	(-)12	(-)1 040
12	10 940	+440	+44	8 040	+360	(+)36	(-)1 004

表7-4的计算规则是:存款减少,表明客户取出存款,为流动性需要(-),存款增加,表明客户存入现金,为流动性剩余(+);存款准备金减少,表明因存款减少、中央银行退回一定数额的法定准备金,为流动性剩余(+),反之,则为流动性需要(-);贷款减少,表明客户归还贷款,为流动性剩余(+),贷款增加,表明客户获得贷款,为流动性需要(-)。

【例4】1月份流动性需要 $-100+10+500=(+)410$

2月份流动性需要 $-50+5+10=(-)35$

3月份流动性需要 $-310+31+90=(-)189$

4月份流动性需要 $-540+54-40=(-)526$

其余类推……

无论是资产负债的规模不匹配还是期限不匹配,往往都集中体现为现金流量的不匹配。从这个角度看,现金流量分析法是一种比缺口分析法和期限结构分析法更为一般的方法。

4. 基于VaR的流动性风险价值法。基于VaR的流动性风险价值法是借助VaR方法,通过计算净现金流量的流动性风险值来评估流动性风险的方法。为计算净现金流量的L_VaR,首先要给出计算现金流量的公式以及现金流未来变化的概率分布,最后得到一定显著水平下的L_VaR。一定显著水平下的L_VaR表示在该显著水平下流动性不足时的最大可能净现金流量,或流动性过剩时的最小可能净现金流量。

(1)净现金流量与远期支付结构。假设仅考虑单种货币、一个支付系统、一个经济实体。记d为一笔交易,$CF(d,k)$为交易d在k日产生的实际现金流,有:

$$CF(d,k)=CF_+(d,k)+CF_-(d,k)$$

其中:$CF_+(d,k)$为交易d在k日产生的现金流入,取正值;$CF_-(d,k)$为交易d在k日产生的现金流出,取负值;$CF(d,k)$就是交易d在k日产生的实际净现金流量,也就是此处拟要考察的对象。

净现金流量$\{cumCF(d,1),cumCF(d,2),\cdots,cumCF(d,k)\}$,$V_k \in \{1,2,\cdots,k\}$,称为交易$d$的远期支付结构,其中$cumCF(d,k)=\sum CF(d,t)$。根据定义,远期支付结构就是交易所产生的累计净现金流量。通过远期支付结构可以考察一定时间内一项交易、一个资产组合以及一个机构的偿付能力。

假设一个资产组合的交易集合为$D=(d_1,d_2,\cdots,d_i,\cdots,d_n)$,$d_i$为构成资产组合的每一笔交易。把交易$d_i$在每一日发生的现金流划分为正的现金流$CF_+(d_i,k)$和负的现金流$CF_-(d_i,k)$,其中$i \in (1,2,\cdots,n)$。对于$k$日,将所有交易的现金流入相加可得到资产组合的总现金流入:

$$CF_+(D,k)=\sum iCF_+(d_i,k)=CF_+(d_1,k)+\cdots+CF_+(d_n,k)$$

同样,对k日,将所有交易的现金流出相加得到资产组合的总现金流出:

$$CF_-(D,k)=\sum iCF_-(d_i,k)=CF_-(d_1,k)+\cdots+CF_-(d_n,k)$$

则k日资产组合的净现金流量为:

$$CF(D,k)=CF_+(D,k)+CF_-(D,k),V_k \in (1,2,\cdots,k)$$

同理,资产组合的远期支付结构可表示为:

$$cumCF(D,k)=\sum CF(D,t)$$

(2)对净现金流量未来变化分布的估计。目前,估计净现金流量未来变化分布的方法主要有两大类:一是概率模型,包括MonteCarlo模拟模型和期限结构模型;二是行为模型,包括趋势模型、周期模型和关联模型。

MonteCarlo模拟模型。其基本思路是,给定某一变量(如利率、波动率)及其变化范围,对随机过程不断进行足够多的重复模拟之后,即可得到目标时刻净现金流量的概率分布。

对利率变量使用期限结构模型。计算余额与利率之间的相关性。当存款余额与短期存款利率有明显的相关关系时,就可以用短期利率作为变量建立简单的回归模型,也可以通过考察历史余额、时间趋势、利率变动等变量建立更复杂的回归模型。建立了与短期利率相关的模型后,就可以用各种利率期限结构模型来计算存款余额对收益率的敏感性,再运用这些敏感性数据来计算活期存款的存续概率。

行为模型。行为模型是指通过分析历史时间序列来确定该序列的"行为"特征的方法。这些"行为"特征主要包括趋势、周期性、发生频率以及同其他时间序列的相关关系与自相关。行为模型既可以用来考察一个没有到期日的资产和负债组合,也可以直接考察历史的净现金流量,对其行为特征进行建模拟合以预测未来。

(二)市场流动性风险的度量方法

关于市场流动性风险的度量,目前的主流方法是在传统的计算VaR值的框架内纳入交易资产的市场流动性因素后而展开的,即所谓的有流动性调整的风险价值法(Liquidity Adjusted Value-at-Risk),简写为La_VaR法。

1. 有流动性调整的风险价值(La_VaR)及其计算方法。不考虑市场流动性的传统VaR计算法有一个基本的前提假设,即市场的流动性是完全的。在此假设下,资产的盯市价值就表现了其真实的价值,实际的成交价格等于盯市价值,因此使用中间价格计算的损益可以很好地度量市场风险。然而,在现实市场中,市场的流动性是非完全的,此时,中间价格一般不再等于现实市场中的成交价格,即资产的交易价格并不总是在盯市价值处成交。由于市场流动性因素的存在,实际的交易价格有可能会偏离资产的真实价值,并可能变现成本损失。所以,资产的实际交易价格应分为两部分:一是代表资产内在价值的中间价格;二是因市场流动性因素而导致的交易成本。仅基于盯市价值来计量市场风险的传统VaR方法,实际上只考虑了中间价格的波动,因市场流动性风险而导致的变现成本则被忽略,这显然与现实状况不相符合。在此背景下,自然产生了所谓的有流动性调整的风险价值法,即La_VaR法。该方法不仅度量了因中间价格波动所带来的损失,同时也考察了因流动性风险可能带来的交易成本损失。于是,由La_VaR法所计算的La_VaR实质上是对传统VaR值的修正。由于这种修正是由市场上所存在的流动性因素引起的,所以把La_VaR称为有流动性调整的VaR名副其实。

有流动性调整的VaR(La_VaR)实质上度量的是由流动性风险因子和市场风险因子构成的集成风险,而给予流动性风险因子和市场风险因子的集成风险因子I可以表示为:

$$I = M + L$$

其中:M为市场风险因子,L为流动性风险因子。通过考察传统的VaR定义不难看出,一定置信水平下的最大可能损失(VaR),事实上既应包含因中间价格波动所导致的可能损失,也应包括流动性风险所带来的可能损失。所以,从定义上来看,运用传统的 VaR 方法对集成风险因子 I 进行度量并不存在障碍,所得到的计量值 La_VaR,即有:

$$La\_VaR = VaR(I) = VaR(M+L)$$

对于上式主要有如下四种解决办法:

(1)传统的 VaR 法。前文已经提到,传统的 VaR 法假设市场流动性是完全的,所以认为市场风险与流动性风险无关,市场风险的度量不需要考虑流动性风险,即:

$$VaR(I) = VaR(M)$$

其中:$VaR(M)$ 为传统的 VaR 值。

(2)简单加总方法。这种方法实质上假设 M 和 L 完全正相关,即:

$$La\_VaR = VaR(I) = VaR(M) + VaR(L)$$

其中:$VaR(L)$ 表示流动性风险的度量值。对于外生流动性风险的度量,目前普遍采用此式计算。对内生流动性风险的度量同样如此,只是不像度量外生流动性风险那么容易观察。

(3)线性相关系数法。该法使用线性相关系数衡量风险因子的相关性,进而得到:

$$La\_VaR = VaR(I) = \sqrt{VaR(M)^2 + VaR(L)^2 + 2\rho VaR(M) VaR(L)}$$

其中 ρ 是流动性风险因子和市场风险因子的线性相关系数,这里的 VaR 用正值表示。尽管公式考虑了相关性,但该方法仍存在以下两点明显不足:一个是该式只有在正态分布和 t 分布的假设下才成立,这一点已由恩布里茨等人(Embrechts et al.)论证。由于流动性风险和市场风险一般不服从正态分布和 t 分布,因此度量 La_VaR 存在模型风险。另一个是由于 VaR 不具有次可加性(VaR 方法本身存在不足),所以不满足一致性风险度量准则。

(4)基于 Copula 函数的度量方法。为弥补上述第一点不足,可引入 Copula 函数度量 La_VaR。Copula 函数能够处理流动性风险因子与市场风险因子的非正态特性以及两者之间的复杂相互关系,进而构建两个风险因子的联合分布函数。通过联合分布函数,可以模拟出集成风险因子的概率分布,在此基础上估计一定置信水平下的 La_VaR。另外关于上述提到的第二点不足,可采用另外一种满足一致性风险度量准则的度量方法 ES(Expected Shortfall),用来对 VaR 进行稳健性检验,ES 的计算公式为:

$$ES_R = E\{R \mid R \leq VaR_R\}$$

这里 E 为期望函数。ES 衡量的是收益率发生在低于 VaR 值时候的期望。

2. 外生性 La_VaR 法和内生性 La_VaR 法。市场流动性因素主要包含买卖价差因素以及资产交易数量和变现时间因素。买卖价差因素主要反映的是资产及市场特性,这些特性不以投资者的意志而改变,并将影响市场上的所有投资者,因而买卖价差因素及其反映的资产及市场特性具有外生性。于是,此处给出如下定义:有资产及市场特性所造成的流动性风险成为外生市场流动性风险;把外生市场流动性风险因素纳入传统的 VaR 计算框架之内而得到的 VaR 值,称为外生性 La_VaR;把计算外生性 La_VaR 的方法叫做外生性 La_VaR 法。由于这里的外生市场流动性风险因素主要指买卖价差因素,所以把买卖价差因素考虑在内计算得到的外生性 La_VaR,称为基于买卖价差的外生性 La_VaR。

类似的，还可以考察资产交易数量与变现时间作为影响市场流动性的另一个重要因素，资产交易数量与变现时间因素，只影响特定的投资者，且与投资者的交易策略密切相关，所以该因素具有内生性。于是，我们可以对应地给出以下定义：由于投资者的头寸数量超过了一定价格水平下的市场深度而导致的价格变动给投资者带来的损失，称为内生市场流动性风险；把内生市场流动性风险因素纳入传统的 VaR 计算框架之内而得到的 VaR 值，称为内生性 La_VaR；把计算内生性 La_VaR 的方法叫做内生性 La_VaR 法。由于此处的内生市场流动性风险因素主要指资产交易数量与变现时间因素，并且依赖于投资者的交易策略，变现者总是根据资产交易数量与变现时间因素寻求最优变现策略，以充分降低市场流动性风险，所以这里把根据最优变现策略而计算得到的内生性 La_VaR，称为基于最优变现策略的内生性 La_VaR。

二、流动性风险管理方法

（一）资产管理策略和方法

从资产负债表上来看，所有银行的资产基本可以分为四种：现金资产、证券资产、贷款及固定资产，其中固定资产通常只占很小的比重。资产的筹资流动性风险管理，就是将资金如何在前三类金融资产中进行分配，从而保持合理的流动性。

具体地说，资产管理策略就是通过提高资产的变现能力、"储存"流动性来满足银行流动性需求。该策略所采取主要措施是保留一定量的现金、超额准备金和大量持有信誉好、流动性强、易变现的债券或国库券。当银行流动性需求突然增加，超出银行正常资金备付时，可以通过出售部分国债来满足流动性需要。资产管理策略是比较传统但也是银行常用的一种流动性管理策略。该策略的最大优势在于，当银行遭遇到流动性压力时，可以通过资产变现迅速满足流动性需求，银行拥有较大的自主权。但是，持有的流动性过多，会降低银行资产的收益率，因此，银行在"储存"流动性时应当平衡资产的流动性与营利性。

资产流动性管理的核心和实质，就是使资产保持在最佳的状态。银行保持资产流动性的方法主要有三种：

1. 保持足够的准备资产。准备资产包括现金资产和短期有价证券两大部分。现金资产被称为第一准备或一级准备，具有十足的流动性，它包括库存现金、同业存款和在中央银行的存款等。银行持有的短期有价证券被称为第二准备或二级准备，一般是指到期日在一年以内的债券，主要是一年以内的政府公债。短期有价证券具有一定的利息收入，盈利性高于现金资产，但不像现金资产一样具有十足的流动性。与其他类型的资产相比，短期有价证券的流动性是比较高的，即变现的速度比较快、变现的成本较小。商业银行在现金资产不能满足其流动性需求时，就可在证券市场上将短期有价证券转卖出去，获得现金。一级准备加二级准备就是银行的总储备，银行的总储备减去法定准备金就是超额储备。一家商业银行应当准备的资产数量主要取决于两个因素：一是银行监管当局的有关规定；二是银行所面临的主客观环境。换句话说，一家商业银行所要保持的准备资产的多少，是这家银行在遵守银行监管当局有关规定的前提下，根据自己所面对的主客观环境进行决策的结果。这种决策是否正确取决于银行的经营管理水平以及银行经营管理者的素质。

2. 合理安排资产的期限组合,使之与负债相协调。银行资产的期限组合问题,实质上就是资产的结构问题。银行四种不同的资产其流动性程度和期限亦不相同,比如贷款资产流动性期限一般要比证券投资长,而固定资产的流动性期限一般要比贷款长,因此,在这四种不同的资产中,要注意保持合理的比例,使之与负债相协调,并在总体上尽量提高盈利资产变现的可能性。同时,合理安排资产的期限组合,不仅各种不同资产彼此之间要注重期限的比例关系,要与对应的负债相协调,还包括在同一资产内也要注意期限上的最佳组合,与相应的负债相协调。举个例说,贷款资产有5年以上的长期贷款,也有1年以下的短期贷款,还有1~5年期的中期贷款,由于贷款期不同,其流动性程度明显不一,银行在发放贷款时,必须注重期限的合理结构,必须与存款的期限相吻合,不能搞"短存长贷"。

3. 通过多种形式增加资产流动性。对于一些原本流动性很差的资产,要通过多种形式增加其流动性。前述的保持足够的准备资产、合理安排资产的期限组合,属于传统方法,增加资产流动性是在金融创新条件下产生的新型方法。比如,一部分抵押贷款或应收信用卡账款可以通过证券化的形式在市场上出售,从而大大提高了这部分贷款资产的流动性。也就是说,资产的证券化使原来流动性很差的贷款具有了较强的流动性。又如,在一定条件下,通过售后回租安排(Sale and Leaseback Arrangement)的形式,把银行固定资产转换成流动资产。售后回租安排是指银行出售自己所拥有的办公大楼以及其他不动产,并同时从买主手中将这些资产租回。这样既可以提高银行的资本充足率,又可以把固定资产转换为现金,从而具有了充足的流动性。

(二)负债管理策略和方法

按照资产管理策略的观点,负债的数量和结构是由客户决定的,所以流动性是一个资产管理的问题,资产结构的合理搭配是保持流动性的唯一手段。于是,对流动性的满足,无论是提款需求还是贷款需求,都只以既定负债为前提。银行所做的只是通过对资产的种类和规模进行安排、调整各类资产的比例结构以使其与负债的数量和结构相适应。

负债的流动性管理突破了上述认识:在资金市场不断完善发展的情况下,银行可以通过市场借入资金来满足流动性需要。因为流动性问题就是对外支付能力的问题,既可以通过保持一定现金资产和可变现资产的方式来解决,也可以通过市场借款来解决。负债的流动性风险管理的方法主要包括发行可转让大额定期存单、回购协议、同业拆借、欧洲美元借款及央行借款等。这些方法各有侧重,有扩大资金来源总量的(如可转让大额定期存单),也有短期资金调剂的(如同业拆借、回购协议等),银行要根据不同的情境选择成本最低的方法。

银行负债管理理论的方法主要有以下几种:

1. 开拓和保持较多的可以随时取得的主动性负债,这是银行负债流动性管理最基本和最主要的方法。这种方法实际上就是非存款负债管理方法,因而也是银行负债管理理论发展的实际基础和具体体现。这种方法广泛运用的四项业务包括:

(1)发行大额可转让定期存单。它是一种兼有定期存款和有价证券性质的负债凭证,与普通定期存单有着明显的区别。一般地,普通定期存单的面额不固定,可由顾客自行确定,不能流通转让,但可以提前支取,可以记名也可以不记名。大额可转让定期存单是美国花旗银行于1961年2月创办的,随着大额可转让定期存单市场的建立和拓展,银行负债流动性管理得到充分的发展。

(2)发行银行债权。一般而言,持有银行债券可以到银行要求提前偿还或到证券交易所去交换,因此银行债权具有较强的流动性。但对银行来说,往往发行的是长期金融债券,原因有三:①长期债券可以当做附属资本,从而提高了资本充足率,同时发行费用比股票低,手续也简单;②长期债券所筹集的资金可以用于长期投资,收益比较高,同时利息可以计入成本,税前开支比股票成本低;③长期债券所筹集的资金不交存款准备金,不支付存款保险费,比存款降低了成本。

(3)同业拆借。即商业银行、非银行金融机构相互之间的短期资金借贷活动,主要是用于头寸调剂,解决临时性的超额储备过多或流动性不足的问题。与一般的借贷业务相比,同业拆借最大的特点是流动性强、期限短,甚至是一天或一夜均有。同时同业拆借利率很低,几乎所有的银行和非银行金融机构都可以参与同业拆借活动,但拆借的资金一般不能做远期使用,主要是救急。

(4)向中央银行借款。中央银行垄断着货币发行权,集中掌握着法定存款准备金,担负着保持货币稳定和维护银行体系稳健运行的职能,是商业银行的最后贷款者,必要时商业银行可以向中央银行借款。中央银行对商业银行的贷款统称为再贷款,主要有再贴现、再抵押贷款和信用贷款三种形式。在西方国家,中央银行对商业银行贷款主要采取前两种形式,信用贷款一般不常见。在美国,商业银行向中央银行(联邦储备银行)的借款主要是通过联邦储备银行的贴现窗口进行的。

2. 对传统的各类存款进行多形式的开发和创新。为了增强负债的流动性、盈利性和安全性,除了对非存款负债管理外,对传统的活期、定期等各项存款,也必须进行多形式的开发和创新。事实上,商业银行从20世纪60年代以来一直在努力实践着,不断进行存款账户创新。以美国为例,自1972年以来金融创新创造的存款账户高达8种,即:可转让支付命令(NOW)、自动转账服务账户(ATS)、超级可转让支付命令账户(Super Now)、货币市场存款账户(MMDA)、个人退休金账户(IRAS)、股金汇票账户(SDA)、协定存款账户(NA)、定活两便存款账户(TDA)。这些开发和创新的存款账户,从总体上讲大大增加了负债流动性。

3. 开辟新的有利于流动性的存款服务。为了增加客户存款,增强负债流动性,商业银行应在存款服务上进行创新:加强柜台服务,主要是高效迅速地办理收存兑现、转账结算和提供咨询等,同时热情、友好接待客户;加强外勤服务,存款外勤人员坚持定期不定期主动到企业和居民家中去争取存款,提供咨询、改善形象,与客户建立友谊;为顾客提供各种各样的服务,包括提供市场咨询服务、保险服务、投资服务、信用卡服务、银行支票服务、货币兑现服务等,以密切银行和客户的关系;代理企业向职工发放工资,代理企业及个人缴纳各种费用和代收业务;大力使用电子计算机,为客户提供存取上的便利。

(三)资产负债综合管理策略和方法

上述两种流动性风险管理策略具有明显的片面性和不足。为此,银行开始采取资产负债综合管理的策略,即将资产与负债、资金的来源与使用等相关方面综合起来加以考虑、统筹安排。对于事前可以预测或控制的流动性需求,如正常客户提取存款、基本客户新增贷款等,银行可以通过适当安排资产结构、"储存"流动性来解决;对于一些突发性的流动性需求,如客户临时性大额贷款、提款要求,则通过主动负债的形式解决。现代的资产负债综合管理方法运用了许多新的管理工具和定量分析手段。

1. 资金汇集法。资金汇集法(Pooling of Funds)的基本思想是,银行首先将各种负债(资金来源)汇集为一个资金池(Pool-of-funds),再按照银行的业务需要在不同的资产之间进行分配,如图7-1所示。

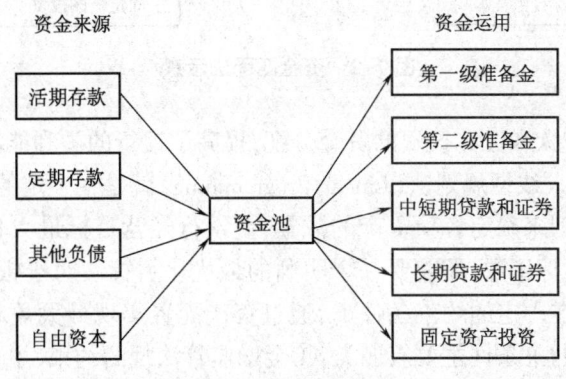

图7-1 资金汇集法示意

银行应确定盈利目标和流动性标准,然后按照盈利目标和流动性标准根据图7-1的顺序分配资金。第一级准备金是由库存现金、央行存款、同业存放和托收资金组成,第一级准备金是银行流动性的首要来源。第二级准备金是非现金性流动资产,主要包括各种短期的公开市场证券,如国库券、市政债券等。这部分资产不仅能够为银行提供较高的流动性,而且可以带来一定的收益,从而可以增强银行的盈利能力。第一级准备金和第二级准备金共同为银行提供了流动性,剩余资金可以用于投资中长期证券和固定资产。总之,资金在各部分的分配比重应视不同时间、地点、条件而定,同时还应考察各个银行自身的经营重点和经营方针。

资金汇集法重点强调的是资产管理,其缺陷在于忽略了负债方面的流动性,忽略了不同来源的资金具有不同的流动性和稳定性,没有在对资产和负债两方面进行统筹考虑的基础上去解决流动性问题。

2. 资金匹配法。资金匹配法(Funds Matching)是针对资金汇集法的不足而提出来的,该法认为银行的流动性状况与其资金来源密切相关。因此,资金匹配法要求银行按资金来源的不同性质确定资金在各项资产之间的分配,实际上是按照资金来源的稳定性来进行分配。具体做法如图7-2所示:按照不同的资金来源,建立数个"流动性—盈利性中心"。每个中心根据自己资金的稳定性对各个资产项目确定相应的资金分配量。各项资金来源及运用同各个资金中心交叉对应,与之对应的资金分配量应根据盈利目标、流动性标准和资金的稳定性进行相应的配置。

资金匹配法的主要优点在于从资产负债两方面统筹安排,从而减少了多余的流动

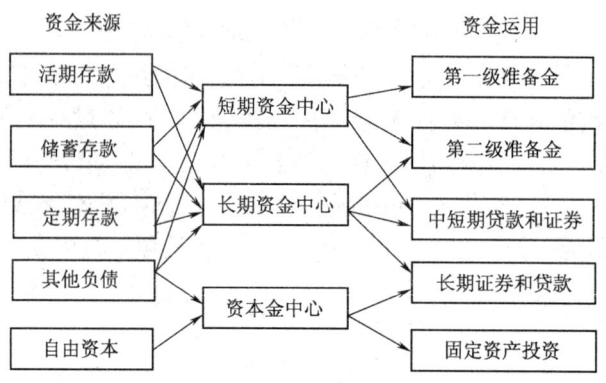

图 7-2 资金匹配法示意

性资产,增加了对贷款和证券投资的资金分配,提高了银行的盈利能力。

3. 线性规划法。线性规划法(Linear Programming)就是在一定的流动性条件下,采用运筹学和数学模型来确定各项资产的数量,使银行经营目标最大化。建立线性规划模型,首先要建立目标函数,即需要一个明确的最优化目标。对于银行经营而言,资产管理的目标一般是在一定的约束条件下,通过资产配置实现最大盈利。银行的资产负债综合管理涉及的约束条件主要有四类:①金融监管法规的约束,主要是法定准备金率和资本充足率;②流动性需求的约束;③安全性的约束;④贷款需求量的约束。于是根据目标函数和约束条件,就可以建立相应的线性规划模型,再利用线性规划模型的求解技术即可得到该模型的最优解。该最优解表示在既定约束条件下,为实现盈利最大化的目标,在各种资产之间所做的资金分配。通过上述资金配置过程,就可以实现流动性和盈利性的统一。

【案例分析】

大陆伊利诺斯银行的流动性危机

1984 年的春夏之交,作为当时美国十大银行之一的大陆伊利诺斯银行(Continental Illinois Bank)经历了一次严重的流动性危机,后来在金融监管当局的多方救助下,该银行才得以渡过危机,避免了倒闭的结局。

早在 20 世纪 70 年代初,大陆伊利诺斯银行最高管理层就制定了一系列雄心勃勃的信贷扩张计划。从 1977 年到 1981 年的 5 年间,贷款额以平均每年 19.8% 的速度增长,而同时其他美国 16 家最大银行的贷款增长率仅为 14.7%。与其他大银行不同,大陆伊利诺斯银行并没有稳定的核心存款(Core Deposit)来源,其贷款主要由出售短期可转让定期存单、吸收欧洲美元和工商企业及金融机构的隔夜存款来支持。1970 年以后,该银行的资金来源很不稳定,资金使用又不谨慎。由于大量地向一些问题企业发放贷款,大陆伊利诺斯银行的问题贷款份额越来越大。1982 年,该银行没有按时付息的贷款额(超过期限 90 天还未付息的贷款)占总资产的 4.6%,比其他大银行的该比率高一倍以上。到1983年该银行的流动性状况进一步恶化,易变负债(Volatile Liability)超过流动资产的数额约占总资产的53%。在1984年的头三个月,问题贷款的总额已达23亿美元,而净利息收入比上年同期减少了8 000万美元,第一季度的银行财务报表中出现了亏损。

1984年5月8日,当市场上开始流传大陆伊利诺斯银行将要倒闭的消息时,其他银行拒绝购买该银行发行的定期存单,原有的存款人也拒绝延展到期的定期存单和欧洲美元,公众对这家银行的未来已失去信心。5月11日,该银行从美国联邦储备银行借入36亿美元来填补流失的存款,以维持必需的流动性。5月17日,联邦存款保险公司向公众保证所有的存款户和债权人的利益将能得到完全的保护,并宣布将和其他几家大银行一起注入资金,而且联邦储备委员会也会继续借款给该银行。但这类措施并没有根本解决问题,大陆伊利诺斯银行的存款还在继续流失,在短短的两个月内,该银行共损失了150亿美元的存款。

1984年7月,联邦存款保险公司接管该银行(拥有该银行股份的80%)并采取了一系列其他措施,帮助大陆伊利诺斯银行渡过了此次危机。由于大陆伊利诺斯银行是美国少有的大银行之一,该银行当时拥有340亿美元的资金,其倒闭对整个金融体系都可能产生巨大的影响,金融监管当局于是全力挽救,但是大量的面临流动性危机的中小银行就没有那么幸运了。所以银行管理者要立足于自身对流动性风险的有效管理,充分考虑到可能的流动性风险,并尽量把风险控制在最小范围内。

问题:
1. 请问大陆伊利诺斯银行在流动性管理方面有哪些失误?
2. 如果你是该银行的CEO,你会怎样做来避免流动性风险?

【延伸阅读1】

2022年相比债务规模更应关注资产质量①

过去10余年来,我国的国家债务水平(国家债务的相对规模)成为政府和市场共同关注的焦点之一。分析人士大多将我国的宏观杠杆率(债务总额/GDP的比率)与其他国家比较,得出我国债务水平较高、特别是企业部门的债务水平过高的结论。但是,如果用微观杠杆率(负债总额/资产总额的比率)指标与其他国家比较,得出的结论却是,我国的国家债务水平(包括企业部门的债务水平)不但不高反而较低。

后者的结论为何与前者明显不同,主要原因在于资产的作用,资产作用的合理性又取决于资产质量,所以,资产质量比债务规模更加重要。资产质量从根本上说是不良资产的问题,因而对我国而言,需要摸清真实的不良资产率。

当前主流观点根据宏观杠杆率的国际比较结果,得出我国企业部门债务水平过高进而总体债务水平较高的结论,高估了我国企业部门与总体债务的真实水平。高估的

---

① 资料来源:廖群. 2022年相比债务规模更应关注资产质量(节选). 新浪博客,2022-02-24。

原因就是忽视了我国企业部门的高额资产。

微观杠杆率不高正说明我国的高额债务是由高额资产所支撑的,这也是我国的债务问题与大部分发达国家债务问题之间的一个根本区别:发达国家的债务很大一部分是政府债务,大多数是没有资产支撑的,而我国的债务主要是企业债务,大部分有资产支撑。

那么,高额债务由高额资产支撑,是否就不用担心了呢?如果高额资产是实在的,确实不用担心,但问题在于不一定如此。高额资产是否实在,在于这些资产能否直接或间接地用来还债。也就是说,这些资产中到底有多少是优良资产。如果不良资产不多,高额资产的绝大部分可用于还债,高额债务不足为虑,以微观杠杆率评估负债水平就可以放心。如果不良资产很多,高额资产有很多不能用于还债,高额债务就会产生违约风险,以微观杠杆率评估负债水平也会失真。

所以,评估我国企业部门的债务水平,与其看宏观杠杆率,不如看微观杠杆率,但也不应只看微观杠杆率,还应该看而且关键应看资产的质量,即不良资产的多少。换句话说,研究我国的债务水平不应专注于债务规模,而应看债务所对应的资产质量,即不良资产占资产总额的比重,也就是通常所说的不良资产率。不良资产率弄清楚了,我国的债务水平也就透明了;否则,可能导致问题的实际状况失真,也抓不住问题的实质。

为此,建议大范围地排查我国企业的不良资产,摸清我国企业真实的不良资产率。

本来,银行体系的不良贷款率直接对应着企业的不良资产率,如果银行的不良贷款率是准确的,企业的不良资产率也应该是清楚的。目前我国银行体系的不良贷款率为1.9%左右,与国际水平比较不算低,但也不算高。但这只是银行一方的统计数据,且多数市场主体认为这一数据并不精确。

实际上,对所有的银行而言,不良贷款率数据的准确性都值得商榷。这是因为,银行通常允许企业以借新债还旧债方式来延展贷款。很多情况下,一笔贷款是否不良取决于银行是否延展此贷款,而银行是否延展贷款取决于很多因素,包括自身的短期盈利和市场声誉,并非完全是由企业实际的还款能力所决定。尤其是国有银行,在判断是否延展贷款时更不可能仅从商业角度考虑,还要顾及企业、经济、就业与社会稳定等因素。所以银行往往过度延展贷款,使得一些本来不良的贷款成为正常贷款,从而导致银行的不良贷款率、进而使其对应的企业不良资产率被低估。因此,不能仅根据银行不良贷款率来判断企业的不良资产率。

当然,更不能完全相信企业自身提供的不良资产数据。至于债券评级公司的评级与股票市场的价格,的确会反映相关企业的不良资产状况,但只是间接地反映,且只涉及发债与上市公司,涵盖面不够广。况且,我国债券市场尚欠发达,股票市场问题也很多,债券评级公司与证券公司本身的信用度有待提高,使得债券评级与股票价格难以成为判断企业不良资产状况的标准。

鉴于这种形势,我国有必要成立一个由政府、企业、银行、债务评级公司及证券公司组成的专业机构,采用科学合理的评估方法和体系,对我国企业的不良资产状况做一个大范围的排查。这样,才能较为真实与准确地判断我国企业的不良资产率,进而评估我国企业部门与总体的债务水平,同时也摸清我国资产的真实家底。

【延伸阅读2】

美国经济能承受几次加息?①

(一) 美国经济复苏势能回落:消费、投资、补库对经济的支撑均有限

在经历了2021年强复苏后,美国经济增速将在2022年开始趋于回落,但受消费和投资方面的拉动,经济增速仍将高于疫情前水平。

2022年,商品消费对经济的拉动作用将有所下行,服务消费后续仍将延续修复态势,但其复苏节奏较慢,对美国经济的支撑作用有限。私人投资方面,补库仍将持续,但受供应链和消费下滑制约,进一步提振经济的动能较弱。住宅投资仍有较强支撑,但设备投资上行空间有限。另外,供应链紧缩问题将在2022年持续,对商品消费形成压制,掣肘经济修复。

1. 消费对GDP的提振作用趋弱,商品消费增速趋势向下,服务消费复苏缓慢。总量层面,2021年,美国个人消费成为经济增长的主要贡献项,但消费分项呈现结构分化。2021年美国实际GDP增长5.7%,其中,个人消费支出对GDP同比的拉动率为5.3%,较2020年显著上行7.8个百分点。由于受到疫情持续蔓延下的社交管控限制影响,较长时间内服务业在供求两端承压,消费需求大量流向实体商品,叠加财政刺激对居民收入的提振以及供应链紧缩带来的价格上涨,导致商品消费迅速复苏,而服务消费复苏缓慢。

2021年第四季度,商品消费增速已超疫情前水平,但趋势向下;服务消费增速与疫情前相比仍有缺口,并缓慢复苏。从两年复合平均增速的角度来看,2020年下半年后,包括耐用品及非耐用品在内的商品消费增速已经明显修复至2020年2月疫情前水平之上;服务消费支出增速迟迟未能恢复至疫情前水平。2021年二季度以来,耐用品、非耐用品消费的同比增速已经见顶回落,而服务消费支出增速修复较为缓慢,仍有2个百分点左右的缺口。

展望来看,商品消费对经济的强拉动作用难以延续,服务消费修复将为经济增长带来贡献,但在疫情常态化的背景下,服务消费修复速度较慢,对美国经济的支撑作用有限。

(1)供应链紧缩问题、提前透支消费将抑制商品消费。由于供应链紧缩问题在短时间内难以得到缓解,商品消费将大概率延续回落态势。一方面,目前存在的供给瓶颈导致商品价格高企,市场呈现"有价无市"局面,商品消费受到供应链压制;另一方面,前期商品消费规模已达历史高位,大量商品需求尤其是耐用品消费需求已被满足甚至提前透支,短期内难以出现新的增量,需求呈现回落趋势。

疫情以来,商品消费的量价关系经历了从"量价齐缩"到"量缩价涨"的变化,反映出供给限制需求的现象。

疫情初期,多轮财政刺激政策在需求端直接刺激了商品消费的提升,使其迅速摆脱

---

① 资料来源:高瑞东,赵格格. 美国经济能承受几次加息. 高瑞东宏观笔记,2022-02-24。

"量价齐缩"的衰退局面,而随着原材料不足和运力受阻等供应链问题逐步凸显,商品消费从"量价齐涨"转向"量缩价涨"局面,商品价格因供需矛盾而持续高企。目前,美国商品消费呈现"量缩价涨"态势:耐用品和非耐用品的价格涨幅显著高于服务消费,耐用品的涨价压力尤其明显,而物量指数同比增速有所回落。

耐用品消费量价关系在商品消费变化中起主导作用,耐用品消费走势主要由机动车及零部件分项带动。2021年以来,机动车消费量增速在猛涨后迅速滑落,目前机动车分项物量指数同比增速已经连续五个月为负,而价格增速始终高企。

"量缩价涨"反映出机动车市场受到供给端制约影响,向前看,供应链问题和芯片短缺的持续或将限制机动车产量,压制消费。一方面,虽然供应链已经出现逐步好转迹象,但运力供给尚未充分恢复,芯片供给也仍受阻,供给不足压力仍然存在。另一方面,疫情前期的财政刺激和服务消费受阻导致机动车消费需求被提前满足,部分机动车消费支出前置,在价格走高、财政政策刺激弱化的背景下,机动车需求也将进一步走弱。

综合考虑供应链瓶颈和需求前置问题,预计2022年上半年美国机动车消费或将维持下行趋势。供给端约束缓解后,部分尚未满足的购车需求得以释放,机动车消费或将有所回升。但是,由于需求难以出现较大反弹,预计机动车消费的回升对个人消费支出的拉动作用不大。

除机动车及零部件分项外,耐用品其他分项以及非耐用品消费同样受供给端压制,此外,财政补贴结束、"宅经济"相关商品需求回落也将在需求端影响消费。一方面,财政补贴带来个人可支配收入的提升是商品消费增长的主要因素,当前居民收入已随着财政补贴到期而下降,收入对消费的支撑作用有限。另一方面,疫情期间,居民居家办公、学习的比例提升,"宅经济"相关商品需求火热带来家庭耐用品消费增长。然而,家庭耐用品需求一次性得到满足后,未来较长时间内难以出现新的需求。预计耐用品其他分项将在一段时间内保持回落,而非耐用品消费难以出现新的增长,或将向历史趋势水平回归。

(2)服务消费增速缺口缓慢弥合,劳动力供给是关键。服务消费方面,服务消费增速距离疫情前仍有缺口,预计随着疫情趋缓,后续仍将延续修复态势,但服务消费修复空间不大,复苏速度或将保持缓慢。

目前,新冠疫情对服务消费仍有较大冲击,2022年一季度的服务消费增速或将继续受到不利影响。向前看,随着疫情缓解以及新冠疫苗接种率的提高,应对疫情的社交隔离措施将会逐步退出,将一定程度上提振交运、食宿、休闲等服务消费;加之商品消费出现回落,商品消费向服务消费的切换也将对服务消费的修复形成支撑。

目前疫情反复对服务消费的影响已经趋弱,疫情缓和难以带来服务消费的较大反弹,同时,服务行业就业缺口仍然较大,劳动力供应不足或将拖累服务消费的复苏速度。预计服务消费修复空间不大,复苏速度或将保持缓慢。

一方面,在疫情常态化的背景下,新一轮疫情对服务消费的影响已不及疫情初期,服务消费反弹的空间有限。在本轮疫情中,得益于美国较高的疫苗接种率,美国政府封锁指数相较前期新增确诊大幅飙升时并未出现明显反弹,2022年1月末该数据为52.6,远低于从疫情发生至2021年年中持续一年多60以上的水平。

截至2021年12月,服务消费整体总规模已经接近疫情前水平,分项来看,除交运和娱乐服务规模较疫情前仍有较大缺口外,服务消费的大多分项已经达到或超过疫情前水平,并接近历史趋势。这意味着随着疫情常态化,疫情对服务消费的影响开始钝化,而服务消费复苏进行已久,即使未来疫情大幅趋缓,也难以带来服务消费的较大反弹。

另外,服务行业的劳动力短缺或将限制服务消费的复苏速度。从职位空缺率来看,相比于建筑业、制造业,各服务细分行业的职位空缺率明显较高,且均大幅高于疫情前水平;尤其是休闲住宿业、商业服务、教育和保健服务等行业,职位空缺处于高位(2021年12月为789.2万人,2020年2月为524.2万人),与疫情前相比仍有265万人左右的缺口,且并未呈现出下行态势。

从新增非农数据来看,2021年服务行业新增非农就业数据表现良好,平均每月达47.3万人,显著高于疫情前平均水平。假设2022年各月新增非农人数与2021年月度平均值相当,估计至少需要6个月左右的时间才能弥合缺口。

实际上,服务行业就业恢复速度可能较上述估算更加缓慢。首先,疫情导致大量劳动力永久性退出劳动力市场,劳动参与率持续低迷,从历史经验来看,劳动参与率的恢复通常较为缓慢,劳动力供给疲弱难以在短时间内缓解;同时,根据全球知名招聘求职网站Indeed在2021年10月发布的报告,疫情改变了求职者的职业兴趣,人们对于餐饮、运载、医疗等服务行业的兴趣普遍降低,且这种改变可能是长期性的,这种职业兴趣的转变或将制约服务行业就业缺口的修复。

(3)超额储蓄能一定程度提振消费,但作用有限。疫情期间因政府转移支付和预防性存款增加而形成的"超额储蓄"可能会对未来消费支出带来一定的提振,但潜在支撑作用较弱。疫情期间美国实施了多轮财政刺激政策提高了居民储蓄率,形成了总规模约2.6万亿美元的"超额储蓄"。随着经济重新开放,担忧和不确定性消退,"超额储蓄"的释放将同时对商品和服务消费带来经济影响。

我们认为,超额储蓄对未来消费的潜在支撑较弱。一方面,当前家庭部门杠杆率仍然高于疫情前水平,随着美国先前出台的房贷、学贷宽限措施在2022年陆续到期,超额储蓄或率先用于偿还债务,而非消费;另一方面,超额储蓄在不同收入层级、不同教育水平层级的家庭分布不同,若超额储蓄在高收入、高教育水平家庭中的分布较为集中,其较低的边际消费倾向难以带来对消费的较高提振。

综合来看,2022年个人消费支出对GDP的提振作用有限。美国商品消费已经见顶回落,且预计回落趋势将持续到至少2022年第二季度后。服务消费将在本轮疫情缓解后,持续保持修复态势,但受到劳动力供给的影响,修复空间可能较低,复苏速度可能较慢。另外,超额储蓄对未来消费的潜在支撑较弱。

2. 补库仍将持续,但受供应链和消费制约,对经济的支撑较弱。2021年4季度美国实际私人投资环比折年率显著提升(28.7%,3季度为11.8%),同比增速上行至8.6%(3季度为7.1%);投资对实际GDP环比拉动率为5.15%,相较于3季度的2.2%提升2.95个百分点。

分项来看,库存投资大幅增长,对实际GDP环比拉动率为4.9%。2021年4季度,因供应链问题缓解,生产有所加快,商品消费较 3 季度仅略有提升,从而库存快速增加。从制造业 PMI 指数可以看出,4 季度制造业 PMI 新订单分项下滑明显,显示出需求回落,而制造业 PMI 产出分项小幅波动,新订单—产出缺口的收窄带动库存上行。

制造商、批发商库存水平已显著高于疫情前,零售商库存与疫情前相比仍有较大缺口。前期较为严重的供应链瓶颈使得产品难以快速从制造商、批发商向零售商传递,而零售端商品消费需求高涨,带来零售端库存的紧缺;4 季度以来,供应链问题好转,产品运输有所畅通,提振零售商补库节奏。

向前看,制造、零售、批发三个环节的补库仍将持续,但补库节奏趋于放缓。目前,批发商和零售商库销比仍远低于疫情前水平,表明供应链瓶颈导致的补库节奏跟不上销售增速,表明补库仍将继续。

受到供应链瓶颈和消费回落的制约,补库对经济的支撑大概率回落。一方面,供应链紧缩问题短时间内难以解决,补库进度或将受到较大阻碍;另一方面,如前所述,2022 年商品消费将延续回落态势,在需求不足的背景下,被动补库持续性不强,对经济的作用也将下降。

3. 住宅投资仍有较强支撑,但设备投资上行空间有限。从两年复合平均增速的角度来看,2021 年 4 季度,私人投资增速相较疫情前显著反弹,主要贡献项为住宅投资、设备投资和知识产权投资,主要拖累项为建筑投资(非住宅)。

向前看,住宅投资仍有较强支撑:一方面,美国新建私人住宅营造许可环比持续上行,且住宅建造支出同比仍然处于较高水平;另一方面,成屋库存依然处于较低水平,成屋补库存也会对住宅投资形成一定支撑;此外,虽然目前美国住房抵押贷款利率已触底回升,但其绝对值水平仍显著低于疫情前,对成屋销售形成支撑。

设备投资方面,2021 年 4 季度,美国设备投资环比折年率 0.8%,较 3 季度的 −2.3% 显著上升,设备投资两年复合增速为 2.8%,连续第四个季度上行,显示出旺盛需求,激励美国企业设备投资。然而,美国制造商和批发商已处于被动补库阶段,接下来对投资的支撑较为有限。

美国制造商和批发商库存同比增速已经处于历史高位,而其销售增速已回落多月,表明需求持续时间有限,压制设备投资需求。这一点也可以从制造业新订单和小企业计划资本开支调查数据中得到印证。

制造业新订单自 2021 年 4 月起持续回落,小企业调查数据(NFIB)显示,计划在未来 3~6 个月内进行资本支出的受访企业的数量占比也有趋缓态势。因此,向前看,我们认为,设备投资增速上行空间较为有限,对私人投资增速未形成强支撑。

综合来看,住宅投资对私人投资增速仍有支撑,但设备投资对私人投资的拉动将较为有限。

4. 美国经济领先指标均趋于回落。除了对经济数据的定量分析之外,我们看到,各类经济领先指标也从定性的角度,传递出美国经济下行的信号。

经合组织(OECD)的综合领先指标(Composite Leading Indicator,CLI)是判断经济周期拐点的有力手段,包括对居民和企业的调查。CLI 能大概率预测经济周期的变化方向,领先时间是 6~9 个月。但需强调的是,CLI 只能判断周期的拐点,对于恢复和衰弱的速度和强度是无法体现的。

CLI指数显示的拐点与密歇根大学消费者信心指数较为一致,显示居民和企业部门对经济下行的看法较为一致。

另外,纽约联储的每周经济指数(WEI)更专注于实体经济的表现,包括同店零售销售、消费者信心指数、初次申请失业金人数、临时工及合同工数量、钢铁生产、燃料销售、电力消耗。WEI指数自2021年4月起持续下滑,显示美国实体经济最热的阶段已经过去,与前述论点较为一致。

(二)供应链紧缩问题将在今年持续,对商品消费形成压制,不利于美国经济的修复

从制造业、运输物流业和芯片供给的角度来看,供应链紧缩问题大概率在2022年持续,对商品消费特别是耐用品消费形成压制,不利于美国经济的修复。

1. 制造业供给紧缩问题小幅趋缓,但其修复进程或将较慢。2022年1月,ISM制造业PMI指数为57.6%,其中,供应商交付指数为64.6%,为近30年来93分位数,指数持续维持高位显示,供应商因原材料和劳动力短缺等问题,拖累了交付时间。2022年1月IHS Markit数据显示,全球企业材料短缺指数是长期均衡水平的3.5倍,比有数据纪录以来的前期最高值高出许多。

历史上来看,供应商交付时间自现阶段水平修复至平均水平需要8~12个月的时间,再考虑到全球感染新冠肺炎的人数仍维持高位,使得因病毒而请假或照顾感染人群的数量增多,预计制造业供应链修复将在2022年缓慢推进,压制商品供给,同时限制需求。

2. 运输物流方面依然面临较大压力。水运方面,根据IHS Markit数据显示,洛杉矶长滩码头上的集装箱数量自2021年10月以来已下降近50%,但截至2022年1月初,仍有100多艘集装箱货船在洛杉矶海岸外等待泊位或正在缓慢行驶,而疫情前,等待停泊或缓行的船只数量接近于0。另外,太平洋海事协会首席执行官Jim McKenna表示,截至2021年12月,船只需要22~24天才能完成从亚洲到北美洲的航程,比之前的10~14天多一倍左右。

未来,疫情导致的码头关闭(如2021年3月苏伊士运河关闭,2021年6月中国盐田港关闭)都将可能再度对水运物流造成冲击,水运工人供给的修复也将决定水运物流修复的节奏。波罗的海干散货指数也显示,海运价格虽较疫情最高点时有所回落,但其价格仍比疫情前高出5倍多,且下行速度较为缓慢,预计水运方面在上半年仍面临较大压力。

陆运方面,卡车运力逐渐抬升,向疫情前水平靠拢,但卡车司机短缺仍将拖累陆运物流的修复节奏。2021年10月,美国卡车运输协会首席经济学家Bob Costello表示,美国目前司机短缺人数已上升至8万人,是该行业历史最高水平。现阶段,美国运输业劳动力供给不及需求,累计运输业新增非农不及累计新增职位空缺,拖累陆运运力修复。

向前看,疫情导致的卡车司机短缺和驾校关闭可能会有所好转,但提前退休而导致卡车司机供给萎缩可能持续影响陆运修复的步伐,参见我们2021年12月20日的外发报告《疫情冲击下的货币政策:美国劳动参与率的视角》。

3. 汽车芯片短缺问题将在 2022 年持续限制汽车供给,进而压制需求。2022 年 1 月 25 日,美国商务部长 Gina Raimondo 表示,全球半导体短缺持续对工业造成破坏,制造商持有的芯片库存已暴跌至 5 天库存供应量。对汽车制造商来说,芯片短缺的矛盾更为严重,因为在疫情期间,芯片制造商将更多供给转移给利润更高的消费类电子产品。因此,可以看到,新车价格和二手车价格不断上行,持续成为推动美国通胀的重要因素之一。

向前看,政策支持以及芯片制造商扩产对汽车补库都是利好事件,但两者都无法在短期内提高芯片供给水平。2 月 4 日,美国众议院通过了美国竞争法案,其中有 520 亿美元将用于补贴芯片制造和研究,但法案自通过到变成法律再到实施将经历较长时间。

另外,IHS Markit 数据显示,半导体交付时间已从疫情前的 12 周延长至 26 周或更长,叠加疫情导致生产进程面临较大不确定性(特别是芯片生产大国如马来西亚,日均新增病例数仍维持上行走势),因此,我们判断,芯片短缺问题将在 2022 年持续,限制产能,并同时限制需求。

(三)美联储加息前置,下半年加息节奏放缓,全年 5~6 次的加息预期或将落空

美联储当前货币政策的主要约束仍来自美国的产出缺口。基于前文的判断,我们认为,在需求趋弱、供应链紧缩问题持续的背景下,美国经济增长动能面临较大的不确定性。

基准情形下,我们认为,美联储基于对通胀和经济增长目标之间的权衡,会将加息前置,抑制需求并控制通胀,为供应链和劳动力市场修复争取时间,在通胀得到一定控制后,在下半年放慢加息节奏,确保政策面对经济复苏的支持。

第一,此次美联储加息主要目的还是控制通胀,因此,接下来美联储加息的节奏取决于通胀和经济数据的演绎。现阶段,虽然通胀持续升温,但其进一步大幅上行的概率较低。我们判断,通胀将在一季度筑顶,二季度回落,但回落速度较慢,参见我们于 2022 年 2 月 11 日外发的报告《美国 CPI 加速上行,Fed 加息前置》。若通胀走势如我们判断,美联储没有动力连续、多次加息。

第二,供应链紧缩(导致的供给不足)叠加需求旺盛是此次通胀的主要原因。向前看,需求端对经济的支撑趋弱,供给端虽修复疲弱,但货币政策收紧对供给端紧缩问题收效甚微。

第三,就业缺口仍未修复。2022 年 1 月,美国劳动参与率为 62.2%,与疫情发生前(2020 年 2 月)相比仍有 1.2 个百分点的缺口,2021 年 4 季度实际 GDP 与潜在 GDP 之间仍有 0.5 个百分点的缺口。

上一轮美联储加息周期起始于 2015 年 12 月,并一直持续至 2018 年 12 月,美联储联邦基金目标利率自 0.25%一路上行至 2.5%。之后,美联储于 2019 年 8 月开始降息,直到 2020 年 3 月,美联储联邦基金目标利率降至 1.75%。

加息周期开始前,市场对美联储加息节奏的预期也较为激进。2015 年 1 月 5 日,联邦基金利率期货隐含的加息预期为 2015 年加息 2 次、2016 年加息 3 次。

然而,若我们以密歇根大学消费者信心指数和 OECD 综合领先指标作为衡量美国

经济的代理指标,可以看到,2015年年初到2016年年末,美国经济疲软叠加英国脱欧等外部因素干扰,导致美联储最终在2015年和2016年各只加息了一次(25bp)。

自2016年4季度起,美国经济基本面趋好叠加特朗普在2017年宣布的减税政策,提振了消费者信心指数,OECD综合领先指标持续反弹。美联储也相继在2017年和2018年分别加息3次和4次。

美联储在2018年12月的议息会议中,进行了上一轮加息周期的最后一次加息,但也在会议中提出,美国和全球经济前景面临不确定性,委员会对是否持续收紧政策保持耐心。可以看到,OECD综合领先指标于2018年年中触顶并持续回落,密歇根大学消费者信心指数也开始出现下行态势。在2018年12月后的议息会议中,美联储维持原联邦基金目标利率水平,直到2019年8月开始降息。

相对而言,现阶段,经济已经处于复苏中后期,复苏力度相对疲软,2月密歇根大学消费者信心指数已回落至61.7,比受疫情冲击最强烈的时期还低。OECD综合领先指标也于2021年10月开始回落。因此,从经济复苏的角度来看,若3月启动加息,则此次加息为逆周期加息,加息的节奏、时点都可能对经济产生冲击。

【思考题】
1. 简述流动性的概念,说明为什么金融机构保持一定的流动性很重要。
2. 简述流动性风险的概念,它包括哪两方面的内容,简述具体含义。
3. 流动性风险的来源有哪些?
4. 可以通过哪些指标来衡量流动性风险?简要说明各指标的经济意义。
5. 试述流动性风险管理理论的四个主要发展阶段及其内容。
6. 资产流动性管理和负债流动性管理的具体方法有哪些?

第八章

国家风险管理

【学习要点】
1. 国家风险的特点和类型
2. 国家风险的识别和衡量
3. 国家风险管理的主要策略和方法

【导引阅读】

俄乌冲突车企"躺枪"?"芯荒"问题或将加剧[①]

俄罗斯与乌克兰的冲突不断升级,由此引发的担忧远不止两国民众。

值得一提的是,俄乌冲突也给全球汽车供应链体系蒙上了阴影。市场研究机构集邦科技(Trend Force)发布的报告称,俄乌冲突可能会冲击乌克兰惰性气体的供应,全球芯片的生产成本可能因此上涨,而俄罗斯同样是全球多种关键金属材料的最大供应国,包括钯和镍在内的贵金属出口量极高,上述资源恰恰是各国汽车产业的必需品。

比起更为直观的资源出口,俄罗斯同时还是汽车产业的重要制造中枢和关键市场,包括大众、丰田、雷诺—日产和Stellantis在内的跨国车企均在当地设有工厂。一旦俄罗斯受到制裁,无论是当地的汽车制造还是销售渠道,都可能会受到沉重打击。

(一)硝烟背后的供应链危机

汽车行业数据预测公司Auto Forecast Solutions公布的数据显示,截至今年2月6日,由于芯片短缺,全球汽车市场累计减产量约为37.05万辆,较截至1月30日的全球汽车累计减产量(23.07万辆)大幅增长61%。

当前,俄乌冲突的进一步升级或加剧这一局面。据了解,氖、氪和氙等惰性气体是芯片生产中使用的激光器所必需的,而乌克兰是世界上最大的氖气生产国之一。在2015年俄乌克里米亚事件期间,氖气价格就曾水涨船高,由当年最初的每立方米750

[①] 资料来源:每日财经,2022-02-27。

元人民币暴增至7月中旬每立方米2.5万元人民币的历史顶点。

据富国银行分析师 Aaron Raker 提供的数据,美国90%的氖是由乌克兰生产供应,因此俄乌冲突或导致惰性气体供应不足,推高半导体晶圆价格,加剧芯片短缺问题。另据国金证券相关研究报告,此次俄乌危机中,美国、欧洲的8英寸、12英寸晶圆制造厂商受到影响的概率较大。

据了解,乌克兰主要供应的氖气和氪气都可用于 KrF(248nm 准分子激光)镭射,该工艺主要用于8英寸晶圆250nm~130nm成熟制程。目前,250nm~130nm制程产品包括 PMIC、MEMS 及 MOSFET 组件、IGBT 等功率半导体组件。

事实上,不少芯片大厂已感受到俄乌冲突所带来的供应链危机。据彭博社报道,美国半导体大厂美光(Micron)日前就透露,公司所使用的氖等部分惰性气体来自乌克兰,公司将会密切关注俄乌局势,并希望局势能够缓和。

荷兰光刻机巨头阿斯麦发言人也于日前表示,正在为其工厂使用的少量氖气寻找其他来源,以防止供应受到俄乌冲突影响。

(二)有车企酝酿转移生产线

事实上,俄乌冲突令在俄罗斯建厂的跨国车企同样感到焦虑。随着东欧紧张局势的升级,该区域的汽车零部件供应及新车生产计划或已受到影响。据 Russian Gazeta.Ru 报道,如果俄罗斯受到新的制裁,当地的汽车生产商将不得不转向其他地区的供应商,并可能面临更高的成本。

Stellantis 集团位于俄罗斯的卡卢加(Kaluga)的工厂自去年12月以来,便在持续增加产量,以满足日益上升的西欧出口需求。Stellantis 首席执行官唐唯实表示,目前还不确定制裁将对 Stellantis 的卡卢加工厂造成何等影响。"如果西方制裁干扰到我们在俄罗斯的生产,公司准备把这些车辆的生产转移到其他工厂。"唐唯实说。

对于俄乌冲突可能带来的制裁,奔驰发言人在一份电子邮件中表示,奔驰在与俄罗斯的商业活动中会对可能的制裁措施加以考虑。宝马方面则对此表示:"政治决定了公司的运营规则,如果框架条件发生变化,公司将对其进行评估,并决定如何处理。"

"毫无疑问,冲突升级意味着所有行业或多或少将受到影响,其中也包括汽车行业和物流业。但是,这种影响的程度将取决于冲突的规模和深度。"乌克兰欧洲商业协会执行董事安娜·杰列维扬科表示,目前该地区挥之不去的紧张局势,正在影响包括汽车行业等流入乌克兰的商业投资。

现代金融风险已突破了其民族国家的个体属性,成为全球性的共同风险。近年来伴随着国际贸易的发展,国际资本流动的规模日益扩大。在这股经济金融全球化的巨大洪流中,所有参与其中的个体都无一例外地遇到了来自其他金融市场的风险。这种风险的不确定性更强、更突然,防范的难度也更大。

第一节 国家风险概述

一、国家风险的概念和特征

(一) 国家风险的概念

金融风险中的国家风险是指跨国界从事信贷、投资与金融交易时可能蒙受损失的风险。具体包括：①为保存外汇或其他方面的原因不能或不愿完成对贷款者或投资者的外汇偿付义务所造成的风险；②其他借款者由于贷款或投资本身以外的原因不能完成对贷款者或投资者的偿付义务而造成的风险。

理解国家风险的范围应把握两点：

1. 凡是跨国境信贷，不论其授信的对象为该国政府、私人企业或个人，均有可能遭遇国家风险损失。因而，国家风险的概念，较主权风险或政治风险的概念更为宽广。主权风险仅指某一主权国家政府贷款所可能遭受的损失。

2. 必须是政府能控制的事故所导致的损失风险才是国家风险。例如，若因一国政府经济政策失当，导致企业破产，从而无法履约，就属于国家风险；但如果是企业本身经营不善而倒闭，一直无法履约偿债，则属于商业风险。

(二) 国家风险的特征

与一般商业风险相比，国家风险有鲜明的特征：

1. 国家风险存在或产生于跨国的金融经贸活动中，属于国际之间经济交往的风险。

2. 国家风险是和国家主权有密切关系的风险，表现在东道国制定的有关法律、法令对外国投资者或外国经营者的一些不利规定或歧视待遇。

3. 国家风险源于东道国的法律和法规有强制执行性，从而导致这种风险的合同或契约条款能够被改变或免除。

4. 国家风险是指一国的个人、企业或机构作为投资者或债权人所承担的风险，这种风险是由于不可抗拒的国外因素所造成的。

二、国家风险的分类

国家风险大抵可按以下标准划分成不同类型。

(一) 以事故的性质划分

以可能导致风险出现的事故性质，国家风险可分为：

1. 政治风险。政治风险是指一国国际关系发生重大变化，如对外发生战争、领土被侵占等，或一国内部动荡不安，如政权更迭、恐怖事件造成骚乱、地方性政党分裂等因素所可能造成损失的风险。

政治风险虽由以上各种政治因素所引起，但常以主权政府的风险形态出现。只有当直接对主权政府贷款,或由政府机构担保而提供贷款时,其因主权政府的因素而遭到信贷损失的风险,才是主权风险。除此之外,其余以主权政府风险表现的风险,仍属于一般政治风险。由此可见,主权风险仅是政治风险的一种形态,政治风险的含义明显比主权风险广泛。

2. 社会风险。社会风险是指一个社会因发生内战、骚乱及种族纠纷等,因其动乱、所得分配不均、结群格斗、宗教纷争及社会阶层的对立等所造成的风险。

3. 经济风险。经济风险是指由于一国经济长期呈低增长、罢工、生产成本剧增、出口收入持续降低、国际收支恶化、粮食与能源的进口需求突然剧增以及外汇短缺等因素所造成的风险。这种经济风险与一国内外部经济发展有关。当国际收支发生困难时,一国取得外汇的能力会降低,因而影响该国的偿债能力,此种因赚取外汇能力降低导致外汇短缺,从而丧失偿债能力的风险,一般称为"国际收支风险"。

通常发展中国家外汇较为短缺,因此他们往往采取极为严格的外汇管制措施。在这种情况下,债务人即使有足够的本国资金可用来偿还国外债务,但却无法取得或汇出外汇。这种国家外汇管制所导致外汇无法汇出的风险,一般称为转移风险。

转移风险主要发生在对外国商业实体的贷款上。这种贷款一般没有经过政府或官方金融机构的担保。这类贷款风险有三种:①商业性风险,主要是因投资项目管理不善或资金使用不当及其他产业性因素变化而产生的。②产业或行业性风险,例如因石油价格下降,接受大量西方贷款的墨西哥石油业受到冲击,从而不能保证还本付息。以上两种风险都属于信贷风险的范畴。③转移风险,这才是国际贷款特有的风险。即使贷款支持的商业实体的效率很高,项目的本币收益也达到预期水平,也不存在产业波动的不利影响,但由于可能发生政府在政治上、经济上的限制政策,以致无法将那些收益转换为外汇还本付息。就是说,转移风险是一国的一种经济政策,对外国贷款者或投资者的资本金、红利、利息、佣金或矿产使用费等实行限制而产生的风险。

(二) 以借款者的行为划分

1. 间接风险。当一国意外遭受经济困难或政局动荡时,银行在该国的贷款收益不会马上受到损失,但即使是该国将贷款本息在以后一个时期全部还清了,间接损失也会发生,因为该国国家风险的预期水平将会提高,由此将带来两方面的问题:一方面,应偿还的贷款无形中被贬值了,因为风险预期水平提高导致对该国信贷的利息也会提高,而偿付贷款的利息收入相对而言降低了,为此,银行丧失获得更多收益的机会;另一方面,鉴于该国风险增加的前景,银行为减少风险,就要改变贷款的国别分配,将贷款转向风险较低但收益也较小的国家,这同样也会使收益下降。

2. 到期不还风险。这包括利息到期不支付的风险、本金到期不完全偿还的风险。无论哪种情况发生,都会导致银行经营成本的增加和资本的损失。虽然银行要加以惩罚性利息,但银行资金周转方面的困难却不可避免,而且在资金流中断的情况下,银行也无法进行合理的资金调配。如果拖欠款积累过多,债务重新安排就不可避免。

3. 债务重新安排风险。债务重新安排就是经借贷双方共同协商,就有关债务的支付安排做出变动。它包括两个方面的内容:一是议定用新贷款偿付已有债务的本息借款;二是为延期还本付息或改变偿还利息支付条件做出安排。债务勾销不仅使银行直接损失部分或大部分本金,而且也损失相应的利息收入,所以其风险最大,银行对此也最为敏感。

（三）以借款者的形态划分

按借款者的形态划分,国家风险可区分为政府风险(主权风险)、私人部门风险、公司风险及个人风险等。

主权风险是与主权贷款相关的特定风险。这种贷款的特定含义在于其还本付息与具体项目或企业厂商的经营好坏没有直接联系,因而通过法律行为保证赔偿贷款损失是不可能的,因为借款者可以请求免于诉讼或不履行裁决。

（四）以贷款的目的划分

以贷款的目的划分,国家风险可划分为信用额度、输出融资、计划性融资、国际收支融资及开发性融资等不同放款类型的风险。

（五）以风险大小程度划分

以风险大小程度划分,国家风险可分为高度风险、中度风险及低度风险,这是根据借款者采取行动所致损失程度的不同而做出的判别。

在上述五种分类标准中,以第一种及第二种分类标准最常被使用,也最为重要。第一种分类标准是按风险发生的事故的性质来划分,一般探究国家风险发生的根源,从而测定与掌握风险程度。至于第二类标准,由于债务国或债务人采取何种反应行动,对债权银行的债权确保或损失程度的影响颇大,因而常被国际银行所采用。

三、国家风险评级

国家风险评级是国际评估机构根据一国与其他国家相比较在外债偿还中的信誉对借款国做出的评价。国际性银行或金融机构在从事国际贷款活动时,为避免经营上遭受重大损失,除需考虑一般性的商业风险外,还需考虑借款国家本身独有的政治、社会、经济与累积债务等风险。这也是自发生国际债务问题以来,国家风险评级这个课题特别受国际银行界重视的原因。

目前世界上最为著名的评估机构是商业环境风险信息机构(BERI)、《欧洲货币》杂志社、《机构投资者》杂志社以及国际报告集团。

（一）商业环境风险信息机构的国家风险评级

最早的国家风险资料是由商业环境风险信息机构提供的,其创立人汉纳教授在20世纪60年代后期首次建立了国家风险指数。目前该机构主要提供以下服务:

1. 商业风险服务,即对国家风险的三部分分别进行评估。这三个部分是:对于外国贷款者而言的商业气候、债务国的政治稳定性以及货币和支付风险,其国家分析报告着重于评论债务国的投资气候及外国能够在此国赢利的可能和途径。分析报告的目的是为银行业和国际商业实体提供前景和分析报告,用来预测主要债务国有危机发生时的政治经济和金融的变化情况。此报告内容包括:①决策方法;②社会政治;③相应的附录部分。它每年都对客户进行调查以确定下一年度需要评估的国家。

2. 国家风险预测,是通过定量和定性分析评价一国的信誉情况。它采用几种定性和定量标准对未来五年内这个国家的情况进行预测,并把国家风险评级具体地分成定量评级、定性评级和环境评级三类。

（1）定量评级是测定和衡量一国偿还公债和私债的能力，这在总的信誉评级中占50%的权数。定量评级又通过四个分指数即外汇收益、外债状况、储备头寸和政府财政状况来测定。

（2）定性评级在总的信誉评级中占25%的权数，它反映在国家经济管理的竞争力、短期和长期外债的结构、关于外币转移的规则、官僚腐败的程度，以及政府履行对外义务的决心等各个方面。

（3）环境评级也在总的信誉评级中占25%的权数，它是对所评估国家的社会政治环境进行评级，因为社会政治环境会影响用于偿付外债的出口商品的产量。环境评级也分为三个分指数，即政治风险指数、商业气候指数和社会政治环境指数。前两种用调查问答方式得到，第三种由商业环境风险信息机构自己分析得到。

综合三类评级结果就构成了总的信誉评级，并用1~100的自然数表明其风险度。它把1~100之间的各个国家分成八个档次，以便向贷款者指明借款者的质量并为其提出某些建议。BERI机构每年为国际贷款者提供三次国际风险预测报告，其中包括50个国家。BERI机构的国家风险预测分析指数是运用传统评估方法的结果，就此目的而言是一种有效的衡量标准，但缺陷是其分析的国家面狭窄，仅仅涉及了一些具有世界影响的国家。

（二）《欧洲货币》杂志的国家风险评级

这一国家风险评级结果每年都在《欧洲货币》杂志第九期上公布，其评级方法主要是依据一国在国际金融市场上的表现。《欧洲货币》杂志的国家风险评级开始于1979年10月，在这以后，其评级方法进行了三次修改。

1. 第一阶段，它主要使用加权平均利差分析法，即根据主权借款者在欧洲货币市场上的加权平均利差确定其与其他各国相比较的风险地位。差额越大则风险度越高。

2. 第二阶段，从1982年9月开始，《欧洲货币》杂志采用了新的评估方法，其关键标准是进入市场的能力、实际获得的信贷条件（这由市场本身做出评价），以及在市场上能否销售完该国发行的债权（此意味着业务成功与否）。所考察的市场是指债券市场和浮动利息票据市场。这一评级包含了采用伦敦银行同业拆放利率的辛迪加贷款市场、初级市场、大额存单期权市场以及银行间特别贷款市场等。它也评论借款国的贸易融资类型。

3. 第三阶段，在1987年，《欧洲货币》杂志的国家风险评估方法又做了改进。它把衡量国家风险的指标分成三类：

（1）市场指标。这部分的指标覆盖了进入债券市场的能力、债券在市场上的销售情况等几个方面。在国家风险评级中这些指标的权数为40%。

（2）信贷指标。它在总风险评级中占20%的权数，反映了债务国的偿付记录和重新安排债务的状况。

（3）分析指标。分析指标部分包括政治风险以及其他两个重要因素：经济指标和经济风险。经济指标由三个比率组成，即公共部门的借款要求与国民生产总值的比率、外债与国民生产总值的比率、总净债务与贸易余额的比率。经济风险因素是由《欧洲货币》杂志的高级经济学家评估债务国的经济状况而做出，这一评级中已经不包含辛迪加贷款，因为他们发现这种贷款往往是政治压力的结果。

（三）《机构投资者》杂志的国家风险评级

该杂志每年根据其对大约75~100个国际性营业银行的调查，分两次发布国家风险评级结果。它要求被调查的银行在0~100范围内为每一个国家评级，0结果表示借款国信誉最低，因而在该国投资失败的概率也很大，100表示借款国信誉最高。如果被调查的银行在全球范围的受险资产越大，或其国家评估系统越完善，则该银行的回答结果在评级中的权数越大。因而，从风险评级的资料来源看，《机构投资者》杂志所给出的国家风险评级结果表明了借款者在银行业这一圈子中的地位。比较《欧洲货币》杂志的评级结果，就会发现前者所涉及的国家比后者多，《机构投资者》杂志主要依据世界上主要银行的国家风险评估系统的评级结果，而《欧洲货币》杂志更多地以市场的反应为依据。银行只是市场的主要参与者，这就会使得银行系统的评级结果与银行在市场上的行为并不一致。

（四）"国际报告集团"的国家风险评级

"国际报告集团"每月出版《国际国家风险指导》，公布他的国家风险评级结果，当然它是用自己的国别风险评估体系得出的。它的评级过程中把总值分成三部分，分别涉及政治风险、金融风险以及经济风险。

政治变量的作用在总值中占50%的权数，金融和经济指标各占25%的权数。政治风险的评估基于13个指标，每个指标加起来为100点，这些指标包括政治领袖的作用、法律和传统的社会准则、官僚政治的质量等。它用下述指标概括并评估金融风险：贷款到期不按约偿还、被迫进行的贷款结构调整、因外汇管理缺陷而承受的损失，以及由于政府的政策而使协议无法履行等。经济风险评估通过6个指标进行，如通货膨胀率、偿债率、国际流动性等，总计为50点。

这个评级结果可以用0(最高风险度)到100(最低风险度)的数表示，也可以分成不同的类别：较高风险度、高风险度、一般风险度以及较低风险度等。

另外，《国际国家风险指导》每个月还对某些国家进行详细分析，并且运用图表显示这些国家风险评级的趋势。

由于《国际国家风险指导》把政治风险在总评级中的权数定位50%，因而那些具有稳定的政治气候但经济状况并不好的国家所获得的国家风险评级就比《机构投资者》杂志或《欧洲货币》杂志的评级要高。

第二节 国家风险的因素分析

一般认为国家风险产生于以下因素：结构性因素、货币性因素、外部经济因素、流动性因素以及国内政治因素。

一、结构性因素

国民经济内部机制的发展状况极大地影响市场、经济效益以及履行对外义务的能力。从供给方面来说,出口品、进口替代品和非贸易商品的生产能力在相当程度上决定贸易收支状况,从而影响偿还外债能力。

一般通过下列指标衡量经济社会的供给能力:劳动力增长状况和参与率、失业率、人口迁移和劳动力配置趋势、储蓄和投资趋势、劳动生产率的发展趋势、可利用的自然资源优势,以及类似的影响生产能力的各个方面。这些因素主要衡量当一国债务偿还发生困难时,国内经济是否具有潜在机制压缩国内需求,从而增加出口商品产量换取外汇以清偿债务。可以利用历史资料得出消费支出、政府税收及支出、国民生产总值(或国内生产总值)以及其他常用的经济指标,评论该国在一定时期内的需求状况。

在短期内,因为外来变量和政治因素相对稳定,因而预测经济的供给能力并不十分困难,但随着预测时间的延长,误差会显著增加。

二、货币性因素

一般来说,货币性因素与价格、汇率有关,所要用的指标是国内基础货币量、货币供应量、国内信贷净额、价格指数。要使超额货币需求达到满足,如果国内信贷不变,则必须从国外吸取资金;反之,货币供应量增加,使人们手中实际货币余额增加超过其所希望持有的货币余额,多余货币的余额部分则通过各种途径流入国外。这中间的传递机制是通过商品、劳务贸易盈余、资本流出流入来完成的。另外,高估的程度越大,则实际汇率与市场汇率相比较显得越低,增加外部借款的需求就会越强烈,从而发生储备损失,使得政府不得不控制国际贸易和国际收支。

货币方面资料比较详细,而且也容易获取。当然,货币性因素主要产生短期效应,因此,近期估计其对国际收支影响反而比长期展望要难。然而,更难估计的是政府在国际收支发生严重不平衡情况或偿还债务发生困难时在货币领域的反应:贬值、外汇控制、国内货币紧缩以及采取其他政策措施,特别需要注意的是政府采取对策的时间安排。

三、外部经济因素

在债务偿付过程中,一国所能得到的外汇额是问题的关键,因此要分析影响一国国际收支和外部融资等外部因素。

在出口方面,需要评估其出口的长期趋势和短期不稳定的可能性。出口的增加和市场的分散化可以极大地稳定出口,减少因外国经济和政策条件的变化或贸易保护主义的兴起而带来的损失。出口与国民生产总值比率的变化可能标志着未来国际收支条件的变化,通过分析主要出口品供需双方的特点,可以找到出口收益将来发生不稳定情况的轨迹。除了汇率政策,出口商所在国政府和与其相竞争的出口商所在国政府所制定的其他政策对于国家风险评估也很重要。

在进口方面,主要分析长期趋势和短期不稳定因素。虽然进口与国民生产总值比率基本上与国家风险无关,但这一比率的突然及大幅度变化也会产生很重要的影响。在国际收支困难时,压缩进口能力、进口价格的垄断程度、贸易伙伴的集中程度、进口替代品的发展情况都是评判来自进口方面风险性因素的重要标准。

外国直接投资有利于本国资本总量的增加和生产部门的形成,有利于技术转移、人力资源的发展,能够提高企业管理水平以及提高进入市场的能力。在国际收支平衡表中,资本部分处于越来越重要的地位,资本的流出流入对于一国的国际收支状况具有举足轻重的影响。

一国对于外国投资的政策可以极大地改变外国直接投资额度,从而影响国际贷款者对该国的前景预测。最后,还需要分析一国从国外获得的赠款和特许贷款的规模和类型,需要分析赠款国的国内发展状况和赠款者与贷款者的关系。

四、流动性因素

前面几个因素主要涉及下列总量的中、长期预测:贸易收支、经常账户收支以及其他各种"衡量"标准,这些变量的变化情况决定了一国未来的国际储备地位和将来为融资需要进入国际金融市场的能力。近期的"流动性"因素评价则通常着重于采用这些衡量标准,如一国资本储备的变化、在国际货币基金组织的头寸变化以及一些比率,如储备与月度进口的比率。

从国外借入额外资金或重新融通债务的能力取决于金融市场的资金供求状况、国际银行对该国信誉评级以及官方机构的参与程度。有利的金融市场状况和国家条件,可以"选择"借款,并以市场利率重组外债结构,增加储备以备将来急需,还可以以此提高国家信誉。为此,必须分析国家债务总额和债务支付额的规模和结构状况。关于流动性因素方面,可以有效地采用一些比率指标来加以分析,比如总债务与出口额或国民生产总值的比率、长期公债量与出口额或国民生产总值的比率。

在分析中最经常采用的比率是偿债率,即债务支付额与出口额的比率,但这一比率对于分析问题的有效性是值得商讨的。例如,在分母中采用出口值,就忽略了进口替代对于提高偿债能力所能产生的作用。

另外,在分析中通常还采用外国资本流入额与债务支出额的比例,出口和资本流入额以及外部收益三者总额与经常账户余额的比率,有效进口和债务支付额与出口、资本流入额和援助额三者总额的比率,以及外债平均期限的倒数指标。这些比率对于不同国家或者对于同一国家发展的不同阶段都有不同含义,因此必须根据具体情况掌握其所显示的意义。

五、国内政治因素

对某一时期受险情况相关的国家风险进行评估分析,还要求有敏感的政治形势预测。在国家风险评估分析方面走在前列的银行和跨国公司,普遍地十分关注这一特殊领域的变化情况,搜集各种形式的资料和信息,从而分辨、监督和预测政治发展的基本状况。

对国际商业实体而言,已往的国内政策可能是在大变动与轻微变动之间变化。

在经济上主要表现在国家财政和货币政策、与外国政府的关系、国有化或没收外国直接投资的压力、外汇管制的推行以及其他一些内容。在这些方面的负向行为会引起进口增加、出口能力降低、外国直接投资枯竭、资本外流、援助削减以及减低进入国际资本市场的能力。因而,在国家风险评估分析中,有必要把握政治倾向的方向、幅度和时间性,至少在这些政治倾向在宏观经济政策中实施以前必须把握住。

外部政治冲突可以表现为多种形式,如侵略、外国鼓动或支持的暴动、边境紧张和受到外部威胁。因为面对外国威胁往往需要加强国内防护,从而引起国内资源的重新配置,产生负向贸易转移的结果,对于大多数国家来说直接地表现为换汇成本增加。

潜在的或实际的外部冲突增加了人力资源毁坏的可能性,并增大恢复经济活力的代价。在外部冲突中获取了胜利,则可能诱导国内政治大动荡和占领别国土地的大规模成本。如果在冲突中失败了,不断地内部反抗或抵制以及重修被毁坏设施会使本国经济衰弱,从而增大后继政权拒绝偿还债务的可能性。

变化中的地区政治发展关系及多边关系一旦涉及全球性问题,如人权问题、核扩散问题,就构成了产生政治事件的又一根源。

第三节 国家风险的评估和衡量

一、国家风险的评估方法

用于评估国家风险的方法很多,各国银行评估国家风险的方法都不完全相同,每一个银行在进行国家风险评估时都有自己的特点。这些方法主要有结构定性分析(Structured Qualitative Analysis)、完全定性分析(Fully Qualitative Analysis)、清单分析(Checklist Analysis)和定量分析(Quantitative Analysis)。后来为了更准确地掌握和衡量国家风险,克服以往一些方法中各种变量的不确定性,出现了一些新的方法,如宏观经济流动性比率(Macro-Economic Liquidity Ratio)、宏观经济资金融通比率(Macro-Economic Financing Ratio)等,下面介绍几种常用的方法。

(一)结构定性分析

结构定性分析是根据标准化的国家风险评估报告,结合部分经济统计,对不同国家的贷款风险做出比较。它综合了对政治社会因素的定性分析和对经济金融因素的定量分析。

国家风险评估报告一般包括四个方面的内容:

1. 政策因素,主要分析该国经济和财政管理的质量。

2. 经济因素,包括该国的自然资源及其发展潜力、劳动力资源及其接受教育和训练的程度、政府的经济发展战略、国家为国内经济增长提供所需资金的能力,以及本国商品的构成和市场反映的出口多样化程度。

3. 对外金融地位,包括国际收支的前景、外债增量比率和这些借款的条件、官方外汇储备的充分性,以及在国际货币基金组织的提款权。

4. 政治因素,包括政局的稳定性、经济政策连贯性,以及两者适应世界形势变化的弹性。

结构定性分析能比较全面地分析国家风险,所得出的结论一般比较合理,但这种方法十分复杂,实施起来比较困难,只有实力雄厚的大银行才能运用。

完全定性分析也采用国家风险评估报告,但不采取标准化形式,因此难以进行国与国之间的比较。

(二)清单分析

清单分析是将有关的各种指标和变量系统地排列成清单,各个项目还可以根据其重要性加以权数,然后进行比较、分析,评定分数。清单一般包括经济发展水平、经济增长率和国际清偿能力三方面的内容,清单分析还把一国所借款项中用于生产性投资的效果作为一项基本内容。

定量分析也采用清单形式,但偏重于用计量经济学的方法,通过建立模型进行分析。清单分析简单易行,可以长期按一定标准和系统积累资料,但必须与其他形式结合使用。

(三)德尔菲法

德尔菲法(Delphi Method)是通过召集各方面专家,由多名专家分别独立地对一国风险做出评估,评估汇总后又返回给各专家,由其修正原评估。经过这样的程序,评估差距不断缩小,最后达到比较一致的评估。这种方法集中了专家的智慧,减少了因专家互相影响所产生的偏差,但其精确程度仍然是有限的。

(四)政治经济风险指数

这种指数通常由银行外的咨询机构提供,这种机构雇佣一批专家以核对清单为基础,给出每个国家的加权风险指数,每过一段时期修正一次。如果一国指数大幅度下降,说明该国风险增量大。这种方法对银行来说一目了然,但精确度仍有问题,而且未能起到事前警告的作用。

(五)情景分析

这种方法类似项目评估中的敏感分析,主要做法是假设各种可能出现的情景,然后分析在各种情景之下一国所处的状况,由此判断其国家风险的大小。

二、国家风险的计量模型

根据现代资产理论,任何一个资产管理者都面临两种类型的风险,即非系统风险和系统风险。对于跨国界贷款或从事投资的国际贷款来说,其受险资产同样面临非系统国家风险和系统国家风险,非系统国家风险是指受特定贷款国本身具有变量因素的影响而产生的风险,系统国家风险是指由全球共同面临的问题或变量因素引起的资产损失。经济学家依据上面的逻辑思维,结合计量经济学技术,设计了国家风险的计量模型。

(一)多重差异分析

多重差异分析是利用该国的经济变量进行分析。弗兰克(Frank)和克莱因

(Kelin)在1971年用多重差异分析证实八个指标具有发现现实是否会发生偿债困难的能力。这八个指标分别是：①偿债率；②出口波动指标；③进口紧缩度；④进口与国民生产总值比率；⑤进口与国际储备的比率；⑥分期付款额与债务额的比率；⑦资本产出比；⑧出口增长状况。他们以1960—1968年为样本，考察23个国家、13次重新安排事件，检验构成重新安排和非重新安排事件的二元可依变量指标。在所检验的八个指标中，只有三个指标具有统计意义，这三个指标是偿债率、进口与国际储备比率、分期还款与债务的比率。利用这三个指标，他们建立了多重差异函数，并以较低的误差正确地解释了13次重新安排事件中的10次。

格利诺斯(Grinois)在1976年利用多重差异分析和离散分析研究包括20个变量64个国家的更广泛机制，其所观察的样本期是1961—1974年。结果表明多重差异分析比离散分析对解释本期发生重新安排事件更有效。他最后采用了五个具有统计意义的变量指标：①债务偿付额与国际储备的比率；②已偿还的外债与债务支付额的比率；③债务支付额与进口的比率；④外债与国内生产总值的比率；⑤外债与出口的比率。通过回归估计得出的多重差异函数表明，这一分析的误差率比弗兰克和克莱因得到的结果低50%。

阿巴西(Abbassi)和托夫勒(Taffler)1984年使用多重差异分析，考察了95个国家在1976—1978年样本期里的1 140个观察值和在14个国家发生的55次重新安排事件。他们在分析中使用了42个指标，这些指标在以前的研究中发现是有效的。选择指标的标准是是否与外汇储备、国家债务或国内的经济状况的变动相关。他们在模型分析中，为了测定变量之间的相关度，使用主要构成分析法，同时为了检验序列相关和误差的无偏估计，利用分段式Fisher多重差异分析法对其所选择的变量进行分析。其计量模型用1967—1977年间的数据进行估计，并用1978年的资料对其检验，最后变量集由四个指标组成：各资本的新贷款承诺、外债与出口值的比率、通货膨胀率、国内信贷与国内生产总值的比率。

（二）逻辑分析

假定某一经济变量依据其综合效应确定一国所处的某种状态：重新安排状态和非重新安排状态。逻辑分析所处理的就是多重贝努里实验，确立一国是否发生重新安排其外债事件。

克莱因在1984年的《国际债务》一书中从重新安排的供求两方面着手，依据逻辑模型对国家风险做了分析。他认为使国际信贷供给减少的任何变量都会增加国家信贷市场失衡的概率，从而提高重新安排的概率，极低水平的供给量将加速重新安排的发生，而重新安排发生本身表明了信贷供给已经增加。

克莱因根据他所做的分析，采用十个指标建立了模型，使用的需求方面指标有：偿债率、相对于进口的储蓄水平、国内经济增长率、资本收入水平、经常项目出口和劳务出口的比率；供给方面的变量有：偿债率、净债务与商品和劳务出口的比率、通货膨胀率及总外债之积与出口的比率、分期率、国民收入、国内储蓄与国民生产总值的比率、近期的出口增长率和全球信用的充裕程度。

梅尔(Mayo)和巴雷特(Barrett)在1977年为美国进出口银行设计了债务早期预警

模型。他们的模型把逻辑分析扩展到1960—1975年时期,作为样本的国家也增加到48个,而且也增加了所考察的指标数量。他们所调查的并不是重新安排问题,而是偿债困难以及影响重新安排事件的非独立变量。其设计的模型试图预测未来五年的偿债困难问题。他们在研究中发现以下指标具有统计意义:已偿还的外债与出口的比率、储备与进口的比率、固定资本总量与国内生产总值的比率、在IMF的储备头寸与进口的比率,以及消费价格增长率等。

（三）政治不稳定分析

在前面的分析中,只涉及经济因素或经济变量,因而其结果不能正确解释发生重新安排事件的情况,主要原因在于政治变量的随机性太强,无法把其信息转译成数量指标。西特尤(Citron)和尼科尔斯伯格(Nickelsburg)在1987年把政治不稳定作为一个重要的变量因素考虑到模型之中,该模型被称之为政治不稳定分析(Political Instability Model Analysis)。把重新安排当做减少政府预算中债务偿付额的途径对借款国来说成本很高,但无论如何,这对于政治不稳定期间的政府还是可以接受的。因为,如果通过增税偿还债务,必将加重社会的负担。故此,债务重新安排或拒绝偿付相对于改变税收政策或其他政策而言,其边际效益是正的,而且为政府提供了预算与现行收入相调节的一种成本较低的方法。只有当政府比较稳定时,"偿付能力"因素如出口收入等才显示出其重要性。

第四节　国家风险的管理

一、设定信贷限额

国家风险评估或评级的主要作用在于:据以对每一贷款国家订立不同的信贷限额,以作为信贷的警戒线,使银行有限资金用于最佳用途。

通常信贷额度的大小与风险呈反向变动,但与市场需求成正比增减。因此,建立信贷限额除应考虑风险外,尚需考虑建立信贷限额的方法。具体而言,有以下五种方法。

（一）对信贷国家设定放款最大百分比

即对任何国家的信贷,以其可供贷款的资金订立一个固定百分比,限定对任一国家的信贷不超过该百分比。在实际操作时,则依每个国家的风险、政治情况、借款人的偿债能力与其他因素等,在此最高限额内采取弹性信贷。

（二）按资本额设定放款百分比

此方法是按资本总额设定贷款给任意国家的最高百分比,通常是依据各个国家的风险程度设定不同的百分比。使用不同百分比的优点,可使信贷导向信用较强的市场,避免太多资金流入信用较脆弱的市场。

（三）按外债状况设定信贷百分比

此方法是依据一国的偿债能力,就其所能承担的外债程度,分别设定最高信用限额,实际信贷额不得高于此最高信贷限额。

(四) 按国家信用评级授予信用额度

根据此方法,一国的信贷限额是按国家风险评级的差异加以个别设定。此法对信用评分高的市场给予较大的信贷限额,而对信用评分较低者给予较小的信用额度。

(五) 不预先设立信贷限额,而按交易性质个案决定信贷额度

此法因不预设最高限额,对信贷额度授予最具有弹性。对信用的核定,是按个案性质审理,而非以年度为基础计算全年的信用限额。然而,此种个案分析法须辅以全年度的审查,才能使当期的债务与当期的偿债能力配合,并可按将来预期的偿债能力提供新信贷。

二、风险债权管理

不论用以上何种方法设定国家信贷限额,其目的都是为了避免风险过度集中于某业务区。为控制国家风险,在实务上银行常将国家风险评估结果应用于定期检查国家信贷限额,将最新国家风险资料与实际风险性债权的分布与限额做一比较,以随时反映风险的变化,并预先得知风险过度集中于某一国家的可能性。

国家风险性债权是指银行暴露于某一国家的风险性资产总额。在衡量风险性债权时,最困难的是归属问题。若此笔国外放款完全与第三国无任何关联,则其风险归属极为明确,属借款者所在国;而一笔放款若所涉及的国家不只一国,风险归属识别便发生极大困难。

在观念上,通常银行对上述风险的归属采用两种方式:

(一) 法定归属

此种归属方式是按最后应负偿还责任或保证责任的国家为归属的依据。此种方式是从法律责任的观点归纳,因而,一笔放款可经由第三国保证,而将风险转移至第三国。此种操作方法类似信用证通过第三国银行保兑,其作用在于将风险由信誉较差的国家转移至信誉良好的国家,从而降低国家风险。

(二) 经济归属

这是按借款来源所在国为归属的依据。以此种归属方式,若一笔国外贷款由借款者所在国政府提供保证,其风险与法定归属相同,同为借款者所在国家。

针对某些模棱两可的风险归属情况,银行实际上大多采取双重风险计算来处理,即一方面以借款者国家直接归属,另一方面则估计到各种不同类型的风险转移归属。就一个分支机构庞大的国际性银行而言,对整个国家风险债券分布的了解与控制是非常重要的。通常,这种国际性银行除须明确其各个海外分行及子银行借款所暴露的风险债权外,同时必须合并计算,全盘考虑银行整个集团的风险债权暴露情况。

三、减少风险损失

国际银行在从事国际贷款活动时,必然会遭受国家风险,此种风险对国际银行的经营可能造成重大损失。因此,寻求避免或减轻此种风险的可行性,对国际银行经营管理极为重要。国际性银行在从事贷款时,用以减少此种风险损失的方法有三种。

（一）寻求第三者保证

国际性银行在从事跨国贷款时，为减少风险损失，一般均要求借款人寻求第三者对贷款提供保证。在实务上最常担任此种贷款保证者为借款国的政府或中央银行，以及第三国银行或金融机构。在由借款国政府保证的情况下，债权银行所面对的国家风险便转为主权风险，风险程度相对减轻。美国进出口银行在对发展中国家信贷时，通常要求有借款国财政部或中央银行出面保证，其用意即基于此。然而，如果债权银行对主权风险仍有疑虑时，往往要求借款人寻求第三国银行保证，即将国家风险转移至信誉较佳的第三国。此外，当贷款对象为跨国公司的子公司时，亦可经由其第三国的母公司或其他关系机构予以保证，从而转移国家风险。在出口金融制度较发达的国家，也可利用出口金融机构提供的保证或保险等信用工具，从而达到减轻承担国家风险的目的。

（二）采用银团贷款方式进行

当国际贷款金额庞大且不易取得第三者保证时，通常是以银团贷款方式实行，由参加银团贷款的银行共同承担风险，从而减少个别银行单独放款的可能风险。

采用银团贷款时，通常是由牵头银行负责行政、管理与联系工作。参加共同贷款的银行可交换彼此情报，并共享牵头银行提供的资料与评估报告。这种银团贷款金额庞大，往往有世界著名大银行参与。借款国家为维护其在国际金融市场的信誉，通常对此类贷款不敢轻易违约，因此使个别银行的风险相对减轻。

商业银行亦可利用参与世界银行或其他国际金融机构的合作融资方式，达到减轻风险的目的。由于这些机构对发展中国家的贷款已获得宝贵经验，其放款很少被赖账，因而其参与贷款可提供较可靠的保证。

（三）贷款力求多元化

第三种用以减轻风险损失的方法为贷款的多元化。银行资产组合的选择可分散银行经营风险，对银行资产管理十分重要。一般国际性银行的做法是选择各种不同对象、项目贷款，使某一笔贷款不履约还款时，不至于对银行总资产组合造成太大的影响。贷款多元化方式甚多，包括贷款地区、融资类别以及到期日等的选择与应用，其中以贷款地区的分散最为普遍，以利于国家风险的分散。为此，各银行通常均估算或统计暴露于各国的风险性债权及其分配情况，以作为信贷决策的参考。

【案例分析】

（一）东南亚国家货币危机的启示

1997年，泰国、菲律宾、马来西亚、印尼和新加坡等国出现了本国货币的大幅度贬值，严重冲击这些国家的金融市场，并导致东南亚国家经济增长速度放缓。

泰国铢和菲律宾比索在这场危机中受到的冲击最为严重。马来西亚林吉特和印尼盾也一度下降到三个月和近两年来的最低点，就连堪称硬通货的新加坡新元也大幅度下降。受此影响，泰国1997年国内生产总值增长率从1996年的约7%下降到1%，菲律宾经济也从1997年约7%下降到5%，马来西亚、印尼和新加坡的增长速度也因此放慢。此外，货币危机还导致东南亚国家通货膨胀率上升。

东南亚国家将这场危机归咎于外国投机商操纵货币投机,甚至称这是西方国家针对东盟的一次阴谋。然而,经济学家指出,这场危机更深层的原因还在于东南亚国家在经济发展过程中所存在的一些共同问题,其中包括:房地产过热导致银行出现大量呆账,汇率政策不合理,经常项目赤字,外债占国内生产总值的比例过高,外汇储备太低,短期贷款和投资过多等。危机至少给人们带来了以下几点重要启示:

第一,在控制房地产发展规模的同时,要加强对金融机构的严格管理,限制向回报率较差或容易造成呆账的行业提供贷款,并建立相应的风险防范机制。危机爆发前十余年,伴随经济的快速增长,东南亚国家一些银行擅自放松向房地产业贷款的标准,结果导致大量资金因房地产过剩变成呆账,从而使投机商有机可乘。目前,泰国和菲律宾都已规定房地产贷款不能超过银行总业务量的20%,贷款数额不能超过项目所需资金总额的60%。

第二,要不断调整汇率政策,使之适应市场供求的变化。20世纪80年代,出于经济发展的需要,东南亚各国都将本国货币与美元挂钩,并将其固定在一定水平上,而不是根据市场供求变化来调整。1995年,美日签订加强美元协议后,各国也未能及时调整汇率政策,结果逐步造成本国货币严重升值,最后成为投机商的攻击目标。目前,东南亚各国中央银行都已宣布扩大本国货币与美元浮动的范围。

第三,要不断调整产业结构,增强本国产品在国际市场的竞争力。东南亚国家都以促进出口作为经济发展的龙头。然而,进入90年代,其轻工业产品(如服装、电子和电信产品)受到中国内地和中国香港的激烈竞争,重工业产品则受到来自韩国和独联体国家的挑战,结果该地区出口衰退、进口势头强劲,导致贸易赤字剧增、经常项目赤字扩大以及外汇储备减少等,从而加大了引发金融危机的可能性。对此,经济学家认为,今后东南亚各国应将其工业结构从劳动力密集型向高附加值的技术密集型转变,以便加强其产品在国际市场上的竞争力,促进出口的发展。

第四,必须适当控制外国短期贷款的比例。东南亚国家有四分之一的外国贷款属于短期贷款,并以此支付进口。短期贷款的明显缺陷是偿还期短,在金融系统运转不良时极易引发金融市场动荡。菲律宾大部分外资集中在证券市场等利润高但风险大的行业。这种投资一旦回报率不高就会被撤走,从而引发金融市场动荡。

(二)阿尔巴尼亚高息集资引发金融风潮

历时5年时间的阿尔巴尼亚高息集资10亿美元引发的金融危机,最终导致了阿国经济崩溃、社会动荡。从1997年初开始,几乎失去一生积蓄的投资者,由最初的示威游行发展到冲击政府机关和执政党办公大楼,抢劫商场,烧毁银行,其间发生多起流血事件。一些城市的示威者还抢夺大量枪支,要求政府同意将存款全部归还给投资者。

阿尔巴尼亚的这场危机,直接源于遍及阿全国的"金字塔式集资计划"。其运行规则是:用后一批投资者存入的资金,支付给前一批投资者作为投资的利润,依次循环往复。为了吸引更多的投资者,"投资公司"必须不断提高利润水平。当参加者人数达到饱和点不再增加时,整个"计划"就开始崩溃。

这些投资项目承诺给投资者支付的月息高达20%~30%,远远高于同期国家银行的存款利率,这对于平均月薪仅65美元的阿尔巴尼亚人来说极具有吸引力。据西方金融观察家估计,阿全国共有 10 亿美元资金投入了这些所谓的投资计划,相当于阿尔巴尼亚一年国民生产总值的 30%。阿国 10 户人家就有 7 户参加了投资计划,许多人还同时参加多个投资计划。一些人甚至把土地和房子卖掉进行投资。

这种投资方式发展到一定程度之后便难以继续扩张,加之筹集到的资金管理不善,不少公司资金开始紧张,一些投资公司老板携款外逃,另有一些投资公司则纷纷宣告倒闭或宣布停止支付投资者的利息和本金。

血汗钱化为乌有,广大投资者指责政府监控不利,示威游行和暴力活动逐渐升级。示威者们认为,阿国内高息集资活动能够持续 5 年之久,集资总额达 10 亿美元之多,政府负有不可推卸的责任,要求得到应有的赔偿。政府虽承诺赔偿部分损失,但实际上根本没有足够的储备作为赔偿金。

"金字塔式集资计划"不仅仅发生在阿尔巴尼亚,德国、罗马尼亚、美国、津巴布韦等国都出现过不同形式的"集资"活动。不同在于,在其他国家里,这种计划不久便告结束,而在阿尔巴尼亚却持续了 5 年之久。尽管国际货币基金组织和阿尔巴尼亚的中央银行发出了警告,政府并未采取有效措施,甚至说这样的计划是安全的。

阿尔巴尼亚缺乏健全、有效的金融体系也是诱发高息集资产生和蔓延的一个重要原因。在阿尔巴尼亚,大量的金融交易在金融系统以外发生,银行在配置国内金融资源上既无能力又无信誉,社会缺乏良好的金融服务,也就为产生极不规范的非法金融机构和金融活动提供了土壤和条件。

纵观"金字塔式集资计划"的发展过程,它的手法并不高明,只是利用了人们想迅速发财的心理,用优惠的条件去诱使众多的投资者上当。问题的关键在于,当这些事件开始发生时,政府有关部门没有及时采取必要的措施加以制止,使事态不断发展和恶化。

【延伸阅读 1】

美国要加息,人民币对美元为何不贬反升①

俄乌冲突影响人民币走势了吗?没有!美联储强烈加息预期下,人民币要贬值?没有!

近期人民币对美元的升值势头有点猛,并冲刺 6.3 的关口,逼近 6.2 区间。

(一)汇率"7 时代"真要一去不返

2022 年 2 月 28 日,在岸市场人民币对美元汇率探至 6.3025,创下近四年新高值。同日,人民币对美元汇率中间价为 6.3222 元,较前一交易日上调 124 个基点。与 2019 年人民币对美元汇率中间价 7.16 元相比,现阶段汇率下,每 1 000 元人民币可多换约 20 美元。据 Wind 数据,2 月以来,人民币对美元汇率已累计升值约 0.77%。

另,自 2021 年 11 月 3 日美联储宣布新一轮缩减购债计划以来,美元指数从 93.86

---

① 资料来源:中国新闻网,2022-03-01。

上涨至2022年2月27日收盘的96.54，涨幅2.86%。近日，在美国通货膨胀持续高烧不退的情况下，美联储再次释放出3月中旬开始加息的信号。

近期美联储加息预期加强和国际地缘政治风云突变，为何人民币对美元没有贬值，反而持续升值？

中泰证券首席经济学家李迅雷表示，"尽管美元相对其他货币在升值，但与中国相比，美国面临着较大通胀压力，出口呈现大幅度的逆差。而中国通胀水平较低，出口占全球份额持续上升，人民币的国际地位不断提高。从这些角度分析，人民币的优势更为明显。"

美国1月份消费者价格指数（CPI）同比上涨7.5%，创下1982年2月以来40年新高。中国1月CPI同比上涨0.9%，涨幅比上月回落0.6个百分点。

"美国加息、中国降息，人民币汇率不降反升，这一现象可能预示着美元的吸引力有所下降，美元的地位和吸引力可能有所动摇，意味着本轮美联储收紧带来的美元回流力度可能不如以往。"李迅雷称。

2022年年初以来，中国央行不断释放货币宽松信号。1月人民币贷款增加3.98万亿元，是单月统计高点，同比多增3944亿元。另，就在1月，中国央行再次下调1年期贷款市场报价利率（LPR），5年期LPR更是20个月来首次下调。

中央财经大学金融学教授韩复龄向中新财经提到，央行公布的1月份国内金融数据相对强劲，房地产市场也正在回暖。全国两会召开在即，中央和地方政府正逐步推进稳增长政策。这些利好因素都给人民币汇率保持强劲态势提供了坚实基础。

（二）俄乌冲突下，人民币"避风港"作用更加凸显

中金研报称，随着局势愈发紧张，美元、日元这样的避险货币会继续受益。中银证券研报也指出，受美联储货币紧缩预期加强的影响，股票市场出现净流出，但外资增持人民币债券依然较多，人民币资产扮演着"避风港"角色。

中国人民大学中国资本市场研究院联席院长赵锡军对中新财经表示，俄乌冲突下，人民币所处的大环境没有根本改变，中国经济发展前景、国际收支情况、美国加息政策预期仍较为稳定。

日前，欧美主要国家宣布将部分俄罗斯银行剔除出SWIFT结算系统。就此，李迅雷向中新财经分析称，SWIFT系统采用美元结算，"踢出"部分俄罗斯银行对美元的国际地位也会产生一定的不利影响。商务部国际贸易经济合作研究院研究员梅新育也指出，这一举措会加速其他支付清算系统对SWIFT系统的替代。

（三）人民币对美元还会继续升值吗

赵锡军认为，人民币对美元走势要看具体政策。3月份，美联储加息指数、中国央行汇率政策都将影响汇率变动。

韩复龄指出，2021年，中国的出口增速达到了一个历史高点，2022年外贸增速可能降缓。受相关因素影响，他预测，人民币对美元近期达到高点后，未来会相对稳定，双向波动，涨跌都很正常。

【延伸阅读 2】

中企乌克兰投资往事:华为小米占优,航企曾因乌方毁约损失超 45 亿美元①

2022 年 2 月 24 日,俄罗斯总统普京决定在顿巴斯地区开展特别军事行动,俄罗斯乌克兰冲突升级。战争爆发后,作为乌克兰第一大贸易伙伴、第一大进口来源国和第一大出口目的国,我国不免关注起中资企业在乌克兰的状况。

曾经卖与我们"瓦良格号"、经贸往来密切的乌克兰,拥有多少来自中国企业的投资?主要分布在哪些领域?战争之下,中资企业的生产经营状况会受到哪些影响?本期《风暴眼》将从不同投资领域入手,为大家梳理中国企业在乌克兰的投资历史与现状。

(一)概述

2018 年才刚刚开启"4G 时代"的乌克兰,据爱立信预测至 2024 年才能达到 50% 的 4G 用户比例,同时乌克兰境内的通信网络建设几乎都是由华为"独占"。手机方面,小米以 33.3% 的市占率"一骑绝尘"。

能源领域,有国内企业将乌克兰定为四大市场基本战略布局之一。近年在能源领域的中国投资多为风电,相关企业在乌克兰的市场占有率超过 20%。

农业领域多为大型国企牵头布局,民营企业业务有限,但受乌克兰局势或乌克兰政府自身影响,大多项目被"搁浅""暂缓"或因违约而被起诉。

"马达西奇"案后,中方因乌毁约行为投资兴趣骤降,此外由于俄乌紧张关系,乌国内政治局势不稳定,使得国内企业近年来一直对乌克兰缺乏投资兴趣。中国商务部《对外投资合作国别(地区)指南——乌克兰》(2013 年版)中曾将乌克兰形容为"国内政府部门贪腐严重,工作效率低,灰色经济盛行,对吸引外资缺乏鼓励措施"。9 年过去,乌克兰似乎仍然如此。

(二)信息通信领域:华为一家独大,小米占据手机市场的半壁江山

作为相对比较"新"的领域,中国企业在信息通信领域的建树颇多,其中尤以华为、小米为先。

乌克兰通信行业本身发展较晚,距西方先进国家水平有较大差距。2018 年,乌克兰移动运营商才拿到 4G 运营许可证,正式启动 4G 网络,而华为公司正是乌克兰三大移动运营商 Kyivstar、Vodafone、Lifecell 最大的供应商。此前,基辅地铁常年只有 2G 网络覆盖,无法满足增长的通信需求。基辅以及最近在新闻中频频露脸的哈尔科夫的地铁 4G 网络建设,均由华为承包。不过据爱立信预测,乌克兰 2024 年前不会启动 5G,爱立信在报告中预测,2024 年前乌克兰 4G 用户比例将达到 50%、3G 达到 42%,距 5G 时代还较为遥远。

除了移动运营设备外,华为和中兴占据了乌克兰固网设备 78% 以上的供货份额,乌克兰持有资产第二大的私有银行及最大的商业银行之一 JSB Pivdenny 银行,采用的就

---

① 资料来源:凤凰网《风暴眼》,2022-03-01。

是华为存储提供的技术。但在2021年6月30日,美国联邦通信委员会正式裁定,将中国华为和中兴通讯列为"美国国家安全威胁",乌克兰政府也紧随其后,除了撤销此前与华为合作建立的"智慧城市"项目,还要求外交部及多个政府机构拆除所有华为设备,此举被美国副国务卿克拉奇盛赞为"这些都是明智的决定。"

此外,在国内常常被忽视的路由器巨头TP-LINK,占据了乌克兰路由器市场70%以上份额。

据IDC数据显示,联想在10余个欧洲国家取得PC市场份额第一名,其中乌克兰市场更是多年蝉联销量冠军。

值得一提的是,在2016年时,联想手机还是乌克兰手机市场仅次于三星的第二大品牌,但如今在手机市场已被小米、华为、Oppo等国产品牌后来居上。

2016年第三季度,小米宣布进入乌克兰市场,并以Redmi 4A售价仅2 099格里夫纳的"极致性价比",吊打了同年三星推出的Galaxy A8——后者根据存储配置不同,售价在Redmi 4A的3~6倍左右。此后仅一年时间,"新玩家"小米的乌克兰市占率即达到了17%,仅次于三星。进入乌克兰市场两年后,小米手机又以26.7%的市场份额击败三星,成为乌克兰第一大手机品牌。

根据Statcouneter的数据,目前小米在乌克兰的市占率为33.3%,可谓一骑绝尘。

此外,根据IDC的数据显示,乌克兰人更偏好低于200美元的手机,低价位智能手机在乌克兰的份额不断激增,小米手机的"实惠"是受乌克兰用户青睐的主要原因。除小米外,华为、Oppo、Realme等国产品牌在乌克兰市场的销量也有不同程度的增长。

不过近期由于俄乌冲突,原本小米公司定于2月24日在乌克兰举办的Redmi Note 11的发布会已被取消,此前小米曾为这款产品进行了全面预热宣传。这次"意外"也让小米国际市场部市场总监臧智渊当时在微博大吐苦水。整体来说,移动通信、运营等设备因其本身产业链并不一定分布在当地,整体受乌克兰局势影响不大。

(三)能源领域:整体生产经营正常,近年主要投资多为风电

常年受俄罗斯天然气"卡喉咙"的乌克兰,在能源领域与中国合作颇多。除了传统化石燃料外,中乌在风能方面的合作尤其突出。

在乌克兰能源领域的中国公司中,当属中国电建的投资额度最大。2021年4月,中国电建与乌克兰风场有限公司(Wind Farm LLC)签署了乌克兰尼克尔斯克和曼古斯区800兆瓦风电项目合同,合同金额为9.99亿美元,折合人民币约为67.16亿元。该项目位于马里乌波尔市,主要内容为建设总装机800兆瓦的风电场、330千伏升压站及外送线路的设计、采购、施工、安装、调试、试运行等工作。项目总工期32个月,质保期24个月。

不过由于乌克兰当地局势持续动荡,该项目一直还未实施。在此前《每日经济新闻》的报道中,中国电建曾回应:"之前这一合同中,我们是作为ETC总承包商,目前这个合同在乌克兰还没有开始实施,而且我们没有任何注资的行为,所以对我们的影响非常非常小,基本没有影响。"

对于上述项目的后续计划,中国电建方面表示,"考虑到那边(乌克兰)的形势,可能后面会牵涉一个再签合同的问题,会考虑进一步的情况。"

此外，在乌克兰积极布局风电领域的公司还有金风科技和龙源电力。

2019年，金风科技正式进入乌克兰市场，被其视为顺应全球市场发展潮流、促进对外新能源合作的成功实践。2021年9月，金风科技成功签约乌克兰佐菲亚(Zophia)337.5兆瓦风电项目和乌克兰奥恰科夫(Ochakov)288兆瓦风电项目，这些项目计划于2022年底完工，项目建成后，金风科技在乌克兰的市场占有率将超过20%。

然而，在俄乌局势之下，金风科技也不得不做进一步打算。2月24日，金风科技回应表示，公司在乌克兰市场有部分机组订单，目前交付基本按照计划进行，公司正持续关注当地局势，相关情况有待进一步评估。

龙源电力是经国务院原经济贸易办公室批准、原能源部直接管理、在国家市场监督管理总局注册登记的全民所有制企业。据悉，龙源电力在乌克兰有在运风电项目，即乌克兰尤日内风电项目，该项目位于乌克兰西南部敖德萨州，靠近黑海，2022年1月份发电量已经达到28 777兆瓦时。该项目是国家能源集团在欧洲投资的第一个项目，被视为具有里程碑式意义。

2021年6月底，龙源电力乌克兰南方风电项目开工建设。据悉，这将是龙源电力海外最大单体风电项目。南方风电项目位于乌克兰西南部尼古拉耶夫州，靠近黑海，与龙源电力尤日内风电项目直线距离仅60公里，项目拟安装60台4.8兆瓦风机，总容量为28.8万千瓦，预计2022年底投产。

目前，龙源电力回应称乌克兰风电场生产经营一切正常。

另外，我国最早专业生产风机塔架的公司之一——泰胜风能在乌克兰也有商业项目，其发往客户Vestas在乌克兰和澳洲项目的陆上风电产品共11 271.81万元尚在运输途中，占发出商品期末账面金额比重93.03%，为公司2021年9月末发出商品主要项目。公告显示，客户Vestas自2018年起始终为泰胜风能前五大客户，2018—2020年及2021年前三季度，泰胜风能向该客户的销售金额分别为3.45亿元、4.21亿元、3.51亿元、1.79亿元，占主营业务收入的23.43%、18.98%、9.75%、7.65%。

据《每日经济新闻》报道，谈及乌克兰项目的实施情况，泰胜风能回应称，在乌克兰的项目绝大部分已经在去年交付完毕，只剩下一点点尚未交付。"大概4台产品的样子，我们的交付方式是，只要把产品运到货运港口即可。"对于乌克兰项目在公司主营业务中的占比，上述人员表示，"还没有统计出来，因为2021年的财报还没出来。"

泰胜风能也曾回复投资人问询，公司销往乌克兰的订单适用FCA、FAS在国内码头交货，基本按计划履行，目前已接近尾声。总体来看，乌克兰局势对公司生产经营活动没有重大影响。

另外，主要从事石油、天然气、煤层气开采及相关工程技术服务等的贝肯能源，在2021年半年报中将四川盆地、塔里木盆地、准噶尔盆地和海外乌克兰列为"四大市场"基本战略布局。2020年及2021年上半年，贝肯能源在乌克兰地区实现收入2.23亿元、1.55亿元，分别占总营收的比例为23.79%、35.81%。同时，贝肯能源在乌克兰地区业务的毛利率也偏高，2021年上半年达到了28.52%，而同期其在中国北疆、西南地区的业务毛利率分别为17.93%和21.36%。

贝肯能源最早于2017年进入乌克兰市场，当年7月在哈尔科夫(Kharkiv)、波尔塔瓦(Poltava)等地区陆续中标,中标金额按当时汇率换算接近4亿元人民币,占其2016年营业收入的四成。2018年4月,贝肯能源在乌克兰天然气钻采项目投标中中标希伯林卡(Shebelinka)气田五个区块的钻井工程服务合同,合同执行期为三年(2018—2020年),金额为1.15亿美元。2018年8月在乌克兰希伯林卡同一地区,贝肯能源又增加一个中标项目,金额为2 259万美元。

2019年8月,贝肯能源在乌克兰的全资孙公司——贝肯能源乌克兰公司与乌克兰哈里伯顿公司(Halliburton Ukraine LLC)签署侧钻项目背靠背合同,提供3部850HP修井机用于侧钻服务,合同期约1年,合同金额1 980万美元。

自俄乌危机以来,陆续有投资者向贝肯能源提问:"请问公司营收是否会被俄乌局势影响""贵公司在乌克兰的钻井项目是否有影响?乌克兰工人停工了吗"。对此,贝肯能源回复称:公司在乌克兰的部分作业项目由于客户现场人员撤离出现短暂停工情况。公司人员和固定资产所处状态目前相对安全。公司正密切关注局势变化,并对后续业务影响进行评估。

(四)农业领域:对乌投资以国企为主,民营企业在乌业务有限

乌克兰农业资源丰富,据《对外投资合作国别(地区)指南——乌克兰》(2020年版),乌克兰黑土面积占世界黑土总量的27%,农用地面积4 273万公顷,占国土面积的55.5%,2019年第一产业产值约占GDP的9%,是全球第一大葵花籽油出口国、葵粕出口国,第三大谷物出口国,第三大菜籽、核桃出口国,第四大大麦和玉米出口国,第六大大豆出口国,素有"欧洲粮仓"之称。

乌克兰农业市场开放程度高,国际大型机构投资活跃,其中与中国的合作项目大多以中国大型国企牵头。但据凤凰网《风暴眼》记者根据公开资料研究,大多有关农业的项目"暂缓""搁浅""违约被起诉",双方整体在农业方面还是以商品买卖为目的的纯商业贸易为主,合资项目有限。

2008年,北京同鑫会投资基金管理有限公司总裁王世渝曾与乌克兰国家农业部部长在乌克兰中国大使馆签署框架协议,计划分三期收购乌克兰国家农业公司约60%的股份,项目资产包括100多万公顷的土地面积,用王世渝的话说就是"等于增加国土面积3‰的耕地"。乌克兰土地肥沃、资源丰富,但人口稀少、农业机械化程度低。中国则是地少人多,农业的耕种水平和机械化程度都比较高,天然地与乌克兰存在互补性。但项目因为"找了中国所有涉农机构单位谈,中粮、中国农业发展集团、全国供销社、北大荒、山东和重庆的粮食集团,甚至中投,都因各种各样的原因被拒绝了",最终不得不作罢。

不过从2011年开始中国和乌克兰建立战略合作伙伴关系,大型国企还是来到了乌克兰,开始瞄准乌克兰的大型基建和农业项目。2012年,国机集团旗下中国成套工程有限公司与乌克兰国家食品粮食集团签署《农业领域合作通用合同》,按照合同,乌方需向中方连续供应15年、总量约8 000万吨的谷物,以换取中国进出口银行提供的30亿美元贷款。但据2014年"俄罗斯之声"报道,中国向伦敦国际仲裁法院发起诉讼,要求乌克兰赔偿30亿美元的损失。因为按照约定,乌方本来应该提供价值15亿美元的谷物发往中国,但乌方却用中国的钱把生产的谷物"倒卖"给了其他国家,中国运营商

只得到了价值约 1.53 亿美元的谷物。

同时,在 2012 年,国机集团子公司中国国际工程股份有限公司(以下简称"中工国际")曾与乌克兰 ULF 公司签署了《合作框架协议》,确认合作项目金额预估为 41.29 亿美元。公告显示,乌克兰 ULF 公司为项目业主,中工国际作为总包商实施项目,合作范围包括新能源发电项目、粮食港口建设项目、禽畜饲养场项目,以及建立拖拉机组装厂和农机设备销售和租赁等项目。在 2015 年,受克里米亚危机影响以及乌克兰政局不稳的原因,此合作项目被中工国际暂缓。原本计划待乌克兰局势稳定后,双方再根据情况协商继续推进相关项目的合作,但此后有关双方合作的新进展再无公开消息。

比较成功的案例是中粮集团在乌克兰的投资。2016 年 5 月 19 日,中粮集团全资子公司中粮农业在乌克兰投资 7 500 万美元建设的 DSSC 码头正式投产。该码头位于尼古拉耶夫海运商业港,由中粮农业全资持有和运营,出口经营品种为玉米。码头总吞吐量为 250 万吨/年,仓储能力 14.3 万吨。DSSC 码头建成投产后,即成为乌克兰最先进的农产品中转设施。

此外,中粮农业还通过完成对乌克兰来宝集团的全部股权收购,进而成为乌克兰第二大植物油出口商,年经营量 30 万吨,市场份额 25%。目前,中粮集团在乌克兰进行玉米、小麦、大麦等品种的粮食收购和贸易,出口至北非和地中海、伊朗、东南亚、欧洲,年经营量 150 万~200 万吨,市场份额约 8%。中粮农业在乌克兰当地建设葵花籽加工厂,年压榨量 30 万~40 万吨,市场份额约 4%。

目前,尼古拉耶夫已由俄军攻占,据当地华人提供的信息,尼古拉耶夫水电通信等基础设施情况一切正常,没有受损。但在战争状态及土耳其不断暗示将对黑海海峡通行设限的状态下,港口营运状态应该受到了较大程度影响。

除中粮集团外,其他企业在乌农业领域的业务开展有限。

2019 年 10 月 17 日,江苏省农垦农业发展有限公司(简称苏垦农发)发布公告称,拟收购乌克兰农作物种植公司 PROMIN-12,围绕种植、贸易、加工、仓储物流等寻求在乌克兰的业务合作机会,以进一步增强全产业链发展优势。2021 年 3 月 16 日,苏垦农发公告称,拟投资 500 万美元在乌克兰设立全资子公司苏垦(乌克兰)有限责任公司,打造集粮食种植、贸易物流、加工仓储、投资、公共服务等为一体的综合业务平台。2022 年 1 月 26 日,苏垦农发曾在投资者互动平台上透露,公司稳妥推动设立苏垦农发乌克兰公司的相关工作,目前已完成项目境内所有审批流程,境外相关工作尚未开展。但实际上,苏垦农发的项目一直处于筹备过程中,目前还没有注资成立。2022 年 2 月 24 日俄乌战争爆发后,苏垦农发相关负责人回应:因疫情以来投资团队难以出国考察,乌克兰地区政治局势也不稳定,该项目实际上处于中止阶段。

另外,主营除草剂、杀虫剂和种子处理剂等的上市企业润丰股份,1 月份曾在投资者互动平台上回应投资者称,公司于 2021 年初在乌克兰组建了当地市场拓展团队,自当地团队成立后,业务大幅快速成长,2021 年出口该国金额约 1 200 万美金。俄乌冲突后,润丰股份证券部相关人士接受媒体采访时表示,乌克兰局势恶化对公司暂时没有什么影响:"我们在乌克兰的销售比重本来就很小,并且如果它(乌克兰)真的有战事或者什么的话,它(乌克兰)更会优先保障农业,所以对我们这个基础行业(来说)影响估计不是特别大。"

（五）马达西奇收购案：乌方毁约，制裁中企，已成"烂账"

除粮食、能源等大宗商品贸易密切相关的投资活动外，最为国人广泛关注的在乌投资，当属近年来不断受政治影响的马达西奇收购案。

马达西奇公司位于乌克兰扎波罗热市，是世界知名的发动机生产商，主营开发、制造、维修和维护用于飞机和直升机的燃气涡轮发动机及工业燃气涡轮机，号称"动力沙皇"。作为苏联时期"航空工业的心脏"，马达西奇公司一直对世界各国航空工业发展有着重要影响力。全球大概120个国家的飞机和直升机的发动机都来自该公司，曾号称世界上最大的运输机安-225的发动机也出自于此。

但继承了苏联技术"遗产"的马达西奇发展并不顺遂。21世纪以来，乌克兰航空工业一直在美、欧、俄的夹缝中煎熬求存，马达西奇公司的订单主要来自俄罗斯、中国和印度，其中尤以俄罗斯为主，出口比例甚至达到70%。随着2014年俄乌关系因克里米亚事件恶化，马达西奇公司的订单量迅速减少，又因为技术体系不同，马达西奇公司很难开拓西方市场，几乎陷入破产。

为此，乌政府亲自出面为马达西奇寻找境外买家，其中中资企业北京天骄航空产业投资公司成了乌克兰眼中的最佳"金主"。2015年，双方达成全面战略合作伙伴关系，计划投资200亿元在重庆建设航空动力产业基地。据当时媒体介绍，该项目仅一期建成后，2020年产值就有可能达到500亿元，而当时欧洲最大航空动力集团——赛峰公司，旗下航空航天推进板块年营收也仅七八百亿元。2016年，马达西奇股东博古斯拉耶夫决定将其持有的56%公司股权出售给北京天骄航空。除了股份合作，双方还签了不少订单。

就在合作如火如荼之际，乌克兰国家安全部门突然介入，2017年乌克兰安全局以怀疑双方已经同意并希望将公司的资产和生产设施转移到乌克兰以外的地方为由，提起了刑事诉讼。2018年，乌克兰法院冻结了北京天骄航空持有的56%的股份。

随着中美贸易争端加剧，美国政府屡次与乌克兰讨论马达西奇公司的归属问题，华盛顿要求基辅禁止中国公司控股这家企业，为此向乌克兰总统泽连斯基施加强大压力，包括威胁暂停军事援助。美国参议院外交关系委员会前顾问特里普利特表示，"乌克兰人正在帮助中国解决喷气发动机生产问题……他们一边拿着美国纳税人的钱，一边朝美国海军背后捅刀子。"

乌克兰政府因此以保护国家利益为由，于2021年3月将马达西奇公司国有化。同时，乌克兰总统泽连斯基签署了一项命令，批准了乌克兰国家安全与国防事务委员会对投资"马达西奇"的法人和个人的制裁决定。

上述制裁措施生效后，北京天骄航空作为乌克兰马达西奇公司股东的法定权利、责任和义务被非法剥夺，同时被迫中断与马达西奇公司的正常商业往来。

针对乌克兰政府的毁约行为，北京天骄航空于2020年12月发起了针对乌克兰政府的国际仲裁程序，索赔35亿美元的损失，一年后将索赔金额提升到45亿美元，按照当时汇率，约合300亿元人民币。同时，相关中国投资者不排除继续追加和补充损失申请的可能。

没有了中国投资的马达西奇公司,在航空领域已经很难找到愿意为其投资的买家,以后更难言与同一技术体系下的俄罗斯军用航天一较高低。

马达西奇案并非孤例,此前就有过因为乌克兰政局不稳导致的合作"破产"案例。2014年,北京大洋新河投资管理有限公司曾与乌克兰基辅水利投资有限责任公司在北京宣布达成涉及资金100亿美元的投资合作意向,一期项目包括新建克里米亚深水港、重建塞瓦斯托波尔等港口,以及建设电子、信息技术等高新技术产业园在内的经济开发区。二期项目包括炼油厂、液化天然气生产基地、飞机场及船坞等项目,并将建设近海休闲海滩及职业培训等配套社会公益项目。但当亿万富翁波罗申科当选乌克兰总统后,短短数小时之后,乌克兰驻华大使奥列格·焦明就向媒体宣称,此前签署的在克里米亚投资建设深水港的项目将"无法实现"。据悉,对港口建设阻挠反对的主要力量为当地的环保组织。

此后,由于俄乌紧张关系、乌克兰国内政治局势不稳定、政府腐败严重等问题,国内企业近年来一直对乌克兰缺乏投资兴趣。

根据2020年乌克兰《经济真理报》的报道,乌克兰税务署收到公民投诉数量有所增加,其中近一半的投诉是由于未能收到财政发票,这背后正是乌克兰税务管理的无序与工商部门的失能。

在国际上,乌克兰的营商环境排名与信用级别也一直不高。

2015年3月25日,评级机构穆迪将乌克兰政府债务的评级由之前的Caa3降低至Ca,称其主权债务违约的可能性"实际上是百分之百",随即乌克兰发生30亿美元债券对俄罗斯违约,被俄罗斯起诉。

欧洲商业协会与法律公司Vasyl Kisil and Partners的调查数据显示,2020年上半年乌克兰投资吸引指数得分为2.51分(总分5分),长期处于负面行列,仅4%的受访者认为投资环境良好。

2022年2月26日,评级机构惠誉国际将乌克兰的长期主权信用评级从B级降低至CCC级,即投机级里的第三档,仅比最低评级D级高三个等级。与之类似的是此前的希腊,曾在2012年因债务危机及重组问题,被该机构评定为可能违约,一度将希腊主权信用评级由原先的B-降至CCC。

此前,乌克兰雇主联合会经济政策部门的负责人谢尔盖·萨利翁曾接受采访说,"基辅最近一直在以极高的利率吸收外部商业借款。"据市场研究机构IHS MARKIT披露,乌克兰5年期信用违约掉期上升至1 000个基点以上,违约概率超过42%。

在《对外投资合作国别(地区)指南》(2013年版)中,曾将乌克兰形容为"国内政府部门贪腐严重,工作效率低,灰色经济盛行,对吸引外资缺乏鼓励措施"。9年过去,乌克兰换了三届政府、四任总统、五任总理,但司法体系软弱、打击腐败缺乏进展、影子经济负面影响大等弊病,从未在乌克兰被根除。现在回首再看2013年那个指南,其内容似乎仍未失效。

【思考题】

1. 什么是国家风险?它有哪些特点?

2. 简述国家风险在国际经贸及金融活动中的表现形式。
3. 简述国家风险的类型。
4. 国家风险的评估机构有哪些？
5. 国家风险的评估方法和计量模型有哪些？
6. 如何进行国家风险的因素分析？影响国家风险的经济因素有哪些？
7. 简述国家风险的管理操作。

金融监管

【学习要点】

1. 了解金融监管的一般原理和监管模式
2. 掌握我国"一行两会一局"的金融监管模式和各金融监管机构的职能
3. 熟悉各阶段《巴塞尔协议》的主要内容和最新变化
4. 明晰数字货币发展方向和数字人民币的功能

【导引阅读】

阿里巴巴被罚182.28亿,祸起实施"二选一"垄断行为①

2020年12月24日,针对市场举报情况,国家市场监管总局调查组执法人员进驻阿里巴巴集团控股有限公司(以下简称"阿里巴巴集团")开展调查。整个过程平稳有序,当天现场调查全部结束。2021年4月10日,市场监管总局依法对阿里巴巴集团做出行政处罚,责令其停止违法行为,并处以其2019年销售额4%计182.28亿元罚款。阿里巴巴集团发布公告称,"今天,我们收到《国家市场监督管理总局行政处罚决定书》,对此处罚,我们诚恳接受,坚决服从。我们将强化依法经营,进一步加强合规体系建设,立足创新发展,更好履行社会责任。"

2021年2月2日晚间,阿里巴巴集团发布2021财年第三季度财报显示,调整后净利润592.1亿元人民币(市场预期464.04亿元),同比增长13%,其中,蚂蚁集团为阿里巴巴贡献了7.35亿美元(47.96亿元人民币)利润。2020年12月,阿里中国零售市场移动月活跃用户数达9.02亿,年度活跃消费者达7.79亿,单季净增2 200万,创过去8个季度新高。

在随后的阿里巴巴业绩会直播上,对阿里巴巴集团的反垄断调查等投资者关注问题,阿里巴巴集团董事会主席兼首席执行官张勇表示,这是冷静反思和提升自己的重要

---

① 资料来源:节选自《阿里巴巴被罚182.28亿,祸起实施"二选一"垄断行为》一文,经理人传媒,2021-04-10。

机会,面对激烈的市场竞争,阿里巴巴将进一步通过创新不断升级创造客户价值的能力。针对阿里巴巴集团收到国家市场监督管理局总局垄断案件调查通知,张勇说,目前案件仍在调查过程中,阿里巴巴也在积极配合调查工作,成立了由多个相关部门负责人组成的专项工作小组,开展相关业务自查。"我们将继续和监管当局就合规要求进行积极合作与沟通。待调查完成后,我们将进一步向市场通报最新情况。"

张勇表示:"面对反垄断调查,我们的态度是坦诚面对,积极配合。"他说,作为连接着数亿消费者和数百万商家、承载着数万亿人民币年度交易规模的中国零售平台,阿里巴巴集团深刻理解平台重要的社会公共属性,将一如既往地努力,确保所作所为不仅要符合中国法律法规的要求,同时要为消费者权益的保护、社会零售商业的数字化发展、产业的升级贡献力量,承担应尽的社会责任。

据央视新闻客户端,2020年12月,市场监管总局依据《反垄断法》对阿里巴巴集团控股有限公司在中国境内网络零售平台服务市场滥用市场支配地位行为立案调查。

市场监管总局成立专案组,在扎实开展前期工作基础上,对阿里巴巴集团进行现场检查,调查询问相关人员,查阅复制有关文件资料,获取大量证据材料;对其他竞争性平台和平台内商家广泛开展调查取证;对本案证据材料进行深入核查和大数据分析;组织专家反复深入开展案件分析论证;多次听取阿里巴巴集团陈述意见,保障其合法权利。本案事实清楚、证据确凿、定性准确、处理恰当、手续完备、程序合法。

经查,阿里巴巴集团在中国境内网络零售平台服务市场具有支配地位。自2015年以来,阿里巴巴集团滥用该市场支配地位,对平台内商家提出"二选一"要求,禁止平台内商家在其他竞争性平台开店或参加促销活动,并借助市场力量、平台规则和数据、算法等技术手段,采取多种奖惩措施保障"二选一"要求执行,维持、增强自身市场力量,获取不正当竞争优势。

调查表明,阿里巴巴集团实施"二选一"行为排除、限制了中国境内网络零售平台服务市场的竞争,妨碍了商品服务和资源要素自由流通,影响了平台经济创新发展,侵害了平台内商家的合法权益,损害了消费者利益,构成《反垄断法》第十七条第一款第(四)项禁止"没有正当理由,限定交易相对人只能与其进行交易"的滥用市场支配地位行为。

根据《反垄断法》第四十七条、第四十九条规定,综合考虑阿里巴巴集团违法行为的性质、程度和持续时间等因素,2021年4月10日,市场监管总局依法做出行政处罚决定,责令阿里巴巴集团停止违法行为,并处以其2019年中国境内销售额4 557.12亿元4%的罚款,计182.28亿元。

同时,按照《行政处罚法》坚持处罚与教育相结合的原则,向阿里巴巴集团发出《行政指导书》,要求其围绕严格落实平台企业主体责任、加强内控合规管理、维护公平竞争、保护平台内商家和消费者合法权益等方面进行全面整改,并连续三年向市场监管总局提交自查合规报告。

第一节 金融监管概述

一、金融监管的含义

金融监管是"金融监督与管理"的简称,它包括两方面的内容:一是金融管理部门依照国家法律和行政法规的规定,对金融机构及其金融活动实行外部监督、稽核、检查和对其违法违规行为进行处罚;二是金融管理部门根据经济、金融形势的变化,制定必要的政策,采取相应的措施,对金融市场中的金融产品和金融服务的供给和需求进行调节,对金融资源的配置进行直接或间接的干预,以达到稳定货币、维持金融活动的正常秩序、维护国家金融安全等目的。概括起来,金融监管就是一国或地区金融管理当局对金融机构、金融市场、金融业务进行审慎监督管理的制度、政策和措施的总和。一般说来,金融监管主要由金融管理部门承担。随着市场经济的发展,很多机构如会计师事务所、法律事务所、各金融同业工会、证券交易所等都参与了金融监管活动。现在,金融监管已经成为市场经济体制的重要组成部分。金融监管主要有三种类型:

(1)系统性监管。关注整个金融体系的健康,保证个别金融机构的风险不会冲击金融体系。这类监管是中央银行的主要任务,因为中央银行在稳定宏观经济、金融市场和减小系统性风险方面的能力较强。

(2)审慎性监管。关注个别金融机构的健康程度,强调分析和监控金融机构的资产负债表、资本充足率、信贷风险、市场风险、营运风险和其他审慎性指标。其目的是保护消费者利益,防止个别金融机构的倒闭冲击经济体系。

(3)业务发展方式监管。关注金融机构如何与客户发展业务,注重保护消费者利益,如信息披露、诚实、统一和公平。在与客户打交道时,它强调制定正确的规则和指南,注重规范业务实践。

二、金融监管的历史沿革

从历史发展的角度分析,金融监管是随着金融交易的发展不断演进的,它的监管对象逐步从货币、银行扩展到整个金融体系,监管的重点也在效率和安全两方面因经济背景的不同而有所侧重,应该用动态的、发展的观点来把握。

最早的金融监管可以追溯到18世纪的英国。1708年,英国政府颁布法令,规定对货币进行监管;在著名的"南海泡沫事件"(South Sea Bubble)发生后,为了防止证券投机过度,1720年英国政府颁布实施了《反金融诈骗和投资法》,也称为《泡沫法》;1742年英国政府又通过法律禁止新的银行设立和已有银行的扩张,这些都属于政府早期的监管行为。

现代意义上的金融监管产生于19世纪末20世纪初,是与中央银行的产生和发展直接相关的。中央银行制度建立的最初目的在于管理货币,也就是消除由于私人机构发行货币的不统一造成的经济混乱。但是,中央银行统一货币发行和票据清算以后,货币信用的不稳定并没有消失,仍然有很多金融机构因为不谨慎的信用扩张导致经济波动,这在客观上要求中央银行承担起信用"保险"的责任——履行"最后贷款人"的职能。正是这一职能迫使商业银行服从于中央银行的监督和管理,接受中央银行对其业务经营的检查,为中央银行监管整个金融体系打下了基础。

尽管最后贷款人职能使中央银行可以干预金融机构的经营,但是直到20世纪30年代,中央银行对金融机构经营的具体干预并不普遍,只是集中在货币监管和防止银行挤兑方面。中央银行对金融机构的普遍干预是在20世纪30年代的世界经济大危机之后。这场史无前例的大危机表明,市场是不完全的,"看不见的手"并不能使经济体系始终保持稳定、避免危机。随着宏观经济领域内开始强调政府干预,要求强化对金融体系监管的理论主张在金融领域内受到推崇。因此,传统上中央银行的货币管理职能开始演变成制定和执行货币政策,并为宏观经济的调控目标服务。20世纪30~70年代,金融监管在这一背景因素的影响下,呈现出"监管严格、强调安全"的特点,对金融机构的经营范围和方式进行了广泛的、严格的管制和干预。

20世纪70年代,困扰西方国家的滞胀宣告了政府干预主义的破产,金融领域内金融自由化的理论逐步抬头。这一理论认为,上一阶段政府实施的金融管制直接导致了金融体系和金融机构的效率下降,抑制了金融业的发展;同时,由于金融领域内政府失灵同样存在,政府干预的实际效果并不一定比市场做得更好。因此,金融自由化提倡效率优先,主张解除过去束缚在金融业身上的种种陈规旧习,放松金融管制。随着金融自由化的浪潮席卷全球,20世纪70年代后各国金融管制普遍放松,金融创新层出不穷,金融业发生了全面而深刻的变化。

到20世纪90年代,金融自由化达到高潮,但是90年代以来出现的一系列金融危机又对过度放松管制敲响了警钟。金融监管依然重要,特别是在经济全球化进程逐步加快、金融活动不仅仅受一国监管的情况下,金融监管的理论和实务都应该为适应金融业发展的新特点做出转变。

三、金融监管的目标

金融监管的总体目标就是通过对金融业的监管维持一个稳定、健全、高效的金融制度。具体来说,金融监管的目标分为三层:一是保证金融机构的正常经营、保护消费者的利益和金融体系的稳定;二是创造公平竞争的环境,鼓励金融业在竞争的基础上提高服务效率;三是确保金融机构的经营活动符合市场经济条件下真正的市场主体的行为规范,从而能够使中央银行的货币政策传导途径畅通,充分发挥中央银行的调控作用。

虽然如此,在这三个层面上,在不同的时期,各国金融监管的侧重点有所不同。比如在20世纪30年代前,金融监管的总目标是维持价格和银行业的稳定,即通过控制货币的发行,防止银行金融机构倒闭;20世纪30~70年代,金融监管的总目标是维持金融业的安全稳定,防范金融危机的发生;20世纪70、80年代,金融监管的总目标是效率与公平竞争;20世纪90年代以来,金融监管的总目标是安全兼顾效率。

四、金融监管的原则

为了实现金融监管的目标,金融监管当局必须遵循以下监管原则。

（一）独立原则

金融监管机构应保持相对的独立性,在职责明确的前提下,拥有制定监管条例和日常操作上的自主权,以避免受到某些利益集团或地方政府的影响或干预。

（二）适度原则

金融监管的职能空间必须得到合理界定。金融监管应以保证金融市场内在调节机制正常发挥作用为前提。监管不应干扰市场的激励—约束机制：一方面,监管机构不能压制有活力的、正当的市场竞争;另一方面,不应承诺将采取措施拯救竞争中的失败者,因为监管的存在并不排除金融机构倒闭的可能性。监管不是阻碍竞争的优胜劣汰,而是为公平、有序的竞争创造条件。

（三）法制原则

金融监管必须有法律依据,并依法实施。金融监管者也应该受到约束和监督,以防止出现监管过度和监管松懈。监管过度是指监管者为了自身的声望或利益而过于强化监督;监管松懈则可能是因为监管者"被俘虏",与被监管者达成共谋,或是放松监管以免与被监管者发生冲突。因此,法律部门对监管者的行为也要予以制约。

（四）效率原则

金融监管必须建立成本—效益观念,尽可能降低监管成本,减少社会支出。这就要求精简监管体系,提高监管人员的整体素质,在监管工作中讲求实效,对监管方案进行优选,并采用现代化的先进技术手段。

（五）动态原则

金融监管应与金融发展保持同步,以免成为限制金融业发展的羁绊。监管机构应尽快对不适应金融发展新形势的规则进行修订,避免压制金融创新的积极性。监管机构还应具备一定的前瞻性,把握金融市场走向和金融结构的演变趋势,提前做出相应的准备,缩短监管时滞,提高监管的事先性和先验性。

五、金融监管的模式

金融监管历史发展的变化表明,有效的监管实践在不同的时期有不同的特点和方式。时至今日,世界各国为达到金融监管的目标,分别采取了适应本国经济和金融体系特点的金融监管模式。根据监管组织体系设置的不同,大致可以分为统一金融监管模式、分业金融监管模式和不完全统一的监管模式三种类型。

（一）统一金融监管模式

统一金融监管模式是指金融监管权限集中在某一个中央机构,往往由中央银行或者金融管理局来负责。意大利(意大利银行)、荷兰(荷兰银行)、比利时(银行委员会)、日本(金融监管局)、新加坡(货币管理局)、印度(印度储备银行)等国家采用统一监管模式。

这一模式的优点在于：首先,成本较低,有利于节约技术和人员投入,可以降低信成本、改善信息质量,从而获得规模效益;其次,能够改善监管环境,提供统一的监管制度,避免被监管者因为多重机构重复监管和不一致性而无所适从;最后,适应性强。这一模式的缺陷在于缺乏竞争性、容易导致官僚主义等。

(二) 分业金融监管模式

分业金融监管模式是针对金融领域的不同行业分别设立专职的监管机构,进行审慎监管和业务监管。目前分业监管模式比较普遍,如美国、加拿大、法国等均采用此模式。

分业监管模式的优点在于凭借专业化优势,监管效率得以提高,同时还具有竞争优势。它的缺点是:多重监管之下难免出现不易协调的局面,由此产生的"监管漏洞"可能引起"监管套利"行为,使监管对象逃避监管,而且各个监管机构规模庞大,监督成本相对较高。

(三) 不完全统一的监管模式

不完全统一的监管模式是在金融业综合经营的体制下,对前两种模式进行改造和融合而形成的模式。这一模式主要分为"牵头式"监管和"双峰式"监管。"牵头式"监管是在多重监管主体之间建立及时的磋商协调机制,特别是指定一个牵头监管机构负责不同监管主体之间的协调工作。"双峰式"监管则是根据监管目标设立两类监管机构:一类机构负责对所有金融机构进行审慎监管,控制金融体系的系统风险;另一类机构对不同金融业务经营进行监管。

金融监管模式是随着银行业的发展变化而不断调整的。20世纪初,西方国家爆发了史无前例的金融危机,原因之一是银行在证券市场和房地产市场的过度投资导致了泡沫经济。这使一些国家认识到,在没有达到一定水平的情况下,银行、证券、保险和信托等金融机构的混业经营极易造成银行资金大量流向证券市场,产生泡沫经济。于是20世纪30年代大危机后,以美国、日本和英国为代表的国家实行了分业经营体制。

混业经营体制主要以德国、瑞士等国家为代表。但自20世纪80年代以来,随着信息技术的发展和竞争的加剧,传统业务不断受到侵蚀,银行开始突破货币市场专业的限制向资本市场和保险市场渗透,一些实行分业经营的国家转向混业经营。英国、日本分别于1986年和1996年实行混业经营体制,美国在1999年通过了《金融服务现代化法案》,也开始实行混业经营。

第二节 中国金融监管体系

一、中国人民银行

(一) 中国人民银行历史沿革

中国人民银行的前身是1931年11月在第二次国内革命时期诞生的"中华苏维埃共和国国家银行"。中国人民银行成立至今,其演变过程主要分为下列四个阶段。

1. 中国人民银行的创建与国家银行体系的建立(1948—1952年)。1948年12月1日,在合并各根据地银行后,中国人民银行在河北省石家庄市宣布成立,并于次年2月迁入北平。1949年9月,中国人民银行纳入政务院的直属单位系列,接受财政经济委员会指导,与财政部保持密切联系,赋予其国家银行职能,承担发行国家货币、经理国家金库、管理国家金融、稳定金融市场、支持经济恢复和国家重建的任务。

在国民经济恢复时期,中国人民银行着手建立了统一的国家银行体系:①建立独立统一的货币体系,使人民币成为境内流通的本位币,与各经济部门协同治理通货膨胀;②迅速普建分支机构,形成国家银行体系,接管官僚资本银行,整顿私营金融业;③实行金融管理,疏导游资,打击金银外币黑市,取消在华外商银行的特权,禁止外国货币流通,统一管理外汇;④开展存款、放款、汇兑和外汇业务,促进城乡物资交流,为迎接经济建设做准备。

2. 计划经济体制时期的国家银行(1953—1978年)。在统一的计划体制中,自上而下的人民银行体制成为国家吸收、动员、集中和分配信贷资金的基本手段。这一阶段的中国人民银行作为国家金融管理和货币发行的机构,既是管理金融的国家机关,又是全面经营银行业务的国家银行。

与高度集中的银行体制相适应,从1953年开始中国建立了集中统一的综合信贷计划管理体制,即全国的信贷资金,不论是资金来源还是资金运用,都由中国人民银行总行统一掌握,实行"统存统贷"的管理办法。银行信贷计划纳入国家经济计划,成为国家管理经济的重要手段。高度集中的国家银行体制,为大规模的经济建设进行全面的金融监督和服务。

3. 从国家银行过渡到中央银行体制(1979—1992年)。改革开放后,日益发展的经济和金融机构的增加,迫切需要加强金融业的统一管理和综合协调,由中国人民银行来专门承担中央银行职责,成为完善金融体制、更好发展金融业的紧迫议题。1983年9月17日,国务院做出决定,由中国人民银行专门行使中央银行的职能,并具体规定了人民银行的10项职责。

中国人民银行努力探索和改进宏观调控的手段和方式,在改进计划调控手段的基础上,逐步运用利率、存款准备金率、中央银行贷款等手段来控制信贷和货币的供给,以求达到"宏观管住、微观搞活、稳中求活"的效果,在制止信贷膨胀、经济过热,促进经济结构调整的过程中,初步培育了运用货币政策调节经济的能力。

4. 逐步强化和完善现代中央银行制度(1993年至今)。1993年,按照国务院《关于金融体制改革的决定》,中国人民银行进一步强化金融调控、金融监管和金融服务职责,划转政策性业务和商业银行业务。

1995年3月18日,全国人民代表大会通过《中华人民共和国中国人民银行法》,首次以国家立法形式确立了中国人民银行作为中央银行的地位,标志着中央银行体制走向了法制化、规范化的轨道。

2003年,中国人民银行将银行、金融资产管理公司、信托投资公司及其他存款类金融机构的监管职能分离出来,并和中央金融工委的相关职能进行整合,成立中国银行业监督管理委员会。人民银行新的职能正式表述为"制定和执行货币政策、维护金融稳定、提供金融服务。"

中国人民银行本阶段职能的变化集中表现为"一个强化、一个转换和两个增加"。"一个强化",即强化与制定和执行货币政策有关的职能。"一个转换",即转换实施对金融业宏观调控和防范与化解系统性金融风险的方式。"两个增加",即增加反洗钱和管理信贷征信业两项职能。

(二)中国人民银行职责与监管架构

1. 中国人民银行的主要职责。中国人民银行承担的职责主要包括:综合研究、协调解决金融运行中的重大问题,拟定金融业改革和发展战略规划;起草法律、法规和部门规章;制定并执行货币政策;制定并实施宏观信贷指导政策,完善宏观金融调控体系,防范化解系统性金融风险;制定并实施汇率政策,完善汇率形成机制;跟踪监测国际金融市场和跨境资本流动,经营管理外汇储备、黄金储备;监督管理银行间同业拆借市场、银行间债券市场、银行间票据市场、银行间外汇市场和黄金市场及上述市场的有关衍生产品交易;监管金融控股公司,监测交叉性金融工具;承担央行资金使用机构的最后贷款人职能;进行金融业数据汇总与统计分析;指导金融信息安全工作;发行人民币,管理人民币流通;管理全国支付结算体系;经理国库;组织协调反洗钱、反恐怖融资活动;管理征信业等。

2. 中国人民银行的监管架构。中国人民银行为国务院组成部门,总行设在北京。截至2022年,设行长1名,副行长7名,驻人民银行纪检监察组组长1名。总行下设25个职能部门(正司厅局级),16个直属机构,11个驻外机构,以及10个营业管理部(正司厅局级)或分行(正司厅局级)、25个省会城市或副省级城市中心支行(副司厅局级),同时设立上海总部(正司厅局级)及其14个部门。人民银行在各地市级城市设立有316个中心支行,还设有1 761个县支行。此外,中国人民银行依法管理国家外汇管理局。

人民银行的各营业管理部、分支行为总行在各省、区、市的派驻机构,在各自辖区履行贯彻执行国家货币信贷政策、维护金融安全与稳定、提供金融服务、外汇管理等各项工作职责。

二、中国银保监会

(一)中国银保监会简介

1998年11月14日,在借鉴国内外经验的基础上,为加强保险业监管,深化金融保险体制改革,国务院决定成立中国保险监督管理委员会(即原"保监会"),为国务院直属正部级事业单位,实行银行与保险分业经营、分业监管。

2003年4月25日,为完善金融监管结构,促进金融监管的专门化、精细化,根据国务院办公厅相关文件精神,中国银行业监督管理委员会(即原"银监会")成立,为国务院直属正部级事业单位,承担原中国人民银行对银行业金融机构的监管职责,及中共中央原金融工作委员会的相关职责。

为统筹监管资源,避免原有监管体制存在监管职责不清、交叉监管和监管空白的问题,根据国务院机构改革相关决定,中国银行保险监督管理委员会(即"银保监会")于

2018年4月正式成立，由原银监会和原保监会合并构成，仍为国务院直属正部级事业单位。中国银保监会依照法律法规统一监督管理银行业和保险业，维护银行业和保险业合法、稳健运行，防范和化解金融风险，保护金融消费者合法权益，维护金融稳定。

（二）中国银保监会的职责与监管架构

中国银保监会的主要职责包括：研究、起草银行业和保险业法规草案、规章制度；制定银行业和保险业审慎监管与行为监管规则；制定小额贷款公司、融资性担保公司、典当行、融资租赁公司、商业保理公司、地方资产管理公司等其他类型机构的经营规则和监管规则；进行银行业和保险业机构及其业务范围准入管理；实行现场和非现场检查，对银行业和保险业机构的公司治理、风险管理、内部控制、资本充足状况、偿付能力、经营行为和信息披露等实施监管；编制并发布银行业、保险业监管数据，分析运行情况并进行风险监控和预警；打击非法金融活动；指导和监督地方金融监管部门相关工作；开展银行业和保险业的对外交流与国际合作事务；加强微观审慎监管、行为监管与金融消费者保护，守住不发生系统性金融风险的底线等。

中国银保监会设在北京，截至2022年，设主席1名，副主席4名，驻银保监会纪检监察组组长1名。中国银保监会机关下设27个职能部门（正局级），2个直属事业单位，在省、自治区、直辖市和计划单列市设立36个银保监局。各地方银保监局和银保监分局依据银保监会机关的授权，依照属地管辖原则，在辖区范围内依法对相关机构及从业人员进行业务指导、监督执法。

三、中国证监会

（一）中国证监会简介

中国证券监督管理委员会（即"证监会"）成立于1992年10月，为国务院直属正部级事业单位。1998年6月，中国人民银行将对证券机构的监管职责完全移交给中国证监会。2016年，证监会被批准参照《中华人民共和国公务员法》管理。中国证监会依照法律、法规和国务院授权，统一监督管理全国证券期货市场，维护证券期货市场秩序，保障其合法运行。

中国证监会经费全部纳入国家财政预算管理，证券期货市场监管费（如行政处罚罚款等）不属于中国证监会收入，直接上缴国库。中国证监会的经费支出完全由预算内拨款。截至2019年底，中国证监会工作人员共3 256人，其中，会机关773人，派出机构2 483人，占比分别为24%和76%。工作人员平均年龄为37.7岁。

（二）中国证监会职责与组织架构

中国证监会的职责主要包括：起草证券期货市场的有关法律、法规、部门规章；垂直领导全国证券期货监管机构；监管股票、可转换债券、证券公司债券的发行、上市、交易、托管和结算；监管证券投资基金活动；批准企业债券的上市；监管上市国债和企业债券的交易活动；监管上市公司及其股东；监管境内期货合约的上市、交易和结算；按规定监管境内机构从事境外期货业务；管理证券期货交易所，归口管理证券业、期货业协会；监管证券期货经营机构、证券投资基金管理公司、证券登记结算公司、期货结算机构、证券期货投资咨询机构、证券资信评级机构；审批基金托管机构的资格并监管其基金托管业务;监管境内企业直接或间接到境外发行股票、上市以及在境外上市的公司到境外发行可转换债券;监管跨境证券期货业务及机构;会同有关部门审批会计师事务所、资产评估机构及其成员从事证券期货中介业务的资格,并监管律师事务所、律师及有资格的会计师事务所、资产评估机构及其成员从事证券期货相关业务的活动;依法对证券期货违法违规行为进行调查、处罚。

中国证监会设在北京,现设主席1名,副主席4名,驻证监会纪检监察组组长1名。中国证监会下设20个职能部门(正局级),4个直属事业单位(1个稽查总队,3个中心),在省、自治区、直辖市和计划单列市设立36个证券监管局,以及上海、深圳证券监管专员办事处,合计38个派出机构(正局级)。根据《证券法》第14条规定,中国证监会还设有股票发行审核委员会,委员由中国证监会专业人员和所聘请的会外有关专家担任。

派出机构受中国证监会垂直领导,根据属地原则负责辖区内的一线监管工作。中国证监会系统除机关、派出机构、直属事业单位外,还统一领导会管事业单位,包括上海证券交易所、深圳证券交易所、上海期货交易所、郑州商品交易所、大连商品交易所、中国金融期货交易所、中国证券登记结算有限公司(中国结算)、中国证券投资者保护基金有限责任公司、中国证券金融股份有限公司、中国期货市场监控中心有限责任公司、中证资本市场运行统计监测中心有限责任公司、全国中小企业股份转让有限责任公司(及北京证券交易所)、中国证券业协会、中国期货业协会、中国上市公司协会、中国证券投资基金业协会等机构。相关机构采取会员制或自律监管方式,对其会员(或参与人、上市公司、挂牌公司)及证券期货交易活动进行一线监管和自律监管,作为证监会各派出机构日常监管的有效补充。

四、中国外汇管理局

(一) 我国外汇管理体制沿革

外汇市场是我国金融市场的重要组成部分,也是我国改革开放和对外交往的窗口,联系国际国内两个市场、两种资源。我国外汇管理体制建立于计划经济时期。改革开放前,我国实行严格的外汇集中计划管理,国家对外贸和外汇实行统一经营,外汇收支实行指令性计划管理。所有外汇收入必须售给国家,用汇实行计划分配;对外基本不举借外债,不接受外国来华投资;人民币汇率仅作为核算工具。1978年,改革开放拉开了外汇管理体制改革的序幕。1978年以来,外汇管理体制改革大致经历四个发展阶段。

第一阶段(1978—1993年),外汇管理体制改革起步。这一阶段以增强企业外汇自主权、实行汇率双轨制为特征。1979年,为配合外贸体制改革和鼓励企业出口创汇,我国开始实行外汇留成制度,在外汇由国家集中管理、统一平衡的基础上,按照一定比例给予出口企业购买外汇的额度,允许企业通过外汇调剂市场转让多余的外汇,由此逐步形成了官方汇率和外汇调剂市场汇率并存的双重汇率制度。这一阶段,外汇管理体制处于由计划体制开始向市场调节的转变过程,计划配置外汇资源仍居于主导地位,但市场机制萌生并不断发育,对于促进吸引外资、鼓励出口创汇、支持国内经济建设发挥了积极作用。

第二阶段(1994—2000年),社会主义市场经济条件下的外汇管理体制框架初步确定。1994年初,国家对外汇管理体制进行了重大改革,取消外汇留成制度,实行银行结售汇制度,实行以市场供求为基础的、单一的、有管理的浮动汇率制度,建立统一规范的外汇市场。此后,进一步改进外汇管理体制,1996年取消了所有经常性国际支付和转移的限制,实现了人民币经常项目可兑换。1997年,亚洲金融危机爆发,给中国经济发展与金融稳定造成严重冲击。为防止危机进一步蔓延,我国做出人民币不贬值的承诺,并重点加强对逃汇骗汇等违法违规资本流动的管理和打击,成功抵御了亚洲金融危机的冲击。总体来看,这一阶段,我国初步确立适合国情、与社会主义市场经济体制相适应的外汇管理制度框架,市场配置外汇资源的决定性地位初步奠定。

第三阶段(2001—2012年),以市场调节为主的外汇管理体制进一步完善。2001年底加入世界贸易组织以来,我国加速融入全球经济,国际收支在较长一段时间内呈现持续大额顺差,外汇管理提出国际收支平衡的管理目标和"均衡管理"的监管理念,包括人民币资本项目可兑换等重大改革探索有序推进。2002年,建立合格境外机构投资者制度(QFII),跨境证券投资开放取得重大进展。2003年成立中央汇金公司,向国有商业银行注资,外汇储备探索多元化运用。以2005年7月人民币汇率形成机制改革为起点,不断理顺外汇市场供求关系,实施了取消经常项目外汇账户限额管理、对个人实行5万美元便利化结售汇额度管理、启动合格境内机构投资者制度(QDII)和人民币合格境外机构投资者制度(RQFII)等一系列改革举措。2008年,结合前期外汇管理体制改革取得的丰硕成果,修订《中华人民共和国外汇管理条例》,外汇管理法制化建设迈入新阶段。2009年,提出外汇管理理念和方式的"五个转变",全面推进简政放权。2012年,实施货物贸易外汇管理制度改革,取消货物贸易外汇收支逐笔核销制度,贸易便利化程度大幅提升。

第四阶段(2013年至今),统筹平衡贸易投资自由化便利化和防范跨境资本流动风险,在维护外汇市场稳定尤其是成功应对2015年底至2017年初外汇市场高强度冲击的同时,外汇领域改革开放取得历史性成就。2013年,改革服务贸易外汇管理制度,全面取消服务贸易事前审批,所有业务直接到银行办理。扩大金融市场双向开放,先后推出"沪港通"(2014年)、内地与香港基金互认(2015年)、"深港通"(2016年)、"债券通"(2017年)等跨境证券投资新机制。陆续设立丝路基金、中拉产能合作基金、中非产能合作基金,积极为"一带一路"搭建资金平台。2015年,将资本金意愿结汇政策推广至全国,大幅简化外商直接投资外汇管理,实现外商直接投资基本可兑换。2016—2017年,完善全口径跨境融资宏观审慎管理,推动银行间债券市场双向开放,建立健全开放有竞争力的境内外汇市场。2018年,进一步增加QDII额度,取消了QFII资金汇出比例限制和QFII、RQFII锁定期要求,扩大合格境内有限合伙人(QDLP)和合格境内投资企业(QDIE)试点。2015年底至2017年初,我国外汇市场经历了两次高强度冲击,外汇管理部门健全跨境资本流动宏观审慎管理,不断改善外汇市场微观监管,我国日益开放的外汇管理体制经受住了跨境资本流出冲击的考验,有效维护了国家经济金融安全。

外汇管理部门构建跨境资本流动"宏观审慎+微观监管"两位一体管理框架。宏观审慎以市场化方式逆周期调节外汇市场顺周期波动,防范国际经济金融风险跨市场、跨机构、跨币种、跨国境传染,维护外汇市场基本稳定。微观监管依法依规维护外汇市场秩序,强调反洗钱、反恐怖融资和反逃税,保持政策和执法标准跨周期的稳定性、一致性和可预期性。

(二)外汇管理局简介与职责

1. 外汇管理局简介。国家外汇管理局为副部级国家局,内设综合司(政策法规司)、国际收支司、经常项目管理司、资本项目管理司、管理检查司、储备管理司、人事司(内审司)、科技司8个职能司(室)和机关党委,设置中央外汇业务中心、外汇业务数据监测中心、机关服务中心、外汇研究中心4个事业单位。

截至2021年,国家外汇管理局在各省、自治区、直辖市、部分副省级城市设立36个分局(外汇管理部),在部分地(市)共设立309个中心支局,在部分县(市)共设立517个支局。国家外汇管理局分支机构与当地中国人民银行分支机构合署办公。

2. 外汇管理局职责。外汇管理局的职责主要包括:向中国人民银行提供制订人民币汇率政策的建议和依据;参与起草外汇管理有关法律法规和部门规章草案,发布与履行职责有关的规范性文件;国际收支、对外债权债务的统计和监测;全国外汇市场的监督管理工作;承担结售汇业务监督管理的责任;依法监督检查经常项目外汇收支的真实性、合法性;依法实施资本项目外汇管理;规范境内外外汇账户管理;负责依法实施外汇监督检查;承担国家外汇储备、黄金储备和其他外汇资产经营管理的责任等。

五、我国金融监管体系的健全与完善

(一)"一行两会一局"体系综述

在2018年国务院机构改革完成后,我国20世纪末到21世纪初以来形成的"一行三会一局"的金融监管模式转变为"一行两会一局"。在承担拟定银行业、保险业重要法律法规草案和审慎监管基本制度的职责后,中国人民银行的中央银行职能更加突出,在我国金融监管架构中的核心位置更加强化,经常作为金融监管系统联席工作会议的牵头单位和组织机构,带头落实党中央、国务院为金融领域制定的时间表、布置的任务书、规划的路线图,并重点对货币市场、外汇市场和黄金市场进行监管。

原银监会和原保监会进行合并后,新的中国银保监会统筹对银行业、保险业、信托业和金融资产公司、财务公司、金融租赁公司等机构实行归口监管,减少了原银监会和原保监会对部分业务监管过程中的重复,并填补了部分监管真空地带。银保监会的成立是根据当前形势下银行和保险公司之间日益密切的关系进行的适当调整,更加有利于银行及保险金融机构落实服务经济建设的主体责任。

中国证监会的监管职能在此次机构改革中未进行显著调整,仍然统筹对上市公司(主板、创业板、科创板、新三板、北交所上市公司等)、证券公司、基金公司、期货公司、证券投资咨询机构、经营证券业务的中介机构(会计师事务所、律师事务所、信用评级机构、资产评估机构等)等相关市场主体及参与者进行监管,并对相关主体的证券业务进行指导,重点落实党中央、国务院对资本市场的指示批示精神,配合做好资本市场服务实体经济的"造血"功能。

国家外汇管理局在中央银行的管理下,继续专职对外汇市场的管理,做好对资本跨境流动的监测、管理和服务工作,进行"职能监管",在金融市场中并无直接的监管对象。

在全部金融机构中,银行业金融机构的形成时间最早、资产规模最大、系统性重要程度最高,属于金融系统的核心组成部分。因此,我国对银行业的监管起步最早,当前也较为成熟。

(二) 我国监管体系的完善目标

我国当前的金融监管体系从广度、深度两方面对原有体系进行了优化,有效提高了监管手段的丰富性和监管目标的广泛性。从当前金融市场的大环境看,金融监管仍然存在不完全适应市场、不完全高效执法等多方面的问题。未来,我国金融监管体系仍然需要在下列方面进行持续性的完善。

1. 加强自我监管,提升主体合规。金融监管人员作为国家公职人员,其人员数量、薪资待遇等受到《公务员法》等相关法律法规的严格限制,工资既不能市场化变动,编制也不能大规模扩张。随着金融市场发展速度加快,金融从业人员数量、金融业务业态种类正在快速增长,有限的监管资源和日益增加的市场主体之间数量和时空不匹配的矛盾正逐渐积累,监管压力加大的同时,也造成对市场主体的监管效果存在弱化的可能。因此,如何提高市场主体的合规能力、增强市场主体内部控制水平、减轻金融监管机构日常监督执法压力是我国金融监管体系下一阶段的工作重点之一。

以银行业为例,银行业金融监管的内容主要有三个方面:市场准入监管、业务运作过程中的监管和市场退出监管。在自我监管方面,由于我国的银行国有化程度较高,部分银行仍缺乏强有力的自我约束和自我管理机制,内部监管流于形式、部门规章未被遵守的现象时有发生。特别是 2020 年 12 月 31 日,上市公司"康得新"百亿资金账户财务造假案中,上市公司的开户行因为出具与事实不符的单位定期存款开户证实书等多项违法行为,被北京银保监局处以责令改正,并处以 4 290 万元罚款。因此,完善金融机构的有效内控机制非常迫切。金融监管机构应适应国际金融监管理念和监管方式发展的要求,逐步帮助、引导金融机构建立有效的内部控制机制。内部控制监管的重点应放在内部控制系统各个控制环节的审查上,既进行形式审查,又进行实质审核,着眼于对整个系统的整体情况进行了解和分析,使内部控制成为金融风险的第一道防线。

以上市公司为例,上市公司是资本市场的重要组成部分,一方面是金融通过直接融资渠道服务实体经济的重要手段(一级市场),另一方面也是广大投资者进行财富管理的有效渠道(二级市场)。然而近年来,上市公司财务造假事件频繁发生。江苏康得新财务造假案、广东康美药业财务造假案、獐子岛信息披露违法案、北京乐视网和贾跃亭欺诈发行案等案件均暴露出,在巨大利益的诱惑下,上市公司及实际控制人铤而走险、目无法纪,通过"编瞎话""画大饼"在资本市场"割韭菜",中饱私囊,对资本市场生态造成巨大破坏,对广大投资者财富造成巨大损失。考虑到上市公司和公司相关人员数量与监管资源相差悬殊,监管机构应优先考虑通过法律供给、制度设计等渠道,提高上市公司内控质量、完善上市公司治理模式,使公司内控成为提高监管效果的重要保障。

2. 提升行业自律,促进自律监管。就行业自律监管来看,我国金融行业的八个门类当中,银行业、证券业、保险业和期货业都建立了行业协会,但行业协会在行业规范的制定方面作用甚微，行业协会的金融监管作用有待加强。

以基金业协会为例，尽管基金管理人和基金托管人按照《基金法》规定需要加入基金业协会，但众多私募基金管理人仍然未在基金业协会备案。因此，当私募基金出现挪用投资人资金甚至兑付违约等风险事件时，由于自律监管手段仅限用于处罚合法的、登记注册的基金管理人，因此即使投资人寻求证监部门或基金业协会的帮助，监管机构和自律组织仍然鞭长莫及。非法私募基金在造成投资者重大损失的同时，也极易引发群体性事件，给地方政府、金融监管部门和行业自律组织带来较大压力。如何解决私募基金行业"生孩子的不管养孩子""养孩子的不知道孩子在哪里"等痼疾，需要考验自律协会、监管机构和地方政府之间的配合默契度。

行业自律监管作为行政监管手段的有效补充，在充分运用的情况下可以有效减少国家公职人员数量不足带来的监管压力过大的问题。因此，一方面需要监管当局适当地放权，调动行业协会的积极性，提高自律监管手段的有效性，强化行业协会对会员管理的信效度，充分发挥行业协会作为监管补充应有的重要作用。另一方面，行业协会也应发挥好"助理裁判"的作用，对本行业主体"应管尽管"，强化对行业的监测和预判能力，提前判断、化解风险，并完善与相关行政监管部门的联动机制。

3. 完善监管协调，减少重叠真空。我国应积极探索适合国情的监管协调机制。随着我国混业经营的发展，大型金融服务集团在金融业中的地位不断上升，我国的金融监管应该实现从机构性监管向功能型监管的转变，以实现跨产品、跨机构、跨市场的协调，减少监管部门之间的职能冲突、监管重叠和监管真空，提高监管效率，降低监管成本，依靠全方位、无死角的金融监管维护金融体系秩序的稳定，促进社会经济活动的健康发展。

特别地，某银行"原油宝"产品穿仓事件反映出，金融市场主体之间、产品之间相互关联，很多金融产品可能横跨银行业、证券业、大宗商品等诸多领域，同时面临境内市场和境外市场风险共振隐患，具有"牵一发而动全身"的特点。当前，随着金融科技的发展，金融产品的跨市场性、跨周期性和传染性正随着产品的创新而不断提高，风险辨识度和压力测试的难度日益增加，更需要不同金融监管部门之间建立常态化的协调、沟通机制，强化信息共享和资源互通，提高对跨市场产品的监管能力，压实"金融市场"裁判员责任。

4. 压实中介责任，强化行刑衔接。金融市场中，除市场主体扮演着球员的角色外，中介机构也扮演着重要的"教练员"身份。例如，证券公司在上市公司股权融资、债务融资等多方面对后者进行辅导，会计师事务所、律师事务所和资产评估机构对上市公司IPO融资和资产重组等业务过程提供专业化服务，证券投资咨询机构负责向投资者提供证券的分析与建议，保险中介机构向投保人提供业务咨询服务并协助进行定损、理赔等业务……因此，为切实强化金融市场秩序，需要压实中介机构"看门人"责任，避免"委托—代理"问题的出现及中介机构的道德风险。

从保险中介机构违规承保、证券投资咨询机构非法操作、证券公司协助出具虚假证明文件、事务所从业人员未勤勉尽责等多起案件中可以发现，中介机构"看门人"责任被进行违法行为潜在带来的大额经济利益所侵害。因此，不仅需要从行政执法的角度加大中介机构和相关人员的违法成本,金融监管部门更要与公安司法机关紧密配合,强化行刑衔接机制,推动行政与刑事"双立案、双处罚"机制的进一步完善,提高中介机构违法成本,警示从业人员归位尽责,从根本上解决市场生态问题。

5. 增加法律供给,用好制度保障。行政执法的强度弱于刑事司法的一个重要原因在于违法成本的不同。行政执法基本以罚款为主,罚款金额经常受到上位法限制而缺乏震慑力,例如上市公司违规信息披露在适用 2005 年《证券法》时,罚款上限仅为 60 万元,远远低于违法收益。刑事司法以有期徒刑为主,配合罚金等附加刑,对违法犯罪行为具有较强的震慑力,但并非所有行政违法案件均能顺利转化为刑事司法案件,其中不仅需要上位法的明确支持,也需要各部门之间的密切配合。以《证券法》为例,2019 年新《证券法》施行后,证券违法犯罪行为的成本大幅提高,信息披露违法的罚款上限由 60 万元增加至 1 000 万元、欺诈发行类违法的罚款金额由募集资金的 5% 增加到募集金额的 1 倍,同时引入了投资者集体诉讼制度,极大增加了犯罪成本。

因此,金融监管机构一方面应加强与立法机关、司法部等的实时沟通,积极反馈现行法律法规在执行过程中的经验和痛点,推动相关金融领域法律法规体系的修订完善,做好制度供给侧的保障。例如,推动《银行法》《基金法》等法律的修改,加快《期货法》等法律的尽快出台。另一方面,在现行法律法规的基础上,金融监管机构应尽快修订完善配套的部门规章和实施细则,将上位法赋予金融监管机构的权力落实到日常监管实践中去,在"有法可依"的前提下做到"有法必依",特别是加强与公安部、最高人民检察院、最高人民法院的沟通,推动建立工作层面的全方位合作机制,签署跨部门联合执法协作备忘录,通过"情报导侦"、设立审判基地集中管辖等方式,畅通行政案件高效移送公安及刑事司法的渠道,将上位法的精神贯彻落实。

第三节 金融监管的全球合作

一、巴塞尔委员会和《巴塞尔协议》

随着经济全球化和金融国际化的发展,跨国银行在世界经济中发挥着越来越重要的作用,各国金融业的联系和相互影响程度不断增加。随之而来的是,银行业风险的扩散对各国金融稳定的威胁越来越明显。以国界为范围的金融监管的漏洞开始被人们注意,各国金融监管当局之间加强联系和合作,显得十分必要。推动金融监管国际合作的最主要国际组织之一,是设在国际清算银行的巴塞尔银行监督委员会(Basel Committee on Banking Supervision,简称"巴塞尔委员会")。

(一)巴塞尔委员会简介

巴塞尔委员会(BCBS)是银行审慎监管的主要全球标准制定者,为各国央行的银行监管事项的定期合作提供平台,其 45 名成员包括来自 28 个司法管辖区的中央银行和银行监管机构。巴塞尔委员会最初被称为银行监管和监督实践委员会(Committee on

Banking Regulations and Supervisory Practices），是在1974年底国际货币和银行市场发生严重动荡(特别是西德班克斯赫斯塔特银行倒闭)之后,由十国集团(G10)的中央银行行长成立的。

该委员会总部设在巴塞尔国际清算银行,旨在通过提高世界范围银行监管的质量从而加强全球金融稳定,并作为其成员之间就银行监管事项进行定期合作的论坛。委员会第一次会议于1975年2月举行,此后每年定期举行三四次会议。自成立以来,巴塞尔委员会成员已从10国集团扩大到来自28个国家和地区的45个机构,由各国家或地区的中央银行和正式负责监管银行业务的当局组成。此外,该委员会还有9名观察员,包括央行、监管机构、国际组织和其他机构。该委员会分别在2009年和2014年扩大了成员。

从1975年首次发布《巴塞尔协议》并多次修订起,巴塞尔委员会制定了一系列银行监管的国际标准,其中最著名的是具有里程碑意义的资本充足率协议出版物,通常称为《巴塞尔协议Ⅰ》《巴塞尔协议Ⅱ》《巴塞尔协议Ⅲ》。

巴塞尔委员会的治理结构包括轮值主席、标准制定和研究小组以及由国际清算银行主办的秘书处。巴塞尔委员会向各中央银行行长和监管机构(Group of Central Bank Governors and Heads of Supervision，GHOS)报告,并寻求后者对其重大决策的认可。主席由GHOS任命,任期三年,可连任一次,主要职责是根据巴塞尔委员会的授权指导委员会的工作。

(二)巴塞尔委员会的主要成果

随着20世纪70年代以来金融全球化、自由化和金融创新的发展,国际银行业面临的风险日趋复杂,促使商业银行开始重视强化风险管理。20世纪80年代债务危机和信用危机后,西方银行普遍重视信用风险管理,并由此催生了1988年的《巴塞尔协议》。在统一资本监管要求下,各银行积极构建以满足资本充足为核心的风险管理体系,资本作为直接吸收银行风险损失的"缓冲器"得到了广泛认同。20世纪90年代,金融衍生工具在银行领域迅速普及,市场风险问题日益重要,推动了巴塞尔委员会将市场风险纳入资本监管框架。1997年亚洲金融危机后,国际银行业努力推动实施全面风险管理的新战略,以应对多风险联动的管理压力。经多次征求意见,2004年巴塞尔委员会正式公布了《巴塞尔新资本协议》。

从银行风险管理的角度看,《巴塞尔协议》从1988年开始,始终强调稳妥处理"资本、风险、收益"三者关系,其中最重要的是"资本与风险"的关系。资本作为银行抵御风险的最后一道"防线",要求银行有足够资本应对可能发生的损失。因此,新旧巴塞尔协议都把资本充足率作为协议框架的第一支柱。2004年的协议更加强调了资本应精确地反映银行实际经营中的风险,保证银行稳健经营。

(三)1988年的《巴塞尔协议》

1988年的《巴塞尔协议》全称为《统一资本衡量和资本标准的国际协议》(以下简称《巴塞尔协议Ⅰ》),其目的是通过规定银行资本充足率,减少各国规定的资本数量差异,加强对银行资本及风险资产的监管,消除银行间的不公平竞争。

《巴塞尔协议Ⅰ》的基本内容由四方面组成:

1. 资本的组成。巴塞尔委员会认为银行资本分为两级。第一级是核心资本,要求银行资本中至少有50%是实收资本及从税后利润保留中提取的公开储备所组成。第二级是附属资本,其最高额可等同于核心资本额。附属资本由未公开的储备、重估储备、普通准备金(普通呆账准备金)、带有债务性质的资本工具、长期次级债务和资本扣除部分组成。

2. 风险加权制。不同种类的资产根据其广泛的相对风险进行加权,制定风险加权比率,作为衡量银行资本是否充足的依据。这种权数系统的设计尽可能简单,目前使用的权数有五个,分别是0、10%、20%、50%和100%。

3. 目标标准比率。为长期保证国际银行拥有一个稳定稳健的资本比率,总资本与加权风险资产之比为8%(其中核心资本部分至少为4%)。

银行资本充足率=总资本/加权风险资产

4. 过渡期和实施安排。过渡期从协议发布起至1992年年底止,到1992年年底,所有从事大额跨境业务的银行资本充足率要达到8%的要求。

《巴塞尔协议Ⅰ》主要有三大特点:一是确立了全球统一的银行风险管理标准;二是突出强调了资本充足率标准的意义,通过强调资本充足率,促使全球银行经营从注重规模转向注重资本、资产质量等因素;三是受20世纪70年代发展中国家债务危机的影响,强调国家风险对银行信用风险的重要作用,明确规定不同国家的授信风险权重比率存在差异。

1988年《巴塞尔协议Ⅰ》的不足之处:①容易导致银行过分强调资本充足的倾向,从而忽略银行业的盈利性和其他风险,即使银行符合资本充足率的要求,也可能因为其他风险而陷入经营困境,如巴林银行;②对国家风险的风险权重处理比较简单;③仅注意到信用风险,而没有考虑银行经营中影响越来越大的市场风险和操作风险等。

(四)2004年的《巴塞尔协议Ⅱ》

2004年6月26日,十国集团央行行长和银行监管当局负责人一致同意公布《资本计量和资本标准的国际协议:修订框架》,即《巴塞尔新资本协议》(以下简称《巴塞尔协议Ⅱ》),并宣布于2006年实施该协议,一些发展中国家也积极准备向实施新协议过渡。这一国际金融界普遍认同的国际标准,是商业银行在国际市场上生存的底线。其基本内容由三大支柱组成:

1. 最低资本金要求。新协议保留了1988年《巴塞尔协议》中对资本的定义,以及相对风险加权资产资本充足率为8%的要求,但风险范畴有所拓展,不仅包括信用风险,同时覆盖市场风险和操作风险。

内部评级法(IRB法)是《巴塞尔新资本协议》的核心内容,银行将账户中的风险划分为以下六大风险:公司业务风险、国家风险、同业风险、零售业务风险、项目融资风险和股权风险。银行根据标准参数或内部估计确定其风险要素,并计算得出银行所面临的风险。这些风险要素主要包括:违约概率(PD)、违约损失率(LGD)、违约风险值(EAD)及期限(M)。银行根据内部风险评估结果确定风险权重、计提资本。

2. 监管当局的监督检查。检查的目的是通过监管银行资本充足状况,确保银行有合理的内部评估程序,便于正确判断风险,促使银行真正建立起依赖资本生存的机制。

监管当局的监督检查是最低资本规定的重要补充,它适合处理以下三个领域的风险:第一支柱涉及但没有完全覆盖的风险;第一支柱中未加考虑的风险;银行的外部风险(如经济周期影响)。第二支柱中更为重要的一个方面,是对第一支柱中较为先进的方法是否达到了最低的资本标准和披露要求进行评估,特别是针对信用风险 IRB 框架和针对操作风险的高级计量法的评估。监管当局必须确保银行自始至终符合这些要求。

3. 强化信息披露,引入市场约束。《巴塞尔协议Ⅱ》要求银行不仅要披露风险和资本充足状况的信息,而且要披露风险评估和管理过程、资本结构以及风险与资本匹配状况的信息;不仅要披露定量信息,而且要披露定性信息;不仅要披露核心信息,而且要披露附加信息。

《巴塞尔新资本协议》主要有三大特点:①实现向风险管理为核心的质量监管模式过渡;②将信用风险、市场风险和操作风险全面纳入资本充足率计算,使资本状况与总体风险相匹配,提高了监管的全面性和风险的敏感度;③推进解决信息不对称的信息披露,重点向资本充足率、银行资产风险状况等市场敏感信息集中,确保市场对银行的约束效果,代表了未来银行业风险管理发展的方向。

(五)2010 年的《巴塞尔协议Ⅲ》

2008 年全球金融危机的爆发,促使全球金融监管当局反思监管框架并加强了对大型金融机构的监管,尤其是系统性风险的防范问题,对次贷危机和《巴塞尔协议Ⅱ》的争议和反思直接推动了《巴塞尔协议Ⅲ》的迅速出台。

这次新协议所进行的大规模监管改革,主要集中在以下领域:一是资本监管要求,包括资本的重新定义、资本留存缓冲、逆周期资本缓冲和杠杆比率;二是流动性监管要求,给出了流动性监管的一些工具;三是对《巴塞尔协议Ⅲ》过渡期的时间表安排。

《巴塞尔协议Ⅲ》在资本结构的框架方面发生了较大变化:一是一级资本尤其是普通股的重要性上升,二级、三级等较低级资本的重要性削弱;二是资本充足率的顺周期性下降,逆周期或者风险中立的资本要求明显上升;三是正视"大而不能倒"问题并提出了资本配置要求,旨在确保银行拥有稳健运行的能力。新资本结构框架包括更强的资本定义、更高的最低资本要求以及新资本缓冲引入的组合,将确保银行能更好地抵御经济和金融的紧张时期,从而促进经济增长。

总体来看,随着金融危机后全球金融形势的深刻变化,金融监管制度已经出现了重大变革,包括《巴塞尔协议Ⅲ》在内的金融监管改革已经表现出了四方面的明显趋势:一是微观审慎监管和宏观审慎监管统筹兼顾;二是资本监管和流动性监管同等重要;三是银行业监管的"质量齐升";四是金融机构内部约束与外部监管有机结合。

(六)《有效银行监管的核心原则》

《有效银行监管的核心原则》(简称《核心原则》)于 1997 年 9 月正式公布,是巴塞尔委员会继 1988 年《巴塞尔协议Ⅰ》之后正式推出的一份划时代的文件。它包括 25 条原则,对有效银行监管的先决条件、发照与结构、审慎法规与要求、持续监管手段、信息要求、正式监管权力、跨国银行业等提出了基本要求,也是最低要求。各国和国际监管组织可结合促进宏观经济发展和金融稳定的要求,利用核心原则强化其监管安排。这是确保一国及国际金融稳定的重要步骤。

《核心原则》和1988年《巴塞尔协议Ⅰ》共同构成对外资银行风险性监管的基本规定。《核心原则》作为国际上有效银行监管的通行标准,不仅为评价银行监管体系的有效性提供了评判准绳,也为各国银行监管方面存在的差距和问题提供了评估方法;不仅为十国集团所遵循,也陆续得到其他国家的认同,作为建立和完善本国银行监管体系的指导准则。

(七)《关于内部控制制度的评价原则》

《关于内部控制制度的评价原则》于1998年2月公布。有效的内部控制制度是银行管理的重要组成部分,也是银行机构安全、良好运行的基础。一套健全有效的内部控制制度,有助于银行机构内部经营目标的实现,有助于确保银行财务与管理报告的可靠,也有助于银行经营过程中遵循法律法规及银行内部的政策、计划、规定和程序,从而减少意外损失或银行信誉受损的风险。

巴塞尔委员会的内部控制原则共14条,分为六大组成部分,分别是:管理层应营造监管与控制的文化氛围;风险的识别与评估;控制活动与职责分离;信息与交流;监督评审活动与缺陷的纠正;银行监管当局对内部控制制度的评价。

二、国际反洗钱组织与合作实践

犯罪分子及其同伙利用金融体系在不同账户之间进行资金的支付和转移、隐藏资金的来源、通过安全存款设施储存货币的活动通常被称为洗钱(Money Laundering)。现代金融的国际化决定了洗钱犯罪的国际化特征,因此,反洗钱工作的顺利展开离不开良好的国际环境以及各方通力合作的责任。为统一和协调世界各国的反洗钱工作,世界范围内建立了多个全球性和地区性反洗钱国际组织,并出台了丰富的指引与文件,最大程度实现对全球洗钱犯罪的精准识别、常态监测和持续打击。

(一)国际反洗钱组织

总体上看,国际反洗钱组织可以分为两类:第一类是专门的反洗钱国际组织,旨在推进国际反洗钱事业进程,促进全球的反洗钱合作。此类专门的反洗钱组织包括金融行动特别工作组(FATF)、埃格蒙特集团(Egmont Group)等。第二类是在反洗钱领域发挥作用的其他国际组织,该类组织并不专门从事国际反洗钱事务,但根据各自的职能需要,也在全球范围内推行相应的反洗钱措施。此类"兼职"反洗钱组织包括联合国、世界银行、欧洲联盟、美洲国家组织(OAS)等,它们的反洗钱相关决议、指令等法律文件必须通过转化为其成员国的法规、政策而发挥作用。

1. 金融行动特别工作组。金融行动特别工作组(Financial Action Task Force on Money Laundering,FATF)于1989年在巴黎召开的西方七国集团会议上成立,是全球最权威和最有影响力的政府间反洗钱国际组织,致力于应对洗钱、恐怖主义融资及其他相关威胁。该组织通过制定国际标准或推动各国有效执行法律法规,维护国际金融体系的完整性。截至2019年,FATF共有38个成员,包括36个国家或地区,及欧盟委员会(European Commission)、海湾合作委员会(GCC)两个区域性组织。联合国、世界银行、国际货币基金组织、巴塞尔银行监管委员会等23个国际组织和两个国家以观察员身份参加FATF活动。2007年6月28日,我国在FATF第十八届第三次全体会议上成为该组织的正式成员。此外,中国香港地区也是该组织的正式成员。

FATF 采取主席制度,主席和副主席由成员中被指定的国家和地区政府任命高级官员担任,2020 年后任期均为 2 年,且主席不得连任。FATF 的秘书处设在法国巴黎,在经济合作和发展组织(OECD)总部。FATF 通过决策指导小组分析研判国际反洗钱领域的新形势,小组每 2 年调整一次成员构成。FATF 的工作年度为每年 7 月至次年 6 月,每年举行三次工作组会议和全体会议,并从 2019 年起每隔 2 年召开一次最高级别会议(部长级会议)。

FATF 制定的《四十项建议》是当前国际反洗钱领域的核心制度。

2. 埃格蒙特集团。20 世纪 90 年代,随着 FATF 的《四十项建议》的公布,一些国家逐渐建立起了金融情报机构(Financial Intelligence Unit,FIU)。1995 年,部分金融情报机构在比利时布鲁塞尔的埃格蒙特—阿森伯格宫(Egmont-Arenberg Palace)召开了第一次会议,并成立了埃格蒙特集团,以便各金融情报机构定期举行会议,在信息交换、专业培训等方面进行国际合作。埃格蒙特集团旨在为监管部门提供渠道,加强对所属国家及地区的反洗钱工作支援,以及将交换资金转移情报的工作常态化。截至 2018 年,埃格蒙特集团成员数量为 155 个,包括中国香港地区、中国澳门地区和中国台湾地区。中国内地正在积极推动加入该组织。

埃格蒙特集团的主要目标是促进金融情报机构之间的合作,构建一个全球化的反洗钱信息交流平台。该组织采用轮值制度,自 2007 年起,在加拿大多伦多设立了负责日常事务的秘书处。集团委员会是集团内的议事协调机构,由 1 名主席、2 名副主席以及工作组主席、五大洲代表等组成。全体成员每年召开一次会议。

3. 沃尔夫斯堡集团。沃尔夫斯堡集团(Wolfsberg Group)是一个由全球部分跨国大型银行组成的行业自律组织,成立于 2000 年,以首次举办会议的地点瑞士沃尔夫斯堡命名。该集团的目的是从银行经营实际出发,按照国际反洗钱公约和规范,不断完善制度的制定和执行,为有效防范金融犯罪和洗钱风险构建框架。截至 2019 年,沃尔夫斯堡集团的成员共 13 家银行,包括桑坦德银行(Banco Santander)、美国银行(Bank of America)、巴克莱银行(Barclays)、花旗银行(Citigroup)、瑞士信贷银行(Credit Suisse)、德意志银行(Deutsche Bank)、高盛集团(Goldman Sachs)、汇丰集团(HSBC)、摩根大通集团(J. P. Morgan Chase)、三菱东京日联银行(MUFG Bank)、法国兴业银行(Société Générale)、渣打银行(Standard Chartered Bank)、瑞银集团(UBS)。

(二)国际反洗钱成果

1. FATF 建议。FATF 制定的《四十项建议》是反洗钱的国际标准,对各国家和地区的反洗钱工作产生了重要影响。最初颁布于 1990 年,旨在打击个人滥用金融体系清洗毒品资金的活动。该建议于 2012 年 2 月修订后,各国均按照这一标准接受相关国际组织的评估。

同时,为加强对高风险情况评估的要求,《四十项建议》允许 FATF 成员对高风险领域采取更加有针对性的措施。成员应首先识别、评估、了解面临的洗钱和恐怖主义融资风险,然后制定降低风险的适当措施。风险为本的原则允许成员在 FATF 要求的框架下,采取更加灵活的措施有效地分配资源、实施与风险相称的预防措施,最大限度地提高有效性。

FATF 标准包括建议本身、释义及术语表的定义三部分。此外,FATF 还制定了指引、最佳实践文件等材料,帮助各国家和地区执行这一标准。随着全球金融系统面临的威胁和自身的薄弱环节日益变化,FATF 标准也在必要的时候进行修订。FATF 的《四十项建议》主要包括下列内容:

A. 反洗钱与反恐怖融资政策与协调。

(1)评估风险与运用风险的方法。对各金融机构和特定非金融行业与职业(DNFBPs)识别、评估并采取有效措施降低洗钱与恐怖融资风险提出要求。

(2)国家/地区层面的合作与协调。要求各国及地区的政策制定部门、金融情报中心、执法部门、监管机构等在政策制定和执行层面制定有效协作机制,并实现信息共享。

B. 洗钱与没收。

(3)洗钱犯罪。要求成员以《维也纳公约》和《巴勒莫公约》为基础,使洗钱犯罪涵盖最广泛的上游犯罪。

(4)没收和临时措施。要求成员在法律允许范围内,在刑事定罪前后,对涉嫌洗钱的财产进行冻结、扣押。

C. 恐怖融资与扩散融资。

(5)恐怖融资犯罪。成员应将恐怖融资行为规定为刑事犯罪。

(6)与恐怖主义及恐怖融资相关的定向金融制裁。被制裁的实体名下的资金和资产应被冻结,并确保相关实体无法据此受益。

(7)与大规模杀伤性武器扩散及扩散融资相关的定向金融制裁。

(8)非营利组织。对于易被恐怖融资滥用的非营利组织,成员应审查相关法律完备性。

D. 预防措施。

(9)金融机构保密法。金融机构保密法不应妨碍 FATF 建议的实施。

(10)客户尽职调查。金融机构应当在规定的情况下采取客户尽职调查(CDD)措施。

(11)记录保存。必要的交易记录应至少保存 5 年。

(12)政治公众人物。对于特定客户需要采取额外措施。

(13)代理行业务。对于跨境代理行业务需要采取额外措施。

(14)资金或价值转移服务。提供相关服务的自然人或法人应获得有关部门许可。

(15)新技术。对于新技术、新产品对洗钱与恐怖融资的风险,成员应进行识别。

(16)电汇。电汇信息应准确、完备,并在监控范围中。

(17)依托第三方的尽职调查。规定了第三方尽职调查的相关要求。

(18)内部控制、境外分支机构和附属机构。相关机构应当执行与母国相一致的要求。

(19)高风险国家/地区。所采取的强化措施应当有效与风险相匹配。

(20)可疑交易报告。当金融机构有理由怀疑相关资金时,应当向金融情报中心报告。

(21)泄密与保密。出于正当目的报告可疑交易的行为不应承担法律责任。

(22)特定非金融行业和职业:客户尽职调查。包括赌场、不动产中介、贵金属和珠宝交易商、为客户实施相关交易活动的中介机构人员、信托与公司服务提供商等。

(23)特定非金融行业和职业:其他措施。建议18至建议21的要求也适用于所有特定非金融行业与职业。

E. 法人和法律安排的透明度和受益所有权。

(24)法人的透明度和受益所有权。允许法人发行不记名股票或股权证,或允许名义股东和名义董事存在的国家及地区,应采取措施确保此类法人不被洗钱和恐怖融资活动滥用。

(25)法律安排的透明度和受益所有权。各成员应确保主管部门能及时掌握获取关于书面信托、受益所有权及控制权的信息。

F. 主管部门的权力、职责及其他制度性措施。

(26)对金融机构的监管。成员应确保金融机构受到充分的监管,并且有效地执行FATF建议。对受到《有效银行监管核心原则》约束的金融机构也同样适用反洗钱与反恐怖监管。

(27)监管机构的权力。监管机构应当被足够授权以便对金融机构进行检查。

(28)对特定非金融行业和职业的监管。如赌场等行业适用这一条款。

(29)金融情报中心。成员应当建立全国性金融情报中心(FIU),以收集并分析相关可疑交易报告(STRs)和其他相关信息。

(30)执法和调查部门的职责。本款为职责清单。

(31)执法和调查部门的权力。本款为权力清单。

(32)现金跨境运送。成员应采取措施监测现金和不记名可转让金融工具的跨境流动。

(33)数据统计。成员应对本国或本地区的数据进行持续性、全面性统计。

(34)指引与反馈。主管部门、监管机构和行业自律组织应当制定指引并提供反馈。

(35)处罚。对未遵守规定的法人和自然人应处以刑事、民事或行政处罚。

G. 国际公约。

(36)国际公约。成员应加入的公约包括《维也纳公约》(1988年)、《巴勒莫公约》(2000年)、《联合国反腐败公约》(2003年)和《反恐怖融资公约》(1999年)。

(37)双边司法协助。成员应当对涉及洗钱等犯罪的调查、起诉、诉讼过程提供双边司法协助,提供真实、完整、合法的信息,并为本国或本地区相关主管部门提供充足的人、财、物支持。

(38)双边司法协助:冻结和没收。成员有权请外国对可疑资产提供冻结和没收的协助。

(39)引渡。成员应积极处理洗钱与恐怖融资相关的引渡请求,应采取必要措施不为相关个人提供庇护,并在符合法律的情况下尽可能简化相关机制。

(40)其他形式的国际合作。

2. 反洗钱国际公约。除了 FATF 建议外,现就国际上相关的反洗钱公约简介如下。

《联合国禁止非法贩运麻醉药品和精神药物公约》于 1988 年 12 月 19 日通过,1990 年 11 月 11 日生效,是联合国三大毒品控制公约之一,也是联合国制定的第一个惩治跨国洗钱犯罪的国际性法律文件。其主要内容是明确规定毒品洗钱犯罪的概念,明确规定了打击毒品洗钱犯罪的刑法手段和缔约国承担的强制性义务等。我国于 1989 年 9 月 4 日签署该公约。

《联合国制止向恐怖主义提供资助的国际公约》于 1999 年 12 月 9 日通过,2002 年生效。公约规定了恐怖融资犯罪的定义,要求缔约国采取相应的立法、司法、执法及金融监管措施,对恐怖融资犯罪予以预防和打击。我国于 2001 年 11 月 14 日签署这一公约。

《联合国打击跨国有组织犯罪公约》于 2000 年 11 月 15 日通过,是世界上第一项针对跨国有组织犯罪的国际公约,为各国打击相关犯罪提供了法律基础。该公约于 2003 年 10 月 23 日对中国生效。

《联合国反腐败公约》于 2003 年 10 月 31 日审议通过,是为了打击跨国腐败犯罪制定的公约。公约建立了一系列综合性反腐败措施,在完善国内预防与打击腐败、加强国际合作交流、促进司法协助方面制定了具体执行方案,是联合国历史上第一个指导国际反腐败斗争的法律文件。该公约于 2006 年 2 月 12 日起对中国生效。

3. 巴塞尔委员会反洗钱指引。参加巴塞尔委员会的不同国家银行业监管部门在打击洗钱活动中发挥不同的作用,承担不同的责任。尽管银行监管的主要作用是维持金融的宏观稳定和银行业的健康发展,但并不能保证银行进行的所有个人交易都是合法的,基于此,巴塞尔委员会认为,银行业监管者应在提高银行和其他金融机构职业行为的道德标准方面起到全面的作用。为达到这一效果,并尊重各国在监管实践上的差异,巴塞尔委员会制定并发布了一系列指引。

《关于银行业客户尽职调查的指引》于 2001 年 10 月发布,该指引旨在提高银行"了解你的客户"(Know Your Clients,KYC)的能力,帮助银行制定更有规范性的标准。指引包括引言、KYC 对监管者和银行的重要性、KYC 标准的基本组成、监管部门和跨境 KYC 标准的实施五个部分。

《洗钱和恐怖融资风险管理指引》于 2014 年发布,并于 2016 年和 2017 年两次修订,要求银行建立公司治理、内控合规、IT 系统有机结合的风险管理体系,提出跨国银行加强集团反洗钱与反恐怖融资管理的要求。该指引主要包括简介、洗钱和恐怖融资风险管理、银行集团和跨境背景下的反洗钱与反恐怖融资、监管部门职责四部分内容。

4. 沃尔夫斯堡集团反洗钱指引。截至 2021 年,沃尔夫斯堡集团共发布了 18 项反洗钱指引。其中,较有代表性的包括《私人银行反洗钱指导原则》《代理行业务反洗钱原则》《移动和互联网支付服务反洗钱原则》《政治公众人物指引》《制裁筛查指引》等。

三、国际证监会组织与全球证券活动监管成果

(一) 国际证监会组织

1. IOSCO 的基本情况。国际证监会组织(International Organization of Securities

Commissions,IOSCO)成立于1983年(前身是成立于1974年的美洲证监会协会),总部位于西班牙马德里。IOSCO是由各国各地区证券期货监管机构组成的专业组织,是主要的金融监管国际标准制定机构之一。截至2019年12月,IOSCO共有228个会员,包括129个正式会员(Ordinary Member)、32个联系会员(Associate Member)和67个附属会员(Affiliate Member)。

中国证监会是IOSCO的正式会员。上海证券交易所、深圳证券交易所、中国金融期货交易所、中国证券登记结算有限责任公司、中国证券投资者保护基金有限责任公司、中国证券业协会、中国证券投资基金业协会是IOSCO的附属会员。

2. IOSCO的宗旨。IOSCO致力于制定国际公认的监管准则和执法标准并推动其得到一致实施,以保护投资者合法权益,维护市场的公平、高效、透明,妥善应对系统性风险。IOSCO通过加强在执法、市场及中介监管方面的信息交流和合作,加大投资者保护力度,增强投资者对证券市场诚信的信心。IOSCO为成员在全球和地区层面进行经验交流提供平台,以协助地区市场发展,推动市场基础设施建设,实施适度监管。

3. IOSCO的组织结构及职责。IOSCO的主要机构包括:

(1)主席委员会(Presidents Committee)。主席委员会是IOSCO最高权力机构,由IOSCO正式会员和联系会员的主席组成,负责讨论IOSCO重大事项并通过相关决议等。主席委员会为非常设机构,于每年IOSCO年会期间召开会议。

(2)理事会(Board)。理事会是IOSCO的最高决策机构。理事会由包括中国证监会在内的18名常任理事、16名非常任理事以及2名观察员组成。理事会下设八个标准制定委员会,分别负责发行人会计、审计与披露(C1)、二级市场监管(C2)、中介机构监管(C3)、执法与信息共享(C4)、投资管理(C5)、信用评级机构(C6)、大宗商品衍生品市场(C7)和个人投资者(C8)等方面的标准制定工作。此外,理事会还下设新生风险委员会(CER)、评估委员会(AC)、多边备忘录遴选小组、监督小组以及其他专项工作组。目前中国证监会会计部、市场部、机构部、稽查局、债券部、期货部和投保局分别加入了八个标准制定委员会。

(3)增长与新兴市场委员会(Growth and Emerging Markets Committee,GEM)。增长与新兴市场委员会由来自新兴市场的90名正式会员组成,通过制定监管原则和最低标准、组织人员培训、促进信息交换和专业技术交流等方式促进新兴市场的发展。现任主席为阿联酋证券与商品管理局首席执行官欧巴德·艾尔·扎比(Obaid Al Zaabi)。GEM委员会下设指导委员会(Steering Committee),由17名成员组成。中国证监会既是GEM委员会成员,也是GEM指导委员会成员。

(4)地区委员会(Regional Committees)。IOSCO成员按照所在地区,分属四个地区委员会,即非洲/中东地区委员会(AMERC)、亚太地区委员会(APRC)、欧洲地区委员会(ERC)和美洲地区委员会(IARC)。中国证监会是亚太地区委员会成员。

(5)附属会员咨询委员会(AMCC)。附属会员咨询委员会由IOSCO附属会员组成,协助IOSCO开展政策制定工作。现任主席是美国国家期货业协会高级副总裁。中国证监会系统内上海证券交易所等7家单位为该委员会成员。

(6)秘书处。IOSCO秘书处设于马德里,负责IOSCO日常事务,由秘书长直接领导。

(7)工作组/联络组/跨机构联合工作组。IOSCO还设立了多个专项工作组(Task Force)、联络组(Network)、跨机构联合工作组、评估委员会、新生风险委员会等,负责专项工作的开展。工作组包括金融基准工作组、数据保护工作组、网络工作组、跨境监管合作后续工作组等;联络组包括金融科技联络组、ICO联络组、可持续融资联络组等。

4. 国际证监会年会。为方便会员之间沟通证券监管经验,提升监管效能、执法效率,国际证监会从1974年起定期举办国际证监会年会,从1982年起调整为每年一次。2012年5月13日至17日,第三十七届IOSCO年会于中国北京召开,年会由时任中国证监会主席郭树清主持,时任国务院副总理王岐山和北京市市长郭金龙分别致开幕辞。由于受到新冠肺炎疫情影响,2020年11月9日至18日,第四十五届IOSCO年会首次改为线上召开。

(二)全球证券活动监管成果

1. 纲领性文件。《证券监管目标和原则》是IOSCO的纲领性文件,于1998年首次发布,最新一次于2017年修订。该文件确立了证券监管的三项目标,即保护投资者,确保市场的公平、高效和透明,以及减少系统性风险。为实现上述监管目标,该文件制定了38条原则,分为10类,分别涉及监管机构(8条),自律组织(1条),证券监管的执行(3条),监管合作(3条),发行人(3条),审计师、信用评级机构和其他信息服务商(5条),集合投资计划(5条),中介机构(4条),二级市场(5条),清算与结算(1条)。

《证券监管目标和原则》具有较强的专业性和指导性,但并不具备强制效力,IOSCO成员可以根据这些目标和原则,结合各自市场的特点和发展水平自主实施相应监管,开展跨境监管与执法合作。

2. 多边备忘录。随着全球金融市场日益融合,跨境证券活动不断增加,IOSCO于2002年5月制定《关于咨询、合作与信息交换的多边备忘录》(Multilateral Memorandum of Understanding,MMoU),为成员机构调查处理跨境证券类案件提供便利,为国际监管合作制定了新的标准。截至2019年12月,MMoU签署方共计124个。中国证监会于2007年正式签署了MMoU。

2017年,IOSCO发布了增强版多边备忘录(EMMoU),增加了签署方在维护市场诚信和稳定、保护投资者、震慑市场不当行为和欺诈时所能使用的执法权力。截至2019年,全球已有12家证券期货监管机构成为EMMoU签署方。

在多边备忘录中,规定了备忘录的目的、定义、相互协助和信息交换的一般原则、协助范围、协助请求、协助请求的执行、信息使用、保密、互相协助和信息交换相关的磋商、主动提供协助,及新增主管机构、生效日期及终止等最后条款。

四、国际保险监督官协会与全球保险监管成果

(一)国际保险监督官协会

1. IAIS基本情况。国际保险监督官协会(International Association of Insurance Supervisors,IAIS)成立于1994年,是一个由200多个保险监管机构和国际组织自愿组成的会员组织,成员保费收入占世界保险保费收入的97%。IAIS是一个国际标准制定

机构,负责制定和协助实施保险业监管的原则、标准和其他支持材料。IAIS 的使命是促进对保险业进行有效和全球一致的监管,以发展和维持公平、安全和稳定的保险市场,造福和保护投保人合法权益,并促进全球金融稳定。

截至 2021 年,IAIS 的成员共 216 名,其中有 153 个不同国家和地区的保险监管机构、7 个国际组织和 56 个美国保险监督官协会成员。中国银行保险监督管理委员会为 IAIS 的成员。

2. IAIS 主要职责。IAIS 的主要职责概括为以下三点:

(1)标准制定:IAIS 制定监管文件(原则、标准和指南),以便对保险相关活动进行有效监管。

(2)实施评估:IAIS 积极推动监督材料的实施,与国际组织和区域监管机构协会密切合作,支持举办培训研讨会和会议,鼓励金融包容,促进监管机构之间的同行交流和促进监管合作的举措。

(3)金融稳定:IAIS 在识别、评估和缓解全球金融体系中的系统性风险方面发挥着作用,其重点是全球保险业。金融稳定领域的活动包括监测全球保险市场的趋势和发展,发现全球保险部门可能积聚的系统性风险,分析和编制协会关于金融稳定问题的辅助材料,系统性风险研判与宏观审慎监管等。

(二)全球保险监管成果

1. 保险监管的核心原则。保险的本质是为经济、金融、企业和家庭提供风险保障。因此,与其他金融行业相比,保险具有共同性和差异性。保险业随着社会和经济环境的变化而变化,保险监管体制和实践也必须不断随着技术的进步而变化,处理好保险业内部产生的金融和系统稳定性问题。为维持高效、安全、公平和稳定的保险市场,IAIS 制定了《保险监管核心原则》(ICP)。

2019 年 11 月修订的《保险监管核心原则》主要包括:引言,有效的保险监管的条件(监管机构、监管过程、监管合作和信息共享),被监管机构(执照、人员的合格适宜性、控制权变更和资产转移、公司治理、内控),连续监管(市场分析、向监管机构报告和非现场检查、现场检查、预防和改正措施、执行或处罚、解散和退出市场、对集团的监管),审慎标准(风险分析和管理、保险活动、负债、投资、衍生产品及类似产品、资本充足和偿付能力),市场和消费者(中介、消费者保护、面对市场的信息披露和透明度、反欺诈、反洗钱和打击恐怖组织资金支持)6 部分 28 节。

2. 多边谅解备忘录。《多边谅解备忘录》(Multilateral Memorandum of Understanding on Cooperation and Information Exchange,MMoU)是保险监管机构之间合作和信息交流的全球框架。这是一份表明签署方在信息交流领域进行合作,以及处理信息请求的程序的声明。

IAIS 于 2007 年 2 月 15 日通过了 MMoU,以促进保险监管机构之间的密切合作和信息交流,是有效加强保险公司(或保险集团)监管的必要条件。MMoU 提供了在签署机构之间就保险公司监管进行合作和信息交流的工具。保险监管人签署 MMoU 后,该备忘录并非立即生效,必须等签署人完成对其专业保密制度的严格评估后,MMoU 方且生效。因此,MMoU 可以通过消除有效交换监管信息的障碍,使监管机构受益。

2014年7月修订的《多边谅解备忘录》主要包括引言、定义、修订目的和适用范围、原则、真实目的和保密、程序、接触要点、成本及其他内容。

第四节　互联网金融的监管

近年来,信息技术、电子通信手段在社会经济领域得到广泛应用,推动网络经济和电子商务等新兴经济蓬勃发展,互联网金融由此应运而生,并在我国经济金融活动中发挥着日益重要的作用。

一、互联网金融的形式与特征

从目前世界各国互联网金融发展的情况看,互联网金融已呈现出多种形式,总的来看,主要有三种类型：

(1)网络银行,是指在互联网络拥有独立网站,利用网络设备和其他电子手段向消费者提供信息、产品及服务的银行。

(2)网络信贷,是指以网络信贷平台为媒介和载体,为个人与个人之间的借贷提供中介服务,资金汇划主要通过第三方支付机构完成。

(3)第三方支付,是指与商业银行签约、具备一定实力和信誉保障的第三方独立机构提供的交易支持平台。

虽然近几年我国互联网金融发展迅速,但是从世界范围看,互联网金融的机构数量、资金规模以及业务交易量等在全球金融体系中的比重较小,还不足以撼动传统金融机构的主导地位。

另外,互联网金融尚未改变金融的功能和本质。互联网金融创新的是业务技术和经营模式,它在交易技术、交易渠道、交易方式和服务主体等方面进行了创新,但功能仍然主要是资金融通、发现价格、支付清算、风险管理等,并未超越现有金融功能的范畴。

二、互联网金融的风险及其监管的重要性

应当看到,互联网金融为传统金融业带来新的发展契机与影响的同时,其自身所具有的业务形态与风险特征对现行金融监管提出了新挑战：

(1)对全社会货币供给和货币政策操作产生影响。互联网金融的支付清算采取电子化方式,资金划转瞬间到账,很大程度上会减少社会中流通的现钞数量,提升货币流通速度,使得中央银行测算货币乘数、货币流通速度以及货币需求函数等面临较多困难,中央银行制定和实施货币政策变得更加复杂,更加难于掌控。

(2)对维护金融业信息安全提出新的课题。与传统金融机构相比,互联网金融容易受到网络内部和网络外部的系统攻击,任何一个环节出现漏洞,都可能引发严重的信息安全问题。对金融监管当局而言,维护金融业信息安全,必须对互联网金融给予高度关注。

(3)高风险性的金融与涉众性的互联网结合,必然使互联网金融比传统金融更具涉众性风险,风险面更广,传染性更强。由于互联网天然的涉众性,借贷和众筹融资作为互联网金融,在某种程度上与生俱来就具有"面向不特定人群"的特性,这也是一对多、资金池及期限和金额错配的网络信贷模式常遭人诟病为非法集资的根源。从风险防范角度看,对互联网金融活动实施监管不仅必要,而且意义重大。

三、互联网金融监管的原则

基于互联网金融的特殊性和不同经营模式,要选择区别于传统金融机构的监管主体、监管方式和监管制度,防范复杂、低效率、抑制创新的监管,要在维护互联网金融市场活力与做好风险控制之间实现平衡。互联网金融需要监管的认识基本一致,只是如何监管尚存争议,核心问题是监管主体、监管方式、监管制度如何选择。具体说来,互联网金融的监管应当遵循以下几个原则。

(一)确定监管主体

将新兴的互联网金融逐步纳入金融监管体系是各国规范和促进互联网金融发展的趋势,我国也将如此。实施监管的首要问题是监管由谁来负责,即监管主体是谁,这一问题至关重要。P2P借贷和众筹融资一度游离于监管体系之外进而集中暴雷,带来了一定金融风险,这些实例印证了金融活动的风险只有在监管之下才可控。各国应当根据互联网金融各种形式的不同特征,确定符合其发展要求的监管主体,以便进一步明确监管的制度与方式。

以美国为例,对于网络银行,在监管政策、执照申请、金融消费者保护等方面,美国对网络银行的监管与传统银行的要求十分类似,但在监管措施方面采取了审慎宽松政策,强调网络和交易安全,维护银行经营的稳健和对银行客户的保护,重视网络银行在降低成本、服务创新方面的作用,基本上不干预网络银行的发展。对于网络信贷,美国对网络信贷的监管框架相对较为复杂,涉及多家监管机构,但与存款类金融机构相比,对网络信贷机构的监管较为宽松,基本没有市场准入的限制,重点是对放贷人、借款人利益的保护。对于第三方支付,美国对第三方支付实行功能监管,将第三方支付视为货币转移业务,把从事第三方支付的机构界定为非银行金融机构,监管机构涉及财政部通货监理署、美联储、联邦存款保险公司等多个部门,监管的重点是交易过程而非从事第三方支付的机构。

(二)确定监管方式

监管方式主要分为原则性监管与规则性监管两种。

在原则性监管模式下,监管当局对监管对象以引导为主,关注最终监管目标能否实现,一般不对监管对象做过多过细要求,较少介入或干预具体业务。

在规则性监管模式下,监管当局主要依据成文法规定,对金融企业各项业务内容和程序做出详细规定,强制每个机构严格执行。它属于过程控制式监管,要求监管者针对不同的机构、机构运营的不同阶段、不同的产品和不同的市场分别制定详细规则,并根据监管对象的合规情况采取相应措施。

怎样监管、实施怎样的监管方式,这是确定监管主体之后必须考虑的问题。互联网金融目前还远未定型,发展方向和模式仍有待观察。

(三) 加强信息披露

信息披露是指互联网金融企业将其经营信息、财务信息、风险信息、管理信息等,向客户、股东、员工、中介组织等利益相关者履行告知义务的行为。及时、准确、相关、充分、定性与定量相结合的信息披露框架,一是有助于提升互联网金融行业整体和单家企业的运营管理透明度,让市场参与者得到及时、可靠的信息,从而对互联网金融业务及其内在风险进行评估,发挥好市场的外部监督作用,推动互联网金融企业规范经营管理;二是有助于增强金融消费者和投资者的信任度,奠定互联网金融行业持续发展的基础;三是有助于避免监管机构因信息缺失、无从了解行业经营和风险状况而出台不适合的监管措施,避免过度抑制互联网金融的发展。

以网络信贷为例,2012年开始发展的P2P借贷和众筹融资平台可以理解为微型的互联网资金直接融通市场。从设计上看,P2P由个人到个人的资金流动模式与证券市场有异曲同工之处,但不同的是,在监管制度方面,发展初期的P2P借贷和众筹融资毫无规则制度可言,一度野蛮生长,而证券市场的运行具有一套相对完善、缜密的制度安排,始终平稳发展。以信息披露为例,当资金进入P2P平台后,投资者很难了解其背后的运作模式,除了定期收到利息或到期的本金外,对资金如何投资、如何增值、如何返还均一无所知,亦无任何法律法规对信息公开进行规范。在证券交易中,无论是融资方发行证券、投资者购买证券、交易所自律组织运行,资金和证券的结算都建立在各种明确制度之上,其中信息披露制度又处于核心地位。对信息披露的要求不同直接导致了二者的发展方向各异。因为缺乏监管制度和信息披露的要求,P2P的资金募集过程、管理模式、使用流向大多"黑箱"操作,成为打着"普惠金融"旗号实现高吸揽储的非法操作单元,在2018年P2P第二次集中暴雷后,随着多部委联合进行整治,2020年后的P2P市场几乎清零。反观证券市场,随着2019年《证券法》的修订,以及以信息披露为核心的注册制在科创板、创业板、北交所的陆续落地,证券市场迎来了成立数十年后的又一波蓬勃发展。

(四) 金融消费者保护

现实中,由于专业知识的限制,金融消费者对金融产品的成本、风险、收益的了解根本不能与互联网金融机构相提并论,处于知识劣势。其后果是,互联网金融机构掌握金融产品内部信息和定价的主导权,会有意识地利用金融消费者的信息劣势开展业务。

当前我国互联网金融领域消费者教育的重点,是引导消费者加强对互联网金融的理解,厘清互联网金融业务与传统金融业务的区别,使广大消费者知悉互联网金融业务和产品的主要性质和风险。在此基础上,切实维护金融消费者在互联网金融产品和业务办理中的合法权益,包括放贷人、借款人、支付人、投资人等在内的金融消费者权益均应得到保障。金融消费者保护的重点是,加强客户信息保密,维护消费者信息安全,依法加大对侵害消费者各类权益行为的监管和打击力度。

第五节 数字货币与数字人民币

数字货币简称为DC,是英文"Digital Currency"(数字货币)的缩写,是电子货币形式的替代货币。数字金币和密码货币都属于数字货币。

数字货币是一种不受管制的、数字化的货币，通常由开发者发行和管理，被特定虚拟社区的成员所接受和使用。欧洲银行业管理局将虚拟货币定义为：价值的数字化表示，不由央行或当局发行，也不与法币挂钩，但由于被公众所接受，所以可作为支付手段，也可以电子形式转移、存储或交易。

数字货币可以被认为是一种基于节点网络和数字加密算法的虚拟货币。数字货币的核心特征主要体现在三个方面：①由于来自某些开放的算法，数字货币没有发行主体，因此没有任何人或机构能够控制它的发行；②由于算法解的数量确定，所以数字货币的总量固定，这从根本上消除了虚拟货币滥发导致通货膨胀的可能；③由于交易过程需要网络中各个节点的认可，因此数字货币的交易过程足够安全。

比特币（BTC）的出现对已有的货币体系提出了一个巨大挑战。虽然它属于广义的虚拟货币，但却与网络企业发行的虚拟货币有着本质区别，因此称它为数字货币。

按照数字货币与实体经济及真实货币之间的关系，可以将数字货币分为三类：

一是完全封闭的、与实体经济毫无关系且只能在特定虚拟社区内使用，如魔兽世界黄金。

二是可以用真实货币购买但不能兑换回真实货币，可用于购买虚拟商品和服务，如Meta信贷。

三是可以按照一定的比率与真实货币进行兑换、赎回，既可以购买虚拟的商品服务，也可以购买真实的商品服务，如比特币。

一、数字货币的特点

第一，交易成本低。与传统的银行转账、汇款等方式相比，数字货币交易不需要向第三方支付费用，其交易成本更低，特别是相较于向支付服务供应商提供高额手续费的跨境支付而言。

第二，交易速度快。数字货币所采用的区块链技术具有去中心化的特点，不需要任何类似清算中心的中心化机构来处理数据，交易处理速度更快捷。

第三，高度匿名性。除了实物形式的货币能够实现无中介参与的点对点交易外，数字货币相比其他电子支付方式，优势之一就在于支持远程的点对点支付，它不需要任何可信的第三方作为中介，交易双方可以在完全陌生的情况下完成交易而无需彼此信任，因此具有更高的匿名性，能够保护交易者的隐私，但同时也给网络犯罪创造了便利，容易被洗钱和其他犯罪活动等所利用。

二、数字货币的影响

数字货币是一把双刃剑，一方面，其依托的区块链技术实现了去中心化，可以用于数字货币以外的其他领域，这也是比特币受到热捧的原因之一；另一方面，如果数字货币作为一种货币受到公众的广泛使用，会对货币政策有效性、金融基础设施、金融市场、金融稳定等方面产生巨大影响。

（一）对货币政策的影响

如果数字货币被广泛接受且能发挥货币的职能，就会削弱货币政策的有效性，并给政策制定带来困难。因为数字货币发行者通常都是不受监管的第三方,货币被创造于银行体系之外,发行量完全取决于发行者的意愿,因此会使货币供应量不稳定,再加上当局无法监测数字货币的发行及流通,导致无法精准判断经济运行情况,给政策制定带来困扰,同时也会削弱政策传导和执行的有效性。

(二)对金融基础设施的影响

基于分布式分类账技术进行价值交换的分散机制改变了金融市场基础设施所依赖的总额和净额结算的基本设置。分布式分类账的使用也会给交易、清算和结算带来挑战,因为它能促进不同市场和基础设施中传统服务供应商的非中介化。这些变革可能对零售支付体系以外的市场基础设施产生潜在影响,如大额支付体系、证券结算体系或交易数据库等。

(三)对广义金融中介和金融市场的影响

数字货币和基于分布式分类账的技术如果被广泛使用,就会对金融体系现在的参与者(特别是银行)的中介作用带来挑战。银行是金融中介,履行代理监督者的职责,代表存款人对借款人进行监督。通常,银行也开展流动性和到期转换业务,实现资金从存款人到借款人的融通。如果数字货币和分布式分类账被广泛使用,随后的非中介化可能对储蓄或信贷评估机制产生影响。

(四)对安全隐患与金融稳定的影响

假定数字货币被公众所认可,其使用大幅增加并在一定程度上替代法定货币,则与数字货币有关的用户终端遭到网络攻击等负面事件会引起币值的波动,进而对金融秩序和实体经济产生影响。此外,基于区块链技术的虚拟货币最初通常为少数人持有,如比特币在 2010 年 5 月发生的第一次购物是 1 万 BTC 购买了 25 美元的比萨饼,到 2022 年 3 月每个比特币的价格涨到近 4.5 万美元,这期间最高曾超过 6 万美元大关。

三、数字货币的监管

对数字货币的监管,主要是提供金融稳定、反洗钱及外汇管理等服务。自 2019 年 11 月以来,美国在这方面有了长足的进展,由于监管的导向作用,法律和制度发生了改变,监管科技大幅进步,围绕区块链的数据收集和分析能力明显提升。

由于监管科技的进步,监管科技公司开发了许多新科技,且收集了大量相关数据,使得传统区块链的设计问题也浮出水面。全球多数货币当局均明确表态拒绝无监管的系统,因此区块链系统出现了嵌入监管机制,具体做法体现在如下四个方面:

(1)制定监管法规。第一步是建立制度和法规,以保证所有的监管行动都有法律依据。

(2)大力发展监管科技。许多监管科技需要保密,发达国家在监管科技方面为领先者。

(3)收集大量数据。基于对大量收集的数据进行分析,可以看出:①数字货币已在全球地下市场流通,以前认为这一流通只会是小规模的,如今每天有大量的数字货币被用于跨境支付;②平均每天有等同于 10 亿美元的稳定币交易,说明在政府还未批准银行参与区块链之前,合规银行早已经涉足数字货币;③许多地区在产业链上使用数字货币,已形成成熟的模型和流程;④大规模的跨境洗钱长期存在于链上。

(4)区块链系统改革。2020年4月,脸谱公司(原Facebook,现Meta)公开在其区块链上加入嵌入式监管机制,每一笔链上交易都经过监管机制。

货币的发展由金属货币、纸币、电子货币走向数字货币,不同形式的货币体现了不同的经济发展水平,法定数字货币是数字时代的必然产物。法定数字货币的法定性、数字性和普适性,弥补了传统货币的弊端,但也带来了一系列的变革与挑战。如何在维护金融体系安全、促进金融创新、发展监管科技的原则下实现对法定数字货币的有效监管是当代的重要课题。法定数字货币的监管制度要在平衡金融创新与金融稳定、数据安全与隐私保护、金融公平与金融安全的理念下,采用"监管沙盒"模式,注重监管科技主体多元化,实行穿透式监管方式,加强国际合作与交流。

四、数字人民币

数字人民币,字母缩写按照国际使用惯例暂定为"e-CNY",是由中国人民银行发行的数字形式的法定货币,由指定运营机构参与运营并向公众兑换,以广义账户体系为基础,支持银行账户松耦合功能,与纸钞硬币等价,具有价值特征和法偿性,支持可控匿名。

数字人民币的概念有两个重点:一个是数字人民币是数字形式的法定货币;另外一个是和纸钞和硬币等价。数字人民币主要定位于M0,也就是流通中的现钞和硬币,主要定位于现金类支付凭证,将与实物人民币长期并存,用于满足公众对数字形态现金的需求,助力普惠金融。

2014年,中国人民银行成立专门团队,开始对数字货币发行框架、关键技术、发行流通环境及相关国际经验等问题进行专项研究。

2017年末,中国人民银行组织部分商业银行和有关机构共同开展数字人民币体系(DC/EP)的研发。DC/EP在坚持双层运营、现金(M0)替代、可控匿名的前提下,基本完成了顶层设计、标准制定、功能研发、联调测试等工作。

2019年底,数字人民币相继在深圳、苏州、雄安新区、成都及未来的冬奥场景启动试点测试,到2020年10月增加了上海、海南、长沙、西安、青岛、大连6个试点测试地区。

2021年7月,数字人民币试点有序扩大至"10+1",即"10个城市+1个冬奥会场景"。

截至2021年12月31日,数字人民币试点场景已超过808.51万个,累计开立个人钱包2.61亿个,交易金额875.65亿元。

2022年02月17日,中国的数字人民币打破了维萨(Visa)对奥运会长达36年的支付服务垄断。北京冬奥会上使用数字人民币作为支付系统并不违反维萨(Visa)的独家协议,因为数字人民币只是中国法定货币的数字版。

经过数年努力,我国数字人民币试点已经形成"10+1"格局,包括10个试点地区及在北京冬奥会场景获得了令人满意的效果。

目前,数字人民币仍处于研发试点阶段,发行规模相对有限,但随着今后试点范围不断扩大,数字人民币的发行规模能否满足百姓需求呢?"我们始终强调,央行数字货币的使用和推广应遵循市场化的原则。也就是说,老百姓需要兑换多少,我们就发行多少。"中国人民银行行长易纲给出了明确答案。

由于数字人民币与实物人民币并行发行,为了避免"货币超发"问题,人民银行在设计相关制度规定时,充分考虑了此类问题:首先,数字人民币采取双层运营体系,由人民银行实施中心化管理。易纲表示,消费者使用数字人民币时所接触的商业银行和支付机构只是"中介",为公众进行数字人民币兑换并提供支付服务。人民银行在数字人民币投放过程中仍处于中心地位,保证对货币发行和货币政策的调控能力,可以避免出现指定运营机构"货币超发"问题。同时,数字人民币主要定位于现金类支付凭证,不计付利息,老百姓自然不会把大量存款兑换为数字人民币,也不会引发金融脱媒,降低货币政策传导效率。此外,设置数字钱包余额上限、交易金额上限等举措,能有效降低挤兑等风险。

【延伸阅读1】

监管沙盒——平衡创新与风险的新机制[①]

2008年国际金融危机之后,人们开始反思传统监管与企业合规处理模式的不足与改进方法,加上第三次科技革命与金融科技浪潮的兴起,能否以及如何将科技应用于合规与监管领域,成为人们思考与研究的重要方向。2019年3月8日,中国人民银行金融科技(FinTech)委员会召开2019年第一次会议。会议强调并指出,我们应当逐步建立金融科技监管规则体系,持续强化监管科技应用,提升风险态势感知和技防能力,增强金融监管的专业性、统一性和穿透性。监管沙盒机制是2008年国际金融危机后寻找监管新平衡的有益探索,有机统一金融稳定和金融服务实体经济的双重职责,有助于实现金融创新和有效监管的平衡。

(一)监管沙盒的由来

什么是监管沙盒?监管沙盒是金融监管部门在为促进金融创新所设立的专门机构中制定的特殊管理机制,旨在为金融机构或金融服务提供相应支撑的非金融机构测试金融创新提供一个时间和范围有限的"安全空间"。

基于监管沙盒机制,监管者可以实现控制风险和鼓励创新的平衡目标。监管沙盒具有四个功能:①有助于减少金融创新投入市场的时间和成本;②可以促使创新创业者在市场上拥有更多的标志,出自沙盒的产品、技术、项目更易获得投资者的信赖和资金资本的追逐;③创新产品经过监管沙盒测试进入市场,可以保证安全性,解决监管者的担忧;④监管沙盒同传统金融监管机制的区别在于强调监管者和市场之间的互动,监管者和创新者共同设计机制并提升消费者保护水平,这是未来监管的新趋势。

(二)国际实践比较

我们对监管沙盒实践进行了国际比较,比较内容包括英国、澳大利亚、新加坡等国

[①] 资料来源:胡滨. 监管沙盒——平衡创新与风险的新机制. 金融监管与风险观察,2019-06-04。

家和地区设立监管沙盒机制的战略定位、市场目标、主导机构和测试项目等内容。

例如英国率先设立沙盒,是因为2008年国际金融危机之后伦敦金融城的国际金融中心地位受到影响,鼓励先进的金融科技创新企业留在英国,使得英国成为国际性的金融科技中心和金融服务创新中心,这是英国率先设立沙盒的战略考虑。从这个层面而言,要看到中国尽早推出沙盒机制的重要意义,否则我们前期已经获得的、在某些金融科技领域的领先地位,会因为后续监管机制不匹配而受到影响。

无一例外,监管沙盒的主导机构都是监管部门,英国是在金融行为监管局(FCA),澳大利亚是在证券和投资委员会(ASIC)下设创新中心来主导监管沙盒。从国际视角看,除了英国、澳大利亚、新加坡、韩国、墨西哥和泰国都在设立监管沙盒机制。所以监管沙盒目前已经进入了实施操作阶段,但是中国版监管沙盒机制到目前为止还没有真正落地。我们看到各地的地方金融监管局具有较高的热情和积极性来设立地方监管沙盒机制,但从我国国情来看,恐怕较难从地方上突破,中国版监管沙盒之路应当遵循"自上而下"的发展路径。

(三)中国为什么要设立监管沙盒

第一,从中国市场来看,我国现在拥有巨大的人口红利和消费者市场,金融科技的蓬勃发展也使得我们非常渴望有助于创新促进和有效监管的平衡机制。我们现在面临种类较多的技术创新和大量的资本追逐,但是技术如何有效进入市场、如何实现可落地的应用场景、如何做到创新风险管控,是我们亟待解决的问题。

第二,监管沙盒机制作为一种体制创新,实际上是帮助监管部门解决创新与风险的两难问题。现有监管机制的困境与新监管理念的变化,推动了监管沙盒机制与现行监管机制之间的相融与协调。刚才我说的监管互动是指,监管者给予进入沙盒的项目或产品一些豁免或者是授权,免除现有的监管义务和责任,这些金融科技创新产品或项目可能会反向促进监管部门修改现有的规则,来满足其未来的发展条件。监管部门会要求这些机构申请者承诺承担产品在试运行过程中所出现的全额损失,在这个过程中,监管者和市场机构之间进行互动与磨合,有助于监管规则的修改和制定、创新产品设计和投资者保护机制的完善。

第三,监管沙盒是局部试点、先行先试而非全面打破,符合我国改革的一贯路径——试点、适应、成熟、推向市场。

第四,中国尽早推出监管沙盒机制,有利于提高中国金融科技乃至金融业的全球竞争力。我们要站在国家高度,从战略层面、国家安全层面和国家竞争利益层面来设计这样一个创新机制,使得我们现有的金融科技保持一种弯道超车的趋势,能够进一步提升中国金融业的竞争力,提升中国在整个国际金融市场的话语权。监管沙盒机制的设立关系到未来我国与国际社会以及其他主要监管部门之间的交流、沟通与合作。

(四)监管沙盒任重道远

我们要看到传统监管体制的固化是设立监管沙盒机制的难点所在。最早在两三年前提出监管沙盒时,监管架构存在一些体制上的障碍,沙盒机制的主导机构归于何处?"一行三会"均设立各自的监管沙盒机制,涉及监管协调和统筹的问题。

现在我们具备监管沙盒在中国落地的时机和条件,因为2017年我国成立了国务院金融稳定发展委员会,2018年进行了国务院部制改革,形成"一委一行两会"的金融监管体系。国务院金融稳定发展委员会的主要职责是统筹现有的监管部门,能够解决我国设立监管沙盒机制面临的协调问题。进入沙盒机制的金融科技产品,往往是一种混业的产品,或者根本没有办法区分是哪一类产品,可能兼具银行、证券、保险特征,所以监管统筹至关重要。

设立沙盒机制对于现有的监管者来说要求很高,主要体现在监管资源要求高、接受沙盒测试的方案具有较高的技术含量、对数据的依赖程度较高、对监管当局的统筹协调及监管技术要求高。监管沙盒缺乏法律依据,需要特定的法律授权或监管豁免。在整个沙盒机制设计中,建议可以更多地依靠市场力量来共同设计和完善。

(五)中国版监管沙盒五大机制设计

中国社会科学院金融研究所为未来中国版监管沙盒落地绘制了一张蓝图,是设立创新中心和进行沙盒监管的全流程图:在国务院金融稳定发展委员会下设一个创新中心,银保监会、证监会、工信部和行业协会等监管主体和协同监管的行业机构共同参与,主要操作流程包括项目申请、准入标准、创新评估、风险测评以及综合评估等,当然实际操作中还需要多方力量进行充分讨论和探讨。与此流程图相对照,中国版监管沙盒要具备五大配套机制设计:项目准入机制、运行管理机制、消费者保护机制、政策协调机制和项目退出机制等。希望监管沙盒在中国早日落地,谢谢!

【延伸阅读2】

瑞幸咖啡财务造假事件与跨境监管合作[①]

近日,瑞幸咖啡发布公告称,公司于2020年6月17日再度收到纳斯达克通知,因未能及时提交2019财年年报,将被纳斯达克退市。这已是瑞幸咖啡收到的第二份退市通知。对于瑞幸造假一事,中国证监会主席易会满在近日接受财新记者采访时表示,近期出现的瑞幸咖啡财务造假事件,完全不能代表全部在美上市的中概股公司。在"后疫情"时期,全球流动性充盈甚至泛滥的环境下,各主要金融市场可能共同面临"资产荒"的局面,对优质上市资源的争夺必将更加激烈。美国一些政治势力逼迫中概股退市,必然引发"双输"或"多输"的结果,这既是我们不愿看到的,相信也是美国金融监管部门和华尔街不愿看到的。

财新记者:瑞幸咖啡造假事件曝光以来,境内外对中概股都十分关注,担心有关问题无法解决,中概股会被迫从美国摘牌。中国证监会对此如何看?

易会满:企业跨境上市是资本全球化环境下的"共赢"选择。中概股选择赴美上市,本是纽约作为全球金融中心功能发挥的重要体现,对进一步丰富当地市场资产选择和提高全球投资者投资收益发挥了非常好的作用,是件"多赢"的好事。

近期出现的瑞幸咖啡财务造假事件,完全不能代表全部在美上市的中概股公司。

[①] 资料来源:中国财富管理50人论坛,2020-06-25。

在"后疫情"时期,全球流动性充盈甚至泛滥的环境下,各主要金融市场可能共同面临"资产荒"的局面,对优质上市资源的争夺必将更加激烈。美国一些政治势力逼迫中概股退市,必然引发"双输"或"多输"的结果,这既是我们不愿看到的,相信也是美国金融监管部门和华尔街不愿看到的。

资本是逐利的,也是最聪明的。相信美国有关方面会珍惜纽约对优质资产和全球投资者的集聚作用和吸引力;国际投资者会根据符合自身最大利益的需要,做出明智选择;相关在美上市公司也会审时度势,根据自身情况做出妥善应对。

任何一个国际金融中心的持续发展都要依靠全球发行人和投资者的信任。国际金融中心是在资本全球化发展的历史中形成的,金融中心的地位,一方面体现了这些国家和地区强大的金融实力和优越的金融生态,另一方面也代表了全球投资者对投资环境和上市企业投资价值的信任和认可。纽约作为国际金融中心之一,其持续发展还要依靠全球发行人和投资者的信任。

据世界交易所联合会(WFE)统计,截至2020年4月底,纽交所2 152家上市公司中有507家外国公司,占比23.6%;纳斯达克3 141家上市公司中有457家外国公司,占比14.5%。据美国财政部相关统计数据测算,2019年底美国金融市场境外投资者持有股票市值的占比约为25%,伦敦、东京、香港等国际金融中心的市场结构也大体类似。

财新记者:目前如何能推进有效的跨境监管合作呢?

易会满:中国证监会高度重视跨境监管合作,始终坚持开放合作态度。提升上市公司信息披露质量、保护投资者合法权益,是各国证券监管机构的共同职责。在跨境证券监管合作领域,我们坚持尊重国际惯例、体现相互尊重、开展有效沟通、寻求互信共赢的基本原则。

多年来,中国证监会与美国证监会(SEC)、美国公众公司会计监察委员会(PCAOB)保持积极沟通,也有不少成功合作的案例。尽管目前美国政治层面出现了一些杂音,中国证监会仍将一如既往地加强与美国监管同行的合作。在共同查处上市公司财务造假等违法违规行为方面,我们的原则是认真履行跨境监管合作义务,按照国际组织的多边执法合作安排对外提供执法协助,共同维护市场公平秩序,保护投资者合法权益。

我们理解并尊重美国资本市场"宽进严管"的监管理念,针对瑞幸咖啡等个别跨境上市公司出现的监管问题,我们认为加强跨境合作才是解决问题的正途。最近,美国SEC前主席阿瑟·利维特(Arthur Levitt)就专门撰文,建议加强中美跨境监管合作,他的观点我们非常赞成。

财新记者:审计工作底稿是中美审计监管合作中的一个关键环节,也是市场长期关注的热点。中方是否可以以及如何向美方提供会计底稿?

易会满:中方从未禁止或阻止相关会计师事务所向境外监管机构提供审计工作底稿。我们理解中国法律法规要求的实质是,审计工作底稿这类信息应通过监管合作渠道来交换,并符合安全保密的相关规定。这也是符合国际惯例的通行做法。

截至目前,中国证监会已向美国SEC和PCAOB提供了14家在美上市中国公司的审计工作底稿,仅2019年就向SEC提供了3家。长期以来,我们与美国PCAOB一直保持密切沟通,努力寻求审计监管合作的有效路径。从2012年PCAOB入境观察,到

2017年我们协助PCAOB对一家中国会计师事务所开展试点检查,双方尝试了许多办法,试点期间也向PCAOB提供了若干审计项目的工作底稿,应该说当时合作还是比较顺畅的。

财新记者:对于想要回归A股市场的中概股公司,目前路径是否畅通?对于不能满足境内上市条件的中概股是否可以允许它们在新三板挂牌?

易会满:各个国家和地区的市场都有自己的一套上市标准和条件。近期,中国证监会发布了《关于创新试点红筹企业在境内上市相关安排的公告》,沪深交易所也针对红筹企业在科创板和创业板上市,分别发布了相应的监管安排和信息披露指引。从目前在美上市公司的情况看,有一些不一定能够满足境内的上市条件。

做企业总归要有一个盈利模式,靠着烧钱、讲故事、炒题材,没有持续经营能力,财务长期亏损,不适合上市。这是各方监管共识。

财新记者:财务造假的中概股在海外败坏的是中国企业的名声,对此有何评价?

易会满:这些行为是资本市场的"毒瘤",也是中外监管机构共同打击的对象。我们应该加强监管合作,共同肃清害群之马,使造假者得到应有的惩处。选择去纽约和香港等海外上市的中概股企业,上市流程本身高度市场化,无须在中国监管部门经过任何前置程序,我们监管部门事前很难知道哪些企业去海外上市了,很多时候是事后才看到。海外投资者在买卖这类企业股票的时候,应该已经充分考虑了这个情况,并把这些因素纳入股票的风险定价中。即便如此,我们仍将和上市地监管机关加强跨境监管合作,共同维护各国投资者合法权益。

财新记者:对英国伦敦市场有什么新的期待?

易会满:伦敦国际金融中心的地位是历史形成的,当地的金融基础设施和国际投资机构在全球有一定影响力。"脱欧"之后,英国也更加注重发展这方面的实力,以继续保持伦敦金融城的全球吸引力。

中国十分重视中英金融合作,在推动"沪伦通"发展方面态度十分积极。"沪伦通"下的跨境上市公司都是已经在本地上市、经过市场检验的公司,相信对于上市公司质量,投资者可以相对比较放心,"沪伦通"目前运行比较平稳。

当然,在"沪伦通"机制下,也同样有跨境监管合作的问题。企业在不同市场跨境上市,就要符合上市地公开发行、信息披露等监管要求,这必然需要监管部门之间密切合作。我们与英国监管部门有多年的良好合作经验。随着双方市场合作的深入,我们将在监管信息交换、信息披露、审计监管合作等多方面与英方加强合作。

【思考题】

1. 金融监管的目标是什么?金融监管应遵循怎样的原则?
2. 金融监管有哪些模式?金融监管主要包括哪些内容?
3. 互联网金融对传统金融提出了哪些挑战?
4. 数字货币的出现对金融市场的发展带来了哪些深远影响?
5. 简述中国央行推出数字人民币的意义。数字人民币与一般移动支付相比有哪些优点?

参考文献

[1] 刘园. 国际金融风险管理[M]. 北京:对外经济贸易大学出版社,1998.

[2] 宋清华,李志辉. 金融风险管理[M]. 北京:中国金融出版社,2003.

[3] 王仁祥,喻平. 金融风险管理[M]. 武汉:武汉理工大学出版社,2004.

[4] 朱仲明. 金融风险管理学[M]. 北京:中国人民大学出版社,2004.

[5] 黄达. 金融学(精编版)[M]. 北京:中国人民大学出版社,2004.

[6] 孔祥毅. 宏观金融调控理论[M]. 北京:中国金融出版社,2003.

[7] 于涧,张松岭. 金融风险管理[M]. 南京:南京大学出版社,2002.

[8] 施兵超,杨文泽. 金融风险管理[M]. 上海:上海财经大学出版社,2002.

[9] 陈林龙,王勇. 现代西方商业银行核心业务管理[M]. 北京:中国金融出版社,2001.

[10] 刘金章. 金融风险管理综论[M]. 北京:中国金融出版社,1998.

[11] 涂永红. 外汇风险管理[M]. 北京:中国人民大学出版社,2004.

[12] 刘立峰. 宏观金融风险——理论、历史与现实[M]. 北京:中国发展出版社,2000.

[13] 陈德胜,文根第,刘伟,庄健. 商业银行全面风险管理[M]. 北京:清华大学出版社,2009.

[14] [美]唐·M. 钱斯. 衍生金融工具与风险管理[M]. 北京:中信出版社,2004.

[15] [英]布赖恩·科伊尔. 利率风险管理[M]. 北京:中信出版社,2003.

[16] [美]基思·卡思伯森. 金融工程——衍生品与风险管理[M]. 北京:中国人民大学出版社,2004.

[17] [美]菲利普·乔瑞. 风险价值VaR[M]. 北京:中信出版社,2005.

[18] [美]米歇尔·科罗赫. 风险管理[M]. 曾刚,等,译. 北京:中国财政经济出版社,2005.

[19] [美]约翰·B. 考埃特. 演进着的信用风险管理[M]. 石晓军,译. 北京:机械工业出版社,2001.

[20] [英]约翰·霍利韦尔. 金融风险管理手册[M]. 上海:上海译文出版社,2000.